계엄, 내란 그리고 민주주의
— 전쟁과 폭력, 극우와 혐오의 시대를 넘어

계엄, 내란 그리고 민주주의 — 전쟁과 폭력, 극우와 혐오의 시대를 넘어

초판 1쇄 인쇄 2025년 8월 8일
초판 1쇄 발행 2025년 8월 20일

기획 강성현 노영기
지은이 강성현 권혁은 김대근 김요섭 김현주 나영 노영기 맹수용 오동석 이정환 이준영 최성용
펴낸이 정순구
책임편집 이지안 조수정
기획편집 정윤경 조원식
마케팅 황주영

출력 블루엔
용지 한서지업사
인쇄 한영문화사
제본 한영제책사

펴낸곳 (주) 역사비평사
등록 제300-2007-139호 (2007.9.20)
주소 10497 : 경기도 고양시 덕양구 화중로 100(비젼타워21) 506호
전화 02-741-6123~5
팩스 02-741-6126
홈페이지 www.yukbi.com
이메일 yukbi88@naver.com

ⓒ 강성현 권혁은 김대근 김요섭 김현주 나영 노영기 맹수용 오동석 이정환 이준영 최성용, 2025
ISBN 978-89-7696-603-2   03910

책값은 표지 뒷면에 표시되어 있습니다.
잘못 만들어진 책은 구입하신 서점에서 바꾸어 드립니다.

계엄, 내란 그리고 민주주의

전쟁과 폭력, 극우와 혐오의 시대를 넘어

기획 | 강성현
　　　노영기

지음 | 강성현
　　　권혁은
　　　김대근
　　　김요섭
　　　김현주
　　　나영
　　　노영기
　　　맹수용
　　　오동석
　　　이정환
　　　이준영
　　　최성용

역사비평사

차례

계엄, 내란 그리고 민주주의
― 전쟁과 폭력, 극우와 혐오의 시대를 넘어

머리말 새로운 민주주의를 향한 서문―반복된 계엄과 내란을 넘어서 8

제1부 한국 계엄의 역사

1장 한국적 계엄의 탄생 ―여순사건, 제주4·3사건, 한국전쟁기 계엄
1. 다시 계엄을 묻다 ―12·3친위쿠데타의 실패, 그리고 한국 계엄의 역사 24
2. 계엄법 없는 계엄 상태 ―여순사건 및 제주4·3사건에서의 계엄 선포와 경험 28
3. '창법적 폭력'의 탄생 ―계엄법 제정 과정의 내용과 쟁점 36
4. 예외상태의 상례화와 일상화 ―한국전쟁 초기 계엄 선포와 계엄 상태 41
5. '계엄'이라는 유령과 민주주의의 과제 48

2장 32년 군사독재의 서막 ―5·16군사쿠데타와 계엄
1. 계엄, 쿠데타 세력의 권력 장악 도구 52
2. 반공과 '용공분자' 소탕, 차단된 저항 59
3. 정치권政治權의 제한과 정치세력 재편 64
4. 자의적 입법권의 행사 67
5. 유예된 저항 76

3장 저항의 조직화, 계엄의 체계화 ―6·3항쟁과 계엄
1. 최초의 조직적·지속적 민주화운동 80
2. 새로운 저항양식의 창출 82
3. 공수단 군인들의 서울지법 난입 사건 85
4. 벼랑 끝에 몰려 비상계엄을 선포하다 87
5. 군 동원과 미국의 지지 90
6. 고도화된 폭력 94
7. 법 기술을 통한 비상계엄 선포 요건 정당화 97
8. 체계가 된 계엄 101

4장 비상대권과 긴급조치의 시대 ─유신쿠데타와 10·17비상계엄
1. 유신의 서막 103
2. 유신쿠데타의 배경 105
3. 10·17비상계엄과 대통령 특별선언 111
4. 유신헌법 공포와 제53조 긴급조치 123
5. '긴조 시대'의 반유신민주화투쟁 128
6. 역사의 법정에 선 유신쿠데타 134

5장 무너진 민주주의, 되살아난 군사독재
 ─부마항쟁, 12·12군사반란 그리고 5·18항쟁
1. 항쟁을 불러낸 내란 139
2. 부마항쟁과 유신독재의 몰락 140
3. 5·18항쟁의 시작 151
4. 계엄이 남긴 상처 168

2부 예외상태 법의 본질과 인간의 조건

6장 계엄제도가 국가범죄 수단으로 전락한 까닭
1. 12·3비상계엄이 던진 문제 172
2. 헌법상 국가긴급권 175
3. 국가긴급권의 유형 177
4. 최초의 계엄과 제정 '계엄법'의 위헌성 183
5. 12·3내란의 도구로서 비상계엄의 의미 195
6. 12·3비상계엄의 헌정사적 교훈 201
7. 12·3내란 극복의 입법적 과제 205
〈별첨〉 일본 계엄령과 1949년 제정 계엄법의 비교 207

7장 법 바깥에서 법을 사유하는 법 ―저항권의 가능성과 실천

1. 비상계엄 그리고 저항! 저항? 212
2. 예외상태와 국가긴급권 213
3. 저항권의 개념과 속성 219
4. 우리 법 현실에서 저항권 이해 227
5. 법 바깥에서 법을 사유할 수 있는 실천으로서 저항권 234

8장 전짓불 앞에 서다 ―한국문학과 계엄의 기억

1. 끝나지 않는 밤 238
2. 계엄 없는 계엄의 기억 242
3. 내가 누구인지 물었다 251
4. 다시, 전짓불 앞에 서다 261

3부 내란의 기억과 민주주의의 새로운 길

9장 알고리즘 내란, 극우 유튜브가 키운 대통령의 최후

1. 언론을 짓밟고 성공한 권력은 없다 267
2. 윤석열의 뇌썩음 정치와 공론장의 작동 불능 283
3. 역사의 교훈, 진실은 결국 튀어나온다 287

10장 새로운 사회를 위한 움직임 ─광장에서 현장으로, 변화를 위한 균열들

1. 광장에 나선, '용감하고 혁명적인' 민중들 294
2. 첫 번째 균열, '평등하고 민주적인' 광장을 열어내기 296
3. 두 번째 균열, '다른 민주주의'의 내용을 요구하기 304
4. 세 번째 균열, 광장에서 현장으로 이동을 조직하기 309
5. 민주주의, 저항의 주체, '국민'의 자격 312
6. '죽은 자'를 지금 여기의 관계로 이어오는 민주주의를 위해 318
7. 헌법질서의 수호를 넘어 다른 사회로의 전환을 시작하기 위해 322

11장 내란의 긴 밤을 거슬러, 내란 이후의 세계로
─언어의 전개 과정으로 보는 123일의 내란 정국

1. 123일의 내란 정국을 돌아보며 326
2. 내란의 밤에 흘러내린 언어들 328
3. 횡행하는 부정론과 언어의 내란 342
4. 광장을 기억하라 353

12장 12·3비상계엄 이후의 수업, 그 대화의 기록

1. 비상계엄 이후, 교실에서 시작된 질문 361
2. 역사 수업, 현재를 직면하다 364
3. 다양한 생각을 지닌 학생들과 어떻게 대화해야 할까? 372
4. 미래를 위한 '서사' 만들기 382
5. 대화의 기록이 남긴 의미와 질문 389

미주 392 / 참고문헌 413 / 계엄 일람표 425 / 이 책의 집필진 436

머리말

새로운 민주주의를 향한 서문
— 반복된 계엄과 내란을 넘어서

1

 2024년 12월 3일, 대한민국에 다시 한번 비상계엄이 선포되었다. 윤석열 대통령과 대통령실, 김용현 국방부장관, 박안수 육군참모총장(계엄사령관), 여인형 방첩사령관, 노상원 전 정보사령관 등이 '12·3비상계엄 기획'에 관여했다. 이 기획에는 특전사·방첩사·수방사·정보사 등 주요 특수부대 지휘관, 육사 출신 지휘관, 민간 비선 인사 노상원도 포함되었다. 통신 차단과 광장 봉쇄, 계엄포고문 작성, 군 이동 계획까지 실제 내란 시도가 구체적으로 준비되었다. 이 사건은 단순히 권력의 일탈이나 전략 착오가 아니라, 한국 현대사에서 반복되어온 계엄과 내란의 구조가 다시 작동한 결과였다.

 한국 현대사는 계엄으로 민주주의 중단과 권력 재편이 반복되는 역사였다. 1948년 제주4·3사건과 여순사건, 1950년 한국전쟁기 전국 비상계엄과 반복적 해제, 1952년 '부산정치파동'기 이승만과 원용덕의 친위쿠데타,

1960년 4월혁명과 1961년 5·16군사반란, 1972년 유신쿠데타, 1979년 부마항쟁과 10·26, 1979년 12·12군사반란과 1980년 5·18항쟁에 이르기까지, 계엄은 국가 위기 상황의 대응 수단을 넘어 반복적으로 민주주의를 훼손하고 부정한 권력의 재편을 정당화하는 국가폭력의 장치로 기능해왔다. 12·3사태는 그 가장 최근의 반복이었다.

그러나 이번에는 사태의 전개가 달랐다. 비상계엄 선포와 동시에 야당의 신속한 결집과 대응, 시민사회의 저항, 군 내부의 이탈과 태업으로 좌절되었다. 헌법재판소는 탄핵 인용 결정문에서 이렇게 판시하였다. "국회가 신속하게 비상계엄 해제 요구 결의를 할 수 있었던 것은 시민들의 저항과 군경의 소극적인 임무 수행 덕분이었으므로, 이는(결과적으로 비상계엄해제요구 결의안이 가결되었다는 것은—인용자) 피청구인의 법 위반에 대한 중대성 판단에 영향을 미치지 않습니다." 이는 계엄 실패가 제도 자체의 자정작용이라기보다는 민주 역량의 집합적 성과였음을 대변해준다.

하지만 계엄의 물리적 실패는 곧바로 사법적 정당화 시도와 권력 재편으로 이어졌다. 윤석열 대통령은 2024년 12월 12일 담화문에서 계엄 선포에 대한 해명이나 반성 없이 야당을 "자유민주주의를 파괴하는 괴물", 국회를 "범죄자 집단의 소굴"로 규정하며, 자신을 "자유 대한민국의 수호자"로 위치시켰다. 이는 전두환이 1979년 12·12 이후 '질서 수호'의 언어로 군사반란을 정당화했던 방식과 구조적으로 유사하며, 실패한 쿠데타를 오히려 정치적 정당성의 서사로 전환하려는 담론적 전략이었다. 그 순간, 계엄은 끝난 것이 아니라 말과 감정의 장에서 다시 시작되었다.

2025년 1월 3일, 공수처가 내란죄로 윤석열 체포에 나서자 윤석열은 대통령 관저에 틀어박혀 경호처와 함께 요새화된 공간을 만들었고, 극우 유튜버와 일부 개신교 신도, 디지털 커뮤니티 이용자들이 자발적으로 집결하여 '석열산성'이라 불리는 비국가적·반민주적 저항 공간을 만들었다. 이 장면은 단순한 개인의 방어가 아니라 감정과 혐오가 결집된 정동적 내란의 표현이었다. 이어 1월 19일, 내란 우두머리 혐의로 윤석열 대통령에게 구속영장이 발부되자 서부지법에 극우 세력이 난입하여 기물을 파손하고 판사 색출을 시도하는 등 폭력을 자행했다. 이는 국가권력 내부의 내란 시도와 극우 대중의 감정 정치가 결합하여 예외상태를 지속시키는 방식의 전환을 상징한다.

이처럼 '12·3사태'는 단지 실패한 쿠데타가 아니었다. 계엄 기획의 발각과 좌절 이후에도 이어진 사법적 대응, 권력기관의 재조정, 시민사회의 저항, 극우 세력의 반격이 교차하는 복합적 사건군이었다. 특히 계엄 실패 이후 곧바로 이어진 통치 전략은 군사력 대신 법률과 제도의 형식을 통해 새로운 예외상태를 제도 내부에서 재구성하고자 했다. 검찰, 법원, 대통령권한대행 체제, 여당의 내란 프레임은 정합적으로 작동하면서 '과두제적 내란 카르텔'이라 부를 수 있는 통치 연합을 구성했다.

법원의 윤석열 구속영장 기각, 검찰의 항고 포기, 대통령권한대행의 특검법 거부, 여당의 '내란 세력' 프레임 확산은 모두 예외상태를 법률적으로 정당화하는 전략이었다. 이 법률전(lawfare)은 두 개의 전환점에서 집약되었다. 첫째, 2025년 1월 구속 기각 국면은 사법권 내부의 보호를 활용한 '구속 무력화 전략'이자 헌법적 언어의 정치화였다. 둘째, 5월 1일 대법원의 이재명 사건 파기환송은 윤석열 수사 무력화, 구속영장 미청구, 대통령권한대행의 사직과 대선 출마까지 연결되는 일련의 흐름 속에서 사법 쿠데타와 정치 복권의 교차점을 형성했다.

윤석열 체제는 계엄의 물리적 실패를 민주주의의 회복으로 받아들이지 않았다. 대신, 언어의 무기화, 법의 형식 활용, 감정 동원을 통해 예외상태를 구조화하고 지속화했다. 민주주의를 위협한 것은 총칼만이 아니었다. 법과 제도, 감정과 언어, 혐오와 서사의 조합은 '합법적 내란'의 형태로 예외상태를 연장시켰다.

이 책은 단지 '계엄–실패–법률전–극우화'로 이어지는 통치 패턴을 설명하려는 데 그치지 않는다. 이 구조적 반복이 어떻게 내란과 쿠데타의 다른 형태로 전환·지속되어왔는지를 심층적으로 이해하고, 그 과정에서 민주주의의 균열과 회복 가능성을 함께 조망하기 위해 열두 편의 글을 모았다. 각각의 글은 서로 다른 시공간과 분석 단위에서 예외상태의 제도화, 감정의 동원, 언어의 전환, 기억과 실천의 교차를 추적하여 12·3사태가 던진 질문에 입체적으로 응답하고자 한다.

2

계엄은 군이 거리와 광장을 장악하는 물리적 상황만을 뜻하지 않는다. 그것은 헌법에 존재하는 예외조항을 통해 폭력을 법제화하고 민주주의를 잠정 중단시키는 통치 기술이다. 2024년 12월 3일의 비상계엄 선포는 이러한 통치 기술이 반복되고 있음을 보여준다. 이 사건은 과거 군사정권의 유산이 아니라, 헌법과 제도, 감정과 기술의 층위에서 여전히 작동 중인 통치 구조의 최신 반복이었다. 계엄은 언제나 '비상'을 이유로 등장하지만, 실상 '비상' 자체를 조작하거나 유도함으로써 자신을 정당화하는 자가증식적 체계였다. 따라서 오늘날 민주주의의 위기를 논의할 때 계엄은 단순한 역사적 사건이 아니라 분석의 중심이 되어야 할 이론적 개념이다.

이 책은 계엄과 내란이라는 국가폭력의 형식을 단지 물리적 사건이 아닌 복합적 구조로 접근한다. 계엄을 가능하게 만드는 제도적 조건과 그것을 정당화하는 언어, 감정, 기술 그리고 이에 맞선 시민사회의 저항 등을 다양한 학문과 장르에서 탐색한다. 예외상태(state of exception: 통치권력이 법을 정지시키고 스스로를 초월하는 권능을 행사하는 상태), 비상대권(emergency powers: 헌정질서가 위협받는 상황에서 통치자가 일시적으로 법률과 권력분립의 원칙을 넘어서 행사하는 특별 권한), 창법적創法的 폭력(또는 벤야민의 '법 정립적 폭력'), 예외상태의 헌법적 내장화(헌법 조문에 비상권한이 미리 기입되어 법질서의 정지를 제도화한 구조)는 이 책에서 사용된 주요 개념이다. 한국의 계엄은 특히 예외상태가 반복적으로 헌법에서 제도화된 구조를 띠며, 예외를 예외로 두지 않고 상례화(normalization: 예외적인 상황이 제도화·규범화되어 일상처럼 받아들여지는 상태)되는 특징을 보인다. 이 과정에서 폭력은 법의 바깥이 아닌 법의 형식 속에서 작동하며, 새로운 통치 질서를 창출하는 이중 구조를 형성한다. 삼권분립은 무력화되고, 군사권력은 대통령에게 집중된다.

계엄은 물리적 통제를 넘어 사람들의 감정과 기억에도 깊이 관여한다. 공포, 혐오, 불안, 분노 같은 감정은 계엄 통치를 정당화하는 수단으로 활용될 수 있다. 이러한 감정은 문학, 일상생활, 교육, 종교, 디지털 플랫폼 등 다양한 영역에서 끊임없이 재현되고 유포된다. 국가폭력의 기억은 과거에만 머물지 않고 현재를 구성하는 억압된 층위로 남아 있으며, 민주주의적 실천은 이 억압을 해체하고 감정을 재구성하는 과정에서 형성된다. 거리와 광장에서의 저항은 교육과 운동, 말과 실천의 언어로 확장되며, 이는 계엄과 내란의 반복 구조에 맞서는 민주주의 감각의 재구성이다.

오늘날 계엄은 군 명령만으로 정당화되지 않는다. 유튜브 알고리즘과 댓글 조작, 증오를 기반으로 한 커뮤니티를 통해 작동하는 디지털 권력은 계엄의 감정 구조를 자동화한다. 정동적 자동화(디지털 환경에서 감정이 무의식적으로 증폭·재생산되는 구조)는 혐오와 분노의 정치가 어떻게 알고리즘을 통해 대중의 행동을 조직하는지 보여준다. 이렇게 기술, 언어, 감각이 교차하는 통치 환경 속에서 계엄은 거리 바깥, 일상 깊숙한 곳으로 은폐되고 내면화된다. 민주주의는 이제 제도만으로는 방어될 수 없으며, 감정과 언어, 기억과 기술을 가로지르는 새로운 실천의 장에서 다시 구성되어야 한다.

이러한 문제의식으로 보면 '저항'은 단순히 정권에 반대하는 외침이 아니라, 예외상태가 상례화되는 국면에서 헌법과 민주주의를 사유하고 되찾는 윤리적·정치적 실천이다. 헌법 내부에 예외상태를 제도화하는 구조적 메커니즘이 내장되어 있다는 점은 현대 민주주의가 직면한 근본적 역설을 드러낸다. 또한 '말할 수 있는 힘'(자크 랑시에르의 개념으로, 배제된 주체가 자신의 언어로 세계를 구성해 나가는 능력)의 회복은 계엄 이후 민주주의가 직면한 당면 과제다. 계엄과 내란의 반복을 분석하는 일은 단지 과거를 회고하는 작업이 아니다. 그것은 민주주의의 조건을 재구성하고, 기억과 감정, 제도와 언어를 가로지르는 새로운 이론적 문법을 모색하는 작업이다.

3

이 책은 이러한 문제의식을 바탕으로 크게 3부로 구성했다. 제1부는 한국 현대사의 계엄과 내란이 어떻게 반복되고 변형되어왔는지를 역사적 사례를 추적하여 계엄이 단지 과거의 사건이 아니라 반복 가능한 통치 기술임을 실증적으로 드러낸다. 제2부는 계엄과 내란을 가능하게 했던 법적·제도적 조건과 그 정당화의 논리를 분석하며, 예외상태를 가능케 한 헌법과 국가권력의 구조를 비판적으로 해체한다. 제3부는 계엄 이후의 언어와 감정, 기억과 실천이 민주주의를 어떻게 재구성할 수 있는지를 탐색한다. 거리의 말과 교육의 실천, 알고리즘의 정동 구조를 따라가며 민주주의의 새로운 가능성을 감각적으로 사유하고자 한다.

『계엄, 내란 그리고 민주주의』는 이렇듯 하나의 사건을 다룬 기록이 아니라 반복되는 위기의 구조를 분석하고, 그러한 위기에 맞서 민주주의의 감각과 언어를 복원하려는 시도다. 각각의 글은 서로 다른 시공간과 분석 틀을 기반으로 하고 있지만 궁극적으로는 하나의 공통된 질문을 향한다. 예외상태가 반복되는 오늘, 우리는 민주주의를 어떻게 다시 말할 수 있을까? 이 책이 독자에게 던지는 질문은 바로 그것이다.

제1부는 '한국 계엄의 역사'를 주제로 삼아 계엄이 위기의 순간마다 반복되며 민주주의를 억압했던 통치 기술로 작동해온 과정을 다룬다. 1~5장까지 다섯 편의 글은 계엄을 단발적 비상조치가 아니라 국가권력이 예외를 제도화하며 권위주의적 질서를 구축하는 핵심 장치로 분석한다. 특히 여순사건부터 12·3사태에 이르기까지 계엄이 언제 어떻게 작동했고, 그에 맞선 시민의 저항은 어떻게 형성되었는지를 조망한다.

1장 강성현의 「한국적 계엄의 탄생 — 여순사건, 제주4·3사건, 한국전쟁기 계엄」은 여순사건, 제주4·3사건, 한국전쟁, 부산정치파동 등을 관통하며 계엄의 법적 기원과 폭력적 구조를 추적한다. 이 글에서는 계엄이 단지 비상상황에 대응하는 법률이 아니라, 법 이전의 폭력을 '계엄법'이라는 이름으로 제도화하는 과정이었다고 진단한다. 이를 '창법적 폭력'으로 개념화하면서 12·3사태 역시 그 계보 위에 놓인 역사적 반복임을 지적한다. 국가권력이 법의 이름으로 폭력을 행사한 계엄의 기원은 지금도 유효한 위협임을 보여준다.

2장 김현주의 「32년 군사독재의 서막—5·16군사쿠데타와 계엄」은 박정희가 쿠데타 직후 계엄령과 비상조치를 연쇄적으로 동원하여 권력을 장악한 과정을 복원한다. 계엄은 '질서 회복'이라는 담론을 내세워 헌정질서를 무너뜨리는 핵심 수단으로 기능했다. 이 글은 5·16군사쿠데타와 그에 이어진 군사정부의 계엄 통치가 이후 모든 쿠데타의 원형이 되었음을 밝히며, 군과 행정 권력이 어떻게 협업했는지를 추적한다. 박정희 체제의 계엄은 민주주의를 잠식한 제도적 인프라로 기능했다는 점에서 반복의 조건을 제시한다.

3장 권혁은의 「저항의 조직화, 계엄의 체계화—6·3항쟁과 계엄」은 1964년 한일협정 반대 시위를 계엄 선포와 위수령 적용의 맥락에서 다시 읽는다. 박정희 정권은 시위를 반국가행위로 규정하며 언론 검열과 군법회의, 반공 담론을 총동원한 통치 전략을 구성했다. 이 글은 유신체제와 긴급조치로 이어지는 억압적 통치 구조가 이 시기에 기초되었음을 밝힌다. 계엄은 단지 군사 통제가 아니라 정치적 레토릭과 감시체제를 포함한 복합통치 수단이었다. 이 글에서는 또한 민주화운동이 시작된 시기가 동시에 폭력적 통치 방식이 체계화된 시기였음을 보여준다.

4장 이준영의 「비상대권과 긴급조치의 시대—유신쿠데타와 10·17비상계엄」은 유신 선포의 배경이 된 1972년 비상계엄을 '친위쿠데타'로 규정한다. 국회 해산과 긴급조치 발령, 비상국무회의 구성 등은 계엄을 통해 헌정질서를 내부에서 전복한 사례로 분석된다. 이 글에서는 비상 권력이 대통령의 비상대권이라는 형태로 제도화되며, 이후 반복되는 위기의 통치 모델이 되었음을 밝힌다. 유신은 계엄을 헌법 바깥이 아니라 헌법 내부로 끌어들인 결정적 전환점이었다. 이 글은 오늘날까지도 지속되는 비상 권력의 논리를 성찰하게 한다.

5장 노영기의 「무너진 민주주의, 되살아난 군사독재 — 부마항쟁, 12·12군사반란 그리고 5·18항쟁」은 1979~1980년 계엄의 지속과 군사반란, 5·18항쟁을 중심으로 국가폭력의 작동 구조를 분석한다. 신군부는 시민 항쟁을 공권력으로 억누르며 계엄을 정권 장악의 도구로 활용했고, 광주의 비극은 민주주의 회복의 기회를 짓밟는 방식으로 작동했다. 이 글은 그 같은 폭력이 단절된 과거가 아니라 오늘날 계엄 저지 행동으로 이어진 집단 기억의 일부임을 강조한다. 계엄은 국가폭력의 극단인 동시에 저항의 기억을 형성하는 계기이기도 했다. 바로 이러한 이중 구조를 면밀히 짚어낸다.

제2부는 '예외상태, 법의 본질과 인간의 조건'을 주제로 하여 12·3사태를 계기로 드러난 계엄의 제도적 본질과 반복 메커니즘, 그리고 이에 대한 철학적·문학적 응답을 고찰한다. 계엄은 위기 시에만 동원되는 비상수단이 아니라, 헌법 내부에 구조적으로 내장된 권력 집중의 장치이며 민주주의를 잠정 중단시키는 합법적 경로이기도 했다. 여기에 실린 글들은 법제도, 저항의 윤리, 감각적 기억이라는 층위에서 예외상태가 인간의 삶과 법의 의미를 어떻게 뒤흔드는지를 입체적으로 사유한다.

6장 오동석의 「계엄제도가 국가범죄 수단으로 전락한 까닭」은 계엄이 단지 남용된 비상조치가 아니라 헌법에 내장된 권력 집중 장치였음을 지적한다. 이 글에서는 계엄 선포 시 입법·사법·행정 권한이 모두 대통령에게 집중되도록 설계된 헌법 조항들이 삼권분립의 원리를 근본적으로 침해한다고 분석한다. 12·3사태는 이러한 구조적 허점을 악용한 내란 시도로, 헌정질서를 내부에서 무너뜨린 대표적 사례였다. 이 글은 계엄의 반복이 개인의 일탈이 아닌 제도적 조건에 기인한다는 점을 강조하며, 헌법 개정과 권력분립 구조의 재설계를 대안으로 제시한다. 이를 통해 예외상태를 허용하는 법의 구조를 근본적으로 재사유할 것을 촉구한다.

7장 김대근의 「법 바깥에서 법을 사유하는 법 — 저항권의 가능성과 실천」은 12·3계엄과 1·19 서부지법 폭동을 둘러싼 '저항'의 개념을 중심으로 저항권의 규범적 조건과 정치철학적 의미를 탐색한다. 이 글에서는 저항권을 시민불복종과 구별되는 실천적 권리로 규정하고, 헌정질서 회복을 위한 '최후의 수단(ultima ratio)'으로서 법적 정당성을 가질 수 있다고 주장한다. 이 글은 저항이 현행 법체계 바깥에서 '마땅히 있어야 할 법'을 사유하게 하는 윤리적 행위임을 강조하며, 예외상태에 직면한 시민의 정치적 책임과 실천의 조건을 분석한다.

8장 김요섭의 「전짓불 앞에 서다 — 한국문학과 계엄의 기억」은 이청준의 소설 「전짓불 앞의 방백」과 「소문의 벽」 등 한국문학을 중심으로 계엄이 남긴 감각적 잔여와 기억의 구조를 분석한다. 이 글에서는 '전짓불'이라는 상징을 통해 어느 편도 안전하게 선택할 수 없는 공포의 구조, 밝은 빛조차 감추는 국가폭력의 역설을 드러낸다. 또한 조갑상이 제시한 '보이지 않는 숲' 개념을 빌려 계엄의 폭력이 단지 과거의 사건이 아니라 현재까지 지속되는 억압의 구조임을 조명한다. 문학이 계엄이라는 예외상태를 어떻게 기억하고 증언해왔는지를 성찰하며, 오늘날의 독자 또한 여전히 '전짓불 앞'에 서 있다는 감각을 환기한다.

제3부는 '내란의 기억과 민주주의의 새로운 길'을 주제로 삼았는데, 12·3

사태 이후 민주주의를 되묻는 다양한 사회적·문화적 실천의 기록을 담았다.

9장 이정환의 「알고리즘 내란, 극우 유튜브가 키운 대통령의 최후」는 극우 유튜브와 언론의 공모로 인해 공론장이 해체된 과정을 '알고리즘 내란'이라는 개념으로 분석한다. 디지털 생태계와 정동의 구조, 언론의 퇴행을 통계와 사례 중심으로 조명하며, 윤석열 정권의 붕괴 원인을 구조적 측면에서 설명한다. 특히 "언론을 짓밟고 성공한 권력은 없다"는 선언처럼, 공론장의 복원 없이는 민주주의도 회복될 수 없다는 점을 강조한다. 이 글은 언론 개혁과 알고리즘 통제라는 실천적 과제를 함께 제시한다.

10장 나영의 「새로운 사회를 위한 움직임―광장에서 현장으로, 변화를 위한 균열들」은 12·3계엄 시도 이후 거리에서 분출된 시민의 저항이 어떻게 다양한 사회운동의 현장으로 이어졌는지를 추적한다. 여성, 청년, 노동, 교육, 환경운동 등의 목소리가 거리의 외침에서 일상의 실천으로 전환되는 과정을 생생히 담아낸다. 광장에서 현장으로 이어지는 이 흐름은 선언에서 실천으로, 감정에서 감각으로 이어지는 민주주의의 또 다른 경로를 보여준다. '균열'은 단절이 아니라 연결의 전략이자 새로운 정치 감각을 여는 출발점으로 등장한다. 이 글은 민주주의를 삶의 방식으로 다시 묻는다.

11장 최성용의 「내란의 긴 밤을 거슬러, 내란 이후의 세계로―언어의 전개 과정으로 보는 123일의 내란 정국」은 12·3계엄부터 윤석열 대통령 탄핵심판까지 이어진 내란 정국의 언어와 정동의 변화를 정밀하게 분석한다. 정치적 수사와 언론 보도, 대중 담론의 변화를 통해 권위주의가 언어를 어떻게 점유하고 왜곡하는지를 추적한다. 윤석열을 중심으로 한 내란 카르텔의 계엄 미화 전략과 내란 부정 담론은 민주주의 언어의 붕괴를 단적으로 보여준다. 이 글에서는 민주주의 회복이 언어의 회복, 다시 말할 수 있는 힘의 회복을 통해서만 가능하다고 주장한다. 그리고 정동적 담론 분석을 통해 '내란 이후의 말하기'를 모색한다.

12장 맹수용의 「12·3비상계엄 이후의 수업, 그 대화의 기록」은 헌법재판소의 탄핵 판결 이후 교실에서 이루어진 역사 수업과 학생들의 대화를 중심으로 민주주의 교육의 가능성을 기록한다. 학생들은 뉴스와 수업을 통해 각자의 언어로 계엄을 해석하고 질문하며, 교실은 민주주의를 감각하는 실험실이 된다. 교사는 다양한 정치 감정을 조율하며 균형 잡힌 수업을 시도하고, 이는 교육의 윤리와 실천의 한계를 동시에 드러낸다. 이 글은 역사적 사건이 현재의 교육에 어떻게 침투하고 어떤 방식으로 공동의 기억으로 전환되는지를 보여준다. 교실은 민주주의의 일상을 훈련하는 공간임을 분명히 말한다.

4

12·3비상계엄 선포는 단순한 군사작전이나 정무적 일탈이 아니었다. 그것은 법과 감각, 언어와 권력의 모든 차원을 관통한 내란이었다. 이후 이어진 국회의 탄핵소추안 가결과 2025년 1월의 사회적 내전 상태, 4월 헌법재판소의 대통령 윤석열 파면 결정, 장기화되는 법률전과 감정전은 계엄–실패–법률전–극우화라는 통치 패턴을 드러냈다. 이 일련의 흐름을 감지하고 저지한 주체는 제도권 권력만이 아니었다. 그것은 언론과 시민사회, 거리와 교실, 광장과 온라인, 강의실과 현장의 이름 없는 주체들이 만들어낸 저항의 감각과 연대였다.

이 책은 그러한 감각의 연결이 지닌 힘을 기록하고, 민주주의를 다시 말하고자 하는 선언이다. 이 기획은 단지 분석을 위한 작업이 아니라, 시민들이 계엄과 내란이라는 거대한 국가폭력에 직면하며 구축해낸 새로운 민주주의의 감각과 실천을 함께 되새기고자 한 시도다. 그 출발점은 연구자로서의 절박함에서 비롯되었다. 한국전쟁기 국가폭력의 법제와 예외상태를 연구해온 기획자는 12·3사태 이후 마주한 권력의 폭주와 민주주의 감각의 붕괴, 언어와 정동의 내란 상태를 직시하며 더 이상 침묵할 수 없다는 절실함으로 이 기획을 제안했고, 여러 필자가 기꺼이 뜻을 모아주었다.

이 책에 실린 글들 가운데 일부는 『역사비평』 2025년 봄호(150호) 특집 '역사로 돌아보는 12·3계엄 사태'에 수록된 글을 바탕으로 했으며, 또 다른 여러 편은 2024년 겨울부터 2025년 봄까지 이어진 토론회, 강연회, 세미나, 언론 기고 등을 통해 발표된 원고를 수정·보완하여 구성되었다. 그리고 몇몇 글은 이 책을 위해 새로 집필되었다. 이렇게 서로 다른 맥락에서 태어난 글들이 하나의 책으로 묶이는 과정은 단순한 편집이 아니라, 감각과 기억, 분석과 실천이 교차하는 민주주의 지식 커먼즈의 구성 그 자체였다.

우리의 제안을 기획 초기부터 신뢰하고 출판을 결심해준 역사비평사에 깊이 감사드린다. 특히 원고 집필과 교정, 일정 조율 등 전 과정을 세심하게 조율해주신 조수정·이지안 편집자님께 진심으로 감사드린다. 바쁜 일정 가운데서도 기획을 기꺼이 수락하고 원고를 보내주신 필자들인 강성현, 김현주, 권혁은, 이준영, 노영기, 오동석, 김대근, 김요섭, 이정환, 나영, 최성용, 맹수용 선생님께 특별한 감사를 전한다. 그리고 지난 몇 개월간 토론회와 줌 회의, SNS에서 함께 토론하고, 원고를 공유하고, 감정의 연결을 이어준 모든 연구자, 활동가, 시민께 깊이 감사드린다.

이 책은 끝이 아니라 시작이다. 12·3계엄과 내란 이후의 민주주의는 단지 제도와 권력의 재편이 아니라, 말하고 연결하며 실천하는 감각의 회복에서 다시 시작될 것이다. 우리에게 필요한 것은 "무엇을 할 수 있는가"라는 질문이 아니라, "우리가 이미 하고 있는 것을 끝까지 함께하자"는 다짐이다. 이 책이 그러한 다짐에 작게나마 힘을 보태기를 바란다.

그리고 마지막으로, 이 책은 계엄과 내란의 상황 속에서 국가폭력, 더 나아가 제노사이드에 의해 생을 달리하신 모든 피해자께 바친다. 또한 가해 구조의 부정과 억압 속에서도 끝까지 살아남아 말과 몸으로 증언해주신 국내외 유족들과 증언자들께 깊은 존경과 연대의 마음을 담아 이 책을 바친다.

나아가 우리는 희망한다. 언제가 될지는 알 수 없지만, 시민들이 주체가 되어 만들어낸 시민헌법이 공적으로 열람될 수 있는 날을. 차별과 억압을 규제하는 헌법과 법률이 제도적 선언에 그치지 않고, 그것을 실천하고 지켜내는 시민 다수가 존재하는 사회를. 이 책이 그 먼 길에 조심스레 놓인 하나의 디딤돌이 되기를 바란다.

2025년 6월
필자들을 대표하여 강성현·노영기

제1부
한국 계엄의 역사

1
한국적 계엄의 탄생
— 여순사건, 제주4·3사건, 한국전쟁기 계엄

1. 다시 계엄을 묻다
— 12·3친위쿠데타의 실패, 그리고 한국 계엄의 역사

 2024년 12월 3일 22시 28분, 윤석열 대통령은 갑작스럽게 비상계엄을 선포했다. 그는 비상계엄 선포 담화문에서 더불어민주당의 정부 관료에 대한 탄핵 추진과 예산 삭감 등을 "입법독재"이자 "반국가행위"로 규정하며, 자유민주주의 체제를 지키기 위해 전국에 비상계엄을 선포한다고 선언했다. 곧바로 계엄사령부는 포고령 제1호를 통해 국회와 정당의 모든 정치활동 금지, 언론과 출판의 통제, 파업과 집회의 전면 금지, 포고령 위반자에 대한 영장 없는 체포·구금을 명령했다.
 특히 계엄사령부는 국회의 계엄 해제 결의를 막기 위해 육군 특수전사령부 소속 1공수·9공수·707특임단과 특수작전항공단 헬기를 동원하여 무장병력을 국회 본청에 투입했다. 계엄군은 본관 유리창을 깨고 본회의장 진

입을 시도했고, 대통령은 "문을 부수고 의원들을 끌어내라"고 지시했다. 그러나 시민들과 국회 직원들의 저항, 계엄군 내부의 불복종과 소극적 태도로 계엄군은 본회의장 진입에 실패했고, 그사이 국회는 재석 의원 190명 전원 찬성으로 비상계엄해제요구결의안을 가결했다. 계엄군은 4일 새벽에 철수했고, 정부는 계엄 해제를 공식 발표했다.

이 사건은 한국 현대사에서 반복돼온 계엄과 쿠데타가 '친위쿠데타' 형태로 재현된 사례였다. 1987년 이전 한국 정치사는 1961년 5·16군사쿠데타, 1980년 5·17비상계엄 확대 등 계엄을 통한 권력 찬탈의 역사였다. 그러나 이번 시도는 실패로 끝났다. 국회의 비상계엄 해제 결의, 계엄군 내부의 동요, 무엇보다도 시민들의 저항이 큰 역할을 했다. 이후 국회는 12월 14일 재적 300명 중 찬성 204표로 윤 대통령에 대한 탄핵소추안을 가결했고, 2025년 1월 14일 고위공직자범죄수사처는 윤 대통령을 체포했다. 그리고 마침내 4월 4일, 헌법재판소는 전원일치로 대통령 파면 결정을 내렸다.

계엄을 둘러싼 법적 쟁점

비상계엄이 실패하면서, 이 조치가 헌법과 법률에 위배되었는지를 두고 뜨거운 논쟁이 벌어졌다. 헌법학자들은 윤 대통령의 계엄 선포가 헌법과 계엄법에서 정한 요건을 충족하지 못했으며 필수 절차도 거치지 않았으므로 무효라고 주장했다.

헌법 제77조는 계엄 요건으로 "전시·사변 또는 이에 준하는 국가비상사태"를 규정하고, 계엄법 제2조는 "사회질서가 극도로 교란되어 행정 및 사법 기능의 수행이 현저히 곤란한 경우"를 덧붙이고 있다. 하지만 '입법독재'나 탄핵에 따른 '행정부 마비'는 이에 해당되지 않는다. 탄핵은 헌법상 정당한 절차이며, 예산안 처리 지연도 준예산 제도를 통해 대응 가능하다. 절차 측면에서도 문제는 분명하다. 계엄법상 국무회의 심의와 국무총리의 건의가 필수인데, 윤 대통령은 '국무위원 회의'라는 비공식 회의를 통해 계엄을 일방적으로 선포했다. 회의록과 서명도 없었다.

윤 대통령 측은 계엄 선포가 '고도의 통치행위'라 사법심사의 대상이 아니라고 주장했지만, 이는 과거 유신 시절 논리의 반복이다. 헌법과 법률은 대통령 권한을 명확히 제한하고 있으며, 특히 기본권을 제약하는 계엄은 더욱 엄격한 요건을 요구한다.

12·3비상계엄 선포와 해제 과정은 단순히 요건을 충족하지 못한 수준을 넘어, 애초에 요건 자체를 무시한 조치였다. 이에 따라 윤석열 대통령이 친위쿠데타와 내란을 통해 민주적 헌정질서를 파괴한 국헌문란 범죄를 저질렀다는 비판이 제기되었다. 김선택은 "'성공한 쿠데타는 처벌할 수 없다'는 논리"를 단호히 반박하며, "쿠데타는 성공해도 내란이고, 실패해도 내란이다. 그 본질이 내란 행위라는 사실은 어떤 경우에도 변하지 않는다"고 강조한다. 그는 전두환과 하나회가 감행한 비상계엄 선포와 쿠데타가 장기간 심판을 유예받았을 뿐 결국 12·12군사반란과 5·17내란으로 단죄되었다는 역사적 사례를 상기시키며, 12·3비상계엄과 그에 수반된 쿠데타 및 내란 시도 역시 결코 예외가 될 수 없다고 분명하게 지적한다.[1]

이런 비판에 동의하면서도, 계엄처럼 권력을 한꺼번에 집중시킬 수 있는 비상 권한이 단지 법규범주의에 입각한 법리적 해석만으로 통제될 수 있을지는 의문이다. 계엄이 반복적으로 등장해온 한국 현대사의 맥락에서 보자면, 이는 단순한 법적 행위가 아니라 민주적 헌정질서를 위협해온 통치 기술이기도 하다.

계엄이라는 오래된 반복

정치철학자 조르조 아감벤이 지적했듯이, 현대 국가에서 '예외상태'는 일시적인 조치를 넘어 반복적이고 구조화된 통치 방식으로 자리 잡아왔다. '예외상태의 상례화'란 비상조치가 일회성에 그치지 않고 법적·정치적 관행으로 굳어지며 제도화되는 현상을 의미한다. 조르조 아감벤을 비롯한 정치철학자들은 이 개념을 통해, 비상사태나 군사적·경제적 위기, 심지어 정치적·사회적·보건적 위기라는 이름으로 헌법상 기본권이 정지되는 상황을 분석하며, 그러한 권리의 공백 위에서 등장하는 국가폭력과 권력의 출현을 심각하게 우려한다.

한국 현대사에서 계엄은 반복적으로 폭력적 국가권력이 헌정을 정지시키고 통치를 강화하는 수단으로 작용해왔다. 1948년 제주4·3사건과 여순사건, 한국전쟁, 1961년 5·16군사쿠데타, 1964년 6·3사태, 1972년 유신체제, 1980년 5·17비상계엄 확대 조치 등은 계엄이 정권 유지와 통치권력의 재편을 위한 수단으로 활용된 사례들이다. 한국에서 계엄은 단순한 법적 장치가 아니라 국가폭력의 역사적 산물이었다. 대통령과 군은 초월적 주권자로 군림하면서 스스로 비상사태를 판단하고 계엄이 선포된 지역을 사실상 폭력이 지배하는 예외공간으로 전환시켰다. 1949년 제정된 계엄법은 지금까지도 큰 변화 없이 존속하고 있으며, 이러한 경험이 축적되어 있다. 이런 의미에서 계엄은 '창법적創法的 폭력'으로서 작동해왔다.

2024년 12월 3일의 비상계엄 선포 역시 이러한 역사적 맥락에서 이해되어야 한다. 계엄은 단지 헌법이 부여한 권한의 행사가 아니라 법 자체를 수단화하여 권력의 폭력을 정당화하는 '법 정립적 폭력'으로 기능할 수 있다. 이번 사태는 계엄이 정권의 위기를 돌파하고 민주주의를 억압하는 수단으로 다시금 악용될 수 있다는 사실을 여실히 보여주었다. 따라서 이를 단순한 헌법적 논쟁으로 환원하지 말고, 계엄의 역사적 형성과 구조적 문제를 더욱 근본적으로 검토해야 한다.

이 글은 먼저 계엄법이 제정되기 이전, 계엄법 없는 계엄 상태의 역사를 살펴본다. 구체적으로는 대한민국 정부 수립 직후 여순사건과 제주4·3사건 당시 선포된 계엄령과 계엄 상태를 분석하여 '창법적 폭력'으로서의 계엄법이 어떻게 탄생했는지, 그 제정 과정과 국회에서 논의된 주요 쟁점들을 검토한다. 이어서 한국전쟁 초기 발동된 대통령 긴급명령과 계엄 상태 간 상호작용을 통해, 국가권력이 민간인에게 자행한 대량 폭력의 확대 과정과 사회에 대한 내전적 성격을 살펴본다. 또한 1951년 '공비 소탕'을 목적으로 비상계엄을 경비계엄으로 전환하며 벌어진 군의 민간인 학살, 1952년 대통령 재선을 목적으로 한 계엄 선포와 친위쿠데타('부산정치파동')를 분석한다. 이를 통해 한국의 계엄 역사가 단순히 비상조치의 연속이 아닌, 국가권력이 정치적 반대 세력을 억압하고 민간인을 대상으로 한 대량 폭력을 정당화하며, 헌정질서를 잠식해온 법적·정치적 도구였음을 밝히고자 한다.

2. 계엄법 없는 계엄 상태
— 여순사건 및 제주4·3사건에서의 계엄 선포와 경험

여순사건, 법 없는 임의적 계엄 선포와 자의적 대량 폭력

대한민국 정부가 수립된 후 처음으로 계엄이 선포된 것은 1948년 10월 22일, 여순사건 때였다. 당시 '여수·순천 지구 현지 사령관'인 제5여단장 김백일이 계엄령을 선포한 것이다. 그런데 이 계엄은 공식적인 절차를 거친 것이 아니었다. 정부의 공보나 관보에도 실리지 않았고, 단지 '선포문'이라는 형태로 발표되었다.[2]

이 선포문을 보면 흥미로운 점이 있다. 계엄의 선포 요건이나 지역, 유형 같은 기본적인 정보가 빠져 있고, 대신 금지 조항과 처벌 내용이 중심을 이루고 있다. 예를 들면 통행금지, 집회 금지, 유언비어 유포 금지, 선동 금지, '반도叛徒'(반역자)를 숨기거나 몰래 연락하는 행위 금지, 무기와 군수품 소지자에 대한 사형 처분 등이 구체적으로 적혀 있다.

선포문은 "본관에게 부여된 권한에 의하여 …… 계엄령을 선포한다"는 문장으로 시작된다. 여기서 중요한 점은 계엄령을 선포한 인물이 대통령이 아니라 현지 사령관, 즉 김백일이었다는 사실이다. 어떻게 이런 일이 가능했을까?

김백일의 계엄령 선포는 아무런 법적 근거 없이 임의적으로 이루어진 조치였다. 그 배경에는 미군정 시기 시행된 '마셜로(Martial Law)'의 경험이 자리 잡고 있다. 예컨대 1946년 대구 10월항쟁 당시 미군정은 민간 시위를 진압하기 위해 법적 근거 없이 계엄을 선포했고, 포고령을 내려 통행·집회 금지, 무기 소지 금지 등을 명령했다. 이 과정은 군사 매뉴얼에 따라 수행되었으며 민간인을 군사재판에 회부하기까지 했다. 이후 미군은 한반도 전역에 적용할 수 있는 '마셜로 표준운영절차(SOP)'를 마련했고, 이는 지역 지휘관이 자체 판단으로 계엄을 선포하고 군정경찰과 조선경비대를 동원해 소요를 진압하는 형태로 정리되었다.[3] 이 같은 경험은 한국군 지휘관들에게 "법이 없어도 계엄은 가능한 것"이라는 실무 관행과 인식을 남겼다. 실제로 지역 사령관들은 질서 회복을 명분으로 군사작전을 벌이고 행정과 사법 권한까지 장악하며 전권을 행사했다. 이승만 대통령도 김백일의 계엄령 선포 사실을 알고 있었다. 10월 22일 내외신 기자회견에서 이미 그 내용을 언급했고, 10월 25일에는 국무회의를 통해 '계엄 선포에 관한 건'(대통령령 제13호)을 공포했다. 이는 헌법 제72조에서 정한 절차에 따라 국무회의의 의결을 거쳐 계엄령을 공포한 것처럼 보이지만, 실제로는 김백일의 계엄령 선포를 사후에 승인한 조치였다.

대통령령 제13호는 대한민국 역사상 최초로 계엄 선포가 법적 문서로 공포된 사례였다. 그런데 문서의 형식과 표현을 살펴보면 일제의 '계엄령戒嚴令'[4] 계엄 문서와 상당히 흡사하다는 것을 알 수 있다. 제목, 공포 절차, 대통령 직인, 공포일, 그리고 국무위원이 함께 서명[5]하는 방식 등 거의 모든 항목이 일제의 '계엄 선고의 건'(계엄 문서 제목)과 비슷했다. 실제로 1948년 11월 9일 『동광신문』은 일반 국민들에게 계엄령을 이해시키기 위해 일제의 계엄제도를 설명하는 기사를 실었다. 기사에서는 계엄 유형을 '합위지경合圍之境'과 '임전지경臨戰之境'으로 나누고, 각 유형에 따라 행정과 사법의 권한이 어떻게 배분되는지를 설명하고 있다.[6]

이승만 정부가 공포한 대통령령도 계엄 선포의 목적을 "일부 반란을 진정하기 위하여"라고 밝히며, 계엄 유형을 '합위지경'(현재 비상계엄에 해당)으로 분류했다. 이 용어는 일제 계엄령에도 등장하는데, 적의 포위나 공격 같은 위협 상황에 대응하여 특정 지역을 통제구역으로 지정하는 것을 의미한다. 계엄 시행일은 1948년 10월 25일이었지만, 문제는 계엄사령관이 누구인지 명시되지 않았다는 점이다.

결국 10월 26일 원용덕 호남 방면 군사령관이 별도로 '계엄 고시'를 통해 여수·순천 지역에 임시계엄을 선포했으며 군사와 관련된 행정 업무는 물론 재판까지도 직접 맡겠다고 밝혔다. 그런데 이 조치는 이미 김백일이 임시로 계엄령을 선포한 지 4일이나 지난 뒤였다. 즉, 두 명의 군 지휘관 사이에서 계엄 권한을 둘러싼 내부 갈등이 벌어진 것이다. 게다가 원용덕 역시 '합위지경'이라는 개념을 잘못 이해하고 있었다. 그는 이를 단순히 군사적 사항으로만 한정했지만 실제로는 일반 행정과 사법 권한까지 포함된 개념이었다.[7]

이렇게 엉성하고 내부 갈등으로 혼란스러운 계엄 선포와 시행은 결국 국회의 논의 대상으로 떠올랐다. 특히 순천 지역 국회의원 황두연이 군 특별조사국에 끌려가 인민재판에 참석했다는 혐의로 구타와 취조를 당한 사건은 국회 안팎에서 큰 충격을 불러일으켰다. 회기 중인 국회의원을 국회의 동의 없이 체포하고 구금한 일은 명백한 불법이었기 때문이다.

광주지방검찰청 순천지청의 박찬길 검사도 같은 혐의로 구타를 당하고, 재판도 없이 총살당하는 사건이 발생했다. 이런 일련의 사건은 계엄 선포 이후 군이 민간인에 대해 무차별적이고 과도한 폭력을 행사했음을 보여준다. 군은 경찰과 우익 청년단의 협조를 받아 민간인을 체포·구금하고 고문했으며, 심지어 재판도 없이 즉결처형을 자행했다. 계엄령 아래 설치된 군법회의는 이름만 재판일 뿐 형식적인 절차만 밟는 수준에 불과했다. 이런 방식으로 폭력과 학살이 정당화되었다.[8]

제주4·3사건, 혼란스러운 계엄 선포와 장기화된 대량학살

여순사건이 일단락된 뒤 이승만 정부와 군은 제주4·3사건 진압을 본격적으로 시작했다. 이 과정에서 제주도에도 계엄령이 선포되었지만, 첫 선포일에 대한 기록은 자료마다 제각각이다. 국방부, 경찰, 미군 자료, 당시 신

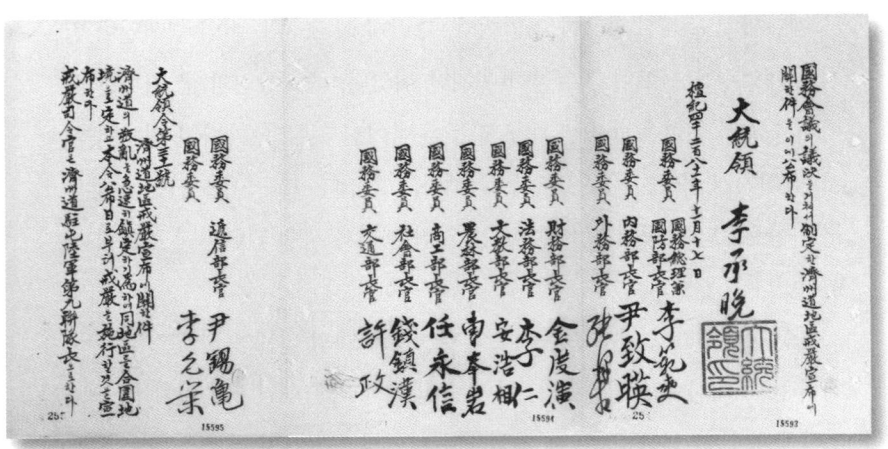

제주도 지구 계엄 선포에 관한 건》 제주4·3사건을 본격적으로 진압하기 위해 이승만 대통령은 1948년 11월 17일 '제주도 지구 계엄 선포에 관한 건'을 국무회의에서 통과시켜 대통령령 제31호로 선포했다. (국가기록원 소장)

문 기사 등은 모두 다른 날짜를 제시하고 있다. 심지어 1948년 11월 19일에는 국방부가 "제주도에 계엄령이 선포된 적이 없다"는 공식 입장을 발표하기도 했다. 혼란과 불확실성 속에서 계엄이 시행되었음을 알 수 있다.

당시 제주도에는 제주도경비사령부가 설치되었고, 제9연대장이던 송요찬이 새로 사령관으로 임명되었다. 이후 11월 17일, 이승만 대통령은 국무회의 의결을 거쳐 '제주도 지구 계엄 선포에 관한 건'(대통령령 제31호)을 공포했다. 여기서는 계엄 선포의 목적을 "제주도의 반란을 급속히 진정하기 위하여"라고 밝히고 있으며, 제주도 전역을 '합위지경'으로 지정했다. 계엄 시행일도 11월 17일로 명시했으며, 여수·순천 때와 달리 계엄사령관이 명확히 적시되었다.

하지만 문제는 송요찬이 대통령의 계엄 선포 이전인 10월 17일부터 이미 제주도 내 해안선에서 5km 이상 떨어진 지역과 산악지대에 대해 무허가 통행을 금지하고, 위반자는 이유 불문하고 '폭도배'로 간주해 총살하겠다고 포고했다는 점이다. 이는 사실상 계엄 선포와 다름없는 조치였으며, 대통령령은 이를 사후에 승인한 것에 불과했다.[9]

제주도의 계엄령은 1948년 12월 31일에, 여수·순천 지역의 계엄령은 1949년 2월 5일에 국무회의 의결을 통해 각각 해제되었고, 관보를 통해 공표되었다. 그러나 계엄이 해제된 이후에도 군의 폭력과 통제는 사라지지 않았다. 당시 내무부장관 윤치영은 계엄 지역에서는 재판이나 구금 영장이 필요 없고 범죄 사실이 있으면 그 자리에서 바로 처단해야 한다고 발언했다.[10] 이는 김백일, 원용덕, 송요찬 등 현지 계엄사령관들의 즉결처분을 정당화하는 발언이었다.

계엄 지역이 아닌 곳에서도 폭력은 자행되었다. '반도'나 '폭도'로 의심받는 민간인들이 임의로 체포되고 어떤 절차도 없이 총살당하는 일이 발생했다. 특히 여순사건에서 패퇴한 '봉기군'이 들어간 지리산 지구에서는 거주지로부터 100m만 벗어나도 이적행위자로 간주되어 사살되었고, 제주도 중산간 지역에서는 주민들이 이유를 불문하고 총살되었다. 당시 송요찬에게 계엄은 말 그대로 사람을 죽이는 권한이었다.

피해 생존자들 역시 이런 인식을 공유하고 있다. 그들은 군경 토벌대에게 무고한 가족이 희생되었다고 증언하면서도, 꼭 "그때는 계엄령 시절"이라는 말을 덧붙인다.[11] 그만큼 계엄령은 한 사람의 생사여탈권을 군이 좌지우지하던 시절을 상징했다.

군법회의도 문제였다. 군법회의에서 적용된 혐의는 대부분 형법 제77조

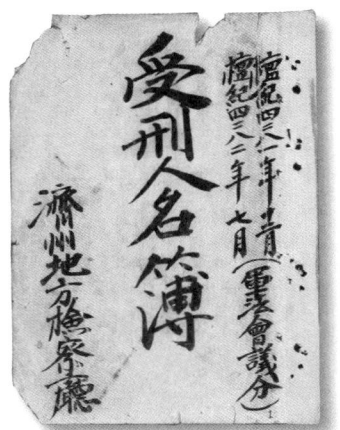
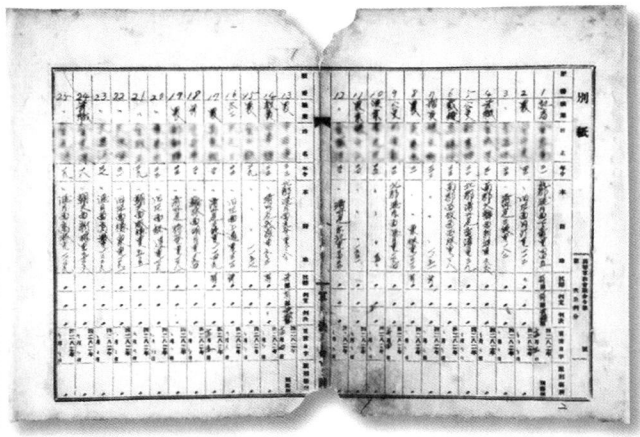

수형인 명부》 제주4·3사건 시기인 1948년과 1949년 두 차례에 걸친 군법회의 결과로 작성되었다. 4·3사건 때 체포되거나 귀순한 이들은 자신의 죄명과 형량도 알지 못한 채 육지 형무소로 이송되었다. (국가기록원 소장)

의 내란죄였으며, 신속한 사형 집행을 위해 형사소송법상의 재판 절차는 거의 무시되었다. 계엄 해제 후였으므로 '계엄'이라는 명칭이 빠진 고등군법회의가 설치되었고, 민간인에게 적용할 수 없는 국방경비법 제32조(이적죄)와 제33조(간첩죄)가 변칙적으로 사용되었다. 해당 조 문구에 '여하한 자'라는 모호한 표현이 민간인 탄압에 악용된 것이다. 군법회의에 회부된 사람은 그나마 목숨을 부지한 경우였다. 현장에서 성분 분류 작업을 거쳐 그 자리에서 즉결처형되지 않은 사람들이었다.

위 사진 자료는 1948년 12월에 12차례 열렸던 계엄고등군법회의 및 계엄 해제 후 1949년 6~7월 사이 열렸던 고등군법회의 결과로 만들어진 '수형인 명부'이다. 더 분명하게 말하면 이 명부는 군법회의 판결을 심사하고 집행을 지시한 명령서를 제주지방검찰청이 수형인 관리를 위해 활용한 자료로, 계엄 아래 군법회의의 실태와 규모를 구체적으로 확인할 수 있다. 총 2,530명(1948년 계엄고등군법회의 871명, 1949년 고등군법회의 1,659명)의 수형인 이름과 형량이 기록되어 있다. 당시 군법회의는 법정을 따로 열지도 않았고, 운동장에 수백 명을 모아놓은 뒤 피고인 심문도 없이 죄목과 형벌을 일방적으로 통보하는 식이었다. 많은 수형자들은 형무소에 도착해서야 자신이 어떤 죄로, 얼마의 형을 받았는지 알게 되었다.

1948년 계엄고등군법회의에서는 871명이 유죄판결을 받았는데 그중에서 사형, 무기징역, 징역 15년 이상 선고를 받은 사람이 465명이나 되었다. 나머지는 징역 5년 이하였는데 그중에서도 징역 1년이 180명이나 되었다. 당시 상황을 고려하면 이들은 죄가 거의 없는 무고한 사람이었을 가능성이 높다.

1949년 군법회의 결과는 더욱 심각했다. 1,659명 중 345명이 사형, 238명이 무기징역, 308명이 징역 15년, 706명이 징역 7년을 선고받았다. 특히 1949년 10월 2일에는 사형을 선고받은 345명 중 245명에 대해 총살 집행이 이뤄졌는데, 이 시점은 이미 계엄 상태가 아니었다.

결국 여순사건과 제주4·3사건에서 선포된 계엄은 단순히 법의 유무나 적법성 여부를 넘어, 계엄령이라는 이름 아래 헌법과 법률이 보장하는 국민의 기본권이 사실상 정지된 상태였음을 보여준다. 그리고 이러한 상황은 계엄이 공식적으로 해제된 이후에도 민간인을 대상으로 대규모 폭력과 탄압이 계속되었다는 점에서 계엄이라는 제도의 본질과 위험성을 되돌아보게 한다.

3. '창법적 폭력'의 탄생
— 계엄법 제정 과정의 내용과 쟁점

계엄법 초안에서 법사위 대안까지, 폭력을 입법화하는 경로

계엄법 없는 계엄 선포가 만든 계엄 상태는, 군이 스스로 비상사태 여부를 판단하고 임시계엄을 통해 지역을 완전히 군사적 통제하에 두는 결과를 낳았다. 이처럼 군이 주권자처럼 행세하며 폭력이 일상화된 상황 속에서 국회는 현장 군 지휘관의 임시계엄 선포와 정부의 계엄 공포에 대한 법적 근거, 그리고 계엄 지역에서 벌어진 폭력의 책임을 둘러싸고 논란에 휩싸였다. 이를 계기로 계엄을 법제화하려는 움직임이 본격화되었다.

1948년 12월 4일, 국방부는 계엄법 초안을 작성해 국회에 제출했다. 여순사건과 제주4·3사건 당시 계엄을 시행한 주무부서였던 국방부는 계엄을 진압과 토벌작전의 수단으로 인식하고 있었다. 국방부의 초안은 구조와 개념 면에서 대체로 일제 계엄령을 모방한 것이었는데, 차이점은 계엄 지역을 '임전지역'과 '비상지역'으로 나누고, 계엄 선포권자를 대통령으로 명시한 점, 그리고 계엄 선포 후 국회에 통보하도록 한 조항 정도였다. 이는 천황제 국가의 일본 계엄제도와는 다를 수밖에 없었다. 김무용은 이러한 모방이 단순한 준비 부족 때문만이 아니라, 당시 정부와 군, 사회 전반이 일제 계엄제도에 익숙했던 인식의 결과였다고 분석한다.[12]

국방부 초안은 국회 외무국방위원회에 제출되었고, 이는 1949년 6월 23일 지대형 의원 외 14명이 제출한 위원회 법안으로 이어졌다. 이어서 7월 9일에는 외무국방위원회가 두 번째 초안을 작성해 제출했는데, 이 두 안은 사실상 같은 법안으로 평가된다.[13] 비록 졸속으로 상정되었지만, 이승만 정부는 언제 어떤 비상사태가 발생할지 알 수 없다며 법의 신속한 통과를 촉구했다. 이에 따라 법제사법위원회는 국방부안과 법제처안을 종합해 새로운 대안을 마련했고, 이 법사위 대안은 1949년 10월 12일 제5회 국회임시회에서 제1독회를, 10월 25일부터 제2독회를 거쳐 논의되었다.

법사위 대안은 이전 초안들에 비해 몇 가지 중요한 변화가 있었다. 첫째, 계엄의 정의를 통해 계엄 선포 요건을 명시하고, 계엄의 종류를 '경비계엄'과 '비상계엄'으로 구분하여 각각 정의했다. 둘째, 대통령이 비상계엄을 선포하면 즉시 국회에 통고하고, 국회가 열리지 않은 경우 개회를 요구해야 한다는 조항이 신설되었으며, 국회의 계엄해제요구권도 포함되었다. 셋째, 통신 두절 등으로 대통령의 계엄 선포를 기다릴 수 없는 상황에서는 군사책임자가 임시계엄을 선포할 수 있고, 지체 없이 국방부장관을 통해 대통령의 추인을 받아야 한다는 조항도 포함되었다. 넷째, 비상계엄으로 인해 발생한 손해에 대해 국가가 보상해야 한다는 내용도 신설되었다.[14]

이 대안은 일제 계엄령과 차별성을 확보하려고 했으며, 영미의 '마셜로(martial law)'와 프랑스, 이탈리아, 터키 등 각 국가의 계엄법도 참고했다. 요컨대 계엄 선포의 요건은 더 엄격해졌고, 계엄의 목적, 지역, 사령관 공고 의무 등도 규정되었다. 국회 통고 및 해제요구권 조항을 통해 대통령 권한을 견제할 장치가 마련되었으며, 군의 자의적 임시계엄 선포도 통제하려고 했다.

법사위 대안의 쟁점과 제정, 국가폭력의 합법화

법사위 대안은 두 차례 독회에서 본격적인 논의와 쟁점을 낳았다.[15] 첫 번째 쟁점은 계엄 선포 권한을 둘러싼 대통령과 국회의 관계였다. 정광호

의원은 계엄 선포는 대통령의 통수권 발동이며 국회 통고 의무는 대통령의 권한을 침해한다고 주장했다. 그는 계엄으로 인한 민간의 피해는 국회의 해제요구권으로 충분히 조절할 수 있다고 덧붙였다. 반면 김장렬 의원은 국회의 통고뿐 아니라 선포 승인을 명문화하고 국회의 해제요구권을 경비계엄까지 확대해야 한다고 주장했다. 이 두 안은 모두 부결되었고, 법사위 대안이 원안대로 통과되었다.

두 번째 쟁점은 임시계엄 선포권자의 범위와 대통령 추인의 기한 문제였다. 조국현 의원은 군의 자의적인 임시계엄이 남용될 위험이 크다면서 임시계엄 선포권자의 범위를 좁혀야 한다고 지적했다. 박찬현·정광호 의원은 대통령 추인의 시한이 명확하지 않으면 그 사이 계엄 상태가 계속 유지되고 주민 피해도 커질 수 있다고 주장했다. 그러나 이러한 문제제기에도 불구하고 임시계엄의 법제화는 오히려 기존 폭력 행위를 사후적으로 정당화하는 결과를 낳았다.

세 번째 쟁점은 군법회의 사형 판결 확인과 재심청구권이었다. 법사위의 대안은 대통령이 사형 판결 확인 권한을 계엄사령관에게 위임할 수 있도록 했다. 정부와 군은 여순사건과 제주4·3사건 당시에 신속한 사형 집행의 필요성을 들어서 이 조항을 넣었다. 이에 황두연 의원은 계엄 군법회의에서 민간인이 억울하게 사형당할 위험이 크다며, 재심청구권을 도입해야 한다고 주장했다. 그는 여순사건 당시 국회의원 신분으로 체포·구타당했고, 박찬길 검사를 구하려 했지만 그가 총살되는 것을 막지 못한 경험이 있었다. 김장렬, 조헌영 의원도 재심청구권이 꼭 필요하다고 강조했다. 또한 재심청구만으로는 부족하다는 의견도 나왔지만, 결국 국회는 이 권한을 법에 포함시켰다.

네 번째 쟁점은 계엄사령관의 행정·사법 업무 범위였다. 박해정 의원은 경비계엄은 군사에 관한 업무만, 비상계엄은 모든 업무를 관장한다고 하지만, 이 구분이 모호하다고 비판했다. 구체적인 업무 범위를 명확히 하지 않으면 경비계엄이라도 비상계엄처럼 일반 행정과 사법권까지 행사하게 된다는 우려였다. 이는 계엄 권한의 단계적 확대와 오용을 막기 위한 법적 제한의 필요성을 강조한 것이다. 실제로 한국전쟁 이후 계엄이 선포되었을 때 이 구분은 형식적 의미밖에 없었다.

다섯 번째 쟁점은 국회의원 불체포 특권 문제였다. 여순사건 당시 황두연 의원의 체포·구타 사건, '국회프락치 사건'[16]의 고문 수사 등은 이 문제를 심각하게 만들었다. 박찬현 의원은 국회의 동의 없이 국회의원을 체포하지 못하도록 명문화해야 한다고 주장했다. 그는 헌법에 국회해산권이 없는 상황에서, 대통령이 국회를 해산하는 유일한 방법은 계엄령 선포 후 국회의원들을 '적당히 어디다가 처치하는 것'이라며 우려를 표했다. 유성갑 의원도 계엄령이 선포되면 누구든 총살이나 즉결처분이 가능하다는 인식이 크다고 지적하며, 이는 국회의원 개인의 특권이 아니라 국민의 민의를 반영하기 위한 보호장치라고 강조했다. 이 조항은 계엄법에 포함되었지만, 1952년 5월 '부산정치파동' 당시 국회의원은 비상계엄하에서 법적 보호를 받지 못했다.

이처럼 여러 쟁점과 논쟁 끝에 대한민국의 첫 계엄법은 1949년 10월 27일 국회임시회의 제25차 회의에서 자구 수정을 법사위에 일임하는 조건으로 가결되었고, 11월 24일 법률 제69호로 공포되었다. 전체 3장 23조로 구성된 이 법은 다음과 같은 내용을 담고 있다.

제1장 '계엄의 선포'에는 선포 요건(1조), 계엄 종류와 지역(2·4조), 비상계

엄 시 국회 통고 및 개회 요구(5조), 임시계엄 선포 요건과 대통령 추인 절차(6~7조), 계엄 종류와 지역 변경(8조)이 포함되었다.

제2장 '계엄의 효력'에는 지휘 체계(9조), 계엄사령관의 행정·사법 권한(10~11조), 행정·사법기관에 대한 지휘권(12조), 특별조치 권한(13조), 징용·징발과 보상 규정(14~15조), 군법회의 관할권(16, 18조), 국회의원 불체포 조항(17조), 재심요구권(19조) 등이 포함되었다.

제3장 '계엄의 해제'에는 대통령의 해제권(20조), 국회의 해제요구권(21조), 행정·사법 복구 절차(22조), 계엄 해제 후 진행 중인 재판의 처리 방안(23조)을 담고 있다.

이처럼 1949년에 제정된 대한민국의 첫 계엄법은 계엄 선포, 시행, 해제에 관한 절차와 권한을 법제화하면서 일정한 틀을 마련했다. 하지만 이 법은 미군정 시기 '마셜로' 경험, 여순사건과 제주4·3사건에서의 자의적인 임시계엄 선포와 폭력, 그리고 일제 계엄령의 잔재가 얽힌 결과였다. 무엇보다 이 법은 국가폭력이 법제도를 통해 정당화되고 제도화되는 과정에서 탄생했다는 점에서 '창법적 폭력'(기존 법질서를 파괴하고 새로운 법을 수립하는 폭력)의 전형이라고 할 수 있다.

계엄법은 폭력을 규율하는 동시에 정당화하는 이중적 성격을 지닌다. 국민의 기본권을 제한하고 군사권력에 행정과 사법 권한을 집중시키며, 민주주의의 작동을 일시 정지시키는 장치로 작동한다. 결국 대한민국의 계엄법은 민주주의와 법치주의의 경계를 무너뜨리며, 국가폭력을 법이라는 외피로 상례화하고 일상화하는 구조적 장치로 자리 잡게 되었다.

4. 예외상태의 상례화와 일상화
― 한국전쟁 초기 계엄 선포와 계엄 상태

1950년, 계엄의 전면 시행과 민간인 학살의 제도화

계엄법이 제정된 지 1년도 지나지 않아 한국전쟁은 그 실제 작동을 시험하는 극단적인 무대가 되었다. 법에 명시된 절차에 따라 계엄이 선포된다면, 계엄 지역에서 발생하는 폭력은 모두 합법이 되는가? 비상사태라는 이름 아래 군이 민간인에게 자행한 국가폭력은 정당화될 수 있는가? 전쟁이 터지자 계엄은 일시적 조치를 넘어서 일상적인 통치 수단이 되었고, 계엄법은 법의 이름으로 폭력을 제도화하는 도구로 작동했다.

1950년 6월 25일 전쟁이 발발하자 전방의 일부 사단장들은 정부의 비상계엄 선포가 없는 상황에서 자체적으로 임시계엄을 선포했다. 제6사단장 김종오, 제8사단장 이성가는 사단 작전명령에 따라 춘천과 원산 등에서 주민 철수와 지역 통제를 포함한 조치를 내렸다. 이는 육군본부 작전명령 제38호에 기반한 전시방어계획에 따른 것이었다. 1사단, 7사단, 17연대 등 다른 전방부대들도 유사한 조치를 취했을 가능성이 크다.[17] 하지만 이승만 정부는 공식적인 계엄 선포를 주저했다. 6월 25일 무초 미 대사와의 면담에서 계엄 선포를 고려하겠다고 언급했지만, 실제로는 27일 새벽 프란체스카 여사와 함께 피란길에 올랐고 비상국무회의에도 불참했다. 이로 인해 서울 시민 소개나 최소한의 질서 유지조차 이루어지지 못했고, 정부는 사실상 기능을 상실했다. 김석원 장군의 회고에 따르면, 이는 국민들에게 싸우라 하고 정작 자신들은 일신상의 안전만을 생각하며 도망친 것이나 다름없었다.[18]

6월 29일과 30일 대전에서 임시국무회의와 차관회의가 열렸지만, 이 자리에서도 계엄 선포는 논의되지 않았다. 대신 피란민 관리, 포로 처리, 사상범 처리가 주요 의제로 올랐다. 이 시기에 제정된 대통령 긴급명령 제1호, 즉 '비상사태하의 범죄처벌에 관한 특별조치령'(이하 '비상사태처벌특조령')은 이승만 정부가 계엄 선포를 하지 않은 상황에서 전시 비상사태에 대응하기 위해, 즉 "비상사태에서 발생한 반민족적·반인도적 범죄를 엄중 처단"하기 위해 만든 첫 번째 법적 조치였다.[19] 그러나 이 명령은 입법 절차를 무시한 위헌적 조치였으며, 사상범이라는 이름 아래 수많은 시민을 '예비검속'(예방적으로 미리 검거하고 구속함)하고 단 한 번의 재판으로 처벌하는 데 활용되었다. 이 명령은 사형, 무기징역, 10년 이상의 중형을 신속하게 선고할 수 있도록 하여, '6·25' 직후 한강다리가 끊겨서 서울에 잔류했던 시민들이나 고향을 떠나지 못했던 지역 주민들을 '부역자'('역도', 즉 적에게 협력한 자)로 몰아 처벌하는 사태를 사후적으로 정당화하는 장치로 기능했다.[20]

7월 1일 이승만 대통령은 정일권을 육군총참모장으로 임명했고, 7월 7일 유엔군사령부가 창설되자 이승만 정부는 전국적인 계엄 선포를 준비했다. 7월 8일 전라도를 제외한 전역에 비상계엄이 선포되었고, 정일권이 계엄총사령관으로 임명되었다. 곧이어 경상도 지구 계엄사령부(사령관 이준식 수도사단장)가 설치되었고, 7월 9일 신성모 국방장관은 각 군에 '계엄 실시 사항에 관한 건'을 하달했다. 이 계엄 시행 지침은 계엄사령관이 계엄법에 따라 행정과 사법 권한을 행사할 수 있고, 작전상 필요에 따라 특별한 조치를 내릴 수 있다는 내용을 담고 있었다. 7월 11일에는 계엄법 제13조에 근거한 체포·구금·수색 등에 관한 특별조치령과 언론·출판 등에 관한 특별조치령이 시행되었고, 이는 7월 21일 전국 비상계엄 확대와 함께 전역으로 확대 적용되었다.

체포·구금·수색 특조령은 군이 법원의 영장 없이 민간인을 임의로 체포하고 예방적으로 구금할 수 있도록 허용했다. 이는 경찰과 군이 국민보도연맹원 및 '불순분자'를 예비검속하고 대량학살하는 데 악용되었다. 특히 경기도 남부(시흥 이남) 및 서부(인천), 강원도 영서, 충청 지역에서 예비검속자들이 관할 경찰서나 헌병대에 의해 분류된 후 야산이나 골짜기, 고개 등지에서 집단처형되었다. 그러나 전선이 빠르게 후퇴하고 혼란이 가중되면서 예비검속자들을 외부 처형 장소로 이송할 여유조차 없을 때는 경찰서 유치장 안에서 즉결 총살이 이루어지기도 했다. 검속된 민간인들은 A·B·C 등급으로 분류되어 사살, 보류, 석방 등의 처리를 받았으며, 방첩대가 있던 지역에서는 방첩대가 최종 판정을 내렸다. 피란민 중에서도 검문을 통해 보도연맹원이나 불순분자로 의심된 이들이 색출되어 처형되는 일이 반복되었다.[21]

'9·28 서울 수복' 후 10월 3일 경인 지구 계엄사령부가 설치되었다. 바로 다음 날인 10월 4일에는 경인 지구 계엄고등군법회의가 설치되었고, 이준식 계엄사령관은 전시 범죄처벌에 대한 포고를 발표했다. 그리고 같은 날 방첩대가 주도하는 군·검·경 합동수사본부가 설치되었으며, 경인 지구 계엄고등군법회의를 통해 '부역자 처리'가 진행되었다. 미국 대사관이 국무부에 보낸 보고서에 따르면, 11월 8일까지 서울과 인천 지역에서 약 9,940건의 '부역자' 재판이 진행되었으며, 대부분 사형, 무기징역, 10년 이상의 중형을 선고받았다. 군법회의는 군형법에 해당하는 국방경비법을 민간인에게도 적용하여 무더기 사형 판결을 선고했다.[22]

이러한 상황에서 국회의 비상계엄 해제 요구는 가능했을까? 11월 2일 국회는 계엄 해제를 요구하는 결의안을 통과시켰다. 전쟁 상황이 호전되었고, 계엄으로 인한 국민 불안을 해소해야 한다는 이유였다. 그러나 정부는 이 요구를 즉각 수용하지 않았다. 장경근 국방부차관은 비상계엄의 목적이 합동수사본부를 통해 단기간 내 '부역자'를 처단하는 것이라는 이유를 들었다. 그러다가 정부는 11월 10일에야 비상계엄을 해제했다. 동시에 제주도와 일부 지역을 제외한 38선 이남 전역에 다시 경비계엄을 선포했다. 공비 소탕과 반국가적 요소 제거를 명분으로 내세웠지만, 실제로는 계엄 상태를 지속적으로 유지하기 위한 조치였다.[23] 중공군 참전으로 전황이 악화되자 이승만 정부는 1950년 12월 7일 다시 38선 이남 전역에 비상계엄을 선포했다.

1950년 하반기 남한 전역은 세 차례의 비상계엄과 한 차례의 경비계엄이 이어졌고, 국회의 계엄 해제 요구는 비상계엄이 경비계엄으로 즉시 전환된 탓에 정부에 수용되지 않음으로써 실질적으로 계엄 상태가 지속되었다. 이 계엄은 단순한 전시 조치를 넘어 군이 모든 행정·사법을 장악하고, 국민을 '불순분자'나 '부역자'로 간주하며 무차별 체포·고문·처형하는 등 국가권력 강화를 위한 수단으로 작동했다.

1951년, 반복되는 계엄과 정치적 계엄의 현실화

1951년에도 상황은 달라지지 않았다. '1·4후퇴' 이후 유엔군과 국군이 서울을 재수복했지만, 공산군을 38선 이북으로 밀어내는 데는 실패했다. 전선은 교착상태에 빠졌고, 휴전 논의가 시작되면서 국회는 다시 비상계엄 해제를 요구할 수 있는 동력을 얻었다. 이에 대해 이승만 정부와 군은 공비 소탕과 반국가적 공산주의 침투를 봉쇄한다는 명분을 내세워 일부 지역의 비상계엄을 해제하거나 경비계엄으로 전환하는 방식으로 대응했다. 1951년 한 해 동안에도 네 차례에 걸쳐 일부 지역의 비상계엄이 해제되었고, 두 차례의 경비계엄이 새로 선포되었으며, 12월에는 일부 지역에 다시 비상계엄이 선포되는 등 계엄 전환이 반복되었다.

이 시기 공비 토벌작전 중 군에 의한 민간인 학살 사건이 여러 건 발생했다. 그 가운데 하나가 1950년 10월부터 1952년 3월까지 영남과 호남에 걸쳐 국군 11사단과 8사단, 백야전전투사령부(이하 '백야사')가 투입된 공비(빨치산) 토벌작전이다. 당시 11사단과 그 예하 연대의 지휘부는 최덕신 사단장을 제외하면 대부분 일본군 출신이었으며, 제주4·3사건과 여순사건 등에서 토벌작전을 지휘하며 민간인 학살 경험을 축적한 인물들이었다.

11월 말부터 9연대는 지리산 토벌작전을 전담했으며, 주요 작전지역은 산청, 함양, 거창 등지였다. 당시의 작전 양상은 제주에서 벌어졌던 초토화작전과 크게 다르지 않았다. 1951년 2월, 9연대 3대대(대대장 한동석) 소속 군인들이 거창, 산청, 함양 등지에서 민간인을 대량학살한 사건이 바로 거창사건이다.

1951년 12월 2일부터 시작된 백야사의 토벌작전으로 인해 지리산 일대 수많은 주민이 희생되었고, 삶의 터전은 철저히 파괴되었다. 백야사 사령관 백선엽 소장은 "마을을 불태우는 초토화작전"이 "적과 아군을 식별할 여유가 없을 때 국군이 간혹 펼쳤던 극단적인 방법"이었으며, "빨치산과 관련 없는 양민들에게는 한순간에 가옥과 전 재산을 잃는 절망적인 일이었다"고 인정한 바 있다. 그럼에도 그는 지휘관으로서의 책임은 회피했다. 백야사 작전참모였던 공국진 대령은 "당시 토벌작전과 관련해 회한이 서린

백야사의 토벌작전으로 끌려온 주민들》 1951년 12월 10일 '빨치산' 혐의로 백야사 토벌대에 끌려온 여성과 아이들이 수도사단 사령부 내 임시 방책에 수용되기 전 분류 작업을 거치고 있다.(출처: 미국 국립문서기록관리청 2관)

이야기"를 남겼다. 그에 따르면 백선엽은 지리산 주변 9개 군, 약 20만 명의 주민에 대해 "이 안에 있는 것은 다 적"이라고 말했다고 한다.

 1952년 5월 25일 비상계엄 선포는, 계엄법 제정 당시부터 우려되었던 대통령의 독재 수단화가 현실화된 사례였다. 이날 선포된 계엄은 후방 지역 공비 소탕을 명분으로 '가상의 포위 상태'를 내세웠지만, 실질적으로는 이승만 대통령의 재선을 위한 정치적 계엄이었다. 그는 국회에서 대통령 간접선거로는 재선할 가능성이 적다고 보고 자신에게 유리한 대통령 직선제를 골자로 한 헌법 개정을 추진하고자 했으며, 이 과정에서 계엄을 동원한 것이다.

 이승만의 최측근인 특무대장 김창룡과 헌병대장 원용덕이 이를 주도했다. 김창룡은 대구형무소에 수감 중이던 무기수 및 중형수 7명과 거래하여 이들을 공비로 위장시킨 뒤 부산 금정산에 출현시켜 총격 사건을 조작했다. 이어 원용덕은 부산과 경남 9개 지역의 계엄사령관으로서 헌병대 2개 중대 병력 200여 명과 경찰을 동원해 야당 국회의원들을 체포하는 작전에 나섰다.[24]

 5월 25일, 헌병대는 임시 국회의사당인 상무관 근처에서 야당 의원 50명이 탑승한 통근버스를 견인차를 이용해 납치했다. 원용덕은 이를 '버스 검문 불응 사건'으로 규정하고 국회의원들을 현행범으로 체포했으며, 의원 10여 명을 국제공산당 음모 혐의로 구속했다. 그리고 장면 국무총리를 대통령에 추대하려 했던 혐의로 유명한 반공 검사 출신의 국무총리비서실장 선우종원을 체포했다. 국회는 5월 28일 부산 지역의 계엄해제결의안을 가결했지만, 이승만은 이를 불법적으로 거부했다. 5월 29일 원용덕 영남 지역 계엄사령관은 포고 2호, 포고 3호를 연달아 발표했고, 6월 22일에는 포고 6호를 선포했다. 그 내용은 군경에 불응하거나 저항하면 총살에 처한다는 것이었다.[25]

 '부산정치파동'이라는 표현이 쓰이고 있지만, 실상은 비상계엄 선포를 통한 이승만 대통령의 친위쿠데타였다. 1952년 1월, 대통령 직선제 개헌안이 국회에서 압도적으로 부결되자 이승만은 다수의 국회의원을 "반역자들에게 뇌물을 받은 깡패 집단"으로 규정했다. 그는 이들이 정부를 장악하려 했다고 주장하며, 국회를 반국가 세력으로 몰아붙였다. 그러면서 비상계엄을 통해 국회를 제압한 자신이야말로 한국 민주주의를 수호하는 유일한 존재라고 강조했다. 그러나 미국은 이승만의 이 같은 논리를 받아들이지 않았다. 당시 한국군에 대한 작전통제권을 갖고 있던 미국은 이승만을 제거하기 위한 '에버레디(Ever Ready)' 작전까지 검토했지만 결국 대통령과 국회 사이를 중재했고, 그 결과가 '발췌개헌안' 통과라는 정치적 타협으로 나타났다.[26]

5. '계엄'이라는 유령과 민주주의의 과제

한국 현대사에서 대통령과 집권 세력이 야당과 국회를 내부의 적으로 간주하고, 정치적 반대 세력을 제거하기 위해 계엄을 선포하며 친위쿠데타를 감행한 사례는 반복되어왔다. 군이 계엄을 이용해 반란을 일으키고 새로운 권력을 수립한 경험 역시 되풀이되었다. 제2공화국 시기(1년)를 제외하면 1987년 이전은 독재의 역사였고, 그 이후는 민주적 헌정질서가 점차 자리를 잡아가는 시기였다. 그러나 2024년 12월 3일 윤석열 대통령의 비상계엄 선포, 국회의 계엄 해제 요구와 대통령 탄핵소추안 가결, 그리고 내란 우두머리 혐의에 따른 대통령의 체포·구속은 대한민국 민주주의의 취약성과 위협 가능성을 다시금 적나라하게 드러낸 중대한 사건이었다.

윤석열은 구속 이후에도 계엄 선포가 대통령의 고유 통치 권한이며 위헌·위법이 아니라고 주장했고, 2025년 3월 7일 법원이 구속 취소 결정을 하면서 석방되자 서울구치소 앞에서 지지자들을 향해 주먹을 치켜드는 '승리 세리머니'를 연출하며 정치적 귀환을 선언했다. 그의 석방은 극우 세력의 내란 선동에 다시 불을 지폈고, '탄핵 무효', '윤석열 복권'을 외치는 시위대가 전국 곳곳에서 조직되었다. 서울 광화문과 여의도 등지에서 열린 극우 개신교 주도의 전국 순회 시위는 더욱 격렬해졌으며, 극우 유튜버들은 대학 캠퍼스를 돌면서 탄핵찬성 시위를 위축시키기 위한 물리적 방해와 협박을 일삼았다. 윤석열의 구속과 석방 과정은 민주적 헌정질서 회복을 바라는 시민사회와 이를 되돌리려는 반헌법적 극우 세력 간의 첨예한 대립을 보여주는 상징적 장면이었다. 이는 민주주의가 한 번 수립되었다고 해서 자동적으로 지속되는 것이 아니라, 끊임없는 보전과 갱신의 노력이 필요하다는 역사적 교훈을 남겼다.

2025년 4월 4일, 헌법재판소는 윤석열 대통령에 대한 탄핵심판에서 전원일치로 파면 결정을 내렸다. 헌재는 비상계엄 선포의 실체적·절차적 요건이 모두 충족되지 않았으며, 국회와 중앙선거관리위원회 등 헌법기관에 군경 투입, 정치인과 법조인에 대한 위치 추적, 포고령 1호를 통한 광범위한 기본권 제한 등이 헌법의 핵심 원칙들을 전방위적으로 침해한, 즉 국민의 신임을 배반하고 헌법 수호의 관점에서 용납될 수 없는 중대한 위헌 행위라고 판단했다. 이는 단순한 권한 남용이 아니라, 국민주권주의, 삼권분립, 기본권 보장, 국군의 정치적 중립성과 같은 헌정질서를 구조적으로 파괴한 것이며, 헌법의 근본 가치에 대한 정면도전이었다. 헌법재판소의 판결은 단순히 한 대통령의 탄핵을 넘어 계엄과 국가긴급권의 남용이 한국 민주주의에 어떤 결과를 초래했는지를 돌아보게 했고, 그러한 위기를 제도적으로 막아야 한다는 절박한 과제를 우리 모두에게 던졌다.

그런데도 대한민국헌법의 계엄 조항과 1949년 제정된 계엄법은 여전히 독재체제의 법적 유산을 거의 그대로 유지하고 있으며, 1987년 체제[27] 또한 국가긴급권에 대한 민주적 통제를 실질적으로 실현하지 못한 채 남아 있다. 향후 헌법 개정 과정에서는 대통령의 비상대권보다 국민의 기본권을 우선하는 헌법적 원칙이 명확히 반영되어야 한다. 특히 기본권 보장은 정치적·시민적 권리에 국한되지 않고 사회권의 실질적 확대를 포함해야 하며, 이는 위기 상황에서도 배제되거나 유예되지 않는 권리로서 헌법적 정당성을 지녀야 한다. 평등권, 생존권, 교육권, 건강권, 차별받지 않을 권리와 같은 사회적 기본권은 국가긴급권 발동 시에도 보편적 권리로 기능해야 하며, 이를 위해 포괄적 차별금지법의 헌법적 근거 확보 등 실효성 있는 제도 설계가 필요하다. 또한 더 나아가 반헌법적 명령이나 위헌적 권력 행사에 맞서 공무원과 시민이 헌정질서를 수호할 수 있도록 하는 '불복종의 권리' 역시 헌법적 논의 안에서 재구성되어야 한다. 이는 단순한 소극적 불복종을 넘어 헌정질서 파괴에 대응하는 능동적 저항권으로서의 의미를 갖는다. 헌법 제1조가 천명하는 국민주권주의를 실질적으로 뒷받침하기 위해서는, 헌정질서의 유린과 국가폭력에 대항할 수 있는 시민의 권리와 책무 또한 제도화될 필요가 있다. 이러한 법적·제도적 정비는 국가긴급권에 대한 민주적 통제뿐 아니라 반복되는 계엄과 독재의 역사를 구조적으로 단절하기 위한 전제조건이다.

아울러 이러한 제도 개혁은 법률 조항의 정비에만 머물러서는 안 된다. 세대, 지역, 젠더, 장애, 이주민, 성소수자 등 교차하는 삶의 조건들 사이에서 감각과 실천을 공유할 수 있는 사회적 연대의 장이 넓고 깊게 조성되어야 한다. 실제로 2024년 '12·3' 이후 대응 과정에서 헌정질서의 붕괴를 저지한 주체는 국가기관이 아닌 시민사회였다. 거리로 나와 '탄핵하라'를 외친 이들의 연대, 국회 앞과 광화문을 밝힌 촛불과 응원봉, 지역과 캠퍼스를 연결한 행동들이야말로 민주주의의 실질적 기반이었다. 윤석열 대통령 탄핵의 과정은 단순한 정치적 사건이 아니라 시민들이 민주주의의 주체로 다시 등장한 사건이었다.

  결국 민주주의는 제도로만 유지되지 않는다. 그것은 시민의 감시와 참여, 연대와 실천 속에서 살아 움직이는 질서이며, 반복되는 계엄의 역사를 단절하고 새로운 민주주의를 구성해 나가기 위해 반드시 제도화되어야 할 경험이다. 한국 사회가 직면한 과제는 바로 이 시민적 실천과 공동체적 감각이 어떻게 일상 속 민주주의로 뿌리내릴 수 있을지를 성찰하고, 그것을 헌정질서의 일부로 끌어들이는 것이다. 그것이야말로 계엄의 유산을 극복하고 진정한 민주공화국을 향해 나아가는 길이다.

— 강성현

2
32년 군사독재의 서막
— 5·16군사쿠데타와 계엄

1. 계엄, 쿠데타 세력의 권력 장악 도구

1961년 5월 16일 새벽, 김포에 주둔하던 해병대 1개 여단이 한강을 건넜다. 수색과 소사에 주둔하던 육군 제30사단과 33사단도 서울 시내로 진입했다. 쿠데타의 시작이었다. 동원된 병력은 약 3,500명에 불과했으나 이들은 별다른 저항을 받지 않고 곧 서울시청과 중앙청, 중앙방송국을 점령했다. 쿠데타군은 방송을 통해 '혁명군'이 입법·사법·행정의 삼권을 완전히 장악하고 군사혁명위원회를 조직하였음을 선포했다. 같은 날 오전 9시를 기해 군사혁명위원회령 제1호로 전국에 비상계엄이 선포되었다.

집회 금지, 언론·출판의 사전검열, 야간 통행금지 등의 내용을 담은 군사혁명위원회 포고 제1호를 시작으로 포고 제2호(금융 동결), 포고 제3호(공항·항만 봉쇄)가 잇달아 발표되었다. 군사혁명위원회는 5월 16일 오후 5시 30분 군사혁명위원회 포고 제4호를 통해 장면 정권 인수, 국회 및 각급 지

5·16군사쿠데타 》 1961년 5월 16일, 군인들이 총기를 들고 서울시청 광장에 주둔해 있다. (출처: 경향신문사)

방의회 해산, 정치활동 금지를 선포했다. 헌정질서는 전면적으로 중단되고 모든 행정사무와 사법사무는 군의 관할이 되었다.

  이날의 비상계엄은 대통령이 아닌 '혁명정권'을 자임한 군사혁명위원회 위원장 장도영의 명의로 선포되었다. 장도영은 계엄사령관직도 겸임했다. 5월 18일, 쿠데타 직후 혜화동 수녀원에 은신 중이던 장면 총리가 중앙청에 나와 국무회의를 개최하고 내각 총사퇴 성명을 발표했다. 같은 날 윤보선 대통령은 5월 16일의 계엄을 추인했다. 1960년 4·19혁명 후 7·29총선을 통해 합법적으로 수립된 장면 정권은 1년도 되지 않아 군사쿠데타로 무너졌다. 4·19혁명으로 활짝 열린 정치적·사회적 공간에서 만개했던 통일운동, 진보적 사회운동도 위기를 맞았다.

2장. 32년 군사독재의 서막   53

만들어진 위기, 예외상태의 창출

5·16은 4·19혁명과 같은 시민들의 봉기가 아닌 한국군 중 소수 병력이 무력을 동원해 법적 절차에 따라 수립된 합헌정부를 무너뜨리고 권력을 잡은 군사반란이었다. 쿠데타 주도 세력은 기회가 있을 때마다 5·16이 조국을 위기에서 구하기 위한 '구국의 혁명'이었음을, 진정한 '국가 재건'을 위한 것이었음을 강조했다. 그러나 권력 장악 과정의 위법성과 절차적 정당성의 부재는 쉽게 부인하기 어려웠다.

쿠데타 주도 세력은 당시 한국 사회가 긴급한 '비상조치'가 필요한 위기 상황이었음을 강조하면서, 장면 정권과 기성 정치인들의 부패·무능·무책임함을 부각하고 질타했다. 나라의 운명이 백척간두의 위기에 처했는데도 권력 다툼과 이권 챙기기에만 급급했다고 주장했다. 혼란을 틈타 언제 북한이 남침해올지 모르는 일촉즉발의 위기 상황이었다고도 부연했다. 4월 혁명과 이승만 정권 붕괴 후 사회 곳곳에서 터져 나왔던 새로운 세상을 만들기 위한 시민들의 노력은 한국 사회를 혼란과 위기로 몰아넣은 '반국가적 행위'로 규정했다. 그러나 쿠데타 세력이 규정한 '위기'는 당대 한국 사회의 현실에서 나온 진단이라기보다 그들의 주관적 판단이 개입된, '비상조치'가 필요할 정도의 긴급한 위기 상황이라는 선언에 가까웠다.

쿠데타 직후 선포된 비상계엄은 5월 27일 정오를 기해 경비계엄(국가재건최고회의령 제15호)으로 대체되었다. 그러나 크게 달라지는 것은 없었다. 계엄법과 관계없이 비상계엄하에서 발포된 각종 포고와 공고, 담화 발표 등은 여전히 효력이 유지되었다. 언론에 대한 사전검열이 중단되었으나 언론 규제가 대폭 완화되었다고 보기는 어려웠다. 국가재건최고회의령 제15호 2조 1항은 사전검열을 명시한 군사혁명위원회 포고 제1호 제3항 제3호를 개정하여 "언론·출판·보도 등은 국가보안상 유해로운 기사·논설·만화·사진 등을 공개하여서는 안 된다"고 명시했다. 5·16이나 군사정부에 비판적인 보도는 '국가보안상 유해'하다는 명목으로 차단되었다. 언론 취재와 보도가 제한되었으며, 신문기자들은 기사로 인해 연행되는 일이 5·16 군사정부 통치 기간 내내 계속되었다.

한편 5월 19일 군사혁명위원회는 국가재건최고회의(이하 '최고회의')로 이름을 바꾸었으며, 20일에는 장도영을 수반으로 하고 현역 군인들로 구성한 군사정부 내각을 수립했다. 각 지방의 경찰, 행정기관들도 군인들에게 순차적으로 접수되었다. 그리고 시장, 군수 등 각 기관장에 군인들이 임명되었다. 6월 6일 쿠데타 세력의 예외적 권력 행사를 뒷받침할 국가재건비상조치법(이하 비상조치법)이 국가재건최고회의령 제42호로 공포되었다. 이 법은 최고회의에 입법·사법·행정을 아우르는 절대권력을 부여했고 헌법의 일부를 효력 정지시켰다. 군사통치가 실시된 약 2년 6개월간 비상조치법은 사실상 '헌법 위의 법'이었다.

오랜 시간 한국 사회에서 국가폭력의 한 주체이자 정보정치로 악명을 떨친 중앙정보부도 비상조치법에 근거하여 설치되었다. "공산 세력의 간접침략과 혁명 과업 수행의 장애를 제거"(국가재건최고회의법 제18조)한다는 목적을 내세운 중앙정보부의 역할은 군사정부의 통치 기간 동안 간첩 색출, 정보 수집과 정치적 반대 세력 제거에 국한되지 않았다. 중앙정보부 내에 은밀히 설치된 정책연구실은 민주공화당 창당, 정치활동정화법의 제정과 시행, 5차 헌법 개정, 정당법 제정 및 선거법 개정 작업을 주도하며 쿠데타 주도 세력의 집권 기반 조성에 핵심적인 역할을 담당했다.

《깡패들의 속죄 행진》 1961년 "나는 깡패입니다. 국민의 심판을 받겠읍니다"라고 쓰인 플래카드 앞에 당시 정치깡패로 악명 높았던 이정재가 걸어가고 있다.(출처: 국가기록원)

군사통치의 시작, 우려와 기대 사이

'혁명공약'을 통해 부패 척결과 민생고 해결을 내세웠던 쿠데타 세력은 5·16 직후 시민들의 즉각적인 반응을 불러일으킬 수 있는 정책들을 실시했다. 매점매석 행위로 압수된 쌀 690석을 영세민들에게 무상으로 지급했고, 부정부패에 연루된 공무원들을 해고했다. 5월 21일 진행된 깡패들의 '속죄 행진'[1]은 특히 시민들의 이목을 집중시킨 이벤트였다. 이날 자유당 정권 아래서 정치깡패로 악명을 떨쳤던 이정재를 선두로 150여 명의 폭력배들이 이름표를 목에 걸고 군경의 호위를 받으며 시내 주요 번화가를 행진했다. 이 광경은 시민들에게 통쾌함과 더불어 군사정부에 대한 기대를 불러일으켰다. 하지만 이런 기대가 무너지는 데는 그리 오랜 시간이 걸리지 않았다.

5월 23일 최고회의는 국가재건최고회의 포고 제11호를 통해 '사이비 언론인 및 언론기관 정화'를 선포했다. 신문·통신 발행에 필요한 시설 요건을 갖추지 못한 기관은 등록을 취소한다는 것이 핵심이었다. 이 조치에 따라 일간신문 76개사(중앙 49, 지방 27), 통신 305개사(중앙 241, 지방 64), 주간지 453개사(중앙 324, 지방 129)의 발행이 취소되었다. 시설 기준에 부합한다고 판단되어 계속 발간할 수 있게 된 곳은 일간신문 39개사(중앙 15, 지방 24), 일간통신 11개사(모두 중앙), 주간지 32개사(중앙 31, 지방 1)였다. 그런데 5·16 이전부터 사회적 문제가 되었던 사이비 기자에 대한 연행 및 구속은 포고 제11호가 발포되기 전부터 이미 계속되고 있었다.

'중농정책'을 내세운 군사정부는 농촌 경제의 고질적인 문제로 제기되던 고리채 문제 해결을 선언하며 5월 25일 '농어촌고리채정리령'을 공포했다. 당시 농촌에서는 농업은행이나 농협 등 제도권 금융으로부터 자금 수급이 원활하지 않아 많은 농가가 높은 이율의 사채를 쓰고 있었다. 이로 인한 농가부채의 급증은 이미 자유당 정권 때부터 시급히 해결해야 할 사회적 문제로 논의되었다. 군사정부는 관련 법령의 공포를 통해 연이율 20% 이상의 부채를 신고하게 하고, 신고 후 고리채를 판정하여 농협이 농업금융채권으로 대위변제를 하도록 했다. 그런데도 예상보다 신고가 저조하자 군사정부는 위반 사례를 적발하고 신고 기피자를 색출하여 '반혁명분자'로까지 몰아갔다. 실적이 부진한 지방공무원에게는 경고 조치를 하며 강력한 추진 의사를 표명하기도 했다. 그러나 연대보증과 상호 대부라는 농촌 사회의 전통적 신용 구조에 대한 이해를 고려하지 않았던 고리채정리사업은 사실상 실패로 끝났다.

　5월 28일 군사정부는 부정축재처리위원회를 구성하고 '부정축재처리요강'을 발표했다. 이어 정재호, 설경동, 박흥식 등 주요 기업 총수를 전격적으로 구속하고, 해외에 있던 이병철, 백남일 등의 구속을 명령했다. 그러나 이들에 대한 엄격한 단죄는 기실 이뤄지지 않았다. 군사정부는 1961년 10월 21일 부정축재자에 대한 처리 방법을 대폭 완화한 '부정축재처리법 중 개정 법률'과 '부정축재 환수절차법'을 각각 공포했다. 이 법안들은 부정축재 기업인이 국가 재건에 필요한 공장을 건설하고 그 주식을 정부에 납부하여 부정축재 금액을 대신할 수 있게끔 한 것이었다. 해당 기업가들은 공장을 건설하기 위해 정부보증을 받고 외자를 유치하게 됨으로써 오히려 대자본가로 성장하는 발판을 마련했다.

　사회개혁을 표방한 조치들 가운데 일부는 재건국민운동을 통해 제도화되기도 했다. 재건국민운동은 ① 용공중립 사상의 배격 ② 내핍 생활의 여행勵行 ③ 근로정신의 고취 ④ 생산 및 건설 의식의 증진 ⑤ 국민 도의의 앙양 ⑥ 정서관념의 순화 ⑦ 국민체위의 향상을 목표로 내세운 일종의 관제 국민운동이었다. 이 운동은 4월혁명 직후 분출했던 시민들의 개혁 요구나 담론 가운데 반공과 국가주의의 틀에서 벗어나지 않는 것들을 체제내화, 제도화한 것이기도 했다. 운동을 주관할 기구로 최고회의 산하에 재건국민운동본부가 설치되었고, 각 행정 단위별로 지부가 설치되었다. 재건체조의 보급, 국민가요와 신생활복(재건복)의 고안·보급, 재건두발 권장 등 초창기에 실시된 정책들은 국가주의와 군사주의적 색채가 뚜렷했다. 재건국민운동본부는 군정기 내내 5·16의 정당성을 선전하거나 군사정부에 협조하기를 독려하고, 헌법 개정을 위한 국민투표 계몽에 나서는 등 국민들을 동원하는 데 힘썼다.

이처럼 5·16쿠데타 직후부터 부패척결과 사회정화를 앞세워 단행되었던 일련의 정책들은 쿠테타를 '혁명'으로 위장하고 권력 장악 과정의 위법성을 가리기 위한 것이었다. 장면 정권에서 지지부진했던 각종 정책을 단호하게 밀어붙이는 모습을 보여주어 시민들에게 통치자로서의 이미지를 부각하려는 의도도 내포되어 있었다. 이 정책들은 사회·정치적 대화와 타협이 전제된 민주주의적 방식으로 추진되지 않았다. 계엄이 선포된 가운데 군대를 앞세우고 행정력에 기대어 추진되었다. 민주주의적 자유가 극도로 억압된 상황에서 마치 군사작전처럼 '개혁'을 밀어붙이는 군사정부의 모습에 시민들은 우려하면서 한편으로 기대를 품기도 했다. '혹시나' 하는 희망으로 5·16쿠데타와 군사정부의 움직임을 관망하던 시민들의 기대는 시간이 갈수록 실망과 좌절로 바뀌어갔다.

2. 반공과 '용공분자' 소탕, 차단된 저항

예비검속, 반복된 역사의 비극

'12·3내란' 직후, 여야 당대표, 국회의장을 비롯한 주요 정치인들이 포함된 명단이 사전에 작성되었으며, 이들에 대한 체포 및 구금 계획이 수립되어 있었음이 여러 관련자들의 증언을 통해 공개되었다. 비상계엄이 해제되지 못했다면 아마 명단에 올라 있는 인사들은 계엄군에 강제로 연행되어 구금되었을 것이다. 그리고 '내란 음모'나 '반국가행위' 혐의로 기소되어 재판을 받고 장기간의 수감 생활을 견뎌야 했을 것이다. 내란 세력은 정치

개혁을 명목으로 특별법을 제정하여 그들의 정치적 반대 세력을 제거하거나 일정 기간 정치무대에서 격리했을 수도 있다. 비상계엄이 신속하게 해제되지 못했다면 정치인뿐만 아니라 그간 정권의 잘못된 정책에 비판적 목소리를 내온 여러 사회운동 단체 관계자들 역시 체포, 구금되는 사태를 면치 못했을 것이다.

이는 '만약에'라는 가정하에서 추정해본 비상계엄과 내란 성공 후의 모습이다. 그러나 이 같은 추정은 막연한 상상이 아니라 지난 계엄의 역사에서 반복적으로 일어났던 일들을 근거로 한 것이다. 지난 역사에서 우리는 헌법이 정지되고 국민의 기본권이 보장되지 않는 계엄하에서 어떤 일이 벌어졌었는지 똑똑히 확인할 수 있다. 불법적인 연행과 구금은 때론 끔찍한 학살로, 때로는 '혁명'이라는 이름 아래 정치적·사회적 반대 세력을 탄압 혹은 제거하는 일련의 과정으로 연결되었다.

이와 같은 일은 한국전쟁 당시 예비검속과 학살의 한 축을 담당했던 군의 일부 세력이 일으킨 5·16쿠데타 직후에도 여지없이 유사한 양상으로 재현되었다. 쿠데타 주도 세력은 혁명공약 제1조로 "반공을 국시의 첫 번째"로 삼고 반공체제를 재정비, 강화할 것을 내세웠다. 이를 증명이라도 하듯 쿠데타 직후부터 소위 '용공분자 소탕'을 위한 작업이 마치 군사작전처럼 진행되었다. 5월 17일 박정희는 육군방첩대장 이철희에게 "즉시 군 수사기관을 동원, 경찰의 협조를 통하여 경찰이 입수하고 있는 리스트에 근거하여 용공분자를 색출하라"는 지시를 내렸다.[2]

쿠데타 세력이 '용공분자', '위험인물'로 간주한 이들에 대한 예비검속은 5월 17일부터 산발적으로 시작되었고, 다음 날인 5월 18일부터 전국에 걸쳐 대대적으로 단행되었다. 육군방첩대에서 작성한 「위험인물 예비검속

계획」 공문에 따르면 우선적으로 예비검속의 대상이 된 것은 통일사회당, 사회대중당과 같은 정당을 비롯해 교원노조, 전국피학살자유족회, 민족통일학생연맹 등 4월혁명 후 활발하게 활동한 통일운동이나 사회운동 단체였다.[3] 이들뿐만 아니라 언론인과 대학교수, 노동조합 관계자들도 예비검속의 대상이 되었다. 이들은 거주지에서, 혹은 직장에서 근무하다가, 다방에서, 혹은 거리를 걸어가다가, 잠복해 있던 형사에 의해 연행되었다.

예비검속은 5·16쿠데타 직후 4~5일 동안 집중적으로 실시되었고, 그 이후에도 5월 내내, 6월까지도 간헐적으로 이루어졌다. 대상자들에 대한 연행은 일차적으로 각 경찰서 정보과 형사들이 담당했고, 이 과정에서 방첩대가 동행하기도 했다. 예비검속으로 연행된 사람들은 3천여 명에 육박했다. 수천 명의 사람들이 실제 법을 위반한 사실이 없는데도 '용공분자' '반국가 세력'으로 낙인찍혀 불법적으로 연행되었던 것이다. 반복되는 역사의 비극이었다.

비상계엄하에서 연행된 이들은 최소한의 기본적인 권리조차 보장받지 못했다. 5월 17일 군사혁명위원회 포고 제10호로 공포된 '인신구속에 관한 특별조치'는 계엄 지역 내에서 '혁명 수행상' 필요할 때는 법원의 영장 없이 체포·구속·수색을 집행할 수 있도록 규정했다. 포고 제10호는 얼마 후 '인신구속에 관한 임시특례법'의 형태로 재정비, 공포되었다.

군경 합동의 예비심사를 거친 연행자들은 군·검·경 합동수사본부에서 A·B·C 등급으로 분류되었다. A 및 B 등급으로 분류되면 계엄고등군법회의에 송치, C등급은 계엄사령관의 허가를 받은 후 훈계 방면한다는 방침이었다. 연행된 이들 중 일부는 심사를 거쳐 순차적으로 석방되었다. 그러나 혁신정당 및 각종 사회운동 단체에 몸담고 있던 이들의 상당수는 오랜 시간 풀려나지 못했다. 예비검속은 곧 '혁명재판'으로 이어졌다.

반공법 시대의 개막과 혁명재판

1961년 5월 19일 '반국가행위'에 대한 엄벌 방침을 밝힌 포고 제18호가 공포되었다. 포고 제18호에서는 반국가단체를 "공산당 및 이와 동조한다고 인정되는 단체"로 규정하고, 이의 가입·가입 권유, 찬양·고무·동조, 선전·선동, 탈출·잠입, 편의 제공, 불고지죄 등에 대한 엄중 처벌을 선포했다. 이는 1960년 초 장면 정부에서 제정하려다 거센 반대 여론에 부딪쳐 입법에 실패한 반공임시특별법의 내용과 사실상 동일하다. 반공을 국시로 내세운 군사정부는 포고 제18호의 내용을 법제화하여 1961년 7월 3일 반공법으로 제정·공포했다. 반공법은 국가보안법에 명시된 반국가활동 중 공산 계열의 활동에 관한 처벌법으로, 박정희 정권기 내내 국가보안법보다 빈번하게 권력에 의해 악용되었다.

반공법은 국가보안법과 마찬가지로 조문 자체가 자의적으로 해석·적용될 소지가 많았다. 특히 제4조 '찬양·고무죄(반국가단체나 그 구성원의 활동을 찬양, 고무 또는 이에 동조하거나 기타의 방법으로 반국가단체를 이롭게 하는 행위)'는 박정희 정권기에 언론과 민주화운동 진영을 탄압하는 수단으로 적극 활용되었다. 1960~1970년대는 막걸리 한 잔 걸치고 술김에 한 말 때문에 반공법 위반자가 되는 경우도 있어 '막걸리 반공법' 시대로 불리기도 한다. 반공법은 1980년 신군부가 만든 국가보위입법회의를 통해 국가보안법에 통합되면서 폐지되었다. 그러나 문제의 '찬양·고무죄'는 통합 국가보안법에 그대로 흡수되었다.

쿠데타 주도 세력은 최고회의가 가진 입법권을 적극적으로 활용하여 반공법 외에 자신들의 통치 기반 구축에 필요한 법률들을 만들어갔다. 현재 혹은 미래의 잠재적인 반대 세력을 제거하거나 관리·통제하기 위한 각종 법률도 순차적으로 제정했다. 6월 21일 '혁명재판부 및 혁명검찰부 조직법'(법률 제630호)이, 22일에는 '특수범죄 처벌에 관한 특별법'(법률 제633호)이 제정·공포되었다. 군사정부는 국가재건비상조치법을 만들면서 특별법 제정(비상조치법 제22조 1항)과 혁명검찰부·혁명재판소 설치(제22조 2항)를 명시하여 이 법률들의 제정 근거를 마련해놓았다.

'특수범죄 처벌에 관한 특별법'은 혁명재판소와 혁명검찰부가 다루게 될 범죄행위를 규정한 법으로, ① 선거 관련(7·29총선 관련) 살인·방화·손괴(제2조) ② 특수밀수(제3조) ③ 국사國事 또는 군사 관련 독직瀆職(제4조) ④ 반혁명행위(제5조) ⑤ 특수반국가행위(제6조) ⑥ 단체적 폭력행위(제7조)의 여섯 항목을 규정했다. 이 법은 소급 형법으로 법률 공포일로부터 3년 6월(1958년 1월)을 소급해 적용하도록 했다. 각 해당 행위에 대해서는 최고 사형까지 구형이 가능하도록 되어 있었다.

이 가운데 반혁명행위와 반국가행위 관련 항목은 명백히 군사정부 안팎의 적들을 주요 대상으로 하고 있었다. 특히 제6조 특수반국가행위는 4월 혁명 후부터 5·16 직전까지 활발했던 통일운동과 피학살자유족회 활동 관련자들, 교원노조, 여러 혁신정당 관련자들을 주요 대상으로 한 것이었다. 이들에 대한 재판은 앞서 5·16 직후 단행된 이른바 '용공주의자'에 대한 예비검속의 연속선상에 있는 것이기도 했다. 혁명재판에서 다루어진 사건들과 인원 면에서 가장 큰 비율을 차지하는 것이 제6조 '특수반국가행위' 관련이었다. 판결 인원이 가장 많았음은 물론, 검찰부의 사형 구형 빈도도 높았다.

쿠데타에 이은 계엄령으로 헌법이 정지되자 많은 사람들이 영장도 없이 연행되어 헌법상 규정된 국민으로서의 기본적인 권리마저 박탈당한 채 구금 상태에 놓였다. 특히 통일과 민주주의, 인권을 적극적으로 요구하고 사회개혁을 추진했던 사람들은 '반국가 세력'으로 낙인찍혀 더 엄혹한 처벌을 받아야만 했다. 이들의 연행과 구금, 그리고 혁명재판은 군사정부에 대한 현재 혹은 미래의 저항을 사전에 차단하는 것이기도 했다.

3. 정치권政治權의 제한과 정치세력 재편

정치활동정화법, 군사정부가 판정하는 정치할 수 있는 자격

앞서 살펴본 대로 군사정부는 예비검속과 혁명재판으로 '반공 의지'를 대내외에 과시하고, 현재와 미래의 잠재적 반대 세력을 사전에 정리했다. '참신하고 양심적인 민간인으로의 정권 이양'이 아닌 자신들이 집권하는 민간정부 창출을 염두에 두었던 그들의 다음 목표는 '구舊정치인'들이었다. 이번에도 최고회의가 가진 입법권이 적극 활용되었다. 쿠데타 세력은 5·16 직후 일체의 정치활동을 정지시키고 민주당 정권의 주요 인사들을 가택연금했다. 그뿐 아니라 정치활동정화법이라는 법률적 장치를 마련하여 기존 정치세력을 재편하는 수단으로 삼았다.

스스로를 '혁명군', '혁명주체세력'이라 칭한 쿠데타 주도 세력은 민주당과 자유당을 비롯한 기성 정치인들을 '구정치인'으로 명명했다. 1961년 민정 이양 일정을 밝힌 '8·12성명'에서 박정희는 "구정치인 중 부패부정한 정치인의 정계 진출을 방지하기 위한 입법 조치"를 취할 것임을 선언했다.

박정희의 선언은 정치활동정화법의 제정·공포로 현실화되었다. 1962년 3월 16일 "정치활동을 정화淨化하고 참신한 정치 도의를 확립함"을 목적으로 내세운 정치활동정화법(이하 정정법)이 공포되었다. 정정법에 의하면 본법의 공고에 따른 대상자가 정치활동을 하려면 사유서와 증거 등 자료를 구비하여 최고회의 위원 7인으로 구성된 정치활동정화위원회에 적격심판을 청구, 적격판정을 받아야 했다. 적격심판을 청구하지 않거나 적격판정이 확정되지 않은 사람은 1968년 8월 15일까지 정치활동을 할 수 없도록 했다. 판정 및 명령 또는 처분에 대한 불복 신청도 불가능했다. 군사정부는 기성 정치인들의 정치 참여 여부까지 결정하는 심판자를 자처했던 것이다.

정정법의 규정에 따라 공고된 대상자들의 범위는 광범위했고, 그 수는 무려 4,369명에 달했다. 1960년에 제정된 반민주행위자공민권제한법 해당자를 비롯해 장면 정권 당시 각료들과 국회의원, 민주당과 신민당의 주요 간부 및 지방당 간부들, 통일사회당과 같은 혁신정당 관련자들이 포함되어 있었다. 4월혁명 직후 조직된 각종 사회단체의 간부들, 부정축재처리법의 대상자들, 5·16쿠데타 전후부터 1962년 현재까지 '정치적 부패에 현저한 책임이 있는 자'와 '혁명 과업 수행'을 방해한 자도 정정법 적용 대상이었다. 그때까지 대통령직을 유지하던 윤보선은 정정법에 반대하여 사퇴했다. 군사정부는 비상조치법을 개정하여 최고회의 의장 박정희가 민정 수립 때까지 대통령권한대행을 맡도록 했다.

1962년 5월 30일 정치정화위원회가 발표한 적격판정자 수는 1,336명으로 총인원의 약 30%, 적격심판 청구인 2,958명의 약 45%에 해당했다. 적격판정의 기준은 '혁명 과업 수행에 현저한 공헌이 있는 자', '국가 민족에 공로가 있는 자', '강요에 의하여 당해 행위를 한 것으로 인정되는 자' 등으로 구체적이지 않고 모호했다. 적격심판 청구에 따른 1차 해제 결과 기존 유력 정치인들의 대다수는 부적격 판정을 받았다. 군사정부는 협력의 가능성이 보이거나 자신들에게 필요한 정치적 자원으로 간주된 인물들과는 사전 접촉을 통해 적격심판 청구를 종용했다. 그리고 협력에 대한 대가로 심사 과정에서 '배려'를 약속했다.

적격심판 청구를 통한 1차 해제 후에도 1963년 12월까지 세 차례에 걸쳐 순차적 해제 조치가 취해졌다. 모두 최고회의 의장 박정희의 직권에 따라 행해진 것이었다. 세 차례의 해금 조치는 각각 군사정부에 필요한 정치인의 포섭 및 유입, 재야 세력의 정당 창설에 혼란 조성, 그리고 군정 연장의 명분 축적에 활용되었다. 정정법은 '정치활동 정화'나 '참신한 정치 도의 확립'이라는 도덕적 명분을 내세웠으나, 실제로는 군사정부의 정치적 목적에 따라 만들어지고 전략적으로 운용되었다.

불법과 부정부패로 점철된 민주공화당 창당

이렇게 정치활동정화법을 통해 기성 정치인들의 손발을 묶어놓고 군사정부는 비밀리에 정당 창당 작업에 착수했다. 창당 작업은 계엄하에서 정치활동이 여전히 금지되어 있던 1962년 1월 초부터 시작되었다. 쿠데타 주도 세력은 5·16 직후부터 정당을 만들고 선거를 통해 권력을 장악하는 방안을 중앙정보부 내 정책연구실을 통해 마련해 나갔다. 그리하여 정책연구실은 민주공화당의 창당 과정에서 핵심적인 역할을 담당했다.

공화당 사전 조직은 재건동지회라는 이름으로 비밀리에 조직, 활동했다. 이 사전 조직 작업을 계획하고 주도한 이는 중앙정보부장 김종필과 강성원이었고, 조직의 사무총장은 중앙정보부 차장 이영근이 맡았다.[4] 신당 창당의 근간이 될 사무국 기간요원 선정을 담당한 이들도 7명의 중앙정보부 요원이었다. 이와 같은 선제적인 활동 덕에 쿠데타 주도 세력은 1963년 1월 정치활동이 재개되자마자 그 어떤 정치세력보다 신속하게 창당의 깃발을 꽂을 수 있었다.

정치활동이 금지된 기간에 사전 조직을 만들어 창당 작업을 한 것은 명백한 법률위반행위(포고령 제4호 위반)였다. 게다가 창당 작업에 필요한 자금은 이른바 '4대의혹사건'으로 대표되는 불법적 방법으로 조달되었다. 4대 의혹사건이란 증권파동, 새나라자동차사건, 빠찡코사건, 워커힐사건을 가리키는데, 이 중에서 가장 규모가 컸던 것이 증권파동이었다. 이는 재건동지회의 핵심 인물인 강성원 등의 주도로 주가를 조작하여 엄청난 부당이득을 취한 사건이었다. 이렇게 취득한 돈은 공화당 창당 과정에 투입되었다. 5·16쿠데타 직후부터 구정치인과 기성 정계를 부정부패의 온상으로 공격하며 정화의 대상으로 삼았던 쿠데타 세력은 4대의혹사건을 통해 더 교묘하고 지능적인 수법을 보여주었다. 항간에는 '신악新惡이 구악舊惡을 뺨친다'는 말이 성행했다.

4. 자의적 입법권의 행사

권한 없는 자들의 헌법 개정

국가재건비상조치법에 따라 입법·사법·행정을 틀어쥔 국가재건최고회의를 통해 쿠데타 주도 세력은 군사통치가 실시되는 동안 그들의 집권 기반 마련과 통치에 필요한 각종 법적·제도적 장치들을 자유롭게 만들어 활용했다. 그중에서 특히 눈여겨봐야 할 것은 1962년에 단행된 5차 헌법 개정이다. 쿠데타 세력은 '혁명 과업 수행'이라는 명분을 내걸고 국가의 통치체제와 국민의 기본권 보장을 담고 있는 근본법인 헌법에까지 손을 댔다. 쿠데타를 통해 권력을 잡은 군사정부는 과연 헌법을 개정할 권한을 가지고 있었을까? 왜 헌법 개정이 필요했을까?

박정희는 1961년 '8·12성명'에서 민정 이양 계획과 더불어 신헌법을 제정하여 공포하겠다고 선언했다. 헌법의 개정이냐 제정이냐의 문제, 그 방법과 절차에 관한 문제에 대해서는 '8·12성명' 발표 직후부터 헌법 개정이 본격적으로 논의되고 추진될 때까지 의견이 분분했다. 중요한 것은 '질서의 회복', '안정된 민정으로의 복귀'가 목표라고 주장했던 군사정부가 향후 들어설 민간정부의 통치체제와 운영 원리를 규정할 헌법을 손보겠다고 일찌감치 나섰다는 점이다. 그들은 처음부터 한시적인 통치가 아니라 자신들이 집권하는 새로운 통치체제 수립을 준비하고 있었던 것이다.

쿠데타 세력의 집권 기반 구축과 권력 창출의 산실 역할을 했던 중앙정보부 정책연구실은 헌법 개정 작업에서도 중요한 역할을 했다. 헌법 개정 관련 논의가 본격화된 것은 1962년에 들어서였다. 개정 절차와 방법, 정부 형태와 국회 구성 등이 주로 논의되는 가운데 최고회의가 개정의 주체가 될 수 있는지를 두고도 의견이 엇갈렸다. 1962년 『동아일보』가 5·16 1주년을 맞이하여 서울시 일원의 여론조성층 100명을 대상으로 실시한 민정 이양과 헌법 개정에 대한 여론조사 결과를 참고해보자.

여론조사 결과, 헌법 제정·개정과 관련하여 헌법을 개정해야 한다는 답변이 그간 군사정부가 주장하던 헌법 제정을 지지한다는 답변보다 3배 이상 더 많이 나왔다. 특히 헌법 개정 작업은 최고회의가 아닌 새로 선출된 국회에서 해야 한다는 의견은 52%에 달했다.[5] 최고회의가 헌법 제(개)정의 주체가 되는 것에 대해 전반적으로 부정적이라는 것을 알 수 있다. 최고회의는 헌법 개정 권한에 대한 문제제기를 그냥 두고 보지 않았다. 얼마 후 일어난 '동아일보 필화사건'이 이를 단적으로 보여준다.

헌법 개정 작업이 한창인 무렵, 1962년 7월 28일자 『동아일보』 조간에 「국민투표는 결코 만능이 아니다」라는 사설이 게재되었다. 해당 사설은 최고회의에서 헌법을 개정하여 국민투표로 확정한다는 방침을 비판하고, 최고회의가 헌법을 개정하는 것이 타당하지 않다고 주장했다. 이미 7월 17일과 23일 사설을 통해 헌법 제정과 개정에 따른 문제를 제기한 바 있는 『동아일보』는 28일자 사설에서 더욱 직설적으로 헌법 개정과 관련된 최고회의의 방침을 비판했던 것이다. 이 세 개의 사설에서 반복적으로 제기한 문제는 결국 헌법의 제정이든 개정이든 최고회의는 그 주체가 될 수 없다는 것이었다. 이와 같은 『동아일보』 사설에 대해 최고회의 측은 "혁명의 의의나 정신을 망각했을 뿐만 아니라 심지어 5·16혁명을 근본적으로 부인하려는 태도"라고 맹렬히 비난했다.[6]

결국 사설을 쓴 황산덕 논설위원과 고재욱 주필이 7월 30일부터 연달아 중앙정보부에 연행되어 조사를 받다가 8월 2일에 구속, 수감되었다. 적용된 혐의는 반공법 제4조(반국가단체의 찬양·고무·동조)와 '특정범죄처벌에 관한 임시특례법' 제3조 3항(허위사실 유포) 위반이었다. 고재욱 주필은 8월 9일에 석방되었으나, 사설을 집필한 황산덕 논설위원은 '특정범죄처벌에 관한 임시특례법' 위반으로 군사재판에 회부되었다. 황산덕은 헌법 개정에 대한 국민투표를 앞둔 12월 7일, 육군본부 보통군법회의 검찰부의 공소 취소와 재판부의 공소기각 결정으로 구속된 지 128일 만에 석방되었다.

동아일보 필화사건은 민정으로의 전환 과정에 권력구조를 결정지을 헌법개정안 내용과 절차를 자신들의 뜻대로 관철하겠다는 군사정부의 강한 의사 표시였다. 또한 언론이든 지식인이든 5·16이나 군사정부의 권위에 도전하는 행위는 그 어떤 경우라도 용납하지 않겠다는 강력한 경고였다.

군사정부의 헌법 개정 작업은 공식적으로는 1962년 7월부터 본격화되었다. 국가재건비상조치법을 만든 장본인이기도 한 한태연에 따르면, 기본적인 계획과 초안은 중앙정보부 정책연구실에서 일하던 이종극·윤천주·김성희 세 교수가 사전에 만들어놓은 상태였다.[7] 7월 11일 구성된 헌법심의위원회는 최고회의 부의장 이주일을 위원장으로 이석제(법제사법위원장), 김동하(외무국방위원장) 등 최고회의 각 상임위원장을 위원으로 하여 총 9인으로 구성되었다. 유진오, 박일경, 한태연 등 각계 전문가 21명이 전문위원으로 위촉되었다. 전문위원으로 위촉된 이들은 대부분 직간접적으로 군사정부와 관계를 맺고 있던 이들이었다. 실제 헌법 심의 과정에서 전문위원 대부분은 전문위원회 자체를 일종의 자문기관으로 인식하고 핵심적인 사안에 대해서는 최고회의 방침에 의존하는 태도를 보였다.

헌법심의위원회는 1962년 8월 4일까지 헌법의 여러 문제점에 대한 논의를 마무리했다. 군사정부는 국민의 여론을 헌법 심의에 반영하겠다며 8월 23일부터 31일까지 서울을 시작으로 총 12개 도시에서 공청회와 좌담회를 개최했다. 그러나 공청회는 형식일 뿐, 이 짧은 기간에 국민의 여론이 제대로 반영될 리 없었다. 공청회는 사전에 선정된 연사들이 제한된 시간(15분) 동안 자신의 의견을 발표하는 형식으로 진행되었다. 공청회와 좌담회가 마무리된 후 헌법심의위원회는 9월부터 다시 전문위원회를 재개하여 구체적인 헌법 요강 작성을 위한 논의에 들어갔다. 그런데 그 내용과 과정은 외부에 잘 공개되지 않았다. 무소속 출마를 배제하는 조항이 들어간 선거 관련 조항들이나 대통령에게 강력한 권한을 부여하고 상대적으로 국회를 약화할 만한 조항들이 이때 결정되었다.

1962년 10월 8일 최고회의는 헌법 개정을 위한 국민투표법의 입법 근거를 마련하기 위해 국가재건비상조치법을 개정·공포하였다. 국민투표법은 10월 10일 최고회의에서 통과되었다. 이로써 새로운 헌법은, 최고회의 의결을 거친 후 국민투표에 부쳐져 유권자 과반수의 투표와 투표자 과반수의 찬성으로 확정되는 것으로 공식화되었다. 군사정부는 국민투표를 통한 헌법개정안 확정이 "국민의 의사를 직접 헌법 개정에 참여시킨다는 민주적 배려"라고 주장했다. 그러나 이는 군사정부의 헌법 개정 권한에 대한 문제제기를 덮기 위한 일종의 수사修辭에 불과했다.

조문 작성 작업이 마무리되자 1962년 11월 5일 헌법개정안이 발의되었다. 헌법개정안은 약 한 달간의 공고 기간을 거쳤다. 이 기간은 개정안에 대한 토론 기간이었다기보다는 헌법개정안에 대한 찬성 여론을 끌어내기 위한 군사정부의 '계몽' 기간이었다. 최고회의 산하 재건국민운동본부가 헌법개정안에 대한 '계몽' 활동을 '민주주의 교육'이라는 허울로 가장 앞장서서 수행했다. 지방의 공·사립대학 교수들, 모든 초·중·고등학교 교사들, 심지어 농협과 수리조합 직원들까지 헌법개정안 해설과 국민투표 참여 독려 활동에 동원되었다. '헌법개정안 계몽'이라는 이름 아래 실시된 일련의 캠페인들은 새 헌법안의 내용이 아니라 새 헌법안이 왜 반드시 통과되어야 하는지에 초점이 맞춰져 있었다.

군사정부는 헌법개정안을 통과시키려고 행정력을 총동원하여 '계몽' 활동을 전개하면서도 헌법개정안에 대한 공개적인 토론이나 의사 표현에는 시종일관 부정적인 입장을 견지했다. 결정적으로 계엄을 해제하지 않고 있었다. 공고 기간에 계엄을 해제하라는 요구가 끊임없이 제기되었지만 계엄은 좀처럼 해제되지 않았다. 정치활동 금지와 계엄령이 지속되는 상황 속에서 헌법개정안에 대한 자유로운 찬반 토론을 기대하기란 불가능에 가까웠다. 경비계엄은 헌법개정안에 대한 공고 기간이 끝나고 국민투표를 11일 앞둔 1962년 12월 5일 자정을 기해 비로소 해제되었다.

같은 날 최고회의는 최고위원 만장일치로 수정 없이 개정헌법안을 의결했다. 계엄 해제 전날인 12월 5일, '혁명 과업 수행에 관련되는 범죄의 재판 관할에 관한 임시조치법'(법률 제1198호)이 제정·공포되었다. 계엄이 해제되더라도 군사혁명위원회나 최고회의령 또는 포고에 규정된 13가지 죄를 군법회의가 계속 관할 심판한다는 것이 이 법안의 요지였다. 계엄이 해제되었어도 여전히 군법회의가 민간인에 대한 재판관할권을 가지도록 한 것이다.

1962년 12월 17일, 헌법개정안은 투표율 85%에 찬성률 78%로 확정되었다. 높은 투표율과 찬성률은 다음 사항이 고려되어야 한다. 행정력을 총동원한 투표 독려 활동과 더불어 군사정부 일각에서 흘러나온 발언을 주목할 필요가 있다. 헌법개정안 부결이 군정의 지속, 즉 민간정부로의 이행을 지연시킬 것이라는 취지의 발언이었다.[8] 시민들에게 국민투표는 헌법개정안에 대한 찬반 여부를 묻는 것이라기보다 헌법 개정이냐, 비상조치법의 지속(군사통치의 지속)이냐를 묻는 투표로 인식되었을 가능성도 배제할 수 없는 것이다. 그렇게 제5차 헌법 개정은 군사정부의 바람과 의도대로 원만하게 확정되었다.

개정 헌법에서 가장 두드러진 점은 무엇보다 대통령중심제와 단원제 국회의 채택을 들 수 있다. 이러한 권력구조 아래서 대통령의 권한은 집약적으로 강화된 반면, 국회의 기능은 대폭 약화되었다. 대통령은 국무총리 임명 시 국회의 동의나 승인을 받을 필요가 없었다. 국무회의(국무원)도 의결기관에서 심의기관으로 변경되었다. 5차 헌법 개정에서 채택한 국무회의제나 국무총리제도는 대통령의 권력 행사에 대한 견제보다는 대통령이 국정을 좀 더 원활하게 통제하기 위한 장치였다. 또한 대통령에게 긴급재정경제처분·명령권(제73조 1항), 계엄선포권(제75조)을 부여하였고, 1960년 헌법 개정 당시 삭제되었던 긴급명령권(제73조 2항)이 다시 부여되었다. 대통령의 법률안재심의권(거부권)도 강화(제49조)되었다.

대통령의 권한이 대폭 확대되고 강화된 반면, 단원제로 바뀐 국회의 기능은 상대적으로 약화되었다. 대표적인 예로, 국무위원에 대한 국회의 불신임권이 없어지고 해임건의안으로 대체되었다. '무소속 출마 제한'(제36조 3항)과 '소속 정당 이탈 시 의원 자격 상실'(제38조) 조항은 자칫 국회의원의 국민대표성을 변질시켜 소속 정당의 거수기가 될 우려가 있다는 비판을 받았다.

제1공화국 때보다 더 강화된 대통령의 권한과 지위, 국회의 기능 약화는 5차 헌법 개정의 실질적 주체라고 할 수 있는 최고회의 측의 의회 불신과 행정 만능주의가 반영된 것이기도 했다. 즉, 정치활동을 통한 다양한 이해관계의 조정보다 행정력으로 일사불란하게 정책을 결정하고 집행하는 것을 선호하는 군사정부의 의중이 관철된 결과인 것이다.

또 하나의 특징은 헌법 전문에 '4·19의거'와 '5·16혁명' 이념이 삽입되었다는 점이다. 5·16쿠데타 전까지 혁명이라 불렸던 4·19는 '군사혁명'을 자처하는 5·16 이후 '혁명', '학생혁명', '의거' 등 여러 명칭으로 불리다가 결국 5차 헌법개정안 전문에 '의거'로 위상이 격하되어 실렸다. '5·16혁명이념'의 삽입은 헌법 개정이 '5·16혁명'의 산물임을 분명히 하고, 국가의 기본법인 헌법에 명시하여 다시 한번 '5·16'의 정당성과 당위성을 천명하기 위함이었다. 이 밖에도 개정 헌법 부칙에 특수범죄 처벌에 관한 특별법, 정치활동정화법 및 기타 부정축재처리법과 이에 관련되는 법률, 그리고 국가재건비상조치법 등 소위 '혁명 입법'의 효력 지속, 그리고 이에 대한 이의제기 금지 조항을 두었다. 민정 이양 후 이를 둘러싼 문제 발생을 원천적으로 차단하고자 했던 것이다.

정당법 제정과 선거법 개정

1962년의 제5차 헌법 개정은 선거 관련 법률과 정당법 등을 군사정부에 유리하게 입법화할 기회를 제공했다. 부칙에는 헌법이 실제 시행되는 날이 국회가 처음으로 집회한 날부터라고 되어 있지만, 바로 다음에 "이 헌법을 시행하기 위하여 필요한 법률의 제정과 이 헌법에 의한 대통령·국회의원의 선거 기타 준비는 이 헌법 시행 전에 할 수 있다"고 명시하고 있다. 이에 따라 군사정부는 헌법 개정과 같이 명목상의 의견 수렴이나 대대적인 선전을 거치지 않고 그들에게 유리하도록 정당법 제정, 선거법 개정 작업 등을 할 수 있었다.

정당법은 1962년 12월 헌법개정안이 국민투표로 확정된 후 제정되었다. 우선 정당의 설립 및 등록 요건을 엄격하게 규정했다. 정당의 등록 요건은 ① 국회의원선거법에 의한 지역선거구 총수의 3분의 1 이상의 지구당 ② 5개의 특별시, 직할시 또는 도에 분포 ③ 각 지구당별 당원 80명 이상이었다. 정당 활동을 할 수 없는 직업군은 공무원, 교육자, 학자, 국영·준국영기업체 직원, 학생, 재건국민운동 요원 등으로 폭넓게 설정했다. 군사정부의 정당법 제정은 정당에 관한 단독 법률로는 남미의 독재국가 아르헨티나에 이어 전 세계적으로 두 번째 사례였다.

선거법 개정에서 두드러진 점은 비례대표제의 도입이었다. 이 제도의 도입 명분은 지역구에 지지 기반이 없지만 능력 있는 사람이거나 각 분야의 전문가를 국회의원으로 선출한다는 취지였다. 그러나 개정된 선거법상 1인 1표로 지역구와 전국구 당선자가 모두 결정되었다. 지역구 선거에서 3석 이상의 의석을 얻지 못하거나 유효투표 총수의 5% 이상을 득표하지 못한 정당은 전국구 의석 배분에서 제외하도록 규정했다. 그리고 제1당의 득표율이 50%를 넘으면 각 정당 득표율에 따라 의석을 배분하지만, 50% 이하일 때는 전국구 의석의 절반을 제1당에게 배분하고, 나머지를 제2당 이하 정당에 배분하도록 했다. 비례대표제는 제1당이 원내 최다 의석을 안정적으로 확보할 수 있도록 하는 방편이자, 남한에 연고가 없는 군사정부 내 이북 출신들의 의석을 확보하기 위한 것이었다. 선거운동도 철저히 제한했는데, 이는 민정 이양을 위한 선거가 당시 군사정부의 정책 실패와 부패를 성토하는 장이 되지 않도록 선거 자체를 위축시키려는 의도가 내포되어 있었다.

헌법 개정과 이를 바탕으로 만들어진 정당법, 그리고 선거법 개정은 정치 환경과 실질적인 정치 운영의 법칙을 새롭게 만드는 과정이었다. 개정된 헌법이나 정당법, 선거법은 민정 이양 후 대통령이나 집권 정당에 유리한 내용을 담고 있었다. 군사정부는 자신들의 집권을 전제로 하여 헌법과 각종 법률을 정비했던 것이다.

5. 유예된 저항

　박정희를 필두로 한 쿠데타 세력은 선거를 통해 합법적으로 수립된 정부를 전복한 행위에 대해 국가를 위기에서 구하기 위한 '혁명'으로 포장하고 무력으로 권력을 장악했다. 그들은 스스로 만든 위기를 핑계 삼아 계엄을 선포하고 헌정질서를 중단시켰다. 계엄은 약 1년 6개월간 유지된 끝에 1962년 12월 6일에야 해제되었다. 5·16 직후 '혁명 과업'이 완수되면 '참신하고 양심적인 민간인들'에게 정권을 넘기겠다고 약속했던 쿠데타 세력은 그 약속을 지키지 않았다.

　쿠데타 세력은 계엄 상태를 유지하면서 국회를 해산하고 정치활동을 금지했으며 국가재건비상조치법을 만들어 헌법에 우선하게 했다. 악명 높은 중앙정보부를 창설하여 군사정부 안팎의 적을 색출하고, 필요하다면 정치공작도 서슴지 않았다. 입법·사법·행정권을 한 손에 틀어쥐고 국가의 기본법인 헌법을 그들의 의도대로 개정했다. 헌법 개정은 국가조직과 운영체제를 바꾸는 중대한 일이었으나 계엄하에서 이에 대한 자유로운 토론은 이루어질 수 없었다.

　쿠데타 세력은 선거에서 유리한 지형을 만들기 위해 정당법을 만들고 선거법도 고쳤다. 정치활동을 금지하고 비밀리에 민주공화당을 창당했다. 창당과 1963년 선거를 위한 자금은 불법적인 방법으로 조달했다. 중앙정보부는 군사정부의 부정부패를 상징적으로 드러낸 '4대의혹사건'의 핵심이었다. '사회정화'나 '부패척결'을 앞세워 실시한 여러 정책들도 대부분 성과를 남기지 못하고 흐지부지해지거나 후퇴했다. 고리채정리사업은 군사정부 스스로 실패를 인정했고, 부정 축재한 재벌들은 단죄되지 않은 채 군사정부와 유착하며 더 크게 성장했다.

　1961년 5월 16일 군부의 쿠데타가 일어난 직후 시민들의 반응은 관망 혹은 제한적인 기대에 가까웠다. 기존의 민간정부가 제대로 하지 못했던 각종 조치들을 과감하게 추진하는 모습에 속시원해하면서도 군대와 탱크를 앞세운 권력 장악에 불안감을 갖기도 했다. 학생이나 지식인 사회의 반응도 크게 다르지 않았다. 당대 지식인들에게 많은 영향을 주었던 잡지 『사상계』는 쿠데타가 일어난 직후인 1961년 6월에 발간된 95호의 권두언에서 5·16을 "부패와 무능과 무질서와 공산주의의 책동을 타파하고 국가의 진로를 바로잡으려는 민족주의적 혁명"이라고 했다.[9] 1950년대 이집트, 미얀마, 이라크 등지에서 일어났던 군사쿠데타는 대체로 민족주의적이고 개혁적 성향이었다. 이러한 제3세계 군사쿠데타에 대한 인식은 지식인이 5·16쿠데타를 긍정적으로 인식하게 하는 데 영향을 끼쳤다.

　5·16쿠데타에 대한 즉각적이고 직접적인 저항은 사실상 불가능했다. 언론은 비상계엄 선포 후 사전검열 기간을 거쳐 군사통치기 내내 군사정부의 강력한 통제를 받았다. 정부기관 등 취재원에 대한 접촉은 극히 제한되어 언론 보도는 직접 취재보다 국가재건최고회의에서 배포하는 보도자료에 의존할 수밖에 없었다. 검열과 통제 때문에 5·16 직후 거의 대부분의 신문 지면은 '혁명'에 대한 지지와 기대를 담은 기사들로 뒤덮였다.

　결정적으로 군사정부에 반대할 만한 사람들은 대부분 쿠데타 직후 예비검속을 통해 연행, 구금되었다. 4월혁명 직후 창간하여 통일운동과 각종 사회운동을 적극적으로 보도했던 『민족일보』는 조용수 사장을 비롯한 관계자들이 혁명재판을 통해 사형당하거나 징역형을 받았다. 통일사회당과 같은 혁신정당, 서울대 민족통일연맹 등 학생 통일운동 단체, 교직원노동조합 관계자들도 비슷한 운명에 처해졌다. 군사쿠데타에 반대하거나 직접적으로 저항할 만한 사람과 조직은 일찌감치 처리했던 것이다.

군사정부에 대한 기대는 오래지 않아 실망과 분노로 바뀌기 시작했다. 1963년 초 민주공화당 창당을 둘러싸고 쿠데타 세력은 김종필파와 반김종필파로 나뉘어 치열한 세력 다툼을 벌였다. 공화당 사전 조직에 대한 의혹, 공화당 창당 자금 마련 과정에서 일어난 '4대의혹사건'에 대한 비난 여론도 고조되었다. 1962년 통화개혁 실패와 가뭄으로 인한 흉작 등은 1963년 초부터 식량난과 물가 폭등을 불러왔다. 쿠데타 성공 이래 군사정부는 최대의 위기에 직면했다.

박정희는 1963년 2월 18일 성명을 통해 민정 불참을 선언했다. 그러나 곧 이를 뒤집고 3월 16일, '4년간의 군정 연장을 위한 국민투표 실시'를 공표했다. 쿠데타 직후 약속했던 민정 이양마저 거부한 것이다. 충격과 분노 속에 재야 정치세력, 학생, 언론계 등은 즉각적으로 군정 연장 반대운동에 돌입했다. 3월 22일, 윤보선, 변영태 등 재야 정치세력이 종로에서 '민주구국선언대회'를 개최하고 군정 연장 반대 시위를 벌였다.[10] 서울뿐만 아니라 부산, 대구, 광주 등 주요 도시에서도 군정 연장을 반대하는 전단지가 뿌려지고 시위가 이어졌다. 『동아일보』와 『조선일보』, 『경향신문』, 『대구매일신문』은 한동안 사설 게재를 중단함으로써 군사정부의 군정 연장 시도에 항의를 표하였다.

잠잠했던 대학가에서도 시위가 다시 시작되었다. 3월 29일 서울대학교 학생 400여 명이 4월학생혁명기념탑 앞에 모여 자유수호궐기대회를 열었다.[11] '3·16성명' 후 이의 철회를 요구하며 박정희와 군사정부를 지속적으로 압박했던 미국은 3월 25일 국무성의 공식 논평을 통해 군정 연장 계획에 반대한다는 의사를 명확히 밝혔다.[12] 결국 박정희는 '4·8성명'을 통해 군정 연장을 사실상 철회할 수밖에 없었다.

　1963년 10월과 11월, 우여곡절 끝에 민정 이양을 위한 대통령 선거와 국회의원 선거가 실시되었다. 군사쿠데타 이래 약 1년 6개월간 계엄 상황이 유지되고 군사통치가 실시되는 가운데 쿠데타 세력이 선거와 정당을 통해 집권하는 데 유리한 법적·제도적 장치가 갖춰진 뒤였다. 군복을 벗은 박정희가 대통령에 선출되었고, 쿠데타 세력이 창당을 주도한 민주공화당이 국회 다수당이자 여당이 되었다. 1963년 12월 17일, 군사통치가 끝나고 드디어 제3공화국이 출범했다. 2년 6개월간 쌓인 시민들의 실망과 분노는 군복을 벗은 쿠데타 세력이 집권한 첫해인 1964년 굴욕적이고 졸속적인 한일협정 체결을 밀어붙이자 곧 거대한 저항으로 터져 나왔다.

― 김현주

3
저항의 조직화, 계엄의 체계화
— 6·3항쟁과 계엄

1. 최초의 조직적·지속적 민주화운동

1964년 3월 24일 오후, "민족반역적 한일회담의 즉각 중지"를 외치는 일군의 대학생들이 거리로 뛰쳐나왔다. 5·16쿠데타로 집권한 군사정부가 선거를 거쳐 민간정부로 전환된 지 4개월 만이었다. 이미 3월 초부터 야당 중심의 대일굴욕외교반대범국민투쟁위원회가 만들어져서 활동했기 때문에 분위기가 심상치 않은 상황이었다. 정부는 학생 시위가 벌어지리라는 것을 예상하고 있었다. 거리로 뛰쳐나온 학생들은 당시 태평로에 있는 국회의사당(지금은 서울시의회로 사용되는 시민회관 별관) 앞에서 시민들과 함께 5천여 명의 대열을 형성했다. 석간신문은 곧바로 시위 사실을 대서특필했다. 다음 날 이후락 대통령비서실장이 사무엘 버거 주한미대사에게 박정희가 어제의 시위를 예상은 했지만 그 규모에 놀랐다고 이야기할 정도였다.[1]

5·18민주화항쟁과 6월항쟁, 그리고 수십 수백만이 모인 촛불시위와 응

《한일회담 반대 시위》 1964년 3월 24일 학생들이 "일본제국주의 박살하자!" "제국괴뢰 타도하라" "매국외교 중지하라" 등의 문구가 적힌 플래카드와 피켓을 들고 시위를 벌였다. 한일회담 반대운동의 첫 시위였다.(출처: 경향신문사)

원봉 시위를 경험한 우리이기에 겨우 5천 명 정도 모인 대학생 시위가 뭐 그리 충격적이었는지 의문이 들 수도 있다. 그러나 당시 대학생들은 4월혁명의 주역으로 표상되던, 즉 '정의의 상징' 같은 존재였다. 이 시기는 본격적인 학생운동이 아직 태동기에 있었기 때문에, 학생들을 대표적인 저항세력이라고 부르기도 어려웠다. 오히려 학생들은 5·16쿠데타에 유동적인 태도를 보였고, 군사정부는 그러한 유동성에 어느 정도 기대어 안착할 수 있었다. 그러므로 3·24시위로 시작된 한일협정 반대운동은 한국전쟁 이후 국가가 처음으로 마주한 '조직적이고 지속적인' 저항이었다. 민간정부로 갓 이양한 박정희 정권이 충격을 받은 이유다.

해방된 지 20여 년. 아직 대부분의 세대가 식민 지배의 기억을 가지고 있던 때였다. 한일협정은 대단히 민감한 사안이었다. 특히 냉전기 미국 주도의 국제질서가 형성되면서 일본은 '관대한 평화조약'을 체결할 수 있었다. 1952년 제2차 세계대전에 대한 평화협정인 샌프란시스코 대일강화조약을 맺을 때 식민지 지배 청산과 전쟁배상 문제가 전혀 다뤄지지 않았기 때문이다. 분단된 상태에서 전쟁을 벌이고 있던 한국은 북한, 중국, 대만과 마찬가지로 대일강화조약 협상에서 배제되었다. 연합국과 일본이 체결한 샌프란시스코 대일강화조약에 참여하지 못한 채 별도로 일본과 맺어야 했던 한일협정은 구조적 한계를 가질 수밖에 없었다. 따라서 한일협정 체결은 최대한 신중하고 세심하게, 민주적으로 접근했어야 했다.

그러나 박정희 정권은 마음이 급했다. 쿠데타의 정당성을 인정받으려면 경제개발을 서둘러야 했다. 경제개발에는 돈이 필요했고, 박정희 정권은 일본에서 그 돈을 받으려 했다. 정당성 없는 쿠데타는 결국 거칠고 비밀스러운 협정 체결로 나아갔다. 박정희 정부는 한일협정 체결 과정을 구체적으로 공개하지 않았으며, 일본으로부터 받을 돈의 액수 외 다른 중요한 쟁점들─식민 지배의 불법성, 사과, 어업선, 재일조선인의 법적 지위 등─은 경시했다. 급히 먹는 밥은 탈이 나기 마련이다.

2. 새로운 저항양식의 창출

3월 24일 시작된 시위가 6월 3일의 6·3항쟁에 이르기까지 여러 번의 곡절이 있었다. 각 국면에서 정권은 일시적으로 양보하기도 했지만, 기왕의 비민주성을 덮기 위해 더 큰 무리수를 두고 강압책을 사용했다. 반면 학생들은 국면별로 새로운 저항양식을 창출하며 정국을 압도적으로 주도했다. 이때 시작된 성토대회, 장례식 퍼포먼스, 운동가 제창, 집단 단식농성, 소각식 등은 이후 민주화운동의 전형을 만들어냈다. 한일협정 반대운동은 규모와 참여자 범위 면에서 4월혁명, 부마항쟁, 5·18민주화항쟁 등에 비하기는 어려웠다. 그러나 한편에서는 운동의 양식과 주체를 만들어냈고, 다른 한편에서는 그것을 억압하는 주체와 체계를 만들어냈다는 점에서 역사적 사건이었다.

약 일주일간 몰아쳤던 시위는 김종필의 귀국 등 박정희 정권이 일시적으로 한일협정 반대운동의 요구를 수용하며 소강상태에 들어갔다. 5·16쿠데타의 기획자이자 군사정권기 중앙정보부장인 김종필은 1962년 11월 일본 오히라 외무상과 청구권 및 경제협력자금 액수를 비밀리에 합의하여 협상 타결의 큰 전기를 마련했다. 그는 온양온천에서 시마모토 겐로 요미우리신문 서울특파원에게 "민족반역자라고 불릴지언정 한일협정은 체결되어야 한다"는 의지를 밝힌 적이 있었다.[2] 아마 김종필은 학생들이 '민족반역적 한일회담을 즉각 중지하라'고 외치리라는 사실을 예상했을 것이다.

그러나 정작 '민족반역자'라고 불리자 박정희 정권은 충분한 시간을 두고 대화를 통해 설득하는 대신 시위를 강경 진압하고, 시위 학생들을 구속하며, 대학을 사찰하고, 대학에는 시위 학생들을 징계하라고 종용했다. 그러자 1964년 4월 23일 서울대 문리대 학원사찰조사위원회가 정부에서 YTP라는 사이비 학생단체를 조직하여 학생들의 동향을 사찰했다는 사실을 폭로하기에 이르렀다. 그 유명한 'YTP 폭로 사건'이었다.[3] 이를 통해 한일협정 반대운동의 요구 사항은 회담 중지에서 학원의 자유 보장, 구속 학

민족적 민주주의 장례식》 1964년 5월 20일 서울대학교 문리대에 모인 서울 시내 5개 대학 학생들이 관과 만장을 앞세우고 시위에 나서고 있다. (출처: 국가기록원)

생 석방, 부정부패 처벌로 나아갔다.

한일회담 반대운동을 전개하면서 학생들은 '장례식'이라는 참신한 시위 양식도 개발했다. 1964년 5월 20일 서울대 문리대 교정에서 열린 '민족적 민주주의 장례식'은 한국 민주화운동의 중요한 퍼포먼스 양식 중 하나로 '장례식'이 시작된 계기였다. 민족적 민주주의란 1963년 대선과 총선 과정에서 박정희 정권이 내세워 일정한 반향을 일으켰던 구호로, 장례식은 박정희 정권의 그 구호가 기만적이라는 사실을 통렬하게 폭로하는 퍼포먼스였다. 학생들은 "축祝 민족적 민주주의 장례식"이라고 쓴 만장을 앞세우고 정말 장례식을 하듯이 건巾을 쓰고 죽장을 잡은 채 민족적 민주주의를 상징하는 검은 관을 들었다. 이들은 "넋 없는 시체여! 반민족적, 비민주적, 민족적 민주주의여!"라고 외치는 조사弔詞를 낭독하며 박정희 정권을 날카롭게 풍자하고 비판했다. 한일협정 반대운동은 정점을 향해 치달아갔다.

3. 공수단 군인들의 서울지법 난입 사건

2025년 1월 19일 새벽, 윤석열 대통령에게 구속영장을 발부한 서울서부지법에 극우 시위대가 난입했다. 12·3계엄 이후 발생한 가장 충격적 장면이었다. 급진적인 민주화운동이 벌어졌던 1980년대에도 법원을 습격한 사건은 전무했다. 한국 현대사에서 법원을 습격한 사건은 세 번 일어났고, 모두 극우 세력이 벌인 일이었다. 서부지법 폭동이 그 세 번째이고, 첫 번째는 1958년 서울지법 유병진 판사가 당시 유력 야당 정치인인 진보당 당수 조봉암의 간첩 혐의를 인정하지 않자 반공청년단을 자처하는 청년들이 법원 청사에 난입한 사건이었다. 극우 시위대는 "친공 판사 유병진을 타도하라"며 난동을 부렸다. 이 사건 이후 유병진 판사는 법관 재임용에서 탈락하는 수모를 겪었고, 사법부는 극도로 위축될 수밖에 없었다.

그리고 두 번째가 민족적 민주주의 장례식 바로 다음 날 발생했다. 5월 21일 새벽, 서울지방법원 양헌 판사는 민족적 민주주의 장례식 직후 시위를 벌인 학생들에 대한 구속영장을 기각했다. 몇 시간 뒤인 새벽 4시 반, 얼룩덜룩한 공수단 무늬 복장의 군인 13명이 기다란 카빈총을 들고 양헌 판사가 있었던 숙직실에 난입했다. 군인들은 양헌 판사가 퇴청했다는 사실을 안 뒤엔 성북구 동소문동의 자택까지 몰려가서 학생들을 다 잡아넣으라고 난동을 벌였다.[4]

> "여보 당신들은 장교이니 알 것이 아니오. 사병이 무턱대고 장교가 될 수 없지 않소. 사관학교의 정규과정을 밟아야 하듯이 사람을 잡아넣는 것도 똑같은 논리요. 당신들은 지금 헌법기관에 대한 침해를 하고 있소."

양헌 판사는 집에 침입한 서슬 퍼런 군인들을 이렇게 타일렀다. 얼마 전 갓 낳은 아기를 하늘로 떠나보낸 부인은 큰 충격에 휩싸였다.[5] 군인이 사법부를 위협했다는 사실은 사회적으로도 충격일 수밖에 없었다. 외신 역시 이 사건을 이례적으로 주목했다.[6] 그러나 정부는 이 사건을 "크게 문제 삼을 것은 못 된다"는 입장을 표했다. 민기식 육군참모총장은 한술 더 떠 오히려 군인들의 애국충정에서 비롯된 사건일 뿐, 데모가 없었다면 이런 사건이 일어나지도 않았을 것이라며 되려 사법부를 위협한 위헌적 행동을 학생들 탓으로 돌렸다.[7]

사법부에 난입한 공수단은 3년 전 5·16쿠데타를 일으킨 부대였다. 공수단의 사법부 난입 직후 정일권 국무총리는 사무엘 버거 주한미대사와 만난 자리에서 사건을 일으킨 군인들을 체포하라는 자신의 지시를 민기식 육군참모총장이 반대했다는 사실을 말했다. 또한 사건의 배후에는 공수단 대위로 5·16쿠데타에 참여했고 이후 공화당 국회의원이 된—우리에게는 10·26 당시 대통령 경호실장으로 잘 알려진—차지철과 민기식, 김종필의 측근들이 있다는 의혹을 제기했다.[8] "일부 강경파들이 학생들을 다루고 야당, 언론, 심지어 국회를 제거할 기회로 계엄"을 생각하고 있고, 사법부 난입 사건은 "그러한 음모의 한 단계"일 수 있다는 것이 정일권의 추측이었다.[9]

정일권의 추측이 사실인지는 확인할 수 없다. 그러나 사건 전후 정부 내 분위기, 민기식의 발언 등을 고려하면 사실일 가능성이 상당히 높다. 이 사건은 계엄 전후로 민주주의, 법치, 헌법에 어떤 위협이 가해지는지를 보여주는 역사적 사례였다. 한일협정 반대운동기 정부와 군 일부에서는 계엄을 단순히 시위를 진압해 질서를 유지하기 위해서가 아니라, 학생들을 통제하고 야당, 언론, 국회까지 모두 제거하려는 수단으로 생각했다. 사법부 난입은 그냥 우연히 벌어진 것이 아니라 이와 같은 거대한 흐름이 돌출된 사건이었다.

4. 벼랑 끝에 몰려 비상계엄을 선포하다

민족적 민주주의 장례식이 보여준 문화적 충격과 무장군인의 사법부 난입 사건은 한일협정 반대운동을 더욱 고조했다. YTP 학원 사찰에 대한 폭로를 주도했던 서울대 문리대 학생 송철원이 중앙정보부 요원으로 추정되는 이들에게 납치되어 고문을 당하는 사건도 발생했다.[10] 5월 30일부터 학생들은 서울대 문리대에서 집단 단식농성에 들어갔다.[11] 집단 단식농성 역시 처음 시도된 방식이었다. 다른 대학 학생들까지 농성에 참여했고, 단식하는 학생들에게 뜨거운 격려가 이어졌다.[12] 그리고 마침내 6월 3일이 되었다. 서울에는 아침부터 이슬비가 내렸다. 각 대학에서 학생 15,000여 명이 거리로 뛰쳐나왔다. 학생들은 "무단정치 박 정권은 민족 위해 물러나라", "썩고 무능한 박 정권 타도"라는 구호를 외치며 시위를 벌였다. 서울뿐 아니라 수원과 대전에서도 시위가 시작되었다.

경찰은 곳곳에서 최루탄을 쏘며 강력한 진압작전을 펼쳤다. 그러나 시위대의 규모가 워낙 압도적이어서 학생들이 도심에 진출하는 것을 막을 수 없었다. 오후 3시경 시위대는 광화문 앞의 4중 바리케이드 중 3개를 돌파했다. 일부 시민들도 시위에 합세했다. 군경 차량을 탈취한 일부 시위대는 차를 몰고 세종로 거리를 내달렸다. 시위대는 이날 본격적으로 "박 정권 하야"하라는 구호를 외쳤다. 오후 9시, 주한미대사관은 "경찰의 막대한 최루탄 사용에도 불구하고 시위대는 이중 바리케이드를 탈취하고 부쉈으며 경찰력을 무력화시키고 중앙청 광장에 이르는 길을 냈습니다"라고 워싱턴 국무부에 보고했다. 경찰력이 한계에 이르렀던 것만은 분명했다.

그렇지만 시위대는 수도경비사령부 군인들이 지키던 제4저지선은 끝내 뚫지 못했다. 그러므로 청와대는 안전했다. 앞서 말한 주한미대사관의 오후 9시 보고는 다음과 같이 이어진다.

오후 8시 30분경 대부분의 시위대는 흩어졌으나 600~800명은 여전히

중앙청(구 조선총독부 청사 — 인용자)**에서 수백 야드 떨어져 모여 있습니다.** 다른 소그룹들은 시내를 행진하며 박정희의 하야를 반복적으로 외치고 있습니다.(강조 — 인용자)

오늘날 주한미대사관이 자리해 있는 곳과 똑같이 그때도 광화문과 세종대로 바로 앞에 미대사관이 위치했다. 그곳이 중앙청 앞 광화문 거리를 바로 내려다볼 수 있다는 점을 고려하면 위 전문은 현장의 상황을 거의 정확하게 보고했다고 볼 수 있다. 즉, 오후 8시를 지나면서 시위대는 대부분 흩어졌고, 남은 시위대는 600~800명에 불과했던 것이다. 게다가 오후 10시 무렵 유엔군사령부가 합동참모본부와 태평양사령부에 보낸 전문에서도 오후 9시쯤 "2,000여 명의 사람들(학생 및 구경꾼)이 중앙청으로부터 0.25마일 남쪽의 유솜(주한미대사관 — 인용자) 건물 근처에 서서 서성거리고 있다"고 보고한 사실이 확인된다.[13]

계엄이 선포된 시각은 오후 9시 40분이었다. 서울특별시 전역에 오후 8시로 소급하여 비상계엄이 선포되었다. 하지만 위에서 볼 수 있듯이 계엄이 선포되기 전 대부분의 시위는 이미 소강상태였다. 그러므로 6·3계엄은 비상계엄 선포 요건인 '사회질서가 극도로 교란'된 상황, '적의 포위공격'이 있는 상황을 충족하지 못한 불법 계엄이었다. 박정희 정부는 왜 계엄을 선포했을까?

그 답은 6월 3일 본격적으로 등장한 '박 정권 하야'라는 구호에 있다. 당일 경찰의 최루탄은 거의 바닥난 상황이었다. 다음 날 또다시 대규모 시위가 등장할 것임은 명약관화했다. 그렇다면 시위를 진정시킬 수 있는 유일한 방법은 한일협정 전면 철회와 박정희의 하야라는 정치적 결정뿐이었다.

결국 박정희는 정치적으로 물러나지 않기 위해 비상계엄을 선포한 것이다.

5. 군 동원과 미국의 지지

비상계엄이 선포되면 계엄법에 따라 군이 계엄 지역 내 모든 행정사무와 사법사무를 관장한다. 6·3계엄 당시 이것은 시위 진압을 위해 군이 투입된다는 것을 의미했다. 그러나 수도경비사령부는 한일협정 반대운동 초창기부터 진압에 동원되었다. '수도경비사령부설치령'에 따르면 계엄이 선포되지 않고도 긴급사태와 안전질서의 유지를 위한 치안 출동이 가능했기 때문이다. 박정희 정부는 첫 거리시위 다음 날인 3월 25일부터 수도경비사령부를 청와대 부근에 배치했다.[14]

수도경비사령부는 5·16쿠데타 이후 창설된 수도방위사령부의 후신이었다(12·12쿠데타 이후 1984년에 다시 '수도방위사령부'로 개칭하여 현재에 이른다). 5·16 직후 쿠데타 세력은 매그루더 유엔군사령관과 협상을 통해 일부 부대에 대한 작전통제권을 이양받는다. 그렇게 작전통제권을 확보한 부대를 모아 만든 것이 수도방위사령부였다. 수도방위사령부는 ① 방위 출동 ② 치안 출동 ③ 재해 출동이라는 임무를 부여받았으며, 이러한 임무는 큰 틀에서 지금까지도 이어지고 있다. 행정부와 국회가 있는 서울에 배치되어 치안 출동을 임무로 하며 유엔군사령관의 작전통제권에서 벗어난 상당한 규모의 부대는 이후 쿠데타든 시위 진압이든 계엄이 선포될 때마다 중추적 역할을 해왔다. 쿠데타나 시위 진압은 모두 치안과 관계된 병력 동원인데, 전방의 야전 사단을 빼오는 것은 아무리 쿠데타로 집권한 정부라고 해도 군사적·정치적으로 부담이 클 수밖에 없기 때문이다.

무엇보다 수도경비사령관은 군내 최요직으로, 대통령의 최측근이 가는 자리였다. 1970년대에 수도경비사령관은 하나회의 후원자이자 1973년 '윤필용 사건'으로 숙청된 윤필용, 그리고 진종채·차규헌 등 하나회 인사들이 차지했고, 12·12쿠데타 직후에는 노태우가 임명되었다. 2024년 12·3내란 당시 수도방위사령관인 이진우 역시 헌법재판소 탄핵심판 과정에서 일관되게 윤석열의 주장을 지지했다. 요컨대 수도경비사령부는 계엄을 하려면 최우선으로 활용하는 부대였다. 더군다나 1960년대 후반 안보 위기를 겪은 박정희 정부는 역시나 작전통제권을 보유한 제1공수전투단을 특수전사령부로 급격히 확대했다. 이로써 박정희 정부는 수도경비사령부와 특수전사령부만으로 얼마든지 계엄군을 운용할 수 있게 되었다.

군을 동원할 때 또 하나 중요한 것이 바로 미국의 입장이다. 상술했듯이 5·16쿠데타 직후의 합의로 수도경비사령부와 제1공수전투단 등에 대한 작전통제권은 한국 정부가 갖게 되었다. 그러나 추가 부대를 배치할 경우엔 미국의 작전통제권 해제가 필요했다. 놀랍게도 미국은 한일협정 반대운동이 벌어지던 아주 초창기부터 박정희 정권의 군 동원과 계엄에 지지를 표명했다. 3월 25일 이후락 대통령비서실장은 사무엘 버거 주한미대사와 만나 "유혈사태를 피하길 희망하지만 상황이 악화된다면" "수도경비사령부를 사용한 대학 폐쇄나 필요하면 계엄까지도" 고려할 수 있다고 말했다. 3월 24일 한일협정 반대운동이 처음 시작되고 불과 하루 만의 일이었다. 버거 대사는 "정부가 권위를 지키는 것 말고는 다른 선택"이 없으며 "학생 시위를 봉쇄하기를 희망"한다고 답변함으로써 사실상 박정희 정부의 입장에 동의한다는 의사를 드러냈다.[15] 한편 같은 시점에 민기식 육군참모총장이 해밀턴 하우즈 유엔군사령관에게 "총기는 극단적인 상황에서만 사용될 것"이라는 방침을 전달했는데, 이는 발포 문제 역시 미국과 미리 상의해두었다는 사실을 의미한다.[16]

이처럼 3월 말부터 계엄 선포 가능성을 열어놓았던 박정희 정부는 4월 19일부터 다시 진지하게 계엄을 고려하기 시작했다. 4월 20일, 버거 대사와 다시 만난 이후락은 당일에 벌어질 시위를 강력하게 진압할 계획이고, 만약 상황이 더 악화된다면 자정에 계엄을 선포한 뒤 다음 날 박정희가 대국민 성명을 발표할 것이라고 알렸다. 모든 계획과 성명이 준비되었다는 것이 정부의 입장이었다.[17] 버거 대사의 움직임은 좀 더 적극적이었다. 그는 유엔군사령관과 만나 박정희 정부의 작전통제권 해제 요청을 승인하기로 합의해둔다.[18] 이 당시 미국은 한국과 일본 두 정부 못지않게 한일협정 체결을 강력하게 원하던 상태였다. 따라서 사회적 저항을 억누르기 위한 계엄 선포에 오히려 적극적이었던 것이다. 미국의 적극적 지원하에 한국에서는 계엄을 위한 군 동원 체계가 등장했다.

6월 3일 오후 4시 40분, 박정희는 청와대에서 버거 대사, 하우즈 유엔군사령관과 만나 6사단과 28사단에 대한 작전통제권 해제를 요청했다. 당연히 미국대사와 유엔군사령관 모두 작전통제권 해제를 승인했고, 분명한 허가 없이는 군의 발포를 금지하겠다는 약속도 박정희로부터 받아두었다.[19] 계엄사령관에는 육군참모총장 민기식이 임명되었다. 〈표 1〉에서 볼 수 있듯이 수도경비사령부를 위시한 17,000여 명의 병력이 출동했다. 수경사, 5헌병대대, 822수송중대 2,600여 명은 모두 수도경비사령부 소속이며, 30사단과 33사단 및 제1공수전투단 1,600여 명은 5·16쿠데타 직후 유엔군사령관의 작전통제권에서 해제된 부대들이었다. 제1공수전투단이 500명 내외

〈표 1〉 1964년 6월 4일 출동 계엄군 구성

	장교	준위	사병	계	비고
수도경비사령부	108		1,807	1,955	자료에서는 따로 표기되었지만, 모두 수도경비사령부 소속
5헌병대대	31		533	564	
822수송중대	4	1	96	101	
30사단	21	1	590	612	한국 정부가 작전통제권 보유
33사단	22		590	612	
제1공수전투단	82		304	386	
6사단	342	15	6,578	6,935	야전 사단
28사단	295	15	5,927	6,237	
합계	905	32	16,465	17,402	

* 출처: 육군본부, 『계엄사』, 1976, 230쪽.

의 규모였기 때문에 이때까지만 해도 계엄군의 주력은 야전 사단인 6사단과 28사단이었다.

6사단은 덕수궁과 서울고, 경기공고에 배치되었다.[20] 28사단은 서울운동장과 고려대, 서울대에 배치되었다.[21] 이처럼 서울의 주요 대학과 도심에 군을 배치하는 것만으로도 시위를 차단할 수 있었다. 계엄으로 언론 검열이 시작되었기 때문에 이후의 자세한 시위 상황은 알 수 없지만, 6월 4일에는 서울에서도 몇몇 시위가 발생했던 것으로 보인다. 주한미대사관은 6월 4일 서울의 경기대와 중앙대에서 소규모 시위가 일어났으나 폭력은 없었고, 서울대에서는 군인들이 학교에 접근하는 학생들을 "거칠게 다루며" 단체로 트럭에 태웠다고 보고했다.[22] 그리고 서울에서는 다음 날부터 더 이상 시위가 나타나지 않았다.[23] 계엄 선포, 그리고 압도적 규모의 군 동원은 한일협정 반대운동을 완전히 가라앉혔다. 박정희 정권에게 이 경험은 성공으로 기억되며, 이후에도 시위가 나타날 때마다 비슷한 방식을 되풀이하게 만들었다. 계엄은 비로소 체계가 되었다.

    지방에서는 6월 4일과 5일에 상당한 규모의 시위가 발생했다. 주한미대사관은 6월 4일 광주에서 약 1,500~2,000명의 전남대생들이 도청 건물을 점거했으며, 부산에서는 약 1,600명의 학생들이 연좌시위와 행진을 했다고 워싱턴에 보고했다. 또한 인천에서는 무려 3,500여 명의 학생 시위가 발생했다.[24] 경찰은 6월 4일 전국적으로 17,000여 명의 학생 시위가 발생했고 그중 11,000여 명은 고등학생이라고 보고했다.[25] 그러나 6월 6일부터는 지방에서도 시위가 소강상태에 들어갔다.[26] 이후 계엄하에 여러 가지 폭력적 조치들이 시행되면서 1964년의 한일협정 반대운동은 완전히 막을 내리게 되었다.

6. 고도화된 폭력

계엄사 포고 제1호

1. 옥내외 집회 및 시위를 금한다. 단, 관혼상제 및 극장 상영은 제외한다.
2. 언론출판 보도는 사전검열을 받아야 한다.
3. 일체의 보복행위를 금한다.
4. 직장을 이탈하지 못한다.
5. 유언비어를 날조 유포하지 못한다.
6. 서울특별시 내의 각급 대학교와 중·고등학교 및 국민학교는 1964년 6월 4일을 기하여 별도 지시가 있을 때까지 일제히 휴교한다.

7. 통금시간을 엄수하여야 한다. 통금시간은 하오 9시부터 익일 상오 4시까지로 한다.

이상 포고 위반자는 **영장 없이 압수, 수색, 체포, 구금한다.**

1964년 6월 3일 계엄사령관 육군대장 민기식

  6월 3일 계엄 선포와 동시에 포고 제1호로 위와 같은 조치가 발표되었다. 포고 제1호는 포고 위반자를 영장 없이 압수, 수색, 체포, 구금한다고 밝히고 있다. 흥미로운 사실은 6·3계엄 포고에서 처음으로 '엄중 처단'이나 '극형에 처한다'는 문구가 사라졌다는 점이다. 여순사건과 4·3항쟁기부터 포고문의 말미엔 항상 무시무시한 문구가 따라붙었다. 그것은 포고의 대상이 언제든 죽여도 되는, 절멸의 대상인 '빨갱이'라는 점을 상징했다. 반면 6·3계엄은 처음으로 그 대상이 체제 안에 있는 시민이기에 마음대로 죽일 수 없게 된 사건이었다. 이는 민주화운동이 이때부터 본격적인 체제 내 저항운동으로 자리매김했다는 사실을 의미했다.

  그렇다고 폭력이 완전히 사라진 것은 아니었다. 오히려 폭력은 교묘하고 질서 있게 고도화되었다. 사실, 영장주의가 적용되지 않는다는 점은 여전히 계엄이 헌법적 권리를 정지시키는 '예외상태'적 효력을 발휘한다는 것을 보여주었다.

  언론과 출판에 대해서도 엄격한 검열이 행해졌다. 계엄사령부는 서울특별시청 내에 검열 장소를 마련하여 석간과 조간, 주간과 월간, 그리고 통신에 대해 시간대별로 검열을 받아야 한다고 강제했다. 그 때문에 매일같이 신문 한구석이 하얗게 지워졌다. 계엄에 반발하는 움직임은 제대로 보도될 수 없었다. 계엄법 위반 사건을 재판하기 위한 계엄군법회의도 설치되었

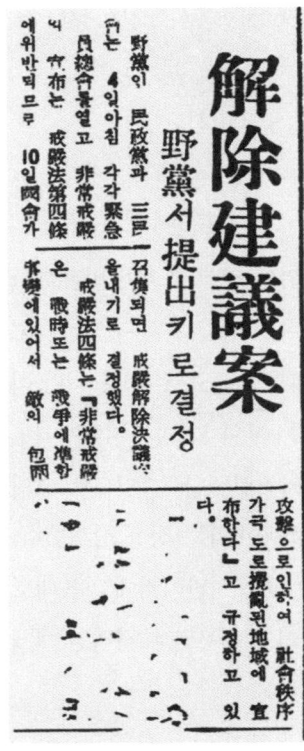

1964년 6월 4일 『동아일보』 1면〉
비상계엄이 선포 요건에 맞지 않기 때문에 계엄해제건의안을 제출하겠다는 야당에 관한 보도 일부가 검열로 삭제된 것을 확인할 수 있다.

다. 사법사무 역시 군의 통제 아래로 들어갔다.

학원에는 가장 가혹한 철퇴가 내려졌다. 계엄 포고를 통해 전국의 모든 대학이 한 달 동안 휴교에 들어갔다. 시위 가담 학생에 대한 처벌도 이어졌다. 학생들에 대한 처벌은 두 방면으로 이루어졌다. 먼저, 학생 시위를 주도했다는 이유로 각 학교에서 무려 352명의 학생에게 퇴학, 무기정학, 유기정학 등 징계처분을 내렸다.[27] 그들 가운데 7월 29일 국회 의결로 계엄이 해제될 때까지 구속된 학생만 254명이었다.[28] 6·3계엄으로 국회 해산이나 국회의원 체포는 없었지만, 학원과 학생에게는 무자비한 탄압이 가해졌다.

한일협정 반대운동의 배후를 공산주의 단체로 조작하여 운동의 위상을 완전히 꺾어버리려는 시도도 이루어졌다. 1964년 7월 18일 정부는 학생 시위의 배후에 서울대 문리대생 김정강과 김정남이 주동이 되어 결성한 마르크스 레닌주의 조직인 '불꽃회'가 있다고 발표했다. 계엄 해제 이후인 8월 14일에는 불꽃회의 배후에 다시 남파 간첩과 국내 혁신계 인사들이 만든

지하당인 인민혁명당이 있다고 발표했다. 양자 모두 과장되거나 고문을 통해 조작된 사건이었다.[29] 박정희 정권은 공안기구를 동원해 이제까지 '정의'를 담지했던 학생운동에 빨간색 색깔을 씌웠다.

7. 법 기술을 통한 비상계엄 선포 요건 정당화

2024년의 12·3내란을 목도하며 우리는 '법 기술자'들이 얼마나 교묘하고 뻔뻔한지를 알게 되었다. 너무 당연하기에 공백으로 놔뒀거나 금지 규정을 하지 않은 허점을 공략하여 어떻게든 이해관계를 관철하려는 모습에 혀를 내둘렀다. 바로 그런 법 기술이 1964년의 6·3계엄에도 동원되었다.

당시 선포된 비상계엄이 선포 요건에 맞지 않는다는 사실은 정부가 더 잘 알고 있었다. 당장 계엄 선포 다음 날인 6월 4일, 야당인 민정당과 삼민회는 긴급의원총회를 각각 열고 비상계엄 선포가 계엄법 제4조에 위반되기 때문에 6월 10일에 국회가 소집되면 계엄해제결의안을 내겠다고 결의했다. 그로부터 3주 뒤인 6월 23일, 국무회의는 계엄법 제4조와 제13조를 〈표 2〉처럼 변경하는 개정안을 통과시켰다. 정부가 직접 계엄법 개정을 시도했다는 사실은 6·3계엄 선포가 계엄법 제4조를 위반했다는 사실을 자인한 꼴이었다.

〈표 2〉에서 볼 수 있듯이 개정안은 비상계엄 선포 요건에 '적의 포위공격'을 삭제하고, 대신 '국가비상사태'와 '국가의 안전을 위태롭게 하는 사회질서의 교란' 문구를 삽입했다. 또한 경비계엄 지역에서도 비상계엄 지역과 마찬가지로 국민의 기본권을 광범위하게 제한할 수 있게 했다. 개정안

⟨표 2⟩ 계엄법과 국무회의 의결 계엄법 개정안 비교

	계엄법(1949. 11. 24)	계엄법 개정안(1964. 6. 23)
4조	비상계엄은 전쟁 또는 전쟁에 준할 사변에 있어서 적의 포위공격으로 인하여 사회질서가 극도로 교란된 지역에 선포한다.	비상계엄은 전시, 사변 또는 이에 준하는 국가비상사태에 있어서 군사상의 필요, 또는 국가의 안전을 위태롭게 하는 사회질서의 교란으로 인하여 병력으로서 공공의 안녕질서를 유지할 필요가 있는 지역에 선포한다.
13조	비상계엄 지역 내에서는 계엄사령관은 군사상 필요할 때에는 체포, 구금, 수색, 거주, 이전, 언론, 출판, 집회 또는 단체행동에 관하여 특별한 조치를 할 수 있다. 단 계엄사령관은 조치 내용을 미리 공고하여야 한다.	경비계엄 지역에 있어서는 계엄사령관은 계엄업무 수행에 필요할 때에 한하여 언론·출판·집회·결사 또는 단체행동에 관하여 특별한 조치를 할 수 있다. 비상계엄 지역에서는 계엄사령관은 계엄업무 수행에 필요한 때에 한하여 체포·구금·수색·압수·거주이전·언론·출판·집회·결사 또는 단체행동에 관하여 특별한 조치를 취할 수 있다.

* 밑줄로 표시한 부분이 변경된 내용이다.
* 출처: 「계엄법」(1949. 11. 24); 「현행법과의 비교」, 『동아일보』 1964. 6. 23.

대로라면 경비계엄만으로도 충분히 통제 효과를 낼 수 있으며, 시위로 인해 '사회질서가 교란'되었다는 판단만으로도 비상계엄을 선포할 수 있었다.

그러나 해당 법안은 결국 국회 제출이 보류되었다. 공화당이 개정안에 회의적 입장이었기 때문이다. 계엄 기간 중이라 보도 검열이 이루어졌기 때문에 자세한 이유를 파악하긴 어렵지만, 학원보호법안이나 언론윤리위원회법안을 추진하려고 하는 상황에서 계엄법 개정까지 밀어붙이는 것은 부담이었을 것이다.

7월 29일 비상계엄이 해제되자마자 공화당은 국회에 학원보호법을 제출했는데, 이 법안은 교원과 학생의 시위와 집회, 정치적 이슈에 대한 학내

토론을 모두 금지하는 내용이었다. 공화당은 학원보호법과 함께 언론윤리위원회법도 국회에 제출했다. 언론윤리위원회를 만들어 모든 언론사를 가입시키고, 여기서 언론을 감독한다는, 즉 언론통제를 위한 법안이었다. 그러나 여론의 거센 반발로 9월경 정부와 여당은 학원보호법과 언론윤리위원회법 추진을 보류했다.

후속 조치를 강구하던 박정희 정부를 대법원이 도와주었다. 6월 26일, 한일협정 반대운동 시위를 주도했다고 하여 내란죄로 기소된 김중태의 변호인단은 수도경비사령부 계엄보통군법회의에 '재판관할권에 관한 재정신청'을 제기했다. 내용인즉슨 6·3계엄이 계엄법의 요건을 구비하지 못했기 때문에 무효이며, 김중태 등의 사건은 계엄 선포 전의 일이므로 계엄군법회의에 관할권이 없다는 것이었다. 첫째와 둘째 모두 논리적으로 당연한 이의 제기였다.

그러나 7월 21일 대법원은 계엄 선포 이전의 범행이라 할지라도 김중태 등의 사건은 계엄보통군법회의에 관할권이 있다는, 다시 말해 소급 적용이나 마찬가지인 판결을 내렸다. 동시에 "현재 한국은 북한과 대치 중이며 간첩이 남파되는 상황에 놓여 있으며 6월 3일의 데모로 경찰에 의한 치안 유지가 극도로 곤란해졌기 때문에 6·3계엄 선포는 계엄법 제4조에 해당한다"는 아주 놀라울 만한 법적 판단을 내렸다. 대법원의 판단대로라면, 한반도가 분단되어 있는 한 대한민국은 항상적으로 계엄법 제4조의 비상계엄 선포 요건인 '적의 포위공격'을 충족시켰다. 만약 그렇다면 1949년 계엄법 제정 당시 군이 비상계엄 선포 요건을 명기해둘 필요도 없었을 것이다. 법 기술이 동원된 것이다. 이 당시 대법원의 판단은 1981년 계엄법 개정 전까지 계엄 선포 요건에 관해 내려진 유일한 법적 판단이었다. 그리고 이 판단은 박정희 정부와 군이 이후 계엄 선포 요건을 광범위하게 해석하는 데 중요한 근거가 되었다.

1981년에 개정된 계엄법의 내용은 1964년에 추진되었던 계엄법 개정안과 매우 유사했다. 그런데 개정 계엄법에 대한 다음 자료가 주목된다. 1985년 육군본부가 발간한 『팜플렛 850-14 계엄요강(실무지침)』 가운데 한 구절이다.

> 구법은 "적의 포위공격으로 인하여 사회질서가 극도로 교란된 경우"라 하여 사회질서의 극도의 혼란이 적의 포위공격으로 인한 것만을 지칭하여 사태의 발생이 극히 제한된 경우만을 말하고 있기 때문에 이를 "적과 교전 상태에 있거나, 사회질서가 극도로 교란된 경우"로 함으로써 무력에 의한 투쟁 상태의 기술을 폭넓게 하였을 뿐만 아니라 직접적인 군사적 요소가 따르지 않고도 사회질서가 극도로 혼란해지면 계엄을 선포할 수 있도록 융통성을 부여하였다. 이렇게 함으로써 전쟁과 전시의 해석 및 적의 포위공격 유무 등으로 인한 부질없는 논쟁을 지양하게 되었다.(6·3사태 대법원 판례 참조) (밑줄: 인용자)

위의 인용문은 '6·3사태 대법원 판례를 참조'하라면서 계엄 선포 요건에 대한 부질없는 논쟁을 지양하기 위해 계엄법을 개정했다고 설명하고 있다. 상술했듯이 6·3사태 당시뿐만 아니라 1981년 전까지 계엄 선포 요건과 관련해 대법원이 판단한 경우는 앞에서 서술한 경우가 유일했다. 그렇다면 위의 인용문은 6·3사태 당시 김중태 등의 '재판관할권에 관한 재정 신청'이 "부질없는 논쟁"이며, 이러한 논쟁 때문에 계엄 선포 요건이 개정되었다는 의미이리라.

그뿐만이 아니다. 1977년 5월 30일 합동참모본부 계엄상황실에서 정부 각 부서 비상계획관, 계엄사무소급 예민참모, 해공군실무담당관, 계엄사 창설기간요원 48명을 상대로 열린 헌법학자 박윤흔의 강의는 동 대법원 판례의 "정전 중에 있어도 아직 전쟁 상태로 봐야 한다"를 언급하고 있다. 다시 말하면 6·3계엄 당시 대법원의 판단이 유신헌법 학자의 강의와 군의 요강에서 계엄 선포 요건을 합리화하는 근거로 활용되었던 것이다. 이처럼 단 한 번의 법 기술은 20년이 넘게 효력을 발휘했다. 물론 그사이 '예외상태의 상례화'를 만든 유신체제가 있었다는 점을 잊어서는 안 된다.

8. 체계가 된 계엄

그간 크게 주목받지는 못했지만 계엄의 역사에서 6·3항쟁은 굉장히 중요한 전환점이었다. 앞서 이야기한 것처럼 6·3계엄 포고에서 처음으로 '엄중 처단', '극형', '총살' 같은 살벌한 문구가 사라졌다. '처단'이라는 단어가 재등장한 것은 10·26사태 직후인 1979년 10월 27일의 계엄이었다. 한일협정 반대운동은 운동의 주체와 양식 등 모든 면에서 새로웠고 커다란 파급력을 발휘했다. 그만큼 운동을 억압하기 위한 계엄도 '체계화'되었다.

6·3계엄을 통해 비로소 수도방위사령부를 중심으로 한 계엄군 동원 체계가 만들어졌다. 학생들에 대한 대거 징계와 구속, 학생운동과 북한을 연계시키는 전략도 시도되었다. 즉, '군을 통한 진압 – 군법회의를 통한 사후처리 – 반공이데올로기를 통한 학생운동의 위상 격추'라는 3단계 전략이

이때 처음으로 형성되었다. 너무나 효과적이었던 그 전략은 체계화되어서 전형이 되었다. 불법적 전략을 정당화하기 위해 법 기술도 동원되었다. 그런 점에서 6·3항쟁은 분명 한국 현대사의 중요한 분기점이었다.

1964년 12월, 일본 도쿄에서 한일회담이 재개되었다. 1965년 2월 20일, 한일 양국은 한일기본조약을 가조인하고 여러 현안의 조속한 타결을 위한 준비에 들어갔다. 그리고 4월부터 한일협정 반대운동이 재개되었다. 협정 진행 상황에 따라 운동은 조인 저지 투쟁으로, 다시 비준 반대와 무효화 투쟁으로 이어졌다. 8월 하순부터 시위가 고양되자 8월 26일 박정희 정부는 군을 동원했다. 그러나 또다시 계엄을 선포하기엔 정치적으로도, 국제적으로도 부담이었기에 이번에는 위수령이라는 법령을 꺼내들었다. 위수령은 19세기 말 일본에서 만들어진 법령을 1950년 3월 그대로 번역하여 공포한 대통령령이었다. 그러나 한국전쟁을 거치면서 한국군이 급격히 확대되고 군 구조가 재편되자 거의 효력을 상실한 법령이었다. 잊힌 것이나 다름없던 위수령을 꺼내 든 것은 또 다른 법 기술이었다.[30]

그러나 이처럼 체계적이고 전략적인 노력, 교묘한 법 기술이 등장하고 축적된다고 해도 저항을 완전히 사라지게 할 수는 없었다. 삼선개헌반대운동, 교련반대운동, 유신반대운동, 부마항쟁, 5·18민주화항쟁, 그리고 6월항쟁 등의 역사가 그것을 증명한다. 그렇기에 12·3내란은 한편으로는 그러한 체계와 노력, 기술이 민주화 이후에도 줄곧 이어졌다는 사실을, 다른 한편으로는 저항의 역사 역시 면면히 이어져 내려왔다는 사실을 새삼스레 보여준 사건이었다.

— 권혁은

4
비상대권과 긴급조치의 시대
— 유신쿠데타와 10·17비상계엄

1. 유신의 서막

1972년 10월 17일은 화요일이었다. 아침나절에는 약간 흐린 듯했으나 낮부터 맑게 개어 전국적으로 청명한 가을 날씨를 보였다. 사람들은 여느 때와 마찬가지로 평온하고 평범한 일상을 보냈다. 도시는 언제나처럼 분주했고, 농촌의 들판에서는 가을걷이가 한창이었다. 어디에서도 이날 저녁 불어닥칠 폭풍을 감지할 수 없었다.

해 질 무렵, 수천 명의 군인이 서울 시내를 뒤덮었다. 탱크부대가 광화문 중앙청 앞에 진주했고, 국회의사당에도 군인이 들이닥쳤다. 서울 시내 주요 공공건물이 군인들의 수중에 떨어졌다. 착검한 군인들이 여당인 민주공화당사까지 장악했다.

대부분의 사람들은 군의 전격적 출동을 도무지 이해하기 어려웠다. 1972년 가을에는 이렇다 할 시위도 없었고, 특별한 정치 일정이 예정되어 있지도 않았다. 도심에 군인들이 진주하는 것이 박정희 정권하에서는 낯설지 않은 풍경이었지만, 군의 출동은 대학생들의 시위가 격화되거나 선거 등 정치적 변동성이 큰 시기에나 있는 '최후의 수단'이었기 때문이다.

군이 먼저 출동한 데 이어, 오후 7시에 중대 뉴스가 발표된다고 예고됐다. 대부분 라디오를 통해 박정희의 이른바 특별선언을 청취했다. 7시가 되자 박정희는 특유의 카랑카랑한 목소리를 최대한 내리깔며 18분간 담화문을 낭독했다. 어조의 큰 변화 없이 연설문을 읽어 내려가는 박정희의 담담한 태도와는 달리, 선언의 내용은 엄청난 파장을 예고하고 있었다. 이 선언과 동시에 오후 7시를 기하여 전국에 비상계엄이 선포되었다.

친위쿠데타, 10·17비상계엄

유신의 서막이었다. 1972년 10·17비상계엄과 대통령 특별선언을 전후하여 발생한 일련의 사태가 유신체제로 향하는 결정적인 순간이었다는 의미에서 이를 '유신쿠데타'로 명명하고자 한다. 현재 권력이 미래 권력까지 찬탈하기 위해 벌이는 폭력적인 정치·군사적 행위를 친위쿠데타라고 한다면, 유신쿠데타는 전형적인 친위쿠데타의 성격을 지녔다고 이해하는 것이 옳을 것이다.

박정희는 유신쿠데타를 통해 국회를 해산하고 헌법 일부 조항의 효력을 정지시켰다. 그는 '비상조치'라는 명목으로 입법 기능을 마비시킨 뒤, 헌정 중단 상태에서 유신헌법을 통과시키겠다는 계획을 특별선언을 통해 밝혔다. 국회가 해산된 헌정 중단 상태하에서 비상국무회의가 설치되어 입법과 행정 기능을 모두 독점했다. 비상국무회의는 기존 국무회의에 입법 기능을 덧붙인 초법적인 기구였다. 유신체제는 비상국무회의를 통해 스스로를 제도화하고 정당화하는 과정을 거치며 탄생했다.

유신쿠데타를 위한 10·17비상계엄은 명확한 최종 목표와 구체적인 실행 계획 아래 선포되었다. 10·17비상계엄의 최종 목표는 물론 박정희의 종신집권을 보장하는 유신체제의 수립이었다. 이를 위한 실행 계획은 먼저, 야당 등 기존 정치세력을 무력화하여 정치적 진공상태를 창출하고, 다음으로, 헌정 중단 상태하의 무단 입법기구인 비상국무회의를 통해 유신체제를 합리화하는 것이었다. 비상계엄과 동시에 계엄포고 제1호가 발령되었고, 육군참모총장 노재현을 사령관으로 하는 계엄사령부가 설치되었다. 계엄사령부는 서울을 비롯한 전국 요지에 계엄군을 배치하고 산하에 각종 계엄기구를 설치하여 사회 전반을 통제했다. 이 과정에서 계엄군은 비상국무회의를 물리적으로 보위하고 정치인을 체포·연행한 뒤 고문을 가하는 등의 역할을 기능적으로 부여받았다.

2. 유신쿠데타의 배경

1960~1970년대 박정희 정권의 위기와 군

박정희가 유신쿠데타를 일으킨 원인에 대해서는 박정희 개인의 영구집권욕과 남북·국제관계의 변화라는 대내외적 요인이 복합적으로 작용했다는 학설이 주를 이룬다. 즉, 박정희는 1960년대 후반부터 1인 독재체제를 강화해갔는데, 그 과정에서 남북대화·데탕트 등 급변하는 외부 요인을 안보 위기로 규정하여 급기야 유신체제로 치달았다는 것이다.

대내적으로 박정희는 1961년 5·16쿠데타를 일으킨 이래 안정적인 정치적 기반을 구축하지 못했다. 1963년과 1971년의 대통령 선거 결과는 박정희가 결코 압도적으로 승리했다고 할 수 없었다. 학생·야당의 장외투쟁도 끊이지 않았는데, 유신쿠데타 이전까지 두 차례의 위수령 발령과 두 차례의 비상계엄 선포는 역설적으로 박정희 정권의 내적 취약성을 보여주는 사례였다. 박정희는 1969년의 3선 개헌에서 1971년 대선에 이르는 기간 동안 끊임없이 체제의 안정화와 권력의 연장을 고민할 수밖에 없었다.

대외적으로 박정희는 1960년대 중후반부터 실질적으로 당면한 안보 위기에 시달렸다. 1960년대 북한은 1·21청와대습격사건 등 대대적인 대남 무력공세에 나섰으며, 1968년 푸에블로호사건[1]은 한반도의 긴장을 최고조로 끌어올렸다. 박정희의 위기의식은 1970년대 미·소, 미·중 관계의 급격한 변화를 불러온 데탕트 국면에서 절정에 달했으며, 1971년 7·4남북공동성명 발표를 전후하여 영구집권을 위한 비상조치를 기획하기에 이르렀다.

군은 박정희가 정치적 위기에 직면할 때마다 동원되는 직접적 물리력의 원천이었을 뿐만 아니라 5·16쿠데타 이후 정부의 핵심 요직을 배출하고 재생산하는 기반이기도 했다. 박정희는 군 출신 인사들로 구성된 중앙정보부를 활용하여 야당을 탄압하고 분열을 조장하는 공작을 벌였으며, 정치인뿐만 아니라 일반 국민까지 감시하고 통제하는 체제를 고도화해 나갔다.

군부를 장악하여 1인 독재체제를 강화해 나가던 박정희가 1969년 3선 개헌을 감행한 것은, 여당 내부에서조차 2인자를 허용하지 않겠다는 장기집권 의지를 분명히 드러낸 것이었다. 박정희의 영구집권 가능성은 1971년 제7대 대통령 선거 과정 내내 논란의 중심에 있었다. 그는 3선 개헌 당시부터 독재에 대한 국민의 우려는 기우에 불과하다고 강조했지만, 신민당 대통령 후보 김대중은 "박정희가 승리하면 '영구집권의 총통 시대'가 도래할 것"이라고 경고했다. 이에 박정희는 눈물까지 흘리며 "이번이 마지막"이라고 유권자들에게 호소했다. 실제로 그는 이번 선거가 마지막인 것처럼 총력을 기울였는데, 국가 예산의 8분의 1을 선거 관련 비용으로 지출했다는 의혹이 제기될 정도였다.

그러나 선거 결과는 박정희 정권의 기대에 부응하지 못했다. 현직 대통령이라는 제도적 우위에도 불구하고 박정희는 총득표수에서 약 95만 표, 득표율에서는 8%p 차에 불과한 근소한 차이로 승리를 거두었다. 이어 약 한 달 뒤 실시된 제8대 국회의원 총선에서도 야당인 신민당이 전체 204석 중 89석을 확보하며 당시까지 헌정사상 최대 의석을 차지했다. 이러한 선거 결과는 집권 세력의 정치적 기반이 흔들리고 있음을 보여주는 신호였으며, 이후 박정희가 비상통치체제를 모색하게 되는 배경이 되었다.

1971년 국가비상사태 선언과 비상대권

유신쿠데타는 대통령의 영구집권을 향한 욕망과, 이를 뒷받침하려는 법 기술자들의 이론적 작업이 결합하면서 정당화되었다. 박정희는 1969년 3선 개헌, 1971년 대통령 선거를 거치며 정치적 불안과 국제 정세의 위기를 반복적으로 강조했고, 결국 당시 대한민국이 '비상사태'에 놓여 있다고 선언하게 된다. 동시에 그는 위기에 대응하기 위해 새로운 체제가 필요하다고 주장했다.

박정희의 구상을 법적·이론적으로 뒷받침하기 위해, 정부 내의 김기춘 등 이른바 '법 기술자'들과 학계의 한태연, 갈봉근 등 헌법학자들이 동원되었다. 이들은 독일 법학자 카를 슈미트의 국가긴급권 이론을 차용하여 유신체제와 비상조치의 정당성을 이론적으로 설명하고자 했다.

박정희 자신도 프랑스 제5공화국 헌법에 규정된 드골식 비상대권과 간선제 방식을 연구했으며, 실무진을 프랑스, 스페인, 대만 등으로 파견해 각국의 대통령 통치 모델을 조사하게 했다. 이를 뒷받침하는 일화가 있는데, 1971년 4월 12일 서울대 총장을 역임했던 유기천 교수는 형법 강의 도중 "대만 고위 장교로부터 한국에서 총통제를 연구하러 왔다는 말을 듣고 놀랐다"는 발언을 했다가 중앙정보부의 압력을 받아 자의 반 타의 반으로 망명길에 올라야 했다.

이러한 준비 작업이 진행 중이던 1971년 12월 6일, 박정희는 '국가비상사태'를 선언했다. 그리고 이에 그치지 않고 여당인 민주공화당은 국민의 기본권을 제한하는 '국가보위에 관한 특별조치법'(보위법)을 국회에서 날치기로 통과시켰다. 이 모든 조치는 국가긴급권과 비상대권 이론에 근거하고 있었다.

국가비상사태 선포 이후 정치권과 대학가는 갑작스러운 침묵 상태에 빠졌다. 부정선거 논란과 학원병영화 문제로 수개월간 시위가 끊이지 않던 1년 전과는 전혀 다른 풍경이었다. 이러한 침묵의 시기를 지나 1972년 하반기에 접어들면서 야당인 신민당은 새로운 국면을 모색했다.

신민당은 비상사태 선포와 보위법 제정이 위헌이라며, 이들 조치의 결정적인 결함을 집요하게 물고 늘어졌다. 즉, 두 조치가 의거하고 있는 국가긴급권과 비상대권 논리가 당시 대한민국헌법상의 근거를 결여하고 있다는 점을 문제로 제기한 것이다. 신민당은 당시까지 헌정사상 최대 의석을 확보하고 있었으며 정치적 역량을 갖춘 의원들도 다수 포진해 있었다.

1972년 10월, 신민당은 의회에 부여된 국정감사권을 적극 활용해 대정부 공세를 본격화했다. 특히 신예 의원들의 활약이 두드러졌고, 국정감사는 점점 더 공격적인 분위기로 전개되었다. 10월 17일 당일에도 신민당은 전국 주요 기관에 대한 질의를 이어가고 있었다.

이러한 입법부의 조건하에서 정상적인 경로를 통한 개헌은 불가능에 가까운 상황이었다. 결국 박정희에게 남은 선택지는 군을 동원한 '친위쿠데타'뿐이었다.

비밀리에 추진된 친위쿠데타

유신쿠데타에 이르는 과정은 극비리에 부쳐졌다. 국무총리 김종필도 사흘 전에서야 비상조치를 귀띔 받았을 정도였다. 박정희가 특별선언 초안을 청와대 특보와 비서진에게 처음 보여준 것은 10월 17일 정오 즈음이었다. 여당 수뇌부에서도 비상조치나 계엄 선포의 낌새를 알고 있는 이는 극소수에 불과했으며, 단지 소문 정도로 흘려들은 이들이 많았다. 여야 할 것 없이 국회의원들조차 특별선언 발표 몇 시간 전쯤에야 사태의 심각성을 깨달았다.

신민당 의원 김수한은 17일 오후, 수원 경기도청에서 열린 내무위 국정감사 도중 비상상황임을 인지했다. 오후 질의 시간이 시작되었음에도 피감기관장인 경기도지사가 화장실에 갔다가 들어오지 않고, 여당 의원들이 짐을 싸들고 일어서는 모습을 보고 사태를 직감한 것이다. 오후 3시 이후 전국 각지의 국정감사장에서도 비슷한 일이 벌어졌다. 여당 주요 의원이나 고위 관료들이 자리를 뜨면서 국정감사가 파행되었던 것이다. 이후 국회가 해산되면서 의회의 국정감사권은 1988년에야 부활하게 된다.

백두진 국회의장이 청와대에 불려가고, 김용식 외무장관이 주한외국사절 23명을 외무부로 불러 특별선언에 대해 설명한 뒤 비상계엄에 관한 설

명문을 전달한 시각은 오후 4시쯤이었다. 대부분의 국무위원들은 특별선언 발표와 비상계엄 선포의 요건을 갖추기 위해 소집된 국무회의 석상에서 처음 알게 되었다. 많은 국무위원들이 내용도 제대로 파악하지 못한 채 국무회의 의결에 찬성했던 것이다.

미국 외교문서에 드러난 유신쿠데타 막전막후

미국 측 외교문서에 따르면 김종필은 비상계엄 하루 전인 10월 16일 저녁 6시, 주한미대사관 필립 하비브를 만나 전국에 계엄을 선포하는 것과 관련된 세부 사항을 알렸다. 김종필은 하비브에게 계획을 통보했을 뿐만 아니라 대통령 특별담화문 초안도 건넸다. 하비브는 즉시 이 초안을 본국의 국무부에 송신했다. 미국은 이 초안을 통해 계엄 선포 일시는 물론 비상조치의 구체적인 내용, 유신헌법 공포 계획, 간접선거를 통한 박정희의 재집권, 새로운 국회의 구성과 선출 일정 등을 전부 파악했다. 김종필은 하비브와 대화하는 과정에서 비상조치가 현행 헌정체제가 규정하는 절차에서 벗어난 것임을 시인했다.

주한미대사관으로부터 이러한 소식을 전달받자 미 국무장관 로저스는 즉각 주미한국대사 김동조를 초치했다. 로저스는 "우리는 계엄령 선포 결정의 이유를 받아들일 수 없고, 대통령 담화문에 포함되어 있는 아시아에서의 미국 정책을 거론한 것을 이해할 수 없다"는 입장을 본국에 전달하라고 말했다. 또한 "닉슨 대통령이 이 부분을 불쾌하게 생각하며, 대통령 담화문이 양국에 심각한 문제를 야기할 수 있음"을 경고했다. 김동조는 대통령 특별선언에서 공격적인 문구를 삭제하면 미국이 한국의 계엄 선포에 대한 긍정적인 평가를 공개적으로 해줄 수 있는지 물었다. 그러나 미 국무장

관은 "문제는 헌법 개정의 내용"이라는 점을 분명히 했다.[2]

미국 국가안보보좌관 헨리 키신저는 이 초안을 전달받자마자 비상조치가 불필요한 것이라고 판단했다. 그렇지만 키신저는 주한미대사로부터 이러한 비상조치를 되돌리기는 어려울 것이라는 회신을 받았다고 닉슨 대통령에게 보고했다. 닉슨독트린을 통해 아시아에서 한 발을 빼기 시작한 미국으로서는 아시아의 동맹국들이 반공독재체제를 강화하여 미국이 빠져나간 공백을 메우려는 것을 묵인해줄 수밖에 없었던 것이다. 필리핀의 독재자 페르디난드 마르코스는 박정희보다 3주 앞선 9월 21일, 공산주의자와 파괴분자들이 국가적 위기 상황을 촉발하고 있다면서 비상계엄령을 선포하고 헌정을 중단시켰다. 마르코스의 독재체제 강화를 묵인했던 것처럼 미국은 박정희의 독재체제 강화를 묵인해주었다. 그렇게 유신쿠데타는 기정사실이 되어갔다.

3. 10·17비상계엄과 대통령 특별선언

1972년 10월 17일, 비상계엄이 선포되기 1시간 전부터 서울 시내 주요 공공건물에 계엄군이 진주하기 시작했다. 당시 중앙청 외무부에서 비상계엄에 관한 설명을 듣고 현관을 나오던 주한외교사절들은 막 포진하는 탱크부대와 마주쳤다. 착검한 군인들은 태평로의 국회의사당과 동아일보사·조선일보사를 접수하고 출입을 통제했다. 소공동 공화당사도 계엄군이 접수했다. 군 장성 출신의 공화당 의원들조차 출입을 제지당했다.

오후 7시가 되자 방송에서 박정희의 특별선언이 육성 연설로 흘러나왔다.

중앙청 앞에 포진해 있는 탱크》 지금은 철거된 중앙청(일제강점기 조선총독부 건물) 앞 광화문 앞쪽으로 1972년 10월 17일 비상계엄이 선포되기 직전 탱크부대가 이미 포진해 있었다.(출처: 국가기록원)

박정희는 특별선언을 통해 유신쿠데타를 공식화했다. 같은 시각을 기해 전국에 비상계엄이 선포되었다. 특별선언에는 비상조치로 국회를 해산하고 정당 및 정치활동의 중지 등 현행 헌법 중 일부 조항의 효력을 정지시킨다는 내용이 포함되어 있었다. 입법 기능은 기존 국무회의를 바꾼 비상국무회의가 수행하게 되었다. 또한 10월 27일까지 새로운 헌법개정안을 공고하고 1개월 이내에 국민투표를 실시하여 새로운 헌법체제를 확정짓는다는 내용도 포함되어 있었다. 박정희의 비상대권 논리하에서는 국가가 군대를 통해 사회 전 분야에 개입하고 국민의 생사여탈권까지 장악하는 계엄 상황도 쉽게 정당화되었다.

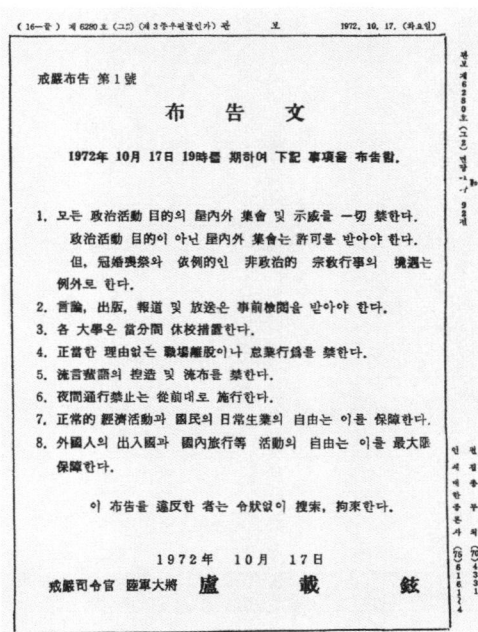

《계엄포고 제1호》
1972년 10월 17일 계엄 선포와 동시에 포고된 계엄포고 제1호이다. (출처: 국가기록원)

    비상조치와 함께 비상계엄이 공고되고 계엄포고 제1호가 발령되었다. 계엄사령관으로 육군참모총장 노재현이 임명되었으며, 전국계엄기구로 전방·후방·군단·경기·서울 등 5개 계엄사무소가 설치되었다. 전방계엄사무소 예하에는 각각 1군단·2군단·3군단·5군단 등 4개 계엄분소가, 후방계엄사무소 예하에는 충남북·전남북·경북·부산·제주 등 5개 계엄분소가 각각 설치되었다. 각 지역 계엄사무소 및 계엄분소장의 임명도 완료되었다. 당시 시행 중인 계엄법(1949년 제정)상 계엄사령관은 계엄 지역 내의 모든 행정사무와 사법사무를 관장한다고 규정되어 있기 때문에 계엄사는 산하에 계엄위원회를 두어 각 정부 부처 차관 9명을 위원으로 임명했다.

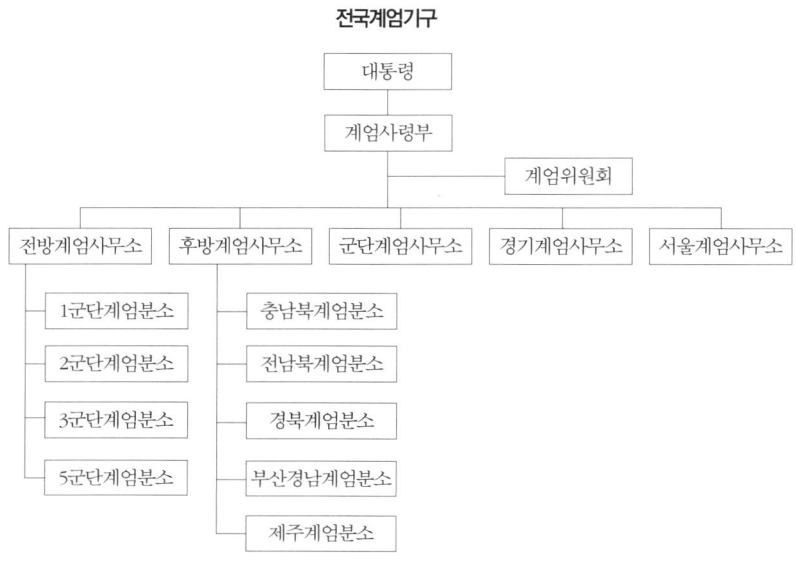

전국계엄기구

장교	사병	문관	행정대표	계	비고
451	749	15	16	1,281	해군: 8 / 공군: 10 / 해병: 9

계엄위원회

위원장	계엄사령관	대장	노재현
부위원장	계엄부사령관	중장	이민우
〃	경제기획원차관		이재설
위원	법무차관		이선중
〃	내무차관		정상천
〃	상공부차관		신의환
〃	건설부차관		정재석
〃	보사부차관		홍종관
〃	교통부차관		이재철
〃	체신부차관		최병권
〃	문공부차관		홍경모

계엄사령부

사령관: 대장 │ 노재현

부사령관: 중장 │ 이민우
- 보좌관: 대령 │ 이강민

참모장: 소장 │ 육장균
- 보좌관: 대령 │ 오재호

인원 현황

구분	인원
장교	73
사병	34
군속	3
계	110

군별 장교 현황

구분	인원
육군	58
해군	4
공군	7
해병	4
계	74

행정처

직책	계급	성명
처장	대령	최철홍
행정과장	중령	한려수
경리부장	중령	문기영

치안처

직책	계급	성명
처장	준장	박승만
차장	대령	어해승
작전과장	〃	이용림
수사과장	〃	최상억
공안과장	〃	이정현
행정과장	중령	전병일

법무처

직책	계급	성명
처장	준장	박윤삼
차장	대령	계훈분
감찰과장	〃	김병현
행정과장	중령	황종태

보도처

직책	계급	성명
처장	준장	김경수
차장	대령	이진근
공보과장	중령	이병찬
행정과장	〃	임태휴

보도검열반

직책	계급	성명
검열과장	대령	이상우
부과장	중령	이상민
조장	〃	강협
〃	〃	박종식
〃	〃	서범수

계엄사령부 설치와 '계엄포고 제1호'

　계엄 선포와 동시에 공포된 계엄포고 제1호는 모든 정치활동 목적의 옥내외 집회 및 시위를 금지하고, 언론·출판·보도 및 방송에 대한 사전검열을 실시하고, 각 대학을 휴교 조치하며, 유언비어의 날조 및 유포를 금지하는 등의 내용이 담겼다.[3]

　계엄사령부 본부는 사령관 이하 장교 73명, 사병 34명, 군속 3명 등 110명 규모로 구성되었다. 본부에는 행정·치안·법무·보도 등 4개 처가 설치되었는데, 이 가운데 보도처의 경우에만 특별히 예하에 '보도검열반'을 따로 편성하여 영관급 장교 5명을 더 두었다.

　계엄사령부는 전국 63개 지역에 장교 961명, 사병 7,864명을 출동시켰다. 대기 병력까지 합치면 장교 2,824명, 사병 38,921명이었다. 계엄군의 주요 투입처는 다름 아닌 대학이었다. 출동 병력의 90% 이상인 8,098명의 장교와 사병이 서울 지역에 집중 배치되었다. 서울 지역에도 청와대 등 주요 경비지역 외에 70% 이상의 계엄군이 대학에 배치되었다. 나머지 지역의 경우에는 90% 이상의 병력이 각 지방 소재 주요 대학에 배치되었다.

　서울 고려대에는 제1공수여단 병력 1,257명이 배치되었는데, 이는 서울 소재 다른 대학보다 2~3배 많은 규모였다. 정확한 이유는 알 수 없지만, 1965년 8월 한일협정 비준 반대운동 과정에서 500여 명의 무장군인이 고려대에 투입되어 수십 명의 학생을 연행한 사례, 바로 전해인 1971년 수도경비사령부 헌병대가 고려대에 진입하여 학생 5명을 연행한 사례가 있었는데, 그에 따른 직간접적인 영향이 있었던 것으로 보인다.

　계엄 선포 다음 날인 18일, 온 나라가 얼어붙은 가운데 국방부장관 유재흥은 전군 지휘관 회의를 개최했다. 이 자리에는 계엄사령관을 비롯하여

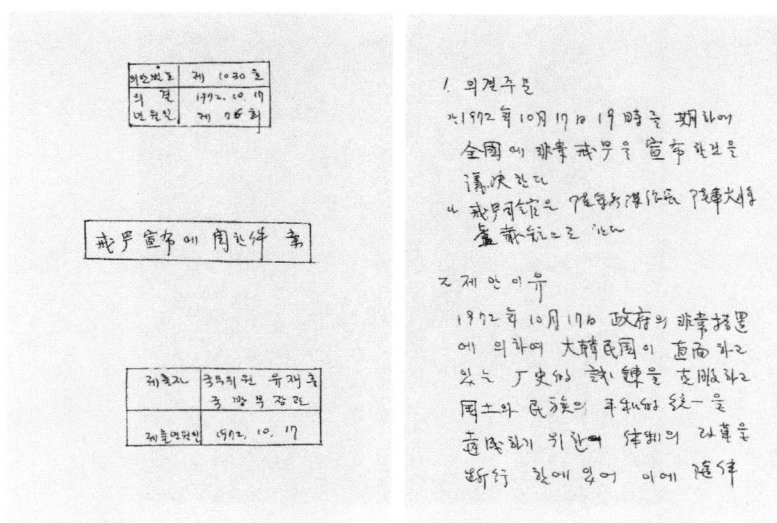

1972년 계엄 선포에 관한 건(안)》 10·17비상계엄은 국방부장관 유재흥이 제76회 국무회의 제1030호 의안으로 제출하여 의결되었다. 의안이 수기로 기재된 점으로 보아, 당시 상황이 매우 급박했음을 알 수 있다. (출처: 국가기록원)

각 계엄사무소장, 분소장 및 주요 군 지휘관 99명이 참석했다. 이들은 회의를 마치고 청와대에 방문하여 박정희에 대한 군의 절대적 충성과 지지를 다짐했다.[4] 군이 비상계엄을 통해 박정희가 제시하는 새로운 체제, 즉 유신 시대의 문을 열어젖히는 선봉에 선 것이다.

'계엄 선포에 관한 건(안)'

10·17비상계엄 선포 과정에서 특기할 만한 점이 하나 있다면, 그것은 의안 제출자 등 국무회의 의결 절차가 명확히 남아 있다는 것이다. 1972년 이전에 발포된 계엄의 경우에는 누가 제안했으며, 어떤 과정을 거쳐 선포

유신쿠데타의 주역》 1972년 10·17비상계엄 선포 다음 날 국방부장관 유재흥(위 사진), 계엄사령관 노재현(아래 사진)은 청와대를 방문하여 박정희에 대한 절대적 충성을 다짐했다.(출처: 국가기록원)

되었는지 명확히 남아 있지 않다. 반면 10·17비상계엄은 헌법 제86조가 규정한 대로 국방부장관 유재홍이 '계엄 선포에 관한 건(안)'을 제76회 국무회의 제1030호 의안으로 제출하여 의결되었다. 위 의안은 타이핑이 아니라 수기로 기재되어 있는데, 당시 상황이 얼마나 급박하게 진행되었는지를 짐작하게 한다는 점에서 주목된다.

계엄 선포와 동시에 공포된 계엄포고 제1호는 포고령을 위반한 자에 대해서는 영장 없이 수색·구속한다고 명시했다. 합동수사본부는 설치되지 않았지만 계엄사 법무처의 임무에 계엄군법회의의 설치와 운영에 관한 사항이 규정되어 있었다. 이에 따르면 내란·외환 및 국교에 관한 죄, 소요죄, 방화죄·통화위조죄, 포고령 위반죄는 계엄군법회의에서 다루고, 이 외의 범죄는 계엄사령부가 일반법원 및 검찰에 감독관을 파견하여 처리할 예정이었다.

문서로 드러난 사실을 통해서만 보면, 1971년의 계엄사령부는 유신쿠데타를 수행하는 입법·행정기구인 비상국무회의를 보위하는 수단에 불과한 것처럼 보인다. 군부 세력이 스스로 작성한 『계엄사』에서도 계엄사령부의 역할은 뚜렷하지 않았다.[5] 유신쿠데타 세력이 스스로 그린 지도체계에서도 계엄사령부는 빠져 있으며, 계엄부사령관이 정책협의기구인 중앙대책협의회의 말석에 위치할 따름이었다. 계엄사 참모장은 청와대 기획실 산하 '홍보위'에서 방첩부대보다 하위에 배치되었다. 이런 측면에서 유신쿠데타 당시 비상국무회의와 군의 관계는, 1961년 5·16쿠데타 이후 설치된 국가재건최고회의와 군, 1980년 5·17쿠데타 이후 설치된 국가보위입법회의와 군, 2024년 12·3내란 당시 윤석열이 최상목에게 건넨 쪽지에서 드러난 '국가비상입법기구'와 군의 관계 속에서 비교·고찰될 필요가 있다.

박정희가 직접 작성한 체포 대상 국회의원 명단

문서를 통해 드러나지 않은 계엄의 실제 목적은 정치적 반대 세력을 탄압하는 데 있었다. 중앙정보부와 보안사령부는 비상조치에 따라 헌법 일부 조항의 효력이 정지되고 계엄포고령으로 영장주의마저 무력화된 상태에서 야당 의원들을 연행해 가혹한 고문을 자행했다. 이와 같은 체포 및 감금 조치는 10월 19일부터 본격화되었으며, 이 과정에서 보안사가 핵심적인 역할을 수행한 것으로 보인다.

정치인 체포 계획은 유신쿠데타 닷새 전에 확정된 것으로 보인다. 1972년 10월 12일 육군 보안사령관 강창성은 박정희로부터 유신 선포 계획을 직접 통보받았다. 박정희는 야당 의원 17명의 명단을 자필로 작성하여 강창성에게 전달했는데, 이들은 주로 국회에서 박정희 관련 문제를 집중적으로 제기한 인사들이거나 김대중·김영삼의 핵심 측근들이었다. 박정희는 명단에 오른 인물 한 사람 한 사람을 지목하며 문제점을 언급한 것으로 알려져 있다.

강창성은 조윤형·이세규를 비롯해 김상현·윤길중·이기택·박한상·김동영 등은 온건한 인물이라며 체포 대상에서 제외할 것을 건의했다. 이에 박정희는 이세규와 조윤형만큼은 절대 제외할 수 없다고 반박했고, 결국 12명이 최종 보안사 체포 명단에 포함되었다. 한편, 처음에 제외되었던 김상현은 한 달 후 유신체제를 비판하는 발언으로 다시 수사 대상에 올랐다.

이처럼 야당 의원들에 대한 강제 연행과 고문은 반대 세력을 제거하려는 박정희 개인의 정치적 의지에서 비롯된 것이었다. 강창성의 건의로 체포 명단에서 빠진 윤길중과 박한상은 정치 은퇴를 선언하고 정계를 떠났으며, 체포 대상에서 제외된 다른 야당 정치인들의 자택 앞에는 계엄군이 배치되어 대다수가 사실상 가택연금 상태에 놓이게 되었다.

보안사가 자행한 고문의 실상

체포된 야당 의원 12명은 구금 기간 동안 심한 고문을 당했다.

이세규 의원은 10월 19일 보안사에 연행되어 알몸 상태로 무자비한 폭행, 물고문, 그리고 일명 '통닭구이' 고문을 당했다. 그는 육군사관학교 7기 출신 장군으로, 군 출신임에도 야당에 참여한 점이 정권의 반감을 산 것으로 보인다.

조윤형 의원은 10월 29일 연행되었는데, 정인숙 피살 사건과 관련해 국회에서 "그 아들이 박정희의 자식이 아니냐"는 항간의 소문을 언급한 것이 문제가 되어 보안사로 끌려가 고문을 당했다.

조연하 의원은 10월 19일 연행되어 김대중의 정치자금 출처를 밝히라는 추궁 속에 각목 구타, 물고문, 진공실 고문을 당했다.

이종남 의원은 10월 21일 영등포 소재 제6관구 헌병중대로 연행되었다. 국회에서 중앙정보부 해체를 주장한 것이 체포 사유였으며, 8일 후 석방되어 병원에 입원했으나, 이듬해 뇌물 혐의로 다시 구속되었다.

강근호 의원은 10월 23일 서울대병원 입원 중이던 와중에 보안사로 강제 연행되었고, 6일간 3인 1조 수사팀에게 구타, '승강기 태우기', 수면 박탈 등의 고문을 당했다. 고문 중 의식을 잃었다가 보안사 의무실에서 깨어나기를 반복했으며, 석방 후에도 좌골신경 마비로 목발에 의존해야 했다.

최형우 의원은 10월 25일 영등포 헌병대 막사로 연행되어 무차별 구타로 실신했고, 알몸 상태로 깨어난 후에는 손발이 묶인 채 책상 사이에 매달리는 통닭구이 고문과 물고문을 당했다.

김한수 의원은 같은 날인 10월 25일 연행되었는데, 1971년 '10·2 공화당 항명파동'[6] 당시 여당 의원에 대한 고문 사실을 폭로한 것이 문제가 되어 체포당했다. 그는 영등포 헌병부대에서 알몸으로 통닭구이 고문과 물고문을 받았다.

김녹영 의원은 10월 26일 보안사에 연행되어 나체로 매달린 채 물고문과 구타를 당했으며, 그 충격으로 자살을 기도하기도 했다고 증언했다.

김경인 의원은 11월 2일 영등포 제6관구 헌병대로 연행되어 나체 상태로 영관급 장교 4인에게 통닭구이 고문과 물고문을 당했다고 밝혔다.

김상현 의원 역시 11월 21일 보안사 요원에게 체포되어 서빙고 분실로 연행되었으며, 이후 나체 상태에서 통닭구이 고문 등을 당한 사실을 증언했다.[7]

비상계엄하 '비상국무회의'

1972년 10월 23일, 비상계엄 선포 6일 만에 첫 번째 비상국무회의가 열렸다. 이날 회의에서는 가장 먼저 '비상국무회의법'이 통과되었다. 비상국무회의는 기존 행정부의 최고 의결기구인 국무회의에 입법 기능까지 부여한, 명백한 초헌법적 기구였다.

박정희는 과거 1961년 5·16쿠데타 직후에도 국회를 해산하고 입법 기능을 대체할 기구로 '국가재건최고회의'를 설치한 바 있다. 국가재건최고회의 역시 헌법질서에 반하는 조직이었지만 군부 외에도 각계 전문가가 일부 참여했고, 기능적으로는 상임위원회 체계로 세분화되어 있었다. 1980년 5·17쿠데타 이후 신군부가 구성한 '국가보위입법회의' 또한 직능별 전문가를 초빙하여 좀 더 제도적인 외형을 갖추려는 시도를 보였다. 이에 비해 비상국무회의는 단지 기존 국무회의의 명칭만 변경한 것이며, 여기에 입법 기능을 부여했다는 점에서 앞선 두 기구보다 훨씬 더 위헌적이었다.[8]

비상국무회의는 1973년 2월 26일까지 도합 26차례 회의를 갖고 헌법개정안 1건, 법률안 270건 등 총 313건의 안건을 처리했다. 비상국무회의에 상정된 거의 모든 안건은 졸속으로 처리되었다. 당시 비상국무회의 회의록을 보면 회의가 개최된 지 1시간 이내에 대부분의 의안이 통과되었으며, 의안 설명 이후 아무런 토론 없이 '질문 없습니까? 통과되었습니다'로 의결이 마무리되었다. 일례로 1972년 12월 22일에 있었던 제11회 비상국무회의록에 따르면 10개 의안이 17시 30분에서 35분까지 5분 만에 모두 의결되었다.[9]

4. 유신헌법 공포와 제53조 긴급조치

박정희 장기집권 프로젝트

그렇다면 유신헌법은 언제부터 구상되었을까. 박정희는 1972년 5월경부터 구체적인 유신쿠데타 실행 계획을 입안하고 유신헌법의 주요 내용을 성안해 나간 것으로 알려져 있다. 그러나 박정희의 장기집권 프로젝트는 그보다 훨씬 전부터 가동되고 있었다. 박정희는 3선 개헌 전후로 '풍년공작', 'KM계획', '새마을재건계획' 등 자신의 영구집권을 획책하는 프로젝트를 진행시켰다. 유신쿠데타는 이러한 프로젝트의 연장선에 있었다. 본격적인 유신쿠데타 준비 작업은 주로 궁정동 안가 A동에서 이루어졌으며, 같은 시기 B동에서는 남북 간 비밀 접촉을 위한 협의가 병행되었던 것으로 전해진다.[10]

박정희는 쿠데타 실행 계획의 수립과 헌법 초안 성안의 모든 과정에 직접 개입했다. 쿠데타 실행 계획과 관련하여 궁정동에서는 대통령 박정희, 중앙정보부장 이후락, 청와대 비서실장 김정렴 등 정권의 핵심 인사들과 중정 요원들이 모여 기존의 정치체제를 해체하고 새로운 유신체제를 구축하기 위한 상세한 계획을 마련했다. 중정 요원들이 궁정동에서 초안을 만들어 박정희·이후락·김정렴에게 보고하면, 이들 3인이 새로운 아이디어를 제시하거나 미비점을 지적하고, 그렇게 하달된 사항을 궁정동에서 다시 보완하는 식으로 쿠데타 계획이 수립되었다.[11]

유신헌법 초안과 법 기술자들

유신헌법 성안 과정의 핵심은 대통령에게 비상대권을 부여함으로써 독재 권력을 제도화하고, 권력구조를 재편하여 입법·사법·행정권을 대통령에게 집중시켜 영구집권을 보장하는 데 있었다. 유신헌법은 프랑스의 드골 헌법, 독일의 바이마르 헌법 및 나치의 수권법, 일본의 메이지 헌법, 대만의 총통제 등 외국의 권위주의적 헌정 모델들을 참조하여 만들어졌다고 알려져 있다. 이들 사례 역시 공통적으로 비상대권의 제도화와 권력 집중을 중심으로 연구되어왔다.

1972년 7월경부터 새로운 헌법 초안이 마련되고 있다는 의혹이 야당 의원들 사이에서 제기되었다. 7월 22일, 나석호 의원은 국내 헌법학자가 대만과 스페인의 프랑코 정권을 방문하여 '행정부 1인 집권 체제'에 관한 연구를 하고 귀국했다고 주장했다. 이어 7월 28일, 최형우 의원은 "한 모(한태연), 갈 모(갈봉근) 교수와 청와대 측근들이 프랑스 드골식 헌법을 모델로 한 영구집권형 개헌 시안을 구상 중"이라고 발언했다.

유신헌법 성안 작업에는 여러 조직과 인물이 참여했던 것으로 보인다. 이후락이 주도한 중앙정보부팀(김치열·김동근·김영광 등), 김정렴이 이끈 청와대팀(홍성철·유혁인·김성진), 신직수 법무부장관이 이끈 법무부팀(김기춘·정해창), 그리고 헌법학자 그룹(한태연·갈봉근 등)이 각각 역할을 분담했다고 알려져 있다. 중정팀과 청와대팀은 주로 쿠데타 실행 계획을, 법무부팀과 학자들은 자료 수집과 헌법 초안 작성을 분담하며 유신헌법 제정 작업을 수행한 것으로 추정된다.

이들 각각의 기여와 구체적 역할 분담은 현재까지 완전히 밝혀지지 않았으나, 몇 가지 시나리오가 제기되어왔다.[12]

첫 번째 시나리오는 박정희가 구상한 헌법의 골격에 따라 법무부가 초안을 작성하고, 헌법학자들이 법리적 감수와 자구 수정을 맡았다는 견해다. 이는 한태연 등 일부 헌법학자들이 "거의 관여한 바가 없음에도 불구하고 유신학자로 부당하게 비난받았다"고 항변한 점과 일치한다.

두 번째 시나리오는 헌법학자들이 초안을 주도했으나, 박정희 또는 법무부 측과 의견 충돌이 생겨 최종적으로 학자들의 견해가 반영되지 못했다는 시나리오다. 그러나 한태연 등이 유신헌법 제정 이후 이를 해설하는 역할까지 담당한 사실을 고려하면 이 가능성은 낮다.

세 번째 시나리오는 비상대권 정당화 이론에 천착한 한태연보다 프랑스식 대통령제를 연구해온 갈봉근이 유신헌법 성안에 더 핵심적인 역할을 했을 가능성이다.

네 번째 시나리오이자 가장 설득력을 얻는 추론은, 박정희의 직접 지시에 따라 중정팀과 청와대팀이 헌법의 정치적 구상을 구체화하고, 법무부팀이 실무 초안 작성과 자료 수집을 주도했으며, 이후 헌법학자들이 이를 검토·보완하여 최종안을 완성했다는 것이다. 실제로 유신헌법 공포 직후 신직수와 김기춘이 초고속 승진을 하고, 한태연이 유신정우회 국회의원으로 진출한 점은 이 시나리오를 뒷받침한다.

한편, 유신헌법 제53조에 명시된 대통령의 비상조치권이 구체화되는 과정에서 법무부팀의 역할에 주목해야 한다는 분석도 있다. 비상조치 조항은 박정희가 직접 기초하거나 수정한 것으로 알려져 있으나, 김기춘 등 법무부 소속 실무진의 기여 역시 적지 않았던 것으로 추정된다. 김기춘은 유신헌법 공고 4일 뒤인 1972년 10월 31일, 중앙청에서 열린 전국검사장회의에서 유신헌법을 해설했다. 그는 이 자리에서 유신헌법의 긴급조치가 프랑스 드골 헌법의 비상대권 조항과 유사한 '예방적 긴급권'에 해당한다고 주장하며 정당성을 부여하려고 했다. 이러한 해석은 당연히 국제적 헌법 원리와는 거리가 먼 왜곡된 법리였다. 그러나 이 일화는 김기춘 등 법무부팀이 유신헌법과 긴급조치 조항 성안에 깊숙이 개입했음을 시사한다.[13]

유신헌법의 내용과 긴급조치

1972년 10월 27일, 비상국무회의에 헌법개정안이 상정되었다. 이에 박정희가 서명하고 김종필 국무총리와 국무위원 전원이 부서함으로써 헌법개정안이 공고되었다. 유신헌법이 구상한 권력구조의 핵심은 비상대권 이론을 집약한 '긴급조치' 조항, 국민주권을 대리하는 기구를 통해 대통령을 선출하는 '간접선거' 체제, 대통령에게 입법·사법·행정의 권한을 모두 집중시킨 '3권 장악' 구조이다.

유신헌법의 핵심적인 내용은 다음과 같다. 첫째, 유신헌법 제53조의 긴급조치 조항은 기존 헌법상의 긴급명령권과 비교할 수 없을 정도로 강력하고 포괄적인 초헌법적 권한을 대통령에게 부여했다. 기존 헌법 제73조는 대통령 긴급명령의 발동 요건으로 '내우·외환·천재·지변' 등의 사유와 '국회의 집회를 기다릴 여유가 없을 때'라는 조건을 명시하고, 명령은 '최소한으로 필요한 범위'로 제한되며, 발동 직후 국회에 보고하여 승인을 얻지 못할 경우 그 효력을 상실한다고 규정했다. 그러나 유신헌법 제53조는 이러한 제한 규정을 전면적으로 삭제했다. 대통령이 '신속한 조치가 필요하다고 판단할 때' 긴급조치를 선포할 수 있으며, 국민의 자유와 권리를 '잠정적으로 정지'시킬 수 있다고 명시했다. 국회에는 단순히 '통고'만 하면 되며, 재적의원 과반수의 찬성으로 긴급조치의 해제를 '건의'할 수 있을 뿐, 이를 강제할 수는 없었다. 나아가 동 조항은 긴급조치가 '사법적 심사의 대상이 되지 아니한다'고 명시함으로써 대통령 권력이 법적·제도적 견제로부터 완전히 벗어나 있음을 선언했다. 이로 인해 긴급조치는 이후 유신체제에서 대통령의 절대권력을 상징하는 핵심 조항으로 기능하게 되었다.

둘째, 유신헌법은 대통령의 선출 방식을 간접선거제로 전환하고, 이를 수행할 기구로 통일주체국민회의를 설치했다. 대통령 임기는 6년으로 하고 연임 제한을 없애 박정희의 영구집권을 제도적으로 보장했다. 통일주체국민회의 대의원은 국민투표를 통해 선출되었는데, 사실상 정권에 우호적인 인물만 대의원 후보에 등록할 수 있어 '거수기'라는 비판을 받았다. 통일주체국민회의는 '주권적 수임기관'을 자처하며 대통령 및 유신정우회 국회의원 선거권과 개헌안에 대한 의결권 등을 가졌다. 장충체육관에서 실시된 통일주체국민회의의 선거는 '체육관 선거'라는 헌정사상 오명을 남겼다.

셋째, 대통령이 행정부뿐만 아니라 입법부와 사법부까지 장악함으로써 삼권분립 원칙이 사실상 붕괴되었다. 대통령은 통일주체국민회의를 통해 전체 국회의원 정수의 3분의 1에 대한 추천권을 행사하여, 여당 외에도 입법부에 친위 세력을 구축할 수 있었다. 나머지 국회의원 3분의 2도 2인 중선거구제를 통해 선출하게 함으로써 여당과 대통령 측 인사들이 국회의 절대다수를 차지하게끔 설계되었다. 그뿐만 아니라 유신헌법은 국회의 연간 회기 일수를 150일 이내로 제한하고 국정감사권을 폐지함으로써 입법부의 견제 기능을 사실상 무력화시켰다. 또한 대통령은 국회해산권과 법률안 거부권은 물론, 긴급조치권과 헌법개정발안권까지 보유하였으며, 개헌안은 국민투표를 통해 확정할 수 있었다. 사법부의 독립성도 침해되었다. 법관추천회의 제도가 폐지되어 대법원장을 포함한 모든 법관의 임명권이 대통령에게 귀속되어, 사법부 역시 행정부의 통제 아래에 놓이게 되었다.

이 외에도 유신헌법은 경제체제에 대한 대통령과 행정부의 개입과 통제 권한을 확대하였으며, 부칙을 통해 비상국무회의가 제정한 법령과 그에 따른 행정·사법 조치를 모두 정당화했다. 비상국무회의의 입법적 결정은 신설될 국회가 제정한 것으로 간주되었고, 이 결정 및 이에 따른 재판과 예산 집행 등에 대해 어떠한 이의나 제소도 제기할 수 없도록 규정되었다. 나아가 대통령의 특별선언이나 비상조치에 대해서도 법적 이의 제기를 원천적으로 차단함으로써 유신체제의 법적·정치적 폐쇄성을 극대화하였다.

5. '긴조 시대'의 반유신민주화투쟁

유신체제는 '비상'과 '긴급'을 일상화함으로써 스스로 특수하고 비정상적인 상태임을 선언하며 탄생했다. 유신체제하에서는 국민의 기본권이 크게

〈표 1〉 긴급조치 1~9호의 주요 내용

선포일	명칭	주요 내용, 선포 이유
1974. 1. 8.	긴급조치 1호	유신헌법을 비방하거나 개헌을 주장하는 행위 금지
1974. 1. 8.	긴급조치 2호	비상군법회의 설치
1974. 1. 14.	긴급조치 3호	국민생활 안정을 위한 긴급조치
1974. 4. 3.	긴급조치 4호	민청학련 및 관련 단체 조직 가입, 찬양, 동조 금지 등
1974. 8. 23.	긴급조치 5호	긴급조치 1·4호의 해제 조치
1974. 12. 31.	긴급조치 6호	긴급조치 3호의 해제
1975. 4. 8.	긴급조치 7호	고려대학교 휴교 및 동교 내 집회 금지
1975. 5. 13.	긴급조치 8호	긴급조치 7호의 해제
1975. 5. 13.	긴급조치 9호	긴급조치 1·4호의 주안점 부활

위축된 반면, 중정·보안사 등 특수정보기관의 권한이 더욱 막강해졌다. 정보기관의 정치적 탄압과 통제가 극도로 강화되어 학생·재야·야당 등 민주화운동 세력에 대한 테러와 협박이 극단적인 형태로 자행되었다. 유신체제는 반독재민주화투쟁을 탄압하기 위해 긴급조치를 일상화했다. 긴급조치 1호부터 9호의 선포일, 선포 이유 등은 〈표 1〉과 같다.[14]

반독재민주화투쟁은 1972년 유신쿠데타 이후 1979년 10·26으로 박정희가 사망할 때까지 끊임없이 분출했다. 유신체제기 반독재민주화투쟁은 긴급조치 9호의 선포를 기점으로 전기와 후기로 나눌 수 있다.[15] 반유신운동은 우선 대학가에서 태동했는데, 대학생들은 계엄이 선포되고 유신헌법으로 기본권이 제한된 상황에서도 소규모 비밀조직을 만들어 유신체제에 저항했다. 이 과정에서 고려대 학생들이 『민우』·『야생화』지 사건에 연루되었고, 전남대 학생들이 『함성』지 사건으로 처벌을 받았다. 그러나 1973년 초까지 공개적으로 유신체제를 부정하거나 비판하는 움직임은 표면화되지 못했다.

1973년 4월 22일, 젊은 교역자들과 기독교 학생들이 남산 야외음악당에서 반유신 전단을 배포하여 유신 이후 최초로 공개적인 반독재민주화투쟁의 포문을 열었다. 이후 1973년 8월 8일 김대중 납치사건이 발생하자 대학가에서 대규모 유신반대 시위가 발생했다. 같은 해 10월 2일 서울대 문리대 시위를 시작으로 법대와 상대에서도 시위가 일어났으며, 11월부터는 수백 명이 참가하는 대학가 시위가 전국으로 확산되었다. 12월 들어 시위는 전국 각 대학은 물론 고등학교로까지 확산되었다. 학생들의 시위는 사회 전반의 민주화 요구를 촉발했으며, 마침내 재야 세력이 총집결한 헌법개정청원운동본부가 결성되고 '개헌청원100만인서명운동'이 시작되었다. 개헌청원운동이 폭발적인 호응을 얻자 야당도 개헌운동에 동참했다. 박정희는 개헌청원운동을 저지하기 위해 긴급조치 1·2호를 선포했다.

민청학련 사건과 긴급조치 4호

1973년 하반기 대규모 시위와 개헌청원운동의 열기 속에서 전국의 학생운동 세력을 조직화하여 반유신투쟁을 전개하려는 움직임이 나타났다. '전국민주청년학생총연맹(민청학련)' 사건은 1973년 12월부터 태동한 전국적인 학생운동 네트워크 형성 과정에서 발생했다. 1974년 4월 3일 박정희는 공산주의자의 배후조종을 받은 민청학련이 국가변란을 기도하였고, 그 배후에 인민혁명당 그룹이 있다고 발표하며 긴급조치 4호를 선포했다. 민청학련 사건에 연루된 인혁당 사건 관련자 8명은 1975년 4월 9일 사형 판결이 확정된 지 20시간 만에 가족에게도 알리지 않은 채 형이 집행되었다. 이 같은 사법살인에 대해 국제법학자협회는 이날을 '사법사상 암흑의 날'로 선포하기도 했다. 나머지 민청학련·인혁당 관련 구속자들에게도 구타·물고문·전기고문 등 온갖 비인간적인 고문이 가해졌다. 종교계를 중심으로 구속자석방운동이 전개되었고, 해외에서도 반유신투쟁을 지원하고 박정희 정권을 비판하는 운동이 확산되었다.

　민청학련 사건 발표 이후, 잠시 소강기에 접어들었던 학생운동은 1974년 하반기에 들어 다시 대규모 집회와 시위를 통해 반유신투쟁의 열기가 고조되었다. 1974년 7월 천주교정의구현전국사제단이 결성되고, 같은 해 10월 자유언론실천운동이 전개된 데 이어, 12월에는 재야 세력에 더해 야당까지 참여하는 민주회복국민회의가 창립되었다. 반유신투쟁이 다시 점화하자, 박정희는 1975년 1월 22일 특별담화를 발표하여 유신체제와 자신에 대한 재신임을 묻는 국민투표를 2월 12일에 실시하겠다고 발표했다. 재야·야당은 국민투표에 즉각 반대했지만 결국 치러졌고, 결과는 투표율 79.8%, 찬성률 73.1%였다. 1972년 유신헌법 국민투표의 투표율 91.9%, 찬성률 91.5%에 비해 훨씬 저조한 것이었다. 투표 과정에서 행정부 말단 조직까지 동원하여 선심 공세와 위협, 부정행위 논란까지 일어났음을 감안하면 박정희에 대한 반감이 국민 다수에게 확산되고 있었음을 알 수 있다.

　그런데도 박정희는 2·12국민투표에서 재신임이 확인되었다면서 강압적인 통치체제를 더욱 공고화하는 한편, 긴급조치 1·4호 위반 등으로 투옥되어 있던 수십 명을 석방하는 등 유화책을 쓰기도 했다. 구속자들은 감옥에서 나오자마자 중정 등에서 당한 고문과 조작을 폭로하며 박정희 정권의 무도함을 낱낱이 밝혔다. 이후 1975년 1학기 개강을 맞은 대학가에서 반유신투쟁이 다시 터져 나왔다. 결국 같은 해 4월 8일 고려대에 대한 휴교 및 집회·시위 금지 조치를 골자로 한 긴급조치 7호가 선포되었다. 한 대학을 대상으로 대통령의 비상대권이 발동된 것이다. 그러나 학생들의 저항은 계속 이어졌고, 1975년 4월 11일 서울대 농대 김상진 학생이 시국성토대회에서 '양심선언'을 낭독하며 자결함으로써 박정희 정권의 무도함을 온몸으로 세상에 알렸다.

　1975년 4월 남베트남 패망을 계기로 박정희는 외부의 안보 위협을 강조하며 관변단체와 언론을 총동원하여 반공·안보 정국을 조성하는 한편, 긴급조치 9호를 발동하여 민주화운동 세력을 탄압했다. 특정 사안에 대응하기 위해 발동된 이전까지의 긴급조치와 달리 긴급조치 9호는 비상사태를 상례화했다. 긴급조치 9호는 유신헌법에 대한 부정·반대는 물론 긴급조치 자체에 대한 비방까지 금지하는 등 기존 긴급조치의 '결정판'이자 '종합판'이었다. 또한 이를 위반할 경우 영장 없이 체포할 수 있게 하고, 긴급조치를 사법적 심사의 대상이 되지 않는다고 명시하는 등 초법적인 내용으로 이루어져 있었다. 유신쿠데타에 대한 일말의 비판도 허용하지 않겠다는 긴급조치 9호로 처벌받은 사람은 구속 1,387명, 처벌 974명에 달했다. 이후에도 박정희는 1976년 판문점 도끼만행사건, 1976년 영일만 석유발견 발표, 1977년 수도이전 발표 등으로 국민의 관심사를 돌리고 비판과 저항을 억누르고자 했다.

긴급조치의 종합판 '긴조 9호'

　1975년 5월 13일 긴급조치 9호 발동 이후 유신체제 후기의 반독재민주화투쟁은 5월 22일 서울대 시위로 시작되었다. 이후 학생운동은 긴급조치 9호라는 폭압적인 상황 아래서 지하유인물을 제작하여 배포하고 은밀한 네트워크를 형성하는 등의 암중모색을 이어갔다. 그러나 학생·재야·언론인들에 대한 지속적인 검거와 처벌로 인해 민주화운동은 상당한 침체를 겪었다. 1975년 8월 17일 장준하가 의문의 죽음을 당하고, 1976년에는 교수재임용제도로 인해 정권에 비판적인 교수들이 해직되기도 했다. 1976년 3·1절을 계기로 문익환 목사를 중심으로 한 종교·재야인사들이 '3·1민주구국선언'을 발표했다. 이후 대대적인 탄압이 있었지만, 3·1민주구국선언은 재야 세력이 새로운 연합을 형성하는 계기가 되었다.

1976년 말부터 회복의 기미를 보이기 시작한 학생운동은 1977년 상반기에 각 대학의 반유신투쟁으로 이어졌으며, 하반기에는 시위의 규모가 더 커졌다. 재야의 움직임도 계속 이어져, 제2의 3·1민주구국선언을 우려한 당국의 방해 속에서도 3·22민주구국헌장을 발표했다. 1976~1977년에는 양성우·리영희·백낙청 등에 대한 필화사건으로 지식인들의 수난이 이어졌다.

1978년은 통일주체국민회의 대의원 선거와 국회의원 선거 등 주요한 정치 일정이 예정되어 있었다. 민주화운동 세력은 이러한 정세에 대응하기 위해 분주히 움직였다. 또한 '선성장 후분배' 경제개발정책의 추진 과정에서 빈부격차와 도시빈민문제 등 새로운 사회문제들이 표출되기 시작했다. 박정희 경제개발정책에서 소외된 노동자·농민들의 생존권 투쟁은 유신체제 후기 반독재민주화투쟁의 새로운 동력이 되었다. 1978년 상반기 대학가에서 시위가 점화되었고, 이러한 분위기는 하반기까지 이어졌다. 그해에는 6·26, 10·17 연합시위가 조직되어 학생·재야 세력이 시내 중심가에서 대중들에게 직접 선전을 시도하기도 했다. 1979년 3월 1일에는 민주통일국민연합이 발족하여 재야 세력의 결집을 도모했다. 반독재민주화투쟁은 상반기에 숨을 고르다가 9월에 다시 시작되어 박정희가 사망하기 전까지 계속되었다. 1979년 8월 YH노동자투쟁과 10월 부마항쟁은 박정희 정권 몰락의 직접적인 도화선이 되었다.

6. 역사의 법정에 선 유신쿠데타

유신 시대의 일상과 박정희의 통치 스타일

유신쿠데타 이후 평범한 시민들의 일상 역시 큰 변화를 겪었다. 유신체제하에서 긴급조치는 반독재민주화운동을 억압하기 위한 핵심 수단으로 기능했지만, 긴급조치 위반 혐의로 재판을 받은 사람들 가운데 절반 이상은 정치운동과 무관한 일반 시민이었다. 일상적인 술자리에서 무심코 내뱉은 말 한마디가 긴급조치 위반으로 간주되어 구속되거나 처벌받는 일이 빈번하게 발생했다. 이른바 '막걸리 긴급조치' 사건이라 불리는 사례들에서는, 사소한 발언만으로 수사기관에 끌려가 고문과 구타를 당한 뒤 징역 2~3년의 중형을 선고받는 일이 반복되었다.[16]

유신쿠데타는 1972년 10월 17일 대통령의 특별선언과 비상계엄 선포를 통해 시작되었으며, 1979년 10월 26일 박정희의 사망으로 종료되었다. 박정희 정권 18년간 세 차례의 비상계엄과 세 차례의 위수령이 발령되었고, 비상사태 선언, 비상조치 선포, 긴급조치 발동 등이 연쇄적으로 이루어졌다. 이 시기 대한민국은 '정상 상태'보다 '비상 상태'가 더 일반화된 정권 운용 양상을 보였다. 박정희는 국내의 정치 불안과 국제적 안보 위협을 지속적으로 강조하면서, 국민에게 "자신을 계속 지지할 것이냐, 아니면 혼란

과 파국을 선택할 것이냐"는 이분법적 선택을 강요했다.[17]

　박정희 정권 전반기인 1960년대까지는 일정한 범위 내에서 민주주의적 절차와 제도가 형식적으로나마 작동했으며, 정치적 경쟁과 견제도 부분적으로 허용되었다. 그러나 3선 개헌 추진을 계기로 박정희는 기존 헌정질서 안에서 정치적 정당성을 확보하려는 노력을 점차 포기하고, 모든 권력을 대통령 개인에게 집중시키는 방식의 영구집권 체제 구축에 나섰다. 이러한 권력 집중은 입법·사법·행정의 권한을 포괄하는 구조적 재편을 통해 제도화되었으며, 그 핵심 기반은 군대라는 국가적 물리력의 독점에 있었다. 즉, 위기를 반복적으로 재생산하고 정치적 난국을 극단적인 수단으로 돌파해 나가는 박정희의 통치 방식에서 군은 필수불가결한 통치 자원이자 구조적 기반이었다.

　유신쿠데타는 군을 포함한 국가의 물리력을 독점한 행정부와 집권 세력이 헌법과 법질서를 자의적으로 정지시킨 후, 인위적으로 조성된 비상사태를 배경으로 비상대권을 동원하여 영구집권을 실현하려 했다는 점에서, 전형적인 친위쿠데타(praetorian coup)의 성격을 지닌다. 이러한 관점에서 본다면, 대한민국 현대사에서 비상계엄을 선포하고 군을 전면에 내세운 친위쿠데타는 총 세 차례 발생했다. 첫 번째는 1952년 5·25부산정치파동, 두 번째는 1972년 10·17유신쿠데타, 세 번째는 2024년 12·3내란이었다.

10·17비상계엄이 만든 잘못된 선례

　한편, 10·17비상계엄은 이전 시기 군의 동원 양상과는 상이한 특징을 보였다. 1952년 5·25부산정치파동이나 1964년 6·3항쟁 당시의 계엄이 주로 무차별적 폭력 행사나 시위 진압과 같은 일차원적 목표 달성을 위한 것이었다면, 10·17비상계엄에서 군은 단순한 물리력 행사의 도구로 동원된 것만이 아니었다. 이 시기 군은 독재자 1인에게 모든 판단과 결정이 위임된 헌정 중단 상태에서 무단으로 구성된 입법기구를 통해 독재체제에 합법적 외양을 부여하는 체계적 과정에 기능적으로 편입되었으며, 그 안에서 구체적이고 실질적인 역할을 수행했다.[18]

10·17비상계엄 이후 군 내부의 계엄 관련 논의에 비상대권의 논리가 자연스럽게 수용되었다는 점 역시 기억해야 한다. 군은 유신쿠데타 이후 발간된 공식 간행물을 통해 '비상대권은 사법심사의 대상이 되지 않는다'는 논리를 전면적으로 내세웠으며, 이러한 비상대권 논리의 보호막 뒤에 숨어 자신의 책임을 회피하고자 했다. 즉, 유신 이후 한국군은 계엄하 군의 활동을 법과 제도라는 틀 안에서 사고하는 것이 아니라, 대통령의 비상대권이라는 추상적이고 초법적인 논리로써 정당화하고자 했다.

오늘날 현실에서 유신쿠데타에 대한 평가는 어떠한가. 학문적 영역에서 유신체제와 10·17비상계엄에 대한 역사적 평가는 여전히 양극단의 진영 논리 속에 갇혀 있으며, 이는 박정희 개인에 대한 정치적 평가에서도 마찬가지다. 이러한 상황 속에서 12·3내란은 단기적으로 유신쿠데타에 대한 역사적 평가를 더욱 어렵게 만드는 환경을 조성할 가능성이 크다. 그 주된 이유는 12·3내란의 주범 중 한 축이 1970~1980년대 대학 시절 유신헌법을 학습한 법 기술자들이며, 다른 한 축이 사관학교에서 군의 정치 개입을 정당화하는 계엄론을 교육받은 군 출신 인사들이라는 점 때문이다.

윤석열과 12·3 내란의 주범들은 헌법재판소와 형사 법정에서 계엄 선포의 적법성을 주장하며, 유신헌법이 내세운 '비상대권은 사법심사의 대상이 되지 않는다'는 논리를 반복적으로 원용하고 있다. 이들이 법적·정치적으로 단죄되기 전까지는, 비상대권과 계엄을 합리화하던 유신의 논리가 '극우'라는 이름 아래 우리 사회의 주변부를 지속적으로 맴돌 가능성이 높다.

유신쿠데타에 대한 사법적 단죄와 12·3내란

유신쿠데타와 10·17비상계엄에 대한 사법부의 판단은 상대적으로 단호하다. 2010년 대법원은 유신헌법의 핵심 조항인 긴급조치가 헌법에 위배된다고 판결했다. 긴급조치가 그 발동 요건을 충족하지 못한 채 목적의 한계를 일탈하여 국민의 자유와 권리를 과도하게 제한하였으며, 이로 인해 헌법상 보장된 기본권을 침해했다는 것이다. 대법원은 특히 긴급조치 제1호가 해제 또는 실효되기 이전부터 유신헌법 자체에 위배되었고, 기본권 보장을 규정한 현행 헌법의 기준으로 보아도 명백히 위헌이라고 판시했다.

2013년 헌법재판소 또한 긴급조치 1·2·9호에 위헌 결정을 내렸다. 헌법재판소는 해당 조치들이 헌법의 근본 원리인 국민주권주의와 자유민주적 기본질서에 어긋나며, 정치적 표현의 자유, 죄형법정주의, 영장주의, 법관에 의한 재판을 받을 권리, 신체의 자유 등 국민의 기본권을 심각하게 침해하였다고 판단했다.

이어서 2013년 대법원은 긴급조치 제4호와 제9호를 무효라고 선언했고, 2016년에는 10·17비상계엄 당시 선포된 계엄포고 제1호가 기존 헌정질서를 단절하고 유신체제로의 이행을 목표로 한 사전적 통제 수단이었다는 점을 명확히 하면서, 해당 포고령이 헌법 및 계엄법상 요건을 충족하지 못한 위법한 행위였음을 판시했다. 특히 계엄포고가 언론·출판의 자유, 집회·결사의 자유를 침해했으며, 영장주의 원칙에도 위배된다고 지적했다.

이러한 사법부의 판단은 유신체제의 희생양이 되었던 국가폭력 피해자들의 수십 년에 걸친 호소 및 과거사 청산을 위한 시민사회의 진실규명운동에 힘입은 결과이기도 하다. 윤석열의 12·3 내란에 대한 헌법재판소의 대통령 파면 결정 및 2025년 7월 현재 진행 중인 형사사법적 단죄는 과거 국가폭력에 대한 반성과 성찰을 토대로 이루어진 것이다. 실제로 헌법재판소는 윤석열 파면 결정문(총 112쪽)에서 국가긴급권 남용의 대표적 사례로 10·17비상계엄과 유신헌법하의 긴급조치를 명시하며, 이들이 국민의 기본권을 광범위하게 침해한 위헌적 조치였음을 분명히 재확인하였다.[19]

    그러나 유신쿠데타에 대한 역사적 단죄와 성찰은 결코 사법의 영역에만 한정되어서는 안 된다. 윤석열의 12·3내란은 우리 사회가 당연한 것으로 여겨온 민주주의와 헌법질서가 얼마나 취약한 기반 위에 놓여 있었는지를 드러내었으며, 권력에 대한 민주적 통제는 단지 권력자의 선언이나 헌법 조항에 의해서 자동적으로 실현되는 것이 아님을 명확히 보여주었다. 오늘날 유신쿠데타와 10·17비상계엄의 역사를 되새기는 일은, 12·3 내란을 단죄하고 그 책임자들을 역사적 심판대에 세우려는 시민들에게 반드시 거쳐야 할 역사적·윤리적 과제라 할 것이다.

— 이준영

5
무너진 민주주의, 되살아난 군사독재
— 부마항쟁, 12·12군사반란 그리고 5·18항쟁

1. 항쟁을 불러낸 내란

2024년 12월 3일 밤 10시 23분, 난데없이 대통령이 비상계엄을 선포하자 1980년 5월 17일 비상계엄 전국 확대 조치가 떠올랐다. 또다시 총을 든 군인들이 우리 사회를 짓밟고 국민의 삶과 일상을 무너뜨리는 비극이 되풀이되는 건 아닐까? 국회가 비상계엄해제요구결의안을 통과시키고 병력이 철수한 뒤에도 불안감은 쉽게 가시지 않았다. 다음 날 아침, 학교 강의실에서 학생들을 보고서야 비로소 계엄 해제가 실감났다.

2024년 12월 3일 비상계엄령에 뒤이은 '일체의 정치활동 금지, 언론 검열' 등을 명령한 포고령 제1호는 45년 전 포고령 제10호를 복사한 듯했다. 다른 것이 있다면 1980년의 포고령 제10호는 '대학 휴교령' 조치를 내린 데 반해, 2024년의 포고령 제1호는 '의료인의 본업 복귀와 위반 시 처단'을 명시했다. 원래 계획한 대로 진행됐다면 지금 한국 사회는 어떤 모습일까?

45년 전 광주 시민들이 느꼈던 고통과 분노, 고립감 등은 이후 대한민국 국민들에게 미안함과 부채의식, 학습 효과를 남겼다. 이러한 것들이 모아져서 44년 뒤에 지역과 계층을 뛰어넘는 연대의 함성으로 되살아났다. 촛불과 응원봉과 함성이 여의도를 가득 메우고 남태령을 넘어 이 난국을 만들어낸 대통령을 권좌에서 끌어내렸다. 한강 작가의 말처럼 '과거가 현재를 돕고, 죽은 자들이 산 자를 구해냈다.'

한국 현대사에서 계엄은 국민들을 교화하는 '계몽'이 아니었다. 박정희 정권이 몰락할 즈음의 부마항쟁부터 1981년 1월 24일까지 대한민국은 계엄으로 날이 새고 지던 때였다. 이 기간에 한국 사회는 두 차례의 비상계엄과 한 차례의 위수령을 겪고 신군부가 일으킨 군사반란을 경험했다. 수많은 사람들이 목숨을 잃거나 그에 비견되는 상처를 온몸에 새겨야 했다. 모든 게 계엄하에서 발생한 비극이었다. 계엄이 원래 계획대로 지속됐다면 어찌 됐을까?

2. 부마항쟁과 유신독재의 몰락

박정희 정권, 계엄으로 시작해서 계엄으로 막을 내리다

1972년 10월 17일 유신독재가 시작된 이래 한국 사회는 질식됐다. 인권과 민주, 평화는 교과서 안의 가치였다. 유신독재는 감시와 금지, 처벌 등으로 유지됐다. 『순이 삼촌』, 〈아침이슬〉과 같이 비극적인 역사를 다루거나 저항의식을 고취한다고 판단되는 문화예술 작품이 금지되고, 인권과 민주를 입에 올리는 것이 죄가 되던 시절이었다. 그렇다고 민주화운동이 꺾

부마항쟁으로 인한 비상계엄 선포》『부산일보』 1979년 10월 18일자 1면으로, 10월 18일 0시를 기해 부산 일원에 비상계엄을 선포한다는 기사가 크게 실렸다. 그날 부산 시내에는 탱크를 앞세운 계엄군이 곳곳에 진주했다. (출처: 부마민주항쟁기념재단 부마아카이브)

이지는 않았다.

  1979년 10월 16일 부산대 학생들이 교내에서 유신반대 시위를 벌였다. 이로부터 시작된 부산·마산 지역의 항쟁(부마항쟁)은 광야를 불사르는 들불처럼 순식간에 번져갔다. 학교 밖으로 진출한 학생들의 시위가 시민들의 항쟁으로 바뀌고 부산을 넘어 마산으로 확산됐다. 유신 선포 7주년인 10월 17일에도 시위가 계속되자 박정희 정권은 10월 18일 0시 부산 일원에 비상계엄을 선포했다. 국무회의에서는 구두 통보만 했을 뿐 계엄 선포의 이유는 설명되지 않았다. 부산 지역의 계엄 업무를 맡은 제2관구사령부는 계엄 선포에 부정적이었으나 박정희 대통령과 차지철 경호실장의 주도로 비상계엄이 선포됐다. 박정희 정권은 제3공수여단과 해병대를 비롯한 계엄군을 부산과 마산 지역에 투입하여 항쟁을 무력으로 진압했다. 해병 제7연대가 부산대에, 제3공수여단이 동아대에 주둔했다. 박정희 정권은 계엄군을 시위 진압에 투입시켜 "철저하고 간담이 서늘하게 진압작전 실시"하여 "데모 의지"를 "말살"시켰다. 다음 날에는 제1공수여단과 제5공수여단이 추가되고 특전사령부도 부산으로 이동했다. 10월 20일에는 제1공수여단 2대대와 제5공수여단이 마산 지역에 투입됐다. 계엄군은 공포탄을 발사하고 시민들에게 무자비한 폭력을 휘둘렀다. 시위 참가자는 물론 주변을 지나던 시민들도 계엄군의 총개머리와 곤봉에 맞아 쓰러졌다. 결국 부마항쟁은 10월 20일을 지나면서 기세가 꺾였다.

10월 18일 08시 30분에 군수사령부에서는 제1차 계엄관계관회의가 열렸다. 계엄사령관인 군수사령관을 비롯해 투입 부대(2관구사령부, 3공수여단, 해병 7연대) 사령관, 부산 지역 관공서 책임자, 중앙정보부장이 참석했다. 중앙정보부장은 불순 세력을 들먹이며 강경 진압을 주문했다. 같은 날 보안사령관과 대통령경호실 차장이 부산으로 내려와 계엄사령관을 비롯해 작전처장, 합동수사단장, 제3공수여단 등과 만나 '데모의 재발 방지, 군의 위력 시위, 다른 지역으로의 확산 방지' 등을 결정했다. 계엄사령부 산하의 합동수사단이 설치됐는데, 단장은 501보안부대장 권정달 대령이 맡았다. 합동수사단은 시민, 학생들을 대상으로 광범위한 수사를 진행했다. 부마항쟁 당시 합동수사단장인 권정달은 10·26사건 직후 설치된 합동수사본부(본부장: 전두환 보안사령관)에서도 합동수사단장에 임명되어 수사를 지휘했다.

나라를 지켜야 할 군대를 시위 진압에 투입함으로써 박정희 정권은 잠깐

이나마 더 유지될 수 있었다. 그러나 10월 26일 중앙정보부장 김재규의 총격에 박정희 대통령이 사망하자 정부는 10월 27일 새벽 4시 "대통령의 유고로 대한민국의 안전보장과 사회질서, 그리고 국내 치안 유지를 도모하기 위"해 제주도를 제외한 전국에 비상계엄을 선포했다. 계엄으로 시작된 박정희 정권은 계엄으로 끝을 맺었다. 이날 공포된 포고 제1호와 1980년 5월 17일의 포고 제10호는 비교할 점이 있다.

포고 제1호와 제10호는 몇 가지 차이가 있다. 첫째, 포고 제10호는 제주도를 포함시킴으로써 지역계엄을 전국계엄으로 확대했다. 전국계엄은 계엄사령관이 대통령에게 직접 보고하는, 즉 군이 민간 사회를 직접 통제할 수 있는 구조이다. 군에 대한 문민통제가 불가능해졌다는 뜻이다. 둘째, 포고 제1호는 대통령 사망이라는 긴급 상황에서 공포됐다. 제10호는 유신독재 청산과 민주화 요구를 차단하려고 선포됐는데 이른바 '북괴 남침설'을 계엄 선포 이유로 내세웠다. 제10호에 대학 휴교령이 등장한 것은 1979년 11월 9일 포고 제6호에서 11월 12일부로 대학 휴교령을 해제했기 때문이다.

신군부는 이른바 '북괴 남침설'을 내세우며 국가안보를 주장했으나 거짓이었다. 1980년 2월부터 5월까지 남북한은 격주로 남북총리회담 개최를 위한 실무회담을 열었다. 또 1979년 신군부가 12·12군사반란에 동원한 부대 중 제9사단 29연대는 휴전선을 경계하던 부대인데 군사반란을 일으킬 때 서울로 출동했다. 군사반란이 성공한 뒤에도 이 부대는 위수지역(DMZ)을 이탈해서 12월 24일까지 경복궁 앞 중앙청에 주둔했다. 즉, 최전방에서 나라를 지키는 부대가 위수지역을 이탈한 것이다. 늘 국가안보를 들먹인 자들이 국가안보에 가장 위협이 되는 짓을 거리낌 없이 저질렀다. 2024년 12월 3일 밤 윤석열 대통령이 계엄을 선포했을 때 707특임단을 비

⟨표 1⟩ 계엄포고 제1호와 제10호

포고 제1호(1979년 10월 27일)	포고 제10호(1980년 5월 17일 24:00)

국가의 안전과 공공의 안녕질서를 수립하고 국민의 생명과 재산을 보호하기 위하여 다음 사항을 포고한다.
 	
1. 일체의 옥내외 집회는 허가를 받아야 하며 시위 등 단체활동은 금한다.
2. 언론, 출판, 보도는 사전에 검열을 받아야 한다.
3. 야간 통행금지는 22:00부터 익일 04:00까지로 한다.
4. 정당한 사유 없이 직장이탈 및 태업행위를 금한다.
5. 유언비어의 날조 및 유포행위를 금한다.
6. **항만 및 공항의 출입은 검열**을 받아야 한다.
7. 모든 대학(전문대학 포함)은 별명이 있을 때까지 휴교 조치한다.
8. 일체의 집단적 난동 소요 및 기타 범법행위를 금한다.
9. 주한 외국인의 활동은 이를 보장한다.
 	
상기 포고를 위반한 자는 영장 없이 체포, 구금, 수색하며, 엄중 처단한다.
	1. 1979년 10월 27일에 선포한 비상계엄이 계엄법 제8조 규정에 의하여 1980년 5월 17일 24시를 기하여 그 실행 지역을 **대한민국 전 지역으로 변경**함에 따라 현재 발효 중인 포고를 다음과 같이 변경한다.
	2. 국가의 안전보장과 공공의 안녕질서를 유지하기 위하여,
	  가. 모든 정치활동을 중지하며, 정치 목적의 옥내외 집회 및 시위를 일체 금한다. 정치활동 목적이 아닌 옥내외 집회는 신고를 하여야 한다. 단, 관혼상제와 의례적인 비정치적 순수 종교행사의 경우는 예외로 하되 정치적 발언을 일체 불허한다.
	  나. 언론, 출판, 보도 및 방송은 사전검열을 받아야 한다.
	  다. 각 대학(전문대학 포함)은 당분간 휴교 조치한다.
	  라. 정당한 이유 없는 직장이탈이나, 태업 및 파업행위를 일체 금한다.
	  마. 유언비어의 날조 및 유포를 금한다.
	    유언비어가 아닐지라도,
	    (1) 전, 현직 국가원수를 모독 비방하는 행위
	    (2) 북괴와 동일한 주장 및 용어를 사용 선동하는 행위
	    (3) 공공집회에서 목적 이외의 선동적 발언 및 질서를 문란시키는 행위는 일체 불허한다.
	  바. 국민의 일상생활과 정상적 경제활동의 자유는 보장한다.
	  사. **외국인의 출입국과 국내여행 등 활동의 자유는 최대한 보장**한다.

* 출전: 육군본부, 『계엄사─10·26사태와 국난 극복』, 육군인쇄공창, 1982, 298~299쪽, 301쪽.

롯한 각종 특수부대가 계엄에 동원된 것과 같다. 차이가 있다면, 707특임단 대원들은 태업을 했다는 점이다. 최고의 특수부대원들이 국회 본회의장 침투에 전력을 기울이지 않고, 앞을 막아선 국민들을 무력으로 진압하지 않으며 충돌을 피해갔다.

박정희 사망 다음 날 공포된 계엄 공고 중 제5호 2항은 '중앙정보부의 업무를 합동수사본부에서 수행한다'이며, 3항은 합동수사본부의 권한을 "모든 정보수사기관(검찰, 군 검찰, 중앙정보부, 경찰, 헌병, 보안)의 업무 조정감독"이라 했다. 계엄법 어디에도 보안사령관을 계엄사령부 합동수사본부장에 임명하는 규정은 없다. 그러나 1979년 3월, 전두환이 보안사령관에 취임한 이후 보안사는 국내 정보 수집을 재개하는 등 그 위상을 높여갔다. 이 규정은 실질적으로 부마항쟁 때부터 이미 적용되고 있었다. 10·26 직후 마침내 보안사령관이 계엄사 합수본부장에 취임했다. 10월 28일 전두환 합수본부장은 '박 대통령 시해사건'의 중간발표를 하며 처음으로 대중 앞에 모습을 드러냈다.

미뤄진 유신독재 청산

10·26사건 이후 한국 사회의 시급한 과제는 '유신독재 청산'이었다. 유신독재 아래서 질식된 '인권'과 '민주주의'를 되살리는 것이 급선무였다. 그중 유신헌법을 고치는 게 우선이고, 국민들의 삶과 일상을 짓누른 긴급조치 9호의 해제도 미룰 수 없는 과제였다. 하지만 최규하 정부는 이러한 문제를 곧바로 해결하지 않았다. '과거사 청산'은 미루고 시간 끌기에 급급했다. 긴급조치 9호는 12월 7일 국무회의(대통령공포 제67호)를 거쳐 12월 8일에서야 해제됐다.

박정희 대통령의 장례식(11월 3일)이 끝나자 국민들은 개헌과 거국민주내각의 수립을 거세게 요구했다. 11월 10일 최규하 대통령은 "헌법에 규정된 시일 내에 국법이 정하는 절차에 따라 대통령 선거를 실시하여 새로 선출되는 대통령에게 정부를 이양한다는 것을 정부 방침으로 확정"한다는 담화를 발표했다.[1] 통일주체국민회의 대의원들(통대)의 체육관 선거(간접선거제)로 대통령을 선출하겠다는 뜻이었다.

국민의 열망을 정면으로 거스르는 담화에 비판이 봇물 터지듯 제기됐다. 11월 12일 '민주주의와 민족통일을 위한 국민연합'은 '3개월 이내의 개헌과 선거, 거국민주내각 구성, 과도정부 수립, 모든 정치범 석방과 복직·복교·복권, 계엄령 해제' 등을 요구했다. 11월 13일 해직교수협의회, 자유실천문인협의회, 민주청년협의회, 조선투위(조선자유언론수호투쟁위원회), 동아투위(동아자유언론수호투쟁위원회) 등 5개 단체가 윤보선 전 대통령 집에서 모임을 갖고 「나라의 민주화를 위하여」라는 성명을 발표하고 '긴급조치 9호와 계엄령 해제, 언론자유 보장, 양심범 즉각 석방 및 복권' 등을 촉구했다. 이 성명을 발표했다는 이유로 동아투위 이부영은 구속되고, 서남동, 김병걸, 이우정, 김찬국 등 해직 교수들은 경찰에 연행됐다.[2] 11월 15일에는 EYC(한국기독청년협의회)가 유신체제의 조속한 청산과 민주사회 수립을 촉구하는 성명서를 발표했는데, 이를 주도한 송진섭도 구속됐다. 유신독재 청산을 요구한 것에 대한 최규하 정부의 답이었으며, 관련자들은 모두 계엄포고령 위반으로 처벌받았다.

11월 24일 재야인사들이 결혼식으로 위장한 '통대선출저지국민대회'(통일주체국민회의를 통한 체육관 대통령 선출에 반대한다는 주장을 내건 국민대회)를 열고 '비상계엄 해제'와 '개헌'을 요구하자 경찰이 출동해 관련자들을 연행했다. YWCA 위장결혼식 사건이다. 이 집회를 계획한 조성우에 따르면 집회팀과 준비팀으로 나눠 시위를 결행했다고 한다. 집회팀은 현장에서 연행되었지만, 준비팀은 가두시위를 전개하고 1980년도에 전국적인 조직을 만들었다. 집회팀은 명동 YWCA 건물에서 곧바로 경찰에 연행됐다. 경찰서에서 A, B, C, D 등급으로 분류된 연행자들 중 주동자들은 곧바로 보안사 서빙고분실로 끌려갔다. 보안사에서 연행자들을 끔찍하게 고문했기 때문에 당시 백기완과 신랑으로 위장한 홍성엽 등은 고문의 상처와 흉터가 깊이 새겨졌다. 계엄사는 이 사건을 '정국 주도를 기도한 전 대통령 윤보선의 배후조종과 재야인사들의 지원을 받은 제적생들의 민주청년협의회와 기독교청년협의회(EYC)가 주동한 사건'이라며 "국가보위의 저해 요인을 제거하고······ 특히 북괴는 선동 대상으로 청년, 학생, 지난날의 소위 반체제 인사, 노동자, 농민을 주 대상으로 하여······ 사회 혼란을 조성하거나 경제발전 저해, 국론을 분열시키는 등 적법하지 않은 일체의 행위에 대해서는 국가안보적 차원과 국민의 이름으로 반국가, 반사회적인 사범으로 규정지어 가차 없이 엄단할 방침임을 천명······"했다.[3]

이 사건의 처리 과정은 몇 가지 점에서 되새겨볼 필요가 있다. 먼저, 전두환 정권기에 빈번했던 고문이 예고편처럼 저질러졌다. 김근태, 권인숙, 박종철 등 수많은 민주 인사들에게 가해진 반인륜의 극치인 고문이 1979년도에 자행되고 있었다. 누구도 가해자와 피해자를 말하기 어려웠고, 침묵의 고통만이 당연한 미덕인 양 포장되어 고문의 실상을 가렸다. 또한 '개헌', '통대선거에 의한 대통령 선출 반대', '거국민주내각 수립' 등의 구호는 당시 한국 사회의 요구가 무엇인지 보여준다. 다음으로, 계엄 아래 한국 사회가 어떤 모습인지 보여준다. 연행된 사람들은 계엄포고령 위반으로 처벌받 있는데, 이러한 민간인에 대한 조사와 기소를 보안사가 주도했다. 마지막으로 12·12군사반란 이후 신군부가 무엇을 집권의 명분으로 삼았는지 알 수 있다. 계엄사 발표문은 국민들의 민주화 요구를 '북한 사주'에 의한 '사회 혼란'과 '국론 분열'을 일으키는 것으로 왜곡했다. 관련자들은 수경사 보통군법회의에서 포고령 위반으로 처벌받고, 원심 형량이 고등군법회의를 거쳐 대법원까지 유지되었다.

박정희의 유산, 정치하는 군인들

5·16군사쿠데타부터 본격적으로 시작된 군의 정치 참여는 군부 내 새로운 세대(신군부)까지 출현시켰다. 신군부는 정규 4년제 육사를 졸업한 대구·경북 출신들의 모임인 '하나회'가 주축을 이루고 박정희 정권기에 대통령을 비롯한 집권 세력의 후원 아래 파벌을 이루었다. 청와대 경호실, 보안사령부, 특전사령부, 수도경비사령부 등 군대 내 요직을 자기들끼리 독식했다. 후원자인 박정희 대통령이 죽자 보안사령관 전두환은 대통령의 죽음을 인지한 직후 곧바로 친구인 제9사단장 노태우에게 대통령의 사망을 알리고 추후 연락하겠다는 편지를 보냈다. 편지를 받은 노태우는 부하를 보안사로 보내 그로부터 상황을 전해 들은 뒤 대통령 조문을 핑계로 서울에 와서 전두환을 만났다. 최전방부대 사령관이 위수지역을 이탈한 것이다. 12월 6일 노태우는 2박 3일간의 정기휴가 때 전두환을 다시 만났다.[4] 결국 신군부는 자신들의 기득권을 지키고자 12월 12일 군사반란을 일으켰다.

계엄사 합수본부장 전두환은 12월 12일 수사를 명분으로 직속상관인 육군참모총장 겸 계엄사령관 정승화 대장을 연행했다. 이 과정에서 보안사의 체포조와 참모총장 공관 경비병 사이에 교전이 벌어졌다. 수경사령관, 특전사령관, 육군본부 헌병감 등은 반란 저지가 주요 임무인 대전복對顚覆부대의 사령관들이다. 또한 육군본부의 작전참모부장 하소곤 소장과 수도권 방위를 책임지는 제3군사령관 이건영 중장(대장 진급 예정) 등은 신군부의 반란을 저지할 가능성이 높은 군인들이었다. 그렇기에 신군부는 12·12군사반란을 기획하면서부터 먼저 이들을 무력화할 방안을 꾸몄다. 12월 12일 전두환과 이학봉은 총리 공관으로, 체포조는 한남동 육군참모총장 공관으로 출발할 무렵 수경사령관, 특전사령관, 육군본부 헌병감 등은 연희동의 한 식당에서 끝내 나타나지 않는 전두환 보안사령관을 기다리고 있었다. 이들을 식당으로 유인하여 반란군 진압을 무력화하려는 계획에서 기획된 약속이었다. 같은 시각 전두환은 정승화 계엄사령관에 대한 연행 재가를 받기 위해 삼청동 공관으로 최규하 대통령을 찾아갔다. 보안사의 체포조가 참모총장을 연행하던 도중 총격전이 발생하고 나서야 소식을 접한 대전복부대의 사령관들은 서둘러 부대로 복귀했다. 그러나 이미 신군부의 '하나회' 회원들이 각 부대를 장악하고 있었으므로 사령관들의 명령은 제대로 이행되지 않았다. 끝까지 저항하던 정병주 특전사령관은 부하들인 제3공수여단 병력의 총격에 부상당하고, 그를 지키던 비서실장 김오랑 소령은 현장에서 특전사 동료들에게 사살됐다. 정병주 특전사령관은 12·12군사반란을 규명하고자 노력하던 중 의문만 남긴 채 1989년에 사망했다.

신군부는 12·12군사반란에 제1공수여단(국방부와 육군본부), 제3공수여단(경복궁), 제5공수여단(효창운동장), 제30사단 90연대(고려대), 제9사단 29연대(중앙청)의 병력을 동원했다.[5] 내란 주도 세력이 2024년 12월 3일 707특임단을 비롯한 특전사, 수방사, 방첩사 병력을 동원한 것과 비슷하다. 그러나 이들 부대의 군인들은 쿠데타에 사병처럼 동원할 수 없는, 오히려 쿠데

5장. 무너진 민주주의, 되살아난 군사독재

〈표 2〉 1979년 12월 13일 군 최고 수뇌부 변동표

12월 12일 직책	계급	이름	12월 13일 직책
육군참모차장 겸 중앙정보부장 서리	대장	이희성 (정승화)	육군참모총장
한미연합사 부사령관	대장	유병현 (김종환)	합참의장
군수차관보	중장	유학성 (이건영)	3군사령관
제1군단장	중장	황영시 (이희성)	육군참모차장
수도군단장	중장	차규헌 (백석주)	육사 교장
제9사단장	소장	노태우 (장태완)	수도경비사령관
제50사단장	소장	정호용 (정병주)	특전사령관
제71훈련단장	준장	백운택 (노태우)	9사단장
수경사 헌병단장	준장	조홍 (김진기)	육군본부 헌병감

* 출전: 국방부과거사진상규명위원회, 『12·12, 5·17, 5·18사건 조사결과 보고서』, 2007.

타를 막아야 하는 대전복부대의 성원들이다. 이렇듯 1979년 12월 12일 신군부는 부대의 본래 임무와는 정반대인 쿠데타에 군인들을 동원했다. 군인(공무원)의 정치적 중립성을 규정한 헌법 위반이다.

12월 13일 논공행상으로 군 인사이동이 있었다. 육군참모총장에는 육군참모차장 겸 중앙정보부장 서리 이희성 대장, 육군참모차장에는 황영시 중장, 제3군사령관에는 유학성 중장, 수경사령관에는 노태우 소장, 특전사령관에는 정호용 소장으로 교체됐다. 〈표 2〉는 12월 13일자로 바뀐 군 주요 사

령관의 명단이다.

　이들 중에는 12·12군사반란 당시 경복궁 안 수경사 30경비단(단장: 장세동)에 모인 장성들이 있다. 바로 노태우 제9사단장, 박준병 제20사단장, 백운택 제71훈련단장, 박희도 제1공수여단장, 최세창 제3공수여단, 장기오 제5공수여단장, 황영시 제1군단장, 유학성 국방부 군수차관보, 차규헌 수도군단장이다. 이들은 끝까지 군사반란을 막으려던 장태완 수경사령관을 겁박했다.[6] 장태완 수경사령관은 누구보다도 임무에 충실한 군인이었다. 12·12군사반란에 성공한 신군부는 12월 13일 대전복부대이자 수도권 방어 핵심 부대의 지휘관들을 모두 교체했다.

3. 5·18항쟁의 시작

계엄군, 민간 사회를 억누르다

　12·12군사반란에 성공하여 군 지휘권을 장악한 신군부는 정권을 탈취하려는 준비에 착수했다. 1980년 2월 5일 15시 30분부터 16시 24분까지 청와대에서는 '학원 소요사태 대비 군 보고'가 있었다.[7] 이 회의에는 주영복 국방부장관, 이희성 계엄사령관, 전두환 합수본부장, 노태우 수경사령관, 최광수 청와대 비서실장 등이 참석했다. 이때는 겨울방학이라 대학가에는 별다른 움직임이 없었으나 정부와 군은 이미 '학원 소요'를 대비했다. 그 중심에는 신군부의 핵심 인사들이 있었다. 계엄이 없었다면 당연하게 참석해야 할 관련 부처의 장관들(문교부장관, 내무부장관, 법무부장관)은 이 회의에 들어가지 못했다. 특히 내무부장관은 전직 보안사령관을 지낸 예비역

대장 출신인데도 참석하지 못했다.

2월 18일 육군본부의 특별 지시가 1·2·3군사령관과 특전사령관, 수경사령관에게 내려졌다. 1/4분기의 충정훈련(폭동 진압훈련)을 2월 중 조기 완료하라는 명령이었다. 공수부대는 정규 교육훈련을 거의 포기한 채 충정훈련에 매진했다. 주간에는 CS탄, 500-MD 헬기와 장갑차까지 동원되고, 매일 밤 출동 준비 군장을 꾸렸다가 해체하는 혹독한 훈련이 기계처럼 반복됐다. 이 훈련은 공수부대원들에게 국민을 향한 극도의 증오심을 키웠다.

> …… 또 하나 교육훈련 중 충정훈련(그때로는 폭동 진압훈련)이 다른 때보다 훨씬 더 증가되더군요. …… 80년 2월부터는 모든 교육훈련을 거의 포기한 채 오로지 충정훈련에만 여념이 없더군요. 대대 정문에 한 개 지역대(특전사의 조직체, 지휘관은 고참 대위나 소령, 병력은 14/100명 정도)는 폭도로, 또 한 개 지역대는 방어하는 부대원으로 갈라 쌍방 간 참 밀고 밀리는 교육훈련을 수없이 하였다오. …… 지휘관의 야간 정신교육, 주간 CS탄과 500MD와 장갑차까지 동원된 힘든 충정훈련, 매일 밤 출동 준비 군장을 꾸렸다 해체하는 반복되는 훈련과 훈련의 연속, 또한 퇴근하지 못한 영외 거주자의 가족에 대한 그리움과 사병 식사에 대한 불만, 모든 것이 우리로 하여금 학생에 대한 극도의 증오심을 갖게 하였고, 육체적 고통에 대한 보복을 학생 구타라는 어리석은 생각으로 우리 모두는 충만되어 있었답니다. ……[8]

5·17비상계엄이 전국으로 확대되고 대학에는 휴교령이 떨어졌다. 계엄군이 주요 국가보안시설(관공서, 방송국 등)과 각 대학을 점령하고, 동시에

〈표 3〉 5·17조치 이후 지역별 대학에 진주한 계엄군의 배치

구분		대학 수	병력(장교/사병)	장비
수도권	강북	15	1,149 / 9,763	경장갑차: 39
	강남	3	217 / 1,782	경장갑차: 20
	소계	18	1,366 / 11,545	경장갑차: 59
2군 지역	2관구	12	161 / 2,089	경장갑차: 2
	3관구	8	90 / 929	
	5관구	9	123 / 1,979	경장갑차: 2
	전투병과교육사령부	30	133 / 1,820	
	소계	59	507 / 6,817	경장갑차: 4
기타	경기	4	78 / 1,304	경장갑차: 21
	강원	11	36 / 811	경장갑차: 7/ 전차: 3
	소계	15	114 / 2,115	경장갑차: 28/ 전차: 3
총계		92	1,987 / 20,477	경장갑차: 91/ 전차: 3

* 비고: 2관구사령부는 부산·경남, 3관구사령부는 대전·충남, 5관구사령부는 경북, 전투병과교육사령부는 전남북을 담당.
* 출전: 국방부 과거사진상규명위원회, 『12·12, 5·17, 5·18 진상조사보고서』, 55쪽.

합수부 요원들이 예비검속을 실행했다. 이보다 앞서 계엄사령부 합수본부장 전두환과 합수부 수사단장 이학봉은 5월 17일 오전 최규하 대통령에게 '국기문란사범 조사계획보고'를 결재받았다. '김대중 내란음모사건' 관련자 36명을 비롯해 1980년도 초반 '민주화의 봄'을 열었던 인사들이 예비검속되거나 수배됐다.

계엄 상황에서 사람들의 삶이 어떻게 파괴되는가를 보여주는 사례가 있다. 교회에서 설교하던 중 5·18의 실상을 알리며 군사정부를 비판한 부산의 임기윤 목사는 7월 19일 부산 보안부대 삼일공사에 출두했다. 조사받던 도

⟨표 4⟩ 광주에 출동한 계엄군 장비(5.18~5.27)

계	항공기				전차	APC	차량
	OH-1H	500MD	코브라	O-1			
30	11	12	2	5	67	17	282

* 출전 : 제1관구사령부, 『08부대사(전교사)』, 1980.

중 7월 21일 쓰러진 그는 처음 국군통합병원으로 이송됐다가 상태가 악화되어 부산대병원으로 옮겨졌으나 의문만 남긴 채 7월 26일 사망했다.[9] 계엄하에서 발생한 비극이며 그 진상은 제대로 밝혀지지 않았다.

5월 18일 전국 각지에 완전무장한 계엄군이 배치됐는데 병력의 대다수가 전국 92개 대학에 배치됐다. 신군부는 비상계엄 전국 확대의 명분으로 '북괴 남침과 국가안보'를 내세웠으나, 정작 주요 국가보안시설(109곳)에는 2,398명(장교 144 / 사병 2,254)이 배치되었을 뿐이다. 출동한 전체 병력 가운데 10%도 채 되지 않는 비율이다. ⟨표 3⟩은 5·17조치 이후 전국 대학에 배치된 계엄군의 병력 배치 현황이다.

대학 수로 보면 수도권보다 2군사령부 지역에 더 많았으나, 병력과 장비는 오히려 수도권에 집중 배치되었다. 2군사령부 중 전남북계엄분소인 전투병과교육사령부(이하 전교사)에 많은 병력이 배치됐지만 5월 18일에는 장갑차가 배치되지 않았다. 그러나 계엄군의 수는 5월 18일부터 서울에 주둔하고 있던 제11공수여단(5월 18~19일)과 제3공수여단(5월 19일), 제20사단(2개 연대)이 순차적으로 광주에 파견되면서 다른 지역보다 훨씬 많아졌다.

⟨표 4⟩는 당시 광주에 출동한 군 장비의 총수로, 5월 18일부터 27일까지 열흘간 출동한 군 장비다. 이 중 무장 헬기와 장갑차(APC) 2대는 5월 19일

이후 매일 광주 시내의 하늘과 땅을 누비고 다녔다. 5월 22일 이후 계엄군이 광주 외곽으로 철수한 뒤에도 장갑차는 공수부대와 함께 움직였다. 심지어 5월 27일 상무충정작전이 시행될 때는 탱크까지 출동했다. 하루 전인 5월 26일에도 전교사의 탱크가 광주 시내까지 진출했다. 당시 전남도청에 있는 시민수습위원들은 '죽음의 행진'을 한 뒤에 전교사로 가서 협상했다. 그러나 5월 26일의 민군 협상은 이미 계엄군이 무력 진압을 결정한 상태에서 열린 형식적 회의에 불과했다. 출동 장비만 보더라도 신군부는 광주 시민을 상대로 전투를 치른 셈이다.

5월 17일 밤부터 무장계엄군이 국가보안시설과 대학을 점령했다. 이날 국회의 문도 열리지 못했다. 원래 공화당과 신민당은 5월 20일 임시국회를 열기로 합의하고, 황낙주 의원 등 186명이 임시국회 소집 요구서를 제출했다. 임시국회의 안건은 '계엄 해제와 정치 일정 단축' 등이었다. 그러나 비상계엄이 전국으로 확대되자 제33사단 1개 중대(장교 3/사병 95)가 국회를 점령했다. 5월 20일 10시 15분, 신민당 황낙주 의원 등 국회의원 31명과 기자단 300여 명이 국회의사당에 들어가려고 했으나 무장한 계엄군에게 가로막혔다. 신민당 국회의원들은 의원회관에서 대기했으나 예정된 임시국회는 끝내 열리지 못했다. 김영삼의 자택에는 수경사 헌병대가 배치됐다.[10] 김대중은 5월 18일 동교동 자택(현 김대중도서관)으로 찾아온 합수단 요원들에게 연행됐다. 1997년 4월 17일 대법원은 5월 17일의 강압적 분위기에서 열린 국무회의(8분 소요), 5월 18일 국회 점거·폐쇄 등을 '국헌문란' 행위로 판결했다.[11]

5월 18일 새벽, 제7공수여단 제31대대가 전북대를 점령하던 중 전북대 학생 이세종이 학생회관에서 떨어져 사망했다. 제7공수여단은 사인으로

"변사자는 이 포위망을 탈출을 목적으로 지상 13m 동 회관(학생회관—인용자) 옥상 북편 전등주에 매달려 은신하려다 힘이 빠져 변사한 것"이며, "첩보 즉시 전주지검 안상수 검사가 현장에 입장, 지휘하여 진상규명 후 사체를 전북의대 부속병원 시체실에 안치 중"이라고 보고했다. 계엄군의 보고로만 보면 단순 '추락사'다.[12] 그러나 안상수는 2004년 10월 11일 제17대 국회의 전북도교육청 국정감사에서 "총개머리판에 맞아서 사망"했으나 "수사권이 비상계엄하라서 군부에 있었기 때문에" "끝까지" 밝히지 못해 "분통을 터뜨린 일이 있"었다고 했다.[13] 계엄이 시행되는 순간부터 현직 검사조차 현장에 접근하지 못하고 그 임무를 제대로 수행할 수 없었던 것이다.

계엄이 시행되어 군이 통제하는 사회에서 민간의 영역은 줄어들거나 아예 사라질 수밖에 없다. 모든 게 군에게 유리한지 불리한지에 따라 결정된다. 전남대와 조선대의 상황도 전북대와 크게 다르지 않았다. 학생들은 코뼈가 부러지고 안경이 깨지고 피투성이가 될 정도로 구타당했다. 전남대 학생과장은 공수부대원들이 학생들을 얼굴이 부을 정도로 때렸다고 증언했다.[14] 오전 10시경 조선대 정문에서는 공수부대원들이 학생 1명을 가로수에 묶어놓고 구타하다가 동네 주민들이 항의하자 한참 뒤에 풀어줬다고 한다.[15]

피로 물든 금남로

무자비한 폭력을 자행하며 학교를 점령한 공수부대가 광주 시내에 투입된 시각은 5월 18일 15시 40분경이다. 이날 아침, 전남대 앞에서 제7공수부대원들의 폭력으로 강제해산된 학생들이 금남로로 모여들었다. 오전 11시 30분경 경찰의 진압으로 해산당했지만 학생들은 '비상계엄 전국 확대'와 '김대중 연행' 등을 시민들에게 알리기 시작했다. 그리고 오후에 다시 전남도청 앞 금남로에 모여 시위했다. 학생들이 시내로 진출할 무렵부터 각 대학을 점령한 공수부대에 출동 명령이 내려졌다. 제7공수여단 33대대와 35대대가 금남로와 충장로에서 시위 진압에 나선 시각은 16시경이었다.[16]

이날 오전에는 경찰이 시위 대열을 해산시키는 것으로 끝났으나, 공수부대는 체포를 목표로 끝까지 추적했다. "금남로에서 군인들에게 쫓긴 학생들이 북동쪽 민간에 잠입하자 군인들이 가정집을 수색하여 대학생으로 보이는 장발 청년과 여자를 마구 때리고 차고 대검으로 찌르는 등 난폭한 행동을 한 후 차에 실어 연행(군인 대부분이 경상도 사투리를 쓰고 있음)"했다.[17] 1980년 2월부터 계속된 충정훈련으로 공수부대원들은 학생과 시민들에 대한 적대감이 쌓여 있었다.

> …… 직업군인인 나는 이를 업으로 받아들이면서 다소 불만이 있더라도 강도 높은 훈련을 받아왔으며, 학생들과 일부 정치인들의 무분별한 발언 등에 대해 나쁜 감정을 가지고 있었다. 우리는 가족이 있으면서도 집에 가지도 못하고 고생하고 있는 반면에 학생들은 아무 실정도 모르고 자기네들 하고 싶은 대로 하고 있었다. 우리들은 대학을 나오지 못했고 사회의 그늘에서 어렵게 생활하고 있는데, 그들은 편하니까 우리를 이렇게 괴롭힌다는 것이 당시 우리들의 일반적인 생각이었다. 여기에다 계엄하 군인들의 행동 규범은 엄격해야만 했다. 여기에서 사병들 간에는 많은 불평들이 터져 나왔다. 이런 상태에서 또 과외훈련이라는 강도 높은 데모 진압훈련을 받아 모든 장병들의 불만이 고조되고 있었다. …… 이때 우리에게는 단단한 곤봉이 주어졌고 완전무장한 가운데 훈련을 받게 되었다. …… 이때부터 우리는 광주에서 전쟁 아닌 전

쟁을 치르게 된다. …… 이때 "젊은 놈은 잡아서 죽도록 패주라"는 지휘관의 말이 우리들의 귀에 들려왔다. '와' 하는 소리와 함께 우리들은 골목길로, 인근의 다방으로, 구멍가게로, 이발소로, 가정집으로 이를 잡듯이 수색을 시작했다. …… 돌멩이 세례를 받았으니까 우리의 행동은 잔인해지기 시작했다. 도망가는 학생을 잡아 군홧발로 차고, 넘어지면 진압봉으로 구타했으니 어지간히 건장한 체구라도 견딜 재간이 없었을 것이다. …… 우리의 손에 쥐어진 진압봉으로 뒤통수를 갈기고 쓰러진 군중을 발로 밟고, 그들이 도망갈 수 없게 혁대나 묶을 수 있는 도구를 가지고 손목을 묶은 뒤 옷을 벗겨 연행하였다. ……[18]

공수부대의 가공할 폭력은 시민의 생명을 빼앗아갔다. 김경철은 듣지도 말하지도 못하는 장애인이며 구두 수선공으로, 갓 백일이 지난 아이를 둔 가장이었다. 길을 지나던 그는 공수부대원들에게 붙잡혀 온몸을 짓밟혔다. 온몸이 짓이겨진 그는 적십자병원으로 후송됐다. 5월 19일 새벽 3시경 사망한 뒤 시신은 국군통합병원으로 옮겨져 검시되고, 5월 28일 상무대의 백일사격장에 묻혔다.[19] 「검시조서」에는 '후두부 찰과상 및 열상, 뇌안상검부 열상, 우측 상지전박부 타박상, 좌견갑부 관절부 타박상, 진경골부, 둔부 및 대퇴부 타박상'을 입고 후두부 타박상에 의한 뇌출혈이 그의 직접 사인으로 기록되어 있다. 5·18 기간 광주의 최초 희생자였다. 시민들은 공수부대원들이 휘두른 곤봉과 총개머리에 맞거나 대검에 찔렸다.

5월 19일 월요일 오전, 전남도청 앞에서 가톨릭센터(현 5·18민주화운동기록관)까지 거리에는 공수부대원만이 다니고 있었다. 금남로는 광주의 중심가로, 평소 시민들과 차로 붐비고 5월 16일까지 햇불시위가 열리던 시민의

1980년 5월 19일 광주 시청에 걸려온 시민들의 항의 전화를 받아쓴 수기[출처: 광주시, 「상황보고」 1980. 5. 19(광주광역시 5·18사료편찬위원회, 『5·18광주민주화운동사료총서』 제20권, 85쪽)]

공간이었다. 그런데 이날은 월요일 아침인데도 공수부대원들만이 거리를 활보했다. 이날 아침 등교한 고등학생들이 수업을 거부하고 교내에서 시위하자 광주시교육청은 5월 20일 모든 학교에 휴교령을 내렸다. 시민들이 시위에 적극 가담하면서 시위 대열의 규모는 더욱 확대되었다. 시위 진압에 나선 공수부대원들의 폭력은 상상을 초월했다. 다음은 5월 19일 광주 시청으로 걸려온 시민들의 항의 전화 내용이다.[20]

11:20 관광호텔 앞. 학생들로 보이는 청년 40여 명을 금남로에 꿇어 앉혀놓고 있음.

5장. 무너진 민주주의, 되살아난 군사독재   **159**

11 : 45 한미제과 앞 4거리. 무장한 군인들이 청년 10여 명을 구타하여 끌고 다니고 있음. 시장님 중재 요망.

11 : 55 조흥은행 앞 4거리. 단발머리 여학생의 옷을 벗기고 남학생과 함께 연행(피투성이).

12 : 30 한일은행 앞 4거리 무장군인들이 학생 2명을 집단 구타 연행 하여 갔음.

12 : 55 금남로 3가 67세 노인. 군인들이 학생들을 개머리판으로 때리고 발로 차며 끌어가고 있다. 이를 보는 시민들은 울분을 감추지 못하고 울고 있다. 광주 시민을 모두 공산당을 만들 것인가? 시장님 중재 요망.

13 : 00 금남로에서 사는 시민. 계엄군은 이성을 되찾고 본래의 목적인 질서 유지만 하였으면 한다.

13 : 10 제일은행 앞. 키가 조그마한 가정부인을 옷을 벗기고 때리고 있다. 젊은 사람만 지나가면 무조건 구타한다. 이러다간 광주 시민들이 다 들고일어날 것이다. 무슨 조치든 취해야 할 것 아니냐?

한미제과 4거리. 청년 10여 명을 물을 끼얹으면서 구타.

5월 19일 16시 50분경 계림동 동원빌딩 부근에서 계엄군의 장갑차가 인도와 도로 사이에 걸려 멈춰 섰다. 시민들이 달려들자 장갑차에 타고 있던 제11공수여단 장교가 M-16 소총으로 공포탄을 발사했다. 이때 시민들 틈에 있던 고등학생(조대부고 3학년 김영찬)이 그 유탄에 맞아 쓰러졌다. 그는 인근 병원에서 응급처치를 받은 뒤 전남대병원으로 이송됐다. 505보안부대는 "5. 19. 고교생 1명(인적사항 미상)이 우측 대퇴부에 총상을 입고 전남 의대병원에 입원 수술을 받았다"며 "데모 진압 병력에게 실탄을 미지급게 했고 경계 병력만 1인당 10발씩을 분출, 장교가 통합 보관코 있을 뿐 아니라 5. 19 발포 사실 전무하였음을 감안할 때 고교생은 특정 데모 세력에 의해 무성 권총으로 사격, 계엄군이 발포한 것으로 선동키 위한 지능적 수법"이라고 왜곡해 보고했다. 505보안부대는 사실을 파악하고 응급처치한 의사에게 출석을 통보하면서도 사실을 왜곡했던 것이다.[21]

아아 광주여, 우리나라의 십자가여!

공수부대원들이 지나가는 차량을 세우고 시민과 운전기사들을 구타하자 분노한 기사들이 5월 20일 오후 공수부대를 몰아내겠다며 차를 몰고 전남도청 앞으로 향했다. 차량 시위는 금남로 3가에서 멈춰졌으나 시민들은 계속 저항했다. 이날 밤 9시경 주둔지인 전남대에서 지원을 나가던 제3공수여단 대원들이 시민들에게 집단 발포를 시작했다. 그 뒤 제3공수여단 병력은 실탄을 장착하고 시민들을 향해 집단 발포했다. 제3공수여단이 전남대로 철수하고 5월 21일 새벽 5시경 광주역 부근에서 두 구의 시신이 발견됐다. 시민들은 시신에 태극기를 덮어 손수레에 싣고 전남도청 앞으로 향했다. 이른 아침부터 금남로에는 화난 시민들로 가득했다.

이날 오전 시민 대표단은 전남 도지사에게 '전교 사령관과 도지사의 공개 사과, 정오까지 공수부대 철수, 연행자 석방' 등을 요구했다. 한편 시민들은 굶고 있는 공수부대원들에게 빵과 김밥을 건네기도 했다. 시민들의 요구에도 공수부대가 철수하지 않자 오후 1시경 아세아자동차(현 기아자동차)에서 꺼내 온 장갑차를 몰고 전남도청 앞 광장의 계엄군들에게 돌진했

5월 20일 광주 금남로에서 전개된 차량 시위(출처: 5·18기념재단 이창성 컬렉션)

다. 그 와중에 제11공수여단 병사가 희생되고 곧이어 계엄군이 집단 발포를 시작했다. 대열을 정비한 공수부대의 저격병들은 시민들에게 조준 사격했다. 광주 시내 병원에는 사상자들로 가득하고 의약품과 피는 부족했다. 시민들은 광주와 인근 지역에서 총과 무기를 구해와 계엄군에 대항했다.

광주 시민들이 무장하자 계엄사령부는 5월 21일 오후 계엄군을 광주 외곽으로 철수시키고 광주 봉쇄를 명령했다. 이제 광주는 '육지 속의 섬'처럼 오고 가는 길이 군에 의해 가로막혔다. 5월 22일 오전 11시, 2군사령부는 각 부대에 '도로봉쇄 지점 간 간격차단 지시'(작상전 469호)를 내려 "부대별 책임 지역 할당, 협조점 부여 완전차단, 광주시 외부로 탈출 방지" 등을 명령했다. 완전무장한 계엄군이 지키는 광주 외곽의 봉쇄선은 '생사의 갈림길'이며 '외곽 봉쇄'는 '사살 명령'이었다. 군은 봉쇄 지역을 지나가는 사람과 차량에 발포했고 많은 시민들이 희생됐다. 5월 24일 오후 2시경에는 '오인 사격'이 발생했다. 송정리비행장으로 철수하던 제11공수여단을 향해 전교사 교도대가 사격해 장갑차와 트럭이 부서지고 공수부대원들이 죽거나 부상당했다. 현장을 수습하는 동시에 인근 마을을 수색하던 공수부대원들은 마을 청년들을 연행하여 즉결처분했다. '보복 학살'이 자행된 것이다.

군이 광주 외곽으로 철수한 뒤 광주 시내는 빠르게 안정됐다. 군이 외곽을 막고 광주를 봉쇄한 탓에 생필품이 부족했으나, 시민들은 주먹밥을 만들고 헌혈하며 그 어려움을 함께 이겨냈다. 5월 26일 오후 전남도청 부지사실에서 광주시장과 시민 대표들이 만났다. 시민들은 기름과 식량 지원을 요구하고 시신 처리 및 장례비 등을 협의했다.

5월 26일 계엄사령관은 '육군본부 작전지침'을 내려 재진입 작전(상무충정작전) 실시를 명령했다. "항쟁이 장기화되면 이를 이용하여 불순분자나

⟨표 5⟩ 5월 26일 상무충정작전 특공조 병력 및 목표 지점

부대	제3공수특전여단	제11공수특전여단	제7공수특전여단
표적	도청	전일빌딩, 관광호텔	광주공원
병력 수	장교 13 / 사병 66	장교 4 / 사병 30	장교 20 / 사병 181

* 출전: 『제5공화국 전사』 4편, 1693쪽.

북한 무장공비의 침투 가능성이 높아진다"는 이유에서였다. 5월 26일 10시 30분부터 전교사에서는 전교 사령관이 주재하는 광주 지역 소탕 작전회의가 열렸다. 작전 참가 부대 사령관(제3·7·11공수여단장, 제20사단과 제31사단장, 보병학교장, 포병학교장, 기갑학교장)들의 최종 점검 회의였다. ⟨표 5⟩는 이날 특공조로 차출된 병력과 목표 지점을 정리한 것이다.

공수부대 특공대원들에게는 방탄복과 M-16 소총 및 실탄, 수류탄, 가스탄, 신경탄이 지급됐다. 5월 26일 21시경 송정리비행장 격납고에서는 예행연습이 실시됐다. 공수부대의 특공조 대원들이 예정된 장소(전남도청, 전일빌딩과 YWCA, YMCA, 광주공원)에 은밀히 침투하여 시민들을 제압하고, 뒤이어 광주 시내로 들어오는 제20사단과 임무를 교대하는 작전이었다. 5월 27일 05시 21분 전남도청에서 실행된 작전이 끝났으나, 주요 목표물 점거는 05시 10분에 완료된 것으로 보고됐다. 공수부대의 무차별 총격 속에 『소년이 온다』의 실제 주인공인 고등학생 문재학(광주상고 1학년)과 안종필(광주상고 1학년)이 사망했다.[22] 임무를 마친 공수부대가 광주 시내에서 철수한 시각은 07시 25분이다. 05시 35분, 광주에 주둔하기 위해 보병부대가 탱크와 함께 상무대에서 출동했다. 이날 군은 17명을 '사살'하고 295명을 '생포'한 것으로 보고했다. 광주 시내에 주둔한 제20사단은 탱크 18대를 앞

세우고 광주 시내를 돌아다니며 무력시위를 전개했다. 광주의 하늘에도 무장헬기 5대가 무력시위를 전개하며 공포감을 조성했다.

　1980년 5월 27일 국무회의 의결을 거쳐 5월 31일 국가비상보위대책위원회(국보위)가 설치됐다. 비상계엄 전국 확대 전부터 보안사에서는 '국회 해산, 비상계엄 전국 확대, 비상기구 수립, 정치활동 규제' 등을 골자로 한 시국수습방안을 작성했다.[23] 광주 시민들의 저항을 무력 진압한 뒤 신군부는 시국수습방안 중 하나로 제시한 비상기구인 국보위를 설치했다. 국보위는 행정부와 사법부를 통제하고, 국보위 산하 입법위원회에서 새 헌법을 만들었다. 해산된 국회를 국보위로 대체한 것이다. 국보위 의장은 대통령이지만 실권은 상임위원장(전두환)에게 있었다. 국보위는 '국가안보태세 강화, 합리적인 경제시책 뒷받침, 각종 사회악 일소로 국가기강 확립' 등을[24] 목표로 내세웠다. 그러나 국보위는 각종 불법과 무법을 자행하며 제5공화국의 기틀을 만들었다.

　7월 29일 국보위는 '불량배소탕계획'(삼청계획 5호)을 내걸고 계엄사의 지휘 아래 군경 합동으로 6만여 명을 연행했다. 그중 4만여 명을 8월 4일부터 1981년 12월 5월까지 군부대에 설치된 삼청교육대에 강제수용한 뒤 '순화교육, 근로봉사, 보호감호'를 시행했다. 그 과정에서 54명이 사망하고 다수의 부상자가 생겨났다. 1980년 7월 30일 신문협회와 방송협회는 '언론자율정화'를 결의하고, 각 언론사는 대상자들에게 사직을 종용해 언론인 933명 이상이 1980년 10월 말경까지 해직됐다. 공무원들 역시 영문도 모른 채 해직됐다. 또 10월 27일 전국의 사찰이 군홧발에 짓밟혔다.

　비상계엄을 제대로 알리고 비판해야 할 언론은 군인들의 사전검열로 기사가 통째로 날아가는 등 제 기능을 하지 못했다. 1980년 5월 18일 이후

> 우리는 보았다.
> 사람이 개끌리듯 끌려가 죽어가는
> 것을 두눈으로 똑똑히 보았다.
> 그러나 신문에는 단한줄도 싣지못
> 했다.
> 이에 우리는 부끄러워 붓을 놓는다.
>   1980. 5. 20
>   전남매일신문기자 일동
>
> 전남매일신문사장 귀하

『전남매일신문』 기자들의 사퇴성명서
『전남매일신문』 기자들의 집단 사직서로,
원문은 박화강 기자가 작성했다.
(출처: 5·18민주화운동기록관)

광주는 지역 언론뿐 아니라 전 세계 언론인들이 목숨 걸고 취재해야 할 공간이었다. 국내 언론에서는 특별취재반을 광주에 급파하고 도쿄에 있던 외국 언론인들도 광주로 들어왔다. 영화 〈택시운전사〉의 실재 인물 위르겐 힌츠페터(Jürgen Hinzpeter), 『소년이 온다』 주인공들의 마지막을 찍은 노먼 소프(Norman Knute Thorpe)가 대표적이다. 외신 기자들에 비해 국내 기자들은 취재하기가 더 어려웠다. 설령 취재를 해도 단 한 줄의 신문 기사도 내보낼 수 없었다. 국내 기자들은 군과 시민 모두에게 배척받았다. 1980년 5월 20일 『전남매일신문』 기자들은 "우리는 보았다. 사람이 개 끌리듯 끌려가 죽어가는 것을 두 눈으로 똑똑히 보았다. 그러나 신문에는 단 한 줄도 싣지 못했다. 이에 우리는 부끄러워 붓을 놓는다"는 사퇴 성명을 발표했다. 이들은 5월 18~19일에 눈앞의 믿기 힘든 참혹함을 취재해 5월 20일 조판까지 마쳤으나 군의 검열과 신문사 간부의 방해로 발간할 수 없었다. 그래

검열로 삭제된 「아아, 광주여 우리나라의 십자가여!」
위 사진은 계엄사령부가 검열하면서 빨간색 펜으로 삭제 표시('삭')를 하여 누더기가 된 『전남매일신문』 1980년 6월 2일자 원본이고, 아래는 검열 삭제되어 실제 발간된 신문이다.
(출처: 5·18민주화운동기록관, 『광주일보』)

서 위의 성명을 편집국 칠판에 써놓고 모두 사퇴했다.[25] 6월 2일 다시 발간된 『전남매일신문』에 군의 검열로 인해 빨갛게 누더기가 된 김준태 시인의 「아아, 광주여 우리나라의 십자가여!」가 실린 건 우연이 아니었다.

1979년 10월 27일에 시작된 비상계엄은 1981년 1월 24일에 해제됐다. 그 사이에 지역계엄이 전국계엄으로 확대됐다. 계엄 해제에 앞서 1월 23일 '김대중 내란음모사건'의 대법원 판결이 내려지고 김대중을 비롯한 관련자 11명의 감형이 단행됐다.

4. 계엄이 남긴 상처

2024년 12·3계엄 선포 후 군병력의 출동과 행동은 1980년 5·17 때와 여러모로 확연하게 비교된다. 무장하고 긴급출동한 계엄군들이 마치 산책하듯 걸어 다녔다. 국회를 지키려는 국민들을 무력으로 제압하고 손쉽게 국회를 장악할 수 있는, 세계 최강을 자랑하는 특수부대원들이 늑장 부리며 훈련을 마치고 돌아가듯 느긋하게 행동했다. 왜 그랬을까?

12·12군사반란과 5·18은 군에는 잊기 힘든 오욕의 역사이며, 특히 특수부대원들에게는 씻을 수 없는 허물이었다. 천만 관객이 관람한 영화 〈서울의 봄〉, 노벨상을 수상한 『소년이 온다』는 특수부대원들에게도 영향을 미쳤을 것이다. 게다가 바로 눈앞에서 국민들이 스마트폰으로 영상을 찍는 현장에서 쉽사리 움직이기 힘들었을 것이다. IT 강국이 절체절명의 순간에 위력을 발휘했다. 만약 2024년 12월 3일의 계엄이 지속됐다면 인터넷부터 통제됐을 것이다. IT 강국에서 인터넷 언론은 가장 먼저 막아야 할 두려운

대상이기 때문이다.

　계엄이 선포되고 군이 민간 사회를 통제하기 시작하면 아감벤이 말한 '예외상태'가 된다. 무엇이 달라질까? 계엄사령부가 행정부를 통제하고, 군법회의를 통해 사법권이 정지된다. 계엄사령부는 입법권이 없으나 포고령을 공포해 입법권마저 통제한다. 1980년 5월 17일 이후 대한민국이 그러했다. 정부 각 부처와 사법부를 군인들이 통제하고 국회는 계엄군에게 가로막혔다. 무엇보다 국민의 생명이 위협받고 일상이 처참하게 파괴됐다. 독재자가 선포한 계엄과 계엄하의 군이 자행한 인권유린 및 헌정질서 파괴는 국민과 계엄군 모두에게 지울 수 없는 상처만 남겼다. 5·18과 역사가 남긴 교훈이다.

— 노영기

제2부
예외상태 법의 본질과 인간의 조건

6
계엄제도가 국가범죄 수단으로 전락한 까닭

1. 12·3비상계엄이 던진 문제

한국 사회는 1987년 이후 자타가 인정하는 '민주주의 체제'를 구가하고 있다. 그런 점에서 2024년 12월 3일 대통령 윤석열의 비상계엄 선포로 인한 내란은 큰 충격이었다. 내란범 윤석열에 대한 확정 판결 이전에 '내란'이라고 규정하는 것이 섣부르다는 의견이 있을 수 있지만, '시민'은 누구든지 국가범죄 여부를 판단하고 말할 권리가 있다. 국가범죄는 때로 법을 이용하기도 하는데, 이때 주권자의 판단이 매우 중요하다. 시민이 말하는 '12·3내란'은 주권자로서 헌법적 판단이다.

대통령의 내란 범죄와 '주권자'의 내란 판단은 국가권력을 통제하는 법으로서 헌법이 제대로 작동하지 않은 현실을 보여주는 증거다. 전통적인 형법상의 내란은 통상 지배체제에 불만 있는 세력이 일으키는 행위로, 형사처벌 대상이다. 막강한 물리력을 갖춘 국가권력을 전복해야 하므로, 더욱이 시민의 지지를 받는 민주공화국이라면 내란이 성공하기는 쉽지 않다. 이것이 전형적인 내란이다. 그러나 기존 체제가 민주적이지 않다면, 내란 행위는 나중에라도 민주화운동 또는 저항, 항쟁으로 명명된다. 이때 '내란' 이 성공한다면 민주주의 체제로 전환하는 계기가 된다. 실패하더라도 민주화 이후의 이행기 정의를 통해 정당성을 인정받는다. 또 다른 차원의 내란은 권력자의 내란인데, 흔히 '친위쿠데타'라고 부른다. 권력자의 내란은 민주적이지 않은 체제에서 일어난다. 자타 공인 민주주의국가인 대한민국에서 벌어진 12·3내란이 당혹스러운 까닭이다.

어떠한 내란이든 그것이 일어났다는 것은 민주주의의 취약성을 드러낸 것이다. 그렇다고 권력자의 내란이든 피지배자의 항쟁이든 그 책임을 헌법 자체에서 찾는 것은 적절치 않다. 헌법은 가치와 규범 그리고 원칙에 관하여 간결하고 추상적인 규정으로 되어 있는 약속 문서다. 헌법의 규정은 누구나 공감할 수 있는 내용이고, 헌법 조문의 간결성과 추상성은 인권과 민주주의를 증진하는 방향으로 열린 체계를 지향한다. 헌법은 사회의 변화에 따라 의회민주주의를 중심으로 한 권력분립의 체제를 통해 변화에 적응하는 구조를 취한다. 헌법은 권력이 남용되지 않도록 명령하며 민주주의적 기제에 따라 정치권력을 교체할 수 있도록 하고 있다. 따라서 헌법 자체가 책임질 일은 없다. 문제는 성문헌법 그 자체가 아니라 그것을 구체화해 국가를 조직하고 운영하는 헌법체제이며, 핵심은 체제 안에서 행위하는 주체들 간의 관계이다.

국가범죄는 헌법에 정한 규범대로 실현되지 않음으로써 생겨나는 사건이다. 헌법 규범을 실행하는 공권력의 체계를 서로 견제하도록 물고 물리는 구조로 만들어도, 사람이 하는 일이다 보니 권력 담당자의 짬짜미가 있다.

분립한 권력끼리 서로 견제하도록 하면서도 각 권력의 재량 영역이 있어 권력 간 통제의 공백이 있기도 하다. 공무원들이 국가와 자신을 동일시하여 다른 공무원의 불법행위까지 방관하거나 감싸주는 일도 있다. 국가권력을 이용한 내란이 사후에도 법적으로 잘 포착되지 않는 까닭이다. 예를 들면, 전두환·노태우 등에 대한 검찰의 불기소처분에서 볼 수 있듯이, 이른바 '성공한 쿠데타'는 집권에 성공한 결과 국가기관을 동원하여 불법을 일시적으로 덮기도 한다. 심지어 내란을 일으킨 세력은 헌법 부칙에 근거를 마련하여 불법성을 세탁한다. 1960년 박정희의 5·16군사내란, 1972년 박정희의 10·17내란, 전두환·노태우의 1979년 12·12군사반란과 1980년 5·17내란이 그랬다. 헌법 부칙에 국가재건최고회의, 비상국무회의, 국가보위입법회의 등 불법적 입법기구에서 제정하거나 개정한 법률에 대해 이의를 제기할 수 없게 했다.

윤석열이 12·3내란에 동원한 비상계엄은 한국의 헌정사에서 한 번도 헌법 규범대로 구현된 적이 없다. 헌법 제77조에서 계엄의 핵심 내용은 "병력으로써 군사상의 필요에 응하거나 공공의 안녕질서를 유지할 필요가 있을 때"인데, 실제로 그런 경우는 없었기 때문이다. 전시라 해도 군은 전투에 집중하고 치안 질서는 경찰에 맡기면 될 일이다. 한국에서는 시민의 정당한 기본권 행사에 대해 군은 물론 경찰이 필요 이상으로 물리력을 행사해서 오히려 문제였다. 예를 들면, 제주4·3항쟁, 4·19혁명 또는 5·18광주민중항쟁 과정에서 군과 경찰의 대응이 단적인 예다. 비상계엄을 발동한 근거로 든 군사상 필요나 공공의 안녕질서는 오로지 권력자의 관점이었다. 즉, 비상계엄은 권력자의 집권 수단이거나 독재 권력을 강화하는 방편이거나 불법적인 대량학살을 위한 근거였다. 헌법에 계엄제도가 규정된 배경과 헌법 규범적 내용, 그리고 계엄제도를 구체화한 '계엄법'을 통해 계엄제도가 어떻게 국가범죄 수단으로 전락했는지를 살펴본다.

2. 헌법상 국가긴급권

2024년 12월 3일 당시의 상황은 단언컨대 누구도 계엄을 선포할 비상사태라고 인식할 수 없는 상황이었다. 검찰총장까지 지낸 대통령이라는 자가 이런 상태에서 발포發布한 비상계엄이 내란에 해당하는 행위라는 걸 모르고, 또는 알고도 내란죄라는 중대범죄를 저지른 어처구니없는 일이라는 점이 한국 사회의 비극이자 희극이다.

먼저 많은 사람이 과거 폭력적인 국가범죄로서 비상계엄을 떠올렸다. 한국 사회에서 비상계엄은 정부 수립 전후의 10·19여순사건과 제주4·3항쟁, 한국전쟁 시기의 민간인 학살 등 많은 국가폭력 사건, 1964년 6·3항쟁, 1972년 유신내란, 1979년 부마항쟁, 10·26사건, 1980년 5·17내란사건 그리고 5·18광주민중항쟁 등과 연관된다. 비상계엄은 이들 사건에서 집단살해의 빌미였고, 국가폭력에 의한 민주화 탄압의 도구였으며, 권력의 탈취 또는 유지나 강화의 폭력적 매개였다. 1987년 민주화는 비상계엄이 국가폭력의 수단으로 악용되는 일은 없을 거라는 믿음을 심었기에 12·3비상계엄이 한국 사회에 던지는 파장은 컸다. 더욱이 12·3내란 이후 시민의 민주항쟁과 국가기관 또는 공무원의 내란 동조 행태가 판이하게 갈라진 점에서 현행 헌법체제에 대한 강한 문제의식이 생길 수밖에 없다.

서구의 근대 이래 입헌민주주의국가는 국민의 기본적 인권을 보장하고 국가권력의 분립을 규정한 헌법에 따라 통치한다. 1789년 8월 26일 프랑스의 '인간과 시민의 권리 선언' 제16조는 시민에게 권리를 보장하지 않거나 권력을 분립하지 않은 사회는 헌법이 있다고 말할 수 없다고 선언했다. 권력분립의 원리는 국가권력을 입법권·행정권·사법권으로 분할하고, 각 권력을 별개의 국가기관에 분산하여 부여함으로써 기본권 보장을 목표로 하는 원리다. 권력의 집중이 국민의 기본권을 가장 위협하는 요인이라고 보아 권력을 나누어 서로 견제하게 하는 장치를 마련했다.

입헌민주주의국가 체제는 비상사태 때에는 효율적이지 않다. 비상사태가 벌어지면 공권력을 신속하게 행사하거나 일사불란하게 작동할 필요가 있기 때문이다. 사전에 권력을 분립하여 서로 견제하게 하는 헌법의 작동 방식을 고수하기보다 매우 엄격한 조건 아래서 그 예외를 인정할 필요가 있다. 국가긴급권은 일시적으로 권력을 집중함으로써 비상사태를 신속하게 해소하기 위한 제도다.

그렇다고 카를 슈미트(Carl Schmitt)가 말하는 임시적 독재체제로의 전환이 아니다. 국가긴급권은 입헌민주주의의 예외 수단이지만, 평상시 입헌주의의 예외일 뿐이다. 전쟁·내란·경제공황 등 상황에서도 기본적인 입헌주의 규범은 지켜져야 한다. 흔히 국가긴급권의 명분으로 법이 국가를 위해 제정된 것이지 국가가 법을 위해 있는 것은 아니라는 논리를 댄다. 만약 국가와 법 중에 하나를 선택해야만 되는 상황이라면, 법이 국가를 위해 희생해야 한다는 논거다. 이때 전제조건은 국가가 국민의 편에 서 있어야 한다는 점이다. 국가의 존재 이유로 '국민의 안전이 최고의 법률이 되게 하라(Saltus populi suprema lex esto)'는 말이 있다. 국민의 안전이 우선이라면 헌법은 비상시라고 하더라도 무턱대고 국가를 우선할 수는 없다. 헌법에 국가긴급권 행사를 견제할 장치를 마련하고 즉각 원상으로 회복할 수단을 마련한 까닭이다.

3. 국가긴급권의 유형

권력분립의 예외로서 긴급명령과 법치행정의 예외로서 긴급처분

현재의 헌법은 국가긴급권으로서 대통령에게 긴급명령권, 긴급재정경제명령권, 긴급재정경제처분권, 계엄선포권을 인정하고 있다. 긴급명령은 통상적인 입법 절차로 대처할 수 없는 국가 안위에 관계되는 비상사태가 발생하고 국회의 집회가 불가능한 때에 대통령이 비상사태를 극복하기 위하여 법률의 효력을 가지는 명령을 발하고 사후에 의회의 승인을 얻는 긴급입법이다. 헌법 제76조 제2항에서 "대통령은 국가의 안위에 관계되는 중대한 교전 상태에 있어서 국가를 보위하기 위하여 긴급한 조치가 필요하고 국회의 집회가 불가능한 때에 한하여 법률의 효력을 가지는 명령을 발할 수 있다"라고 규정하고 있다. 국회의 집회가 불가능한 때 대통령이 법률과 같은 효력을 가지는 명령을 발하는 것이므로, 비상사태 상황이라고 해도 국회의 집회가 가능하다면 국회의 법률 제정 또는 개정 등의 방법으로 대처해야 한다. 대통령은 국회 집회가 불가능하다고 해도 긴급명령을 발할 것이 아니라 국회의 집회가 가능하도록 애써야 한다.

긴급재정경제처분은 대통령이 재정·경제상 위기 상황에서 법률의 근거 없이 긴급하게 하는 처분이다. 이때의 처분은 법률에 근거하지 않아 매우 제한적인 범위에서만 효력을 가지므로 국회의 입법을 통해 그것의 실효성을 뒷받침하는 것이 필요하다. 이때 대통령은 국회의 집회를 기다릴 시간적 여유가 없다면, 법률의 효력을 가진 재정·경제 관련 명령을 발하고 사후에 의회의 승인을 얻는 긴급입법을 할 수 있다. 이것이 긴급재정경제명령이다. 헌법 제76조 제1항에서는 "대통령은 내우·외환·천재·지변 또는 중대한 재정·경제상의 위기에 있어서 국가의 안전보장 또는 공공의 안녕질서를 유지하기 위하여 긴급한 조치가 필요하고 국회의 집회를 기다릴 여유가 없을 때에 한하여 최소한으로 필요한 재정·경제상의 처분을 하거나 이에 관하여 법률의 효력을 가지는 명령을 발할 수 있다"라고 규정하고 있다.

재정·경제상의 긴급입법에 따라 규율되는 영역은 상대적으로 기본권을 덜 제한하는 측면이 있으므로 국회의 집회가 가능하다고 해도 긴급재정경제명령을 통해 대통령이 법률과 같은 효력의 명령을 발할 수 있게 인정한다. 긴급재정경제처분과 긴급재정경제명령의 차이는 행정작용이냐 입법작용이냐의 차이다. 행정작용은 특정 개인 또는 특정 범위의 사람들에게만 효력이 있는 반면, 입법작용은 모든 국민에 대해 효력이 있다.

대통령의 긴급명령권과 긴급재정경제명령권·긴급재정경제처분권에 대하여 헌법은 정부 내의 절차적 제한과 정부 외에서 국회의 견제 권한을 두고 있다. 먼저 정부 내의 절차적 제한으로서 대통령의 긴급명령·긴급재정경제처분 및 명령은 국무회의의 심의를 거쳐야 한다(헌법 제89조 제5호). 더 중요한 것은 국회의 견제 권한이다. 즉 헌법 제76조 제3항에 따라 대통령은 긴급명령이나 긴급재정경제명령 또는 긴급재정경제처분을 한 때는 지체 없이 국회에 보고하여 그 승인을 얻어야 한다. 대통령이 국회의 승인을 얻지 못하면, 그 처분 또는 명령은 그때부터 효력을 상실한다(헌법 제76조 제4항 제1문). 만약 긴급명령이나 긴급재정경제명령에 의해 개정 또는 폐지되었던 법률이 있다면, 그 명령이 승인을 얻지 못한 때부터 그 법률은 효력을 회복한다(헌법 제76조 제4항 제1문). 일단 개정되거나 폐지된 법률은 다시 제정 또는 개정하는 절차를 밟아야 하지만, 대통령의 잘못된 국가긴급권 행사를 곧바로 원상회복하는 의미에서 헌법이 직접 예외적 규정을 둔 것이다. 대통령은 국회에 보고하여 승인을 얻은 경우나 국회의 승인을 얻지 못한 경우나 그 사유를 지체 없이 공포해야 한다(헌법 제76조 제5항).

1987년 헌법 개정 이후에는 김영삼 대통령이 '금융실명거래 및 비밀보장에 관한 긴급재정경제명령'을 발령한 것이 국가긴급권 행사의 유일한 사례다. 그 주요 내용은 다음과 같다. ① 이 사건 긴급명령의 시행 시부터 모든 금융거래 시 실명 사용을 의무화하고(제2조, 제3조 제1항), ② 기존의 비실명 예금은 2개월간의 실명 전환 의무 기간을 설정하여(제5조) ③ 비실명에 의한 자금의 인출을 금지하며(제3조 제3항), ④ 일정 금액 이상의 실명 전환된 비실명 금융자산의 인출 시 금융기관이 국세청에 대하여 거래 내용을 통보하도록 하고(제6조, 제10조), ⑤ 실명 전환 의무 기간 경과 후에는 이자, 배당소득 등에 대하여 고율의 소득세율을 적용하며, 최고 원금의 60%에 달하는 과징금을 부과하고(제7조, 제9조), ⑥ 금융거래의 비밀보장을 강화하며(제4조), ⑦ 이에 위반하는 자는 형사처벌을 한다(제12조).

긴급재정경제명령을 발한 상황은 다음과 같다. 한국 사회는 경제성장 제일주의에 매달려온 결과, 성장에 필요한 자금 조달을 극대화하는 과정에서 비실명 금융거래가 조장되어 음성 불로소득이 만연하고 지하경제가 확산되었다. 그것은 정치·사회·경제 등 모든 분야에서 부정·부조리를 온존·심화시키는 구실을 했다. 그로 인하여 금융시장이 왜곡되고 금융정책의 실효성이 떨어져 이른바 '이철희·장영자 부부의 거액어음사기사건' 등 대형 금융사고가 빈발했다. 또한 유휴자금이 부동산과 사채시장으로 몰려 투기가 극에 달하였다. 더욱이 탈세 및 조세의 형평성 문제가 제기되고 기업이 자금 조달에 어려움을 겪었다. 이러한 상황은 건전한 경제발전에 걸림돌이 되었는데, 특히 1980년대 이후 문제가 더욱 심각해져 중대한 사회·경제적 문제로서 더 이상 이를 방치할 수 없는 위기 상황에까지 이르렀다는 판단이었다.

긴급재정경제명령을 발할 수 있는 중대한 재정·경제상의 위기 상황의 유무에 관한 제1차적 판단은 대통령의 재량에 속한다. 그러나 그렇다고 하더라도 그것이 자유재량이라거나 객관적으로 긴급한 상황이 아닌 경우라도 주관적 확신만으로 된다는 의미는 아니므로 객관적으로 대통령의 판단을 정당화할 수 있을 정도의 위기 상황이어야 한다. 당시 김영삼 대통령은 재정·경제상의 위기를 극복하고 정상적인 금융질서를 회복함으로써 지하경제의 범위를 축소하고 침체한 생산 부문에 활력을 불어넣기 위해 금융거래의 실명화 조치가 필요하다고 판단했다.

헌법재판소는 이 재정경제명령에 대해 합헌이라고 결정했다.[1] 긴급명령 이전에 이미 금융실명법이 제정되어 있었으므로 대통령이 이 법률만으로는 재정·경제상의 위기 상황을 극복할 수 없다고 판단한 것이 논점 중 하나였다. 헌법재판소는 대통령의 판단이 현저히 비합리적이고 자의적이라고는 보지 않았다. 더욱이 당시 국회는 폐회 중이어서 국회에서의 논의를 거쳐 금융실명법을 개정·시행하는 경우 '검은돈'이 금융시장을 이탈하여 부동산시장으로 이동함으로써 한편으로는 금융경색을 초래하여 기업의 자금 조달을 어렵게 하여 경기침체를 심화시키고, 다른 한편으로는 부동산투기를 재연시키거나 자금이 해외로 도피할 위험성이 있다는 점을 인정했다.

특히 사채시장 의존도가 높은 중소기업의 일시적 자금 부족이 우려되고 비실명화율이 높은 증권시장에 혼란이 일어나는 등 큰 부작용이 있을 것임을 충분히 예상할 수 있었다는 점도 고려했다. 따라서 이 긴급명령이 헌법의 절차와 요건에 따라 발포된 것이라고 결론을 내렸다.

전쟁 이외의 목적으로 군을 이용하는 계엄제도

계엄은 전시나 사변 또는 이에 준하는 국가비상사태의 경우에 이를 극복하기 위해 병력을 사용하는 긴급 비상의 조치다. 헌법 제77조 제1항에 따라 대통령은 전시·사변 또는 이에 준하는 국가비상사태에 있어서 병력으로써 군사상의 필요에 응하거나 공공의 안녕질서를 유지할 필요가 있을 때는 법률이 정하는 바에 의하여 계엄을 선포할 수 있다. 계엄은 비상계엄과 경비계엄의 두 종류가 있다(헌법 제77조 제2항). 이 중 비상계엄이 선포된 때에는 법률이 정하는 바에 의하여 영장제도, 언론·출판·집회·결사의 자유, 정부나 법원의 권한에 관하여 특별한 조치를 할 수 있다(헌법 제77조 제3항).

다시 말하면, 계엄은 ① 전시·사변 또는 이에 준하는 국가비상사태 상황에서, ② ⓐ군사상의 필요가 있거나(군사계엄), ⓑ공공의 안녕질서를 유지할 필요가 있을 때(행정계엄), ③ 대통령(국가원수)이, ④ ⓐ전국 또는 ⓑ일정한 지역을 ⑤ 병력으로써 경비하고, ⑥ 당해 지역의 행정사무와 사법사무의 ⓐ일부 또는 ⓑ전부를 ⑦ 군의 관할 아래 두며, ⑧ 헌법이 보장하는 국민의 일부 기본권까지도 제한할 수 있는 ⑨ 예외적인 긴급권을 말한다.

입헌주의 대권의 모든 제도와 기술은 '행정적 성질을 가지는 비상조치'와 '입법적 성질을 가지는 비상조치'라는 두 범주 가운데 하나에 속한다. 행정적 성질을 지닌 입헌주의 대권의 기본 제도는 계엄(martial rule)이다.

'martial rule'을 군정으로 번역하는 것은 적절치 않다. 군정은 마치 군부 중심으로 정부를 운용하고, 그 통치가 일반 시민에게도 미치게 하며, 국민이 선출한 정부의 의사 대신 군사령관의 의사에 복종하도록 하는 것으로 오해하기 때문이다. 민주공화국 헌법에서는 군의 일반행정 개입, 민간인에 대한 군사재판, 기본권의 정지 등이 허용될 수 없다.

계엄은 군정이 아니므로 대통령의 계엄선포권도 정부 내의 절차적 제한과 정부 외에서 국회의 견제 권한이 있다. 먼저 정부 내의 절차적 제한으로서 대통령의 계엄과 그 해제는 국무회의의 심의를 거쳐야 한다(헌법 제89조 제5호). 더 중요한 것은 국회의 견제 권한이다. 계엄을 선포한 때에는 대통령은 지체 없이 국회에 계엄 선포 사실을 통고하여야 한다(헌법 제77조 제4항). 국회가 재적의원 과반수의 찬성으로 계엄의 해제를 요구한 때에는 대통령은 이를 해제하여야 한다(헌법 제77조 제5항).

예외가 원칙이 되지 않게 하는 헌법 규범의 명령

국가긴급권의 발동 요건은 첫째, 발동 상황이다. 국가긴급권은 국가적 비상사태가 발생해야 발동할 수 있다. 비상사태는 외부에서 헌법질서를 위협하는 상황을 뜻한다. 헌법기관이 고유한 헌법상 권한을 수행할 수 없는 상태, 예를 들어 대통령이 직무를 수행할 수 없는 유고 상황은 비상사태가 아니다. 대통령의 유고는 헌법이 정하는 방법, 즉 국무총리가 대통령의 권한을 행사하는 방법으로 대처할 수 있다. 둘째, 발동 목적이다. 국가긴급권은 비상사태를 극복하고 국가의 존립과 안전을 신속히 회복하기 위한 목적이어야 한다. 특정한 목적을 위해 적극적으로 국가긴급권을 발동하는 것은 헌법이 허용하지 않는다. 헌법의 수호가 아니라 독재의 수단으로 악용될 수 있기 때문이다. 셋째, 발동 주체다. 국가긴급권의 발동 주체는 헌법에 따라 미리 대통령으로 확정되어 있다.

국가긴급권은 헌법 규범이 온전하게 작동하지 않는 예외적 권한이므로 매우 제한적 조건에서 발동된다. 국가긴급권을 발동하는 요건도 엄격하지만 발동 후에도 헌법적 한계가 있다. 국가긴급권의 한계는 첫째, 목적의 한계로서 소극성의 원칙이다. 국가긴급권의 발동은 국가의 존립과 안전을 확보하기 위한 것이라야 한다. 둘째, 기한의 한계로서 잠정의 원칙이다. 국가긴급권은 일시적이고 잠정적인 것으로 행사해야 하고, 필요 이상으로 장기적이어서는 안 된다. 셋째, 상황의 한계로서 객관성·보충성의 원칙이다. 국가긴급권의 발동 상황은 대통령의 재량 사항이지만, 그렇다고 대통령의 자의적 또는 주관적 판단을 허용하지는 않는다. 상식적 판단을 하는 사람들이라면 수긍할 수 있는 상황이어야 한다. 그리고 법적 수단을 활용하는 일이 불가능함에 따라 불가피하게 최후의 수단으로 남겨진 경우여야 한다. 마지막으로, 내용의 한계로서 최소성의 원칙이다. 국가긴급권은 기본권을 제한하더라도 최소한의 범위에서만 가능하고, 엄격한 과잉 금지 원칙 등을 존중·준수해야 한다. 국가긴급권의 목표는 헌법 수호이지만, 그것은 곧 국민의 기본권을 보장하기 위함이다.

4. 최초의 계엄과 제정 '계엄법'의 위헌성

'계엄법 없는 계엄'의 불법성과 '제정 계엄법'의 위헌성

한국 헌정사에서 계엄은 헌법에 근거하여 제정한 계엄법 없이 '불법 계

산으로 피신한 제주 주민들》 1948년 제주도 지역에까지 계엄령이 내려지고 민간인들이 학살당하자 마을 주민들은 산으로 피신했다.(출처: 국사편찬위원회, 미국 국립문서기록관리청)

이승만의 제주 순시》 제주4·3사건을 진압한 뒤 1952년 이승만 대통령은 제주 군부대를 순시했다. 이승만 옆에 있는 사람은 제1훈련소장 장도영 준장이다.(출처: 국가기록원)

엄'으로 출발했다. 계엄법은 1949년 11월 24일에 제정되었는데, 최소의 비상계엄은 여순사건과 관련하여 1948년 10월 22일에 선포되었다. 1948년 제헌헌법 제64조에 따르면, 대통령은 법률이 정하는 바에 따라 계엄을 선포해야 한다. 그런데 1948년 10월의 선포는 계엄법 제정 전이었고, 제5여단 사령부 김백일이 선포한 것이었다. 대통령의 계엄 선포는 10월 25일이었다. 1948년 11월 17일의 제주4·3항쟁 관련한 제주도 지역 계엄령 선포는 대통령이 내린 것이지만 계엄법 제정 전이었다.

계엄법 없는 계엄 선포, 특히 군사령관의 계엄 선포는 일제 '계엄령'에 따른 것이라는 위헌적인 궤변으로 옹호되었다. 1948년 제헌헌법의 부칙 제100조에 따르면, 당시 '현행 법령은 헌법에 저촉되지 아니하는 한 효력을 가질 수 있는 것'이었다. 일제의 계엄령이 민주공화국의 헌법에서 효력을 가질 수 없음은 당연하다. 그런데 제정 '계엄법' 또한 일제의 군국주의 계엄령에서 탈피하지 못했다. 이름만 '계엄법'으로 바뀌었을 뿐이다. 이 계엄법은 1981. 4. 17. 법률 제3442호로 전부 개정될 때까지 30여 년 동안 정권 유지의 수단이었다. 그 후 몇 차례 개정한 계엄법도 일제 계엄령의 그늘에서 벗어나지 못했다.

더욱이 충격적인 것은 제정 계엄법에도 없었던 일제 계엄령의 단심제가 5·16군사내란 이후 개정한 1962년 헌법에서 자리 잡은 이래 현행 헌법 제110조 제4항까지 이어지고 있다는 점이다. 그 결과 단심제는 현행 '군사법원법' 제534조에 특례 규정으로 남아 있다. 한국 헌정사에서 단심제는 정부 수립 후 국가보안법 사건에서 그리고 한국전쟁 시기 군법회의에서 인권침해의 대표적 제도이자 집단학살의 수단이었다. 개헌이 쉽지 않다면 군사법원법 개정을 통해 이 조항을 삭제하는 것이 국회의 헌법적 임무인데, 그

계엄법안 제1독회 국회 속기록(1949년 10월 12일)》 계엄과 관련하여 군의 행정과 사법 관장 그리고 법률에 의거하지 않은 기본권 제한이라는 오해를 드러내고 있다. (출처: 국사편찬위원회)

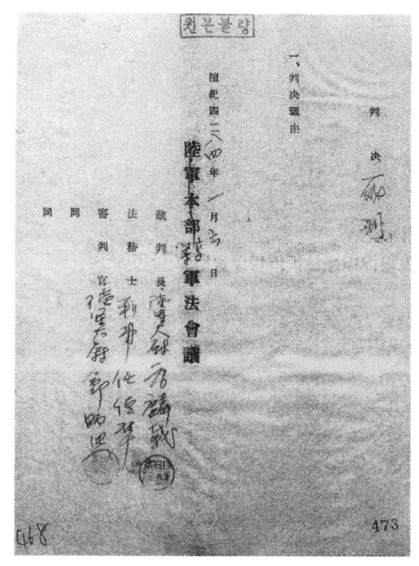

1951년 육군본부 고등군법회의 사형판결문》 국방경비법 제32조 이적행위죄와 제33조 간첩죄는 민간인에게도 적용되고 단심제 군법회의를 통해 적법절차 없이 사형도 가능했는데, 한국전쟁 때 합법을 가장한 불법의 학살 수단이었다. 심지어 진실·화해를 위한 과거사정리위원회는 2024년 12월 3일 오른쪽과 같은 문서만을 근거로 이미 진실 규명되었던 백락정 사건을 취소하여 불법을 합법으로 세탁했다. 이행기 정의가 아닌 이행기 부정의로서 피해자를 두 번 살해하는 2차 가해였다. 그날 저녁 윤석열은 비상계엄을 선포했다. 비상계엄의 불법을 제대로 청산하지 못한 결과가 하루 사이에 두 차례의 불법을 낳았다. (출처: 『한겨레』 2024. 12. 2)

러지 않았다.

일제 계엄령은 계엄을 임전지경臨戰地境과 합위지경合圍地境의 두 종류로 구분했다. 임전지경에는 전시나 사변 시에 경계할 지방을 구획하여 사령관이 군사와 '관계'된 행정사무와 사법사무를 관장한다(계엄령 제2조, 제9조). 한편 합위지경은 적에게 포위되거나 공격을 받았을 때 발동하는 것인데, 행정사무와 사법사무 '일체'를 사령관이 장악한다(계엄령 제2조, 제10조).

일제의 계엄령을 거의 복제한 제정 계엄법은 다음과 같은 위헌적 내용을 담고 있다.[2] 첫째, 교통·통신의 두절로 인하여 대통령의 계엄 선포를 기다릴 여유가 없을 때는 당해 지방을 관할하는 군사령관이 임시로 계엄을 선포할 수 있게 했다. 이것은 대통령의 계엄선포권에 대한 침해이고, 문민통제 원칙 위반이며, 대통령의 국군통수권에 대한 침해다.

둘째, 경비계엄의 경우에는 계엄사령관이 계엄 지역 내의 군사에 관한 행정사무와 사법사무를 관장하고, 비상계엄의 경우에는 계엄 지역 내의 모든 행정사무와 사법사무를 관장하도록 규정한다. 또 두 경우 모두 당해 지역 내의 행정기관 또는 사법기관은 곧바로 계엄사령관의 지휘·감독을 받도록 규정한다. 비상계엄이라고 해서 모든 행정사무를 관장하도록 하는 것은 헌법상 문민통제 원칙 위반이다. 더욱이 이것은 사법기관에 대하여 권력분립 원리와 사법권 독립 원칙 위반이고, 계엄사령관이 지휘·감독권을 가지도록 한 것은 문민통제 원칙 위반인 동시에 국가긴급권의 최소성의 원칙에도 반한다. 특히 비상계엄 지역 내에 법원이 없거나 관할법원과의 교통이 차단되면 모든 형사사건에 대한 재판은 군법회의가 한다는 규정은 더욱 그렇다. 아주 예외적인 경우가 아니라면 군법회의에 의한 재판을 서두를 까닭이 없기 때문이다. 또한 대통령이 필요하다고 인정할 때에는 대통령령이 정하는 바에 의하여 군법회의 재판권을 최장 1개월 동안 연기할 수 있도록 한 조치는, 국가긴급권은 일시적이어야 한다는 잠정의 원칙에 반한다.

셋째, 비상계엄 지역 내에서 계엄사령관은 군사상 필요에 따라 체포, 구금, 수색, 거주, 이전, 언론, 출판, 집회 또는 단체행동에 관하여 특별한 조치를 할 수 있도록 규정하고 있다. 그러나 이것은 헌법적 근거가 없는 것일 뿐 아니라 단순히 '군사상 필요'에 의한 것이므로 헌법상 기본권 제한의 법리를 위반한 것이다. 더욱이 한국의 헌정사에서 이러한 특별한 조치는 개별적이고 구체적인 성질로서 매우 제한적인 범위에 한정해야 함에도 '포고령'이라는 이름으로 사실상 입법행위로 악용되었다. 그런데도 헌법재판소는 대통령 윤석열의 탄핵심판에서 대법원 판결을 인용하면서[3] 포고령을

'계엄법 제9조 제1항, 제14조 제2항의 내용을 보충하는 기능을 하고 그와 결합하여 대외적으로 구속력이 있는 법규명령'으로 정당화했다.[4]

계엄은 헌법이 일시적으로 정지되는 상태가 아니다. 국가긴급권의 일종으로서 계엄은 국가의 존립과 안전을 확보하기 위하여 불가피한 경우, 즉 전시 같은 경우에 일시적으로 최소한 범위에서 자위적 전쟁 외의 목적으로 군대의 물리력을 예외적으로 동원하는 것이다. 대한민국은 1948년 헌법 제정 이래 모든 침략적인 전쟁을 부인하고, 국군은 국토방위의 신성한 의무를 수행함을 사명으로 하기 때문이다.

비상계엄 지역 내에서 이루어지는 군사재판에 관한 계엄법의 규정도 계엄사령관에 과도한 권한을 주었다. 즉, 계엄법 제16조는 군법회의 관할 사항에 대하여 위증죄, 무고죄, 간음죄, 협박죄, 절도 또는 강도죄, 횡령 또는 배임죄 등을 포함하고 있음은 물론 '군사상 필요에 의하여 제정한 법령에 규정된 죄'라는 광범위하고 불명확한 범위로 규율하고 있다. 또한 단서를 통해 이러한 사건을 당해 관할법원으로 재판하게 함으로써 계엄사령관의 권한을 막강하게 확장했다. 덧붙여 제정 계엄법 제18조는 법원이 없는 등의 경우에는 모든 형사사건에 대한 재판을 군법회의에 맡김으로써 일반 국민(민간인)이 군사재판을 받을 수 있는 길을 너무 넓게 열어놓아 헌법과 법률이 정한 법관에 의한 재판을 받을 권리를 중대하게 침해했다.

현행 헌법상 계엄제도의 문제점

군국주의 일본의 계엄령을 무비판적으로 수용한 계엄법은 그 후로도 오랫동안 대한민국헌법의 규범을 소외시키고 배척하는 위헌 상태를 낳았다. 계엄에 대한 대표적인 오해 중 하나는 계엄이 선포되면 군이 문민 권력을 대체한다고 생각하는 것이다. 예컨대, 계엄이 '군정(military government)의 일반 국민에의 확대', 즉 '군사령관의 의사에 따른 민선 정부 의사의 대치'라는 견해가 있었다.[5] 비교적 최근에 와서야 헌법학자들은 계엄을 비롯한 국가긴급권이 '입헌적인 헌법질서가 정지되거나 중단되는 상태'가 아니며, 원칙적으로 법치주의·적법절차·비례원칙 등이 적용되어야 함을 말하고 있다.[6]

그러나 한국 사회는 한국전쟁을 거치면서 국가권력이 저질렀던 폭력의 경험이 오늘날까지 심각한 여파를 미치고 있다. 계엄법이 거의 당시의 내용 그대로 유지되고 있음은 물론 헌법까지 계엄의 지배 아래 놓여 있기 때문이다. 그것은 1987년 개헌 과정에서 군사독재 체제의 청산에 대하여 이행기 정의 관점에서 심도 있는 논의가 부재했던 탓이기도 하다. 다음과 같은 점에서 대한민국헌법을 '계엄 헌법'이라 부를 만하다.[7]

첫째, 헌법 제27조 제2항에서 일반 국민에 대해서도 일정한 경우 군사법원의 관할을 인정하고 있다. 즉, "군인 또는 군무원이 아닌 국민은 대한민국의 영역 안에서는 중대한 군사상 기밀·초병·초소·유독음식물공급·포로·군용물에 관한 죄 중 법률이 정한 경우와 비상계엄이 선포된 경우를 제외하고는 군사법원의 재판을 받지 아니한다"라고 규정함으로써 평시에도 일반 국민이 군사법원의 재판을 받을 수 있는 길을 열어놓고 있다. 헌법을 개정하는 경우 이 조항을 당연히 삭제해야 한다. 일반 국민의 경우에는 군이 군사법원의 재판을 받게 할 까닭이 없다. 비상계엄이 선포된 경우라도 일반 국민에 대해서는 일반법원에서 재판하도록 해야 한다.

둘째, 헌법 제77조 제3항에서 비상계엄 시 일정 기본권과 법원 권한에 대해서까지 특별한 조치를 할 수 있도록 허용하고 있다. 즉, 비상계엄이 선포된 때에는 법률이 정하는 바에 의하여 영장제도, 언론·출판·집회·결사의 자유, 정부나 법원의 권한에 관하여 특별한 조치를 할 수 있도록 되어 있다. 해석상 그 권한의 주체는 대통령이겠지만, 실제로는 계엄사령관이 그러한 권한을 사용할 것이다. 더욱이 '특별한 조치'의 해석에서 특별성의 의미, 조치의 범위, 법적 효력 등과 관련하여 그 의미가 불명확하므로 평시에 법률이 정한 절차에 따르는 제한 정도로도 충분하다. 실제로 과거에도 그렇고 12·3내란에서도 '계엄포고령'이라면서 모든 국민을 대상으로 한 기본권 제한 내용이 담겨 있었다. 더욱이 대통령에게는 긴급명령을 발할 수 있는 권한이 있으므로 이 조항은 사실상 군에 대하여 기본권을 침해할 수 있는 권한을 부여한 '인권침해적 헌법 조항'이다. 이 조항은 삭제하는 것이 바람직하다.

셋째, 대통령의 계엄 선포에 대하여 국회가 관여할 수 없다. 대통령은 국회에 통고만 하면 되기 때문이다(헌법 제77조 제4항). 더욱이 국회가 대통령에게 계엄의 해제를 요구하는 경우 재적의원 과반수 찬성의 가중된 의결정족수를 요구한다(헌법 제77조 제5항). 따라서 최소한 계엄 선포 시 국회의 동의를 얻게 하되 국회의 집회가 어려운 경우에만 사후에 통고하도록 하며, 계엄 해제 요구 또한 재적의원 과반수의 출석과 출석의원 과반수 찬성의 일반 의결정족수로 해도 충분하다.

넷째, 대통령의 군통수권에서 '통수권'이라는 용어는 적절치 않다. 일본에서는 1878년 12월에 통수권이 태정관(총리대신)에 대하여 분리하여 독립함으로써 '정치적 헌법과 군사적 헌법'이라는 헌법의 이원성이 생겨났다. 한국 헌법의 경우 문민통제 원칙을 규정하고 있음은 분명하다. 대통령의 군통수권 행사가 헌법과 법률이 정하는 바에 따라 이루어지고(헌법 제74조

제1항), 국군의 조직과 편성 역시 법률로 정하도록(제74조 제2항) 규정하고 있기 때문이다. 또한 선전·강화 기타 중요한 대외정책, 계엄과 그 해제, 군사에 관한 중요 사항, 합동참모의장·각군참모총장의 임명 등이 국무회의 심의 사항이기 때문이다(헌법 제89조). 다만 대통령의 군통수권을 국가원수의 권한으로 이해하는 것은 적절치 않다. 이것을 집행부 수반의 권한으로 이해함으로써 국무회의 심의는 물론 국회와 법원의 대등한 통제권을 확립하는 것이 적절하다.

다섯째, 헌법 제110조는 군사재판을 관할하는 '특별법원'으로서 군사법원을 둘 수 있도록 하는 근거 조항을 두면서(제1항) '재판관의 자격을 법률에 위임'하고 있으며(제3항), 심급에 의한 재판을 받을 권리를 제약하고 있다(제4항). 즉, 비상계엄에서의 군사재판은 일정한 경우에만 단심으로 할 수 있되, 사형을 선고한 경우 대법원에 상고하도록 규정한 것이다. 일제 계엄령의 '합위지경', 즉 비상계엄에서 공소와 상고를 인정하지 않았던 일본 계엄령의 잔재인 동시에 한국전쟁 시에는 물론이고 그 이전부터 인권침해의 대표적인 도구였던 단심제를 헌법이 명시적으로 승인한 점에서 문제가 많다. 헌법을 개정해서라도 전시에만 군사법원을 설치하도록 해야 한다. 헌법상 반드시 군사법원을 설치해야 하는 것은 아니므로 군사법원법을 전면 개정하여 전시에만 군인 등에 대해서만 군사법원이 관할권을 가지도록 해야 한다.

현행 '계엄법'의 위헌성

헌법의 문제점은 국회 제정의 법률로서 수선하거나 보완할 수 있다. 1987년 헌법 개정 이후에도, 그리고 군에서 민간인 사찰 등 여러 사건이 있었음에도 국회가 군 관련 법제를 개혁하지 않은 것이 문제다.[8] 먼저 헌법이 정부나 법원의 권한에 대해 '특별'한 '조치'를 할 수 있는 권한만을 부여하고 있음에도 계엄법에서 "계엄사령관이 계엄 지역 내의 모든 행정사무와 사법사무를 관장"(제7조 제1항)하도록 한 것은 명백히 헌법 위반이다. 계엄법은 헌법이 부여한 특별한 범위의 제한을 넘어 일반적 범위의 사무를 관장하도록 계엄사령관의 권한을 확장함으로써 사법사무를 계엄사령관의 관장 사항으로 편입시켰기 때문이다. 이것은 일제의 계엄령 제10조 "합위지경 내에서는 지방행정사무 및 사법사무는 그 지역사령관에게 관장할 권한을 위임함. 따라서 지방관 지방재판관 및 검찰관은 계엄포고 선고가 있을 시 속히 해당 사령관의 지휘를 받을 것"의 제1문을 그대로 베껴서 생긴 일이다. 이에 대하여 헌법학자들은 계엄법상 사법사무가 재판 작용을 제외한 사법행정사무, 즉 사법경찰·검찰·형집행, 민사비송사건 등을 말한다고 소극적으로 대응할 뿐이다.

설령 비상계엄이 선포되었다고 하더라도 원칙적으로 일반 행정기관과 사법기관은 평시처럼 군의 간섭 없이 업무를 수행할 수 있어야 한다. 헌법 제77조 제3항에서 "비상계엄이 선포된 때에는 법률이 정하는 바에 의하여 …… 정부나 법원의 권한에 관하여 특별한 조치를 할 수 있다"라고 규정하고 있지만, 계엄사령관은 대통령의 명령에 따라 군사상 필요 또는 공공의 안녕질서 유지를 위하여 반드시 필요한 경우에만 개별적인 필요성 및 타당성을 따져 지휘·감독권을 행사해야 한다. 그것이 헌법이 비상계엄에 대하여 특별한 조치라는 개념을 통해 일반적이고 추상적인 성질의 입법작용으로서 권한을 부여하지 않고 개별적이고 구체적인 성질의 행정작용으로서 권한의 한계를 설정한 것이기 때문이다. 대통령은 국가비상사태 시에 긴급

입법권으로서 법률적 효력을 가지는 긴급명령을 발할 수 있는 권한을 가지고 있기도 하다. 따라서 헌법상 대통령의 권한을 계엄사령관에게 포괄적이고 전면적으로 위임하고 있는 현행 계엄법은 위헌이다. 현행 계엄법 제7조 제1항은 "비상계엄의 선포와 동시에 계엄사령관은 계엄 지역 안의 모든 행정사무와 사법사무를 관장한다"라고 규정하고 있기 때문이다.

한편 기본권에 대한 특별 조치와 관련 계엄법은 헌법에 규정되어 있지 않은 거주·이전의 자유를 추가하고 있다. 학설은 합헌설과 위헌설로 갈리고 있으나, 이를 제한적 규정으로 보아 엄격하게 해석해야 하며 헌법에 적합하도록 계엄법을 개정해야 한다.

다른 한편 비상계엄 아래서 사전검열이 제한적으로 가능하다고 보는 의견도 있지만,[9] 각종 형사법에서 선전·선동에 관한 죄를 규율하고 있는 점에서 사전검열은 전혀 필요하지 않다. 그리고 헌법 제21조 제2항에서 아무런 유보 없이 "언론·출판에 대한 허가나 검열과 집회·결사에 대한 허가는 인정되지 아니한다"라고 규정하고 있기도 하다. 비상계엄 시 특별한 조치는 헌법이 허용하고 있는 범위 내에서 가능한 것이므로 헌법이 절대적으로 금지하고 있는 검열은 비상계엄 상황이라고 하더라도 허용될 수 없다.

민주공화국 헌법체제에서 의회가 제정하는 법률은 매우 중요하다. 비록 헌법이 기본권 제한 가능성을 열어놓고 있더라도 민주적 의회라면 기본권을 최대한 보장하기 위해 헌법이 재량 형식으로 부여한 국가기관의 권한을 필요 최소한의 범위로 제한해야 한다. 그런 점에서 대한민국 국회의 헌법규범의식의 부재는 심각하다.

5. 12·3내란의 도구로서 비상계엄의 의미

2024년 12월 3일 대통령 윤석열은 오후 10시 23분경 긴급 브리핑에서 11시를 기해 전국 단위의 비상계엄을 선포한다고 선언했다. 그 명분은 '종북 반국가 세력들을 일거에 척결하고 자유헌정질서를 지키겠다'는 것이었다. 그에 따라 발표한 계엄사령부 포고령 제1호의 주요 내용은, ① 국회와 정당 활동 그리고 일체의 정치활동 금지, ② 모든 언론과 출판에 대한 계엄사 통제, ③ 파업과 태업 그리고 집회 행위 금지, ④ 포고령 위반 시 영장 없이 체포, 구금, 압수수색하여 '처단'한다는 것이었다. 곧바로 계엄사령부는 제1공수특전여단과 제707특수임무단 등 소속 특수부대 무장병력을 투입하여 국회의사당 등에 진입했다. 다만, 12월 4일 오전 1시경 국회의 비상계엄해제요구결의안이 가결됨에 따라 비상계엄은 그 법적 효력을 상실했고, 정부는 오전 4시경 국무회의 심의를 거쳐 계엄 해제를 선포했다.

12·3비상계엄은 일단 국가비상사태의 요건을 충족하지 못하고, 병력을 사용해야 할 정도의 상황도 아니었다는 점에서 위헌이다. 이러한 위헌 판단은 법적 판단을 기다릴 필요도 없이 주권자의 즉각적인 판단으로도 가능하다. 그러나 헌법 차원에서 이러한 판단은 대통령의 권한이고 국회가 계엄 해제 의결로써 통제할 수 있으므로, 범죄를 구성하거나 법적으로 무효는 아니되 헌법이 정한 요건을 충족하지 않은 점에서 탄핵의 사유가 될 수 있을 뿐이다.

그리고 비상계엄 명분으로 헌법에 따라 권한을 행사한 국회를 겨냥하고 있다. 이는 헌법이 정한 비상계엄의 상황 요건에서 훨씬 더 벗어났을 뿐 아니라 중대하게 헌법을 위반한 점에서 명백한 탄핵 사유다. 윤석열은 국회의 탄핵소추 발의 또는 예산 삭감 등 국회 권한 행사만을 언급했다. 또한 헌법에 따른 국회 행위를 "자유 대한민국의 헌정질서를 짓밟고 헌법과 법에 의해 세워진 정당한 국가기관을 교란시키는 것으로서 내란을 획책하는 명백한 반국가행위"로 규정했다. 그러고는 "북한 공산 세력의 위협으로부터 자유 대한민국을 수호하고 우리 국민의 자유와 행복을 약탈하고 있는 파렴치한 종북 반국가 세력"을 운운했는데, 이것이 국회 다수인 야당, 결국 국회를 향한 것임은 자명하다.

국회는 의회민주주의의 중심으로서 입법기관이고 대통령을 견제할 수 있는 국정통제기관이다. 대통령의 계엄 선포에 대한 해제 요구는 물론 조약 체결·비준에 대한 동의권, 선전포고 등 군 관련 행위의 동의권, 대통령 등에 대한 탄핵소추 의결권 등 민주공화국에서 매우 핵심적인 권한이 국회에 있기 때문이다. 과거 군사반란 세력 또는 유신독재정권은 국회를 해산함으로써 그 기능을 마비시켰다. 한편 이러한 폐해를 막기 위해 현행 헌법은 대통령의 국회해산권을 폐지했다. 이처럼 12·3비상계엄은 탄핵 사유인 '중대하고 명백한 헌법 위반'인 점이 차고 넘친다.

12·3비상계엄에 대한 헌법적 판단에서 매우 중요한 대법원 판결은 1997년 4월 17일에 선고한 96도3376 판결이다. 이 판결은 전두환·노태우 등의 군사반란과 내란사건 판결이다. 먼저 대법원은 "우리나라의 헌법질서 아래에서는 헌법에 정한 민주적 절차에 의하지 아니하고 폭력에 의하여 헌법기관의 권능 행사를 불가능하게 하거나 정권을 장악하는 행위는 어떠한 경우에도 용인될 수 없다"라고 판결했다. 정권 장악은 집권하지 않은 세력에 해당하지만, 폭력에 의한 헌법기관 권능 행사는 집권 세력 또는 대통령 등 국가기관의 권한 남용에 적용할 수 있다.

대법원은 "내란죄의 구성요건인 폭동의 내용으로서의 폭행 또는 협박은 일체의 유형력의 행사나 외포심을 생기게 하는 해악의 고지를 의미하는 최광의의 폭행·협박"으로 해석한다. 이것은 이를 준비하거나 보조하는 행위를 전체적으로 파악한 개념이다. 이때 위력은 "그 정도가 한 지방의 평온을 해할 정도의 위력"인데, "'비상계엄의 전국 확대'는 필연적으로 국민의 기본권을 제약하게 되므로, 비상계엄의 전국 확대 그 사실 자체만으로도 국민에게 기본권이 제약될 수 있다는 위협을 주는 측면"이 있다고 본다. 또한 "비상계엄의 전국 확대는 우리나라 전국의 평온을 해하는 정도"라고 인정했다. 12·3계엄 포고령은 매우 광범위하게 국민의 기본권을 제약하는 내용을 담고 있다. 헌법에서 말하는 '특별한 조치'는 국민 전체를 대상으로 한 기본권 제한이 아니라 필요한 범위의 사람에 한정하는 것이다. 불특정의 국민 일반에 대한 기본권 제한은 국회의 법률 제정에 따르거나 대통령의 긴급명령에 따라 이루어져야 한다.

더욱이 대법원은 "이러한 법령이나 제도가 가지고 있는 위협적인 효과가 국헌문란의 목적을 가진 자에 의하여 그 목적을 달성하기 위한 수단으로 이용되는 경우에는 비상계엄의 전국 확대 조치가 내란죄의 구성요건인 폭동의 내용으로서의 협박행위"가 되므로 내란죄의 폭동에 해당한다고 판결했다. 12·3비상계엄 선포가 이에 해당한다. 형법 제91조 제2호는 헌법에 의하여 설치된 국가기관을 강압에 의하여 전복 또는 그 권능 행사를 불가능하게 하는 것을 국헌문란 목적의 하나로 규정한다. 대법원은 "'권능 행사를 불가능하게 한다'라고 하는 것은 그 기관을 제도적으로 영구히 폐지하는 경우만을 가리키는 것은 아니고 사실상 상당 기간 기능을 제대로 할 수 없게 만드는 것을 포함"하고, "국헌문란의 목적을 가지고 있었는지 여부는 외부적으로 드러난 행위와 그 행위에 이르게 된 경위 및 그 행위의 결과 등을 종합하여 판단하여야 한다"라고 판결했다. 12·3비상계엄에서 계엄포고령은 위헌이어서 당시 대통령 윤석열에 대한 중대하고 명백한 탄핵 사유가 되는 것은 물론 국회의 권능 행사를 겨냥한 점에서 내란 범죄를 구성한다.

헌법의 비상계엄 요건과 대법원 판결에 따르면, 12·3비상계엄 선포는 내란 범죄다. 윤석열이 계엄 선포 발언에서 언급한 국회의 행위는 헌법에 따른 권한 행사였다. 국회와 대통령의 지나친 갈등은 바람직하지 않지만, 민주주의에서 당연한 현상이다. 국회가 추천한 방송통신위원회와 방송통신심의위원회 위원 임명 거부, 이태원 참사와 관련하여 이상민 행정안전부장관에 대한 국회의 해임 건의 무시, 헌정사상 유례없는 법률안 재의 요구 남발 등 대통령의 행위 또한 정치적 또는 헌법적 비판의 대상일 뿐 그 자체가 불법은 아니다. 대통령의 권한 남용인 점에서 탄핵 사유로 집적되고 있었을 뿐이다. 그런데 12·3비상계엄 선포는 이러한 갈등 상황에서 명백히 의회민주주의를 부정하여 폭력적으로 국회의 견제 없는 대통령의 독재체제 수립을 목적으로 한 것이다. 국회는 대통령을 견제하는 가장 핵심적 헌법기관인데, 윤석열은 국회의 기능을 마비시키는 내란 범죄를 저질렀다. 윤석열의 체포, 구속, 조사, 재판에 이르는 과정은 험난했다(2025년 7월 현재 아직 형사재판 중이다). 내란에 동조한 자들이 적지 않았고, 그들이 상당 기간 권력을 장악하고 있었기 때문이다. 대한민국은 권력자의 내란에 취약하다. 이것이 대한민국헌법 체제의 가장 큰 문제점이다. 집단범죄인 내란의 경우 권력의 연결고리를 끊을 장치가 중요한데, 사적 이해관계와 형식적 법치주의에 갇힌 공직자들이 민주 헌정 회복의 걸림돌이 되었다.

헌법 제77조가 계엄 상황에서도 국회의 권한 제한에 관한 내용을 담지 않은 것은 아무리 절체절명의 국가비상사태라고 하더라도 국회의 기능 제한은 민주공화국의 헌정체제 자체를 변경 또는 전복하는 것과 같기 때문이다. 계엄포고령에서 국회를 포함하여 일체의 정치활동을 금한 것은 대통령에 대한 탄핵 사유를 넘어 명백한 내란 범죄다. 실제로 윤석열이 국회에 군을 투입함에 따라 내란 범죄 구성요건에서의 폭력성은 국민의 심판정에서 자명한 증거로 제출되어 입증되었다. 국민의힘 원내대표 추경호가 자당 소속 국회의원을 국회가 아닌 당사로 소집한 것 또한 계엄 해제 요구 등 국회의 기능 제한에 가담한 것이다. 당시 국회의원은 계엄 해제 요구를 의결해야 하는 매우 중요한 헌법적 책무를 이행해야 할 상황이었다.

12·3비상계엄 선포는 내란죄의 구성요건으로서 폭동에 해당하고, 국회의 정치활동 금지는 국회가 삼권분립의 한 축이면서 대통령의 국정을 통제하는 유일 기관인 점에서 내란죄의 구성요소 중 하나인 '한 지방의 평온을 해할 정도의 위력' 이상의 것이며, 실제 군을 투입한 것은 명백한 폭동의 증거다. 대법원은 "내란죄는 국토를 참절하거나 국헌을 문란할 목적으로 폭동한 행위로서, 다수인이 결합하여 위와 같은 목적으로 한 지방의 평온을 해할 정도의 폭행·협박 행위를 하면 기수가 되고, 그 목적의 달성 여부는 이와 무관한 것으로 해석되므로, 다수인이 한 지방의 평온을 해할 정도의 폭동을 하였을 때 이미 내란의 구성요건은 완전히 충족된다고 할 것이어서 상태범으로 봄이 상당하다"라고 판결했다. 윤석열과 관련 공직자들을 엄정하게 처벌하지 않는 한 내란 행위는 지속되고 있는 것이다. 12·3내란범죄에 대한 징벌은 매우 장기적인 과제이자 한국 헌법체제의 지속적인 개혁 과제로 이어져야 할 사안이다.

대법원은 집단적 반란죄로서의 성격을 이렇게 판시했다. 즉, 반란에 가담한 자는 반란에 대한 포괄적인 인식과 공동 실행의 의사만 있으면, 반란을 구성하는 개개의 행위에 대하여 개별적으로 지시하거나 용인한 일이 없다고 하더라도, 반란을 구성하고 있는 모든 행위에 대하여 반란죄의 정범으로서 책임이 있다는 것이다. 또한 내란 가담자들이 하나의 내란을 구성하는 일련의 폭동 행위 전부에 대하여 이를 모의하거나 관여한 바가 없다고 하더라도, 내란 집단의 구성원으로서 전체로서의 내란에 포함되는 개개 행위에 대하여 부분적으로라도 그 모의에 참여하거나 기타의 방법으로 기여하였음이 인정된다면, 그 일련의 폭동 행위 전부에 대하여 내란죄의 책임을 면할 수 없다고 한다.

내란의 집단범죄 성격은 이번 12·3내란범의 획정에서 매우 중요한 의미가 있다. 상당수의 국가기관과 관련 공직자들이 연루되어 있기 때문이다. 그 주요 대상만 대강 꼽는다면, 국무회의에 참석한 국무총리를 비롯한 국무위원들, 비상계엄 선포에 관여한 군 지휘관들과 실제 작전에 참여한 군인들, 국회에서 군의 진입을 허용한 경찰, 군이 투입되었던 중앙선거관리위원회, 비상계엄 선포 전후 공무원 파견 등 관련 사실을 알고도 국민에게 보고하지 않은 대법원을 비롯한 국가기관, 형법 중 내란의 죄에 관한 정보를 수집·작성·배포(국가정보원법 제4조 제1호 다목)해야 할 국가정보원, 계엄 선포 후 내란의 범죄행위를 인지하여 바로 수사에 착수하지 않은 경찰 또는 검찰 또는 공수처 등이다. 이들 대한민국의 헌법기관 또는 국가기관의 관련 공무원들은 주권자인 국민이 헌법에 따라 부여한 권한 행사를 통한 저항은 고사하고 내란 사태 관련하여 국민을 향한 어떠한 보고 또는 설명조차 하지 않았다. 대법원 판결에 따르면 "상관의 위법한 명령에 따라 범죄행위를 한 경우에는 상관의 명령에 따랐다고 하여 부하가 한 범죄행위의 위법성이 조각될 수는 없다." 대통령이 내란을 일으켰음에도 민주공화국의 헌법체제가 작동하지 않은 것은 이후 12·3내란에 대한 재발방지책을 논의할 때 매우 중요한 고려 요소다.

6. 12·3비상계엄의 헌정사적 교훈

헌법 규범의 예외상태에서 다양한 헌법 주체들이 등장한다. 12월 3일 국회로 달려간 시민들, 내란과 탄핵 관련 집회 참여 시민들, 그리고 집회에 참여하지는 않았지만 내란 판단을 한 시민들이 가장 중요한 헌법 주체였다. 이들이 바로 주권자다. 이들이 불법의 헌법체제에 대한 저항 또는 항쟁의 주체다. 새로운 헌법체제를 끌어갈 주역이다. 그에 반하여 대통령의 내란 범죄를 인식하지 못하거나 알면서도 방관, 명령 수행, 사후의 은폐 행위에 가담한 공무원들은 국가범죄자들이다. '이게 나라냐'라는 탄식에서 '모든 국가기관이 내란 범죄자'라 할 만큼 공직사회 내부에서의 저항과 항쟁은 뚜렷하게 나타나지 않았다. 이들이야말로 철저한 청산의 대상이면서 새로운 헌법체제에서 바로잡아야 할 '적폐'다.

1987년에 개정한 헌법은 앞서 보았듯이 문제가 없지 않다. 그렇지만 정작 문제는 그 헌법에 따라, 또한 한국 헌정사에서 끊임없이 민주공화국 체제를 지탱한 항쟁의 정신을 반영하여, 법률로써 구현하지 못한 국회다. 12·3내란에서 국회의 역할은 정말 최소한으로 당연히 해야 할 몫이었다. 오랜 권위주의 체제를 거치면서 의회민주주의, 특히 국회의 입법 역량이 매우 취약하다. 12·3내란 이후 계엄법의 개정안만 보더라도 즉자적이고 단편적이다. '모든 국가기관이 내란 범죄자'인 상황이 지속되고 있는데도 입법을 통한 개혁은 손을 놓고 있다.

오히려 국회는 개헌이라는 실천적이지 않은 해법만 말한다. 구체적인 입법에 자신이 없고 능력도 없기 때문이다. 결국은 정부 형태 변화인데, 그것은 국회의 권력 확장일 뿐이다. 말로는 기본권을 강화하는 개헌을 한다는데, 실제 기본권과 관련된 헌법 조항들은 헌법 개정 없이 법률의 제정, 개정, 폐지로도 헌법 개정의 실질적 효과를 발휘할 수 있다. 기본권 관련 국가조직법도 마찬가지다. 예를 들면, 현재의 '군사법원법'을 폐지하고 새로이 '전시 군사법원법'을 제정하기만 해도 민간인에 대한 군사재판 가능성을 차단할 수 있고, '계엄법'을 개정함으로써 비상계엄 아래에서도 삼심제를 운용할 수 있다. 그리고 대통령과 국회의 헌법상 권한 배분은 법률로 해결하기 어렵지만, 이 또한 실제 운용에 있어서 대통령이 국회 의사를 존중하도록 입법하면 된다. 이른바 '제왕적 대통령'이 문제라면, 이번 12·3내란을 계기로 드러난 군대, 국가정보원, 경찰, 검찰 등 대통령의 불법에 가담한 국가기관의 권력을 축소하고 민주적·법적으로 통제하는 입법을 하면 된다. 헌법은 기본권 보장에서 법률의 하향 또는 역진逆進을 막아 세울 뿐 상향 또는 전진前進을 방해하지는 않기 때문이다.

전쟁이 일어난 경우의 계엄제도도 검토해야 한다. 전시에 시행·적용하기 위한 법으로서 전시특례법이 어떻게 형성될 것인지를 예측할 수 없기 때문이다. 계엄법을 제외한 대부분 전시특례법은 현재 국무회의 의결만 거쳐 법률안 또는 대통령 긴급명령안으로 준비된 상태로 있는데, 전시에 비로소 국회를 통과하여 법률로 제정·공포되거나 대통령의 긴급명령으로 제정·공포될 예정이다. 실제로는 긴급명령의 형식을 취할 가능성이 크다. 그런데 이들 법률은 전부가 비밀문서로 분류되어 명칭만 공개되어 있을 뿐이어서 그 내용을 알 길이 없다. 그 목록은 전시 자원동원에 관한 법률, 전시 행정조직에 관한 임시특례법, 전시 공무원의 인사 및 연금에 관한 임시특례법, 전시 금융·통화에 관한 대통령 긴급재정·경제명령, 전시 예산체계에 관한 대통령 긴급재정·경제명령, 전시 외국환 관리에 대한 대통령 긴급재정·경제명령, 전시 재정·경제에 관한 임시특례법, 전시 정부업무 운영 등에 관한 임시특례법, 전시 법원·검찰조직 및 사법 운영에 관한 임시특례법 및 동 대통령 긴급명령, 전시 헌법재판소의 조직 및 운영에 관한 임시특례법 및 동 대통령 긴급명령, 전시 범죄처벌에 관한 임시특례법 및 동 대통령 긴급명령, 포획심판에 관한 법률 및 동 대통령 긴급명령 등이다.

 사실 이 법률 내용 전부를 비밀로 분류할 까닭이 없다. 전시 기본권 침해 및 헌법 위반의 문제를 제거하기 위해서 이러한 법률을 미리 제정해놓아야 한다. 부득이하게 군사비밀에 속하는 내용이 있다면, 그러한 내용에 한정하여 실제 상황 발생 후 관련 법령이 제정될 수 있도록 하면 될 것이다. 여기에는 전시에 행해지기 쉬운 군인 등의 불법행위를 유형화하고, 그것을 처벌하는 규정을 둘 필요가 있다. 또한 이것을 교육프로그램으로 만들어 평시에도 군에서 교육하게 해야 한다. 전시특례법을 사전에 제정해야 하는 까닭은 과거의 국가폭력을 되풀이하지 않기 위해서다. 예컨대, '계엄 실무 지침서'는 계엄법 때문이기는 하지만, 전국계엄 시 계엄지휘체계에 대하여 대통령 아래에 계엄사령관이 위치하고, 계엄사령관 산하에 중앙부처 장관과 지방행정기관, 법원행정처장과 각급 법원, 그리고 지구 및 지역 계엄사령관의 지휘를 받는 구조를 제시하고 있다.

 또한 과거 계엄을 통한 군의 동원 관련 국가폭력을 통제할 수 있는 장치를 마련하는 일은 시급하다. 그 기준으로서 '유엔 인권피해자 구제 원칙'을 원용할 수 있다. 예컨대, 제23항 '재발 방지의 보증'은 군대 또는 보안부대에 대한 효과적인 민간 통제를 확보하는 것, 모든 민간 또는 군사 절차가 적법절차, 공정성, 불편 부당성에 관한 국제기준을 준수하도록 보장하는 것, 사법부의 독립을 강화하는 것, 우선하고 지속해서 사회의 전 부문에 인권 교육과 국제인도법 교육, 그리고 법집행공무원, 군인, 보안부대 요원에게 이러한 교육을 제공하는 것, 국제인권법의 중대한 위반과 국제인도법의 심각한 위반을 허용하거나 조장하는 법률을 재검토하고 개혁하는 것 등을 제시하고 있다.

전시에는 헌법 규범이 물러설 수밖에 없어 평시와는 질적으로 다르다고 말하는 것은 권력 또는 법의 변명일 뿐이다. 카를 슈미트는 예외상태에서의 결정성을 강조한다. 그렇다면 법의 진정한 모습은 전쟁과 같은 비상사태에서 발현되는 것이 아닐까. 그러기에 전시에 인권과 민주주의 규범의 총체로서 헌법이 침탈된 과거를 가지고 있다면, 그러한 헌정사적 잘못을 바로잡는 일은 민주공화국의 지속적인 헌법적 과제여야 한다. 그런 의미에서 한국전쟁기 계엄·군사재판·즉결처형에 대해서는 엄정한 헌법적 평가와 반성이 필요하다. 그것은 굴절된 부정의와 불법을 바로잡는 일이다. 그 뒤틀림을 바로잡아야 기본권을 보장하고 민주주의를 확장할 뿐 아니라 그 양자를 질적으로도 심화할 수 있는 토대를 다질 수 있다.

권력 통제법으로서 헌법을 구현하는 헌법체제는 민주화의 진행에 따라 권력에 대한 세밀한 통제를 강화하는 일이 지속적으로 필요하다. 때로는 불법의 과거와 단절하는 일이 중요하다. 단적인 예가 정치권력의 자의적 활용 수단이었던 계엄제도를 아예 폐지하는 것이다. 대신 전시 입법을 공개적으로 제정해놓음으로써 인도주의적 전시 헌법체제를 마련하면 된다. 오늘날 현실에서 군의 물리력을 빌리지 않고 경찰만으로도 치안 질서를 유지할 수 있다. 오히려 경찰의 물리력이 너무 강해서 문제다. 전시에도 군의 관여 없이 적절한 조치를 할 수 있다. 정보, 통신, 이동수단이 고도로 발전했기에 과거와는 근본적인 상황의 전제조건이 다르기 때문이다. '제왕적 대통령'의 출현을 막으려면 가장 대표적인 수족인 계엄제도를 폐지하는 일이 이번 12·3내란을 비판적으로 성찰한 헌법적 대응 방안이다. 그것은 무武에 대한 문文의 통제를 넘어 민民의 통제로 나아가는, 진정한 문민통제의 시작이자 그 시금석이 될 것이다.

7. 12·3내란 극복의 입법적 과제

12·3내란을 비롯하여 한국 헌정사에서 계엄제도는 헌법을 보전하는 수단이 아니라 헌법을 파괴하는 수단임이 드러났다. 제왕적 대통령제는 헌법이 아니라 계엄선포권을 포함해 대통령을 촘촘히 통제할 수 있는 법률이 부재하거나 부족했기 때문이다. 헌법을 고침은 물론 의회민주주의에 터 잡은 인권적이고 민주적인 입법 역량의 강화가 필요하다. 헌법에서 문제 해결의 방안을 찾는 개헌은 국회의원과 대통령의 권력 나눠 먹기에 그친다.

개헌에 대한 불신을 떨쳐내고자 하는 국회의원이 있다면, 개헌을 말하기 전에 누구나 쉽게 만들 수 있는 단 한 줄짜리 법률 몇 가지를 가장 먼저 제정하라. 예컨대 "계엄법은 이를 폐지한다"라는 '계엄법 폐지에 관한 법률', "국가보안법은 이를 폐지한다"라는 '국가보안법 폐지에 관한 법률', "군사법원법은 이를 폐지한다"라는 '군사법원법 폐지에 관한 법률', "국민 보호와 공공 안전을 위한 테러방지법은 이를 폐지한다"라는 '국민 보호와 공공 안전을 위한 테러방지법 폐지에 관한 법률', "국제연합 평화유지활동 참여에 관한 법률은 이를 폐지한다"라는 '국제연합 평화유지활동 참여에 관한 법률 폐지에 관한 법률', "사형제도는 이를 폐지한다"라는 '사형 폐지에 관한 법률' 등이다.

다음으로 개헌을 통한 기본권 강화를 말하기 전에 「집회 및 시위에 관한 법률」, 「군인의 지위 및 복무에 관한 기본법」, 「국가정보원법」, 「국가경찰과 자치경찰의 조직 및 운영에 관한 법률」, 「지방자치법」, 「진실·화해를 위한 과거사정리 기본법」, 「국가인권위원회법」, 「기후 위기 대응을 위한 탄소중립·녹색성장 기본법」, 「노동조합 및 노동관계조정법」 등을 노동과 인권 그리고 지구 생태주의와 민주주의의 관점에서 전면 개정하라.

마지막으로, 가칭 '차별금지법', '생명 안전 기본법', '블랙리스트 특별법', '이행기 정의를 위한 배·보상법', '아동·청소년 및 학생 인권법' 등을 당장 제정하고, 형법에 '공직 남용 관련 죄', '법 왜곡죄' 등을 신설하라.

미처 예시하지 못한 수많은 법률이 사회적 약자와 소수자의 삶을 외면하고 있다는 목소리에 국회는 귀를 기울여 입법해야 한다. 매일매일 공청회와 청문회를 열어 민의 목소리를 입법으로 통역해내는 의회민주주의 정치를 구현해야 한다. 민이 주권자임을 확인하려면 직접 나서서 입법을 하는 것만이 아니라 대표를 통해 민주적으로 입법하는 시스템을 만들어야 한다. 어쩌면 굳이 헌법을 고칠 필요가 없을지도 모른다. 보수적인 헌법재판소가 민주적 입법에 걸림돌이 되는 탓에 개헌이 필요하다면 모를까.

― 오동석

〈별첨〉 일본 계엄령과 1949년 제정 계엄법의 비교

일본 계엄령(1882. 8. 5. 태정관 포고 제36호)	한국 계엄법(제정 1949. 11. 24. 법률 제00069호)
제1조 계엄령은 전시 내지는 사변에 대해 병비兵備로써 전국 또는 지방을 경계하는 법으로 한다.	제1조 ① 대통령은 전시, 사변 또는 이에 준하는 국가비상사태에 제際하여 병력으로써 군사상이나 또는 공공의 안녕질서를 유지할 필요가 있을 때에는 특히 경비에 필요한 지역을 구획하여 본법의 정하는 바에 의하여 계엄을 선포한다.
제2조 계엄은 임전지경臨戰地境과 합위지경合圍地境의 두 종류로 나눔. 제1 임전지경은 전시 또는 사변에 대해 경계할 지방을 구획하여 임전의 구역으로 하는 것임. 제2 합위지경은 적의 합위(포위) 내지 공격 기타 사변에 대해 경계해야 할 지방을 구획하여 합위의 지역으로 하는 것임.	제2조 계엄은 경비계엄과 비상계엄으로 나눈다. 제3조 경비계엄은 전시, 사변 또는 이에 준하는 비상사태로 인하여 질서가 교란된 지역에 선포한다. 제4조 비상계엄은 전쟁 또는 전쟁에 준할 사변에 있어서 적의 포위공격으로 인하여 사회질서가 극도로 교란된 지역에 선포한다.
제3조 계엄은 시기에 따라 필요한 지역을 구획하여 이를 포고함.	제1조 ② 대통령이 전항에 의하여 계엄의 선포를 한 때에는 그 선포의 이유, 종류, 시행 지역 또는 계엄사령관을 공고하여야 한다.
	제5조 대통령이 비상계엄을 선포 또는 추인하였을 때에는 지체 없이 국회에 통고하여야 한다. 　전항의 경우에 있어서 국회가 폐회 중일 때에는 대통령은 지체 없이 국회의 집회를 요구하여야 한다.
	제17조 계엄 선포 중 국회의원은 현행범을 제외한 외에는 체포 또는 구금되지 아니한다.
	제20조 제3조 또는 제4조에 규정된 사태가 평상사태로 회복된 때에는 대통령은 계엄을 해제한다.
	제21조 국회가 계엄의 해제를 요구할 때에는 대통령은 이를 해제하여야 한다.

일본 계엄령(1882. 8. 5. 태정관 포고 제36호)	한국 계엄법(제정 1949. 11. 24. 법률 제00069호)
제4조 전시에 있어서 [진대영소鎭臺營所] 요새 해군항진수부 해군조선소 등이 합위 또는 공격을 받을 때는 그 지역의 사령관이 임시계엄을 선고할 수 있으며 또한 전략상 임기臨機처분을 요할 때는 출정의 사령관이 그것을 선고할 수 있음. 제5조 평시 토관土冠을 진정하기 위하여 임시계엄을 요하는 경우에는 그 지역의 사령관이 속히 상주하여 명을 청해야 함. 만일 시기가 절박하여 통신두절로 명을 청할 길이 없는 때에는 직접 계엄을 선포할 수 있음. 제6조 군단장 사단장 여단장 [진대영소] 요새사령관 경비대사령관 또는 분견分遣대장 또는 함대사령장관 함대사령관 진수부장관 또는 특명사령관은 계엄을 선고할 수 있는 권한이 있는 사령관으로 함. 제7조 계엄을 선고할 때는 즉시 그 상태 및 사유를 갖추어 그것을 [대정관]에게 보고하여야 함. 단, 그 예속한 곳의 장관에게는 별도로 그것을 보고해야 함. 제8조 계엄의 선고는 우선 포고할 곳의 임전 또는 합위지경의 구획을 개정할 수 있음.	제6조 제3조와 제4조의 경우에 교통, 통신의 두절로 인하여 대통령의 계엄 선포를 기다릴 여유가 없을 때에는 당해 지방의 관할하는 좌의 군사책임자가 임시로 계엄을 선포할 수 있다. 　1. 특명의 사령관 　2. 군사령관 　3. 사단장 　4. 병단장 　5. 요새사령관 　6. 위수사령관인 독립단대장 　7. 함대사령장관 　8. 함대사령관 　9. 통제부사령장관 　10. 경비부사령관 　11. 전각호의 제관과 동등 이상의 권한 있는 군대지휘관 제7조 전조의 규정에 의하여 임시로 계엄을 선포한 자는 지체 없이 국방부장관에게 상신하여 대통령의 추인을 받아야 한다. 　전항의 경우에 대통령이 추인하지 아니할 때에는 임시로 계엄을 선포한 자는 즉시 그 해제를 선포하여야 한다. 제8조 전각조의 규정에 의하여 선포된 계엄은 그 지역 또는 종류를 변경할 수 있다.
	제9조 계엄사령관은 계엄의 시행에 관하여서는 국방부장관의 지휘감독을 받는다. 단 전국을 계엄 지역으로 하는 경우에는 대통령의 지휘감독을 받는다.

일본 계엄령(1882. 8. 5. 태정관 포고 제36호)	한국 계엄법(제정 1949. 11. 24. 법률 제00069호)
제9조 임전지경 내에서는 지방행정사무 및 사법사무의 군사에 관계 있는 사건에 한해 그 지역의 사령관에게 관장할 권한을 위임하는 것으로 함. 따라서 지방관 지방재판관 및 검찰관은 계엄의 포고 또는 선고가 있을 때에는 신속히 당해 사령관에게 그 지휘를 청해야 함.	제10조 경비계엄의 선포와 동시에 계엄사령관은 계엄 지역 내의 군사에 관한 행정사무와 사법사무를 관장한다.
제10조 합위지경 내에서는 지방행정사무 및 사법사무는 그 지역 사령관에게 관장할 권한을 위임함. 따라서 지방관 지방재판관 및 검찰관은 계엄포고 선고가 있을 시 속히 해당 사령관의 지휘를 받을 것.	제11조 비상계엄의 선포와 동시에 계엄사령관은 계엄 지역 내의 모든 행정사무와 사법사무를 관장한다.
	제12조 전2조의 경우에 당해 지역 내의 행정기관 또는 사법기관은 지체 없이 계엄사령관의 지휘감독을 받는다.[= 9·10조 각2문]
제11조 합위지경 내에서는 군사에 관련된 민사 및 이하 열거하는 범죄에 관계된 자는 모두 군위軍衛에서 재판함. 　형법 　　제2편 　　　제1장 황실에 대한 죄 　　　제2장 국사에 관한 죄 　　　제3장 정靜을 해친 죄 　　　제4장 신용을 해친 죄 　　　제9장 관리오직의 죄 　　제3편 　　　제1장 　　　　제1절 모살 고살의 죄 　　　　제2절 구타 창상의 죄 　　　　제6절 함부로 사람을 체포 감금한 죄 　　　　제7절 협박죄 　　　제2장 　　　　제2절 강도죄	제16조 비상계엄 지역 내에 있어서는 전조 또는 좌기의 죄를 범한 자는 군법회의에서 이를 재판한다. 단, 계엄사령관은 당해 관할 법원으로 하여금 이를 재판케 할 수 있다. 　1. 내란에 관한 죄 　2. 외환에 관한 죄 　3. 국교에 관한 죄 　4. 공무집행을 방해한 죄 　5. 범인은닉 또는 증빙연멸죄 　6. 소요죄 　7. 방화죄 　8. 일수에 관한 죄 　9. 음료수에 관한 죄 　10. 통화위조죄 　11. 문서위조죄 　12. 유가증권위조죄 　13. 인장위조죄 　14. 위증죄

일본 계엄령(1882. 8. 5. 태정관 포고 제36호)	한국 계엄법(제정 1949. 11. 24. 법률 제00069호)
제7절 방화 실화죄 제8절 결수죄決水罪 제9절 선박침몰죄 제10절 가옥 물품 훼손 및 동식물을 해친 죄	15. 무고죄 16. 간음죄 17. 살인죄 18. 상해죄 19. 체포 또는 감금죄 20. 협박죄 21. 절도 또는 강도죄 22. 횡령 또는 배임죄 23. 장물죄 24. 훼기 또는 장닉죄 25. 군사상 필요에 의하여 제정한 법령에 규정된 죄
제12조 합위지경 내에 재판소가 없거나 또는 그 관할재판소로의 통로가 두절되었을 때에는 민사 형사의 구별 없이 모두 군위 재판에 속함.	제18조 비상계엄 지역 내에 법원이 없거나 또는 당해 관할법원과의 교통이 차단된 경우에는 모든 형사사건에 대한 재판은 군법 회의가 이를 행한다.
제13조 합위지경 내의 군위재판에 대해서는 공소 상고를 할 수 없음.	[현행 헌법 제11조 ④ 비상계엄상의 군사재판은 군인·군무원의 범죄나 군사에 관한 간첩죄의 경우와 초병·초소·유독음식물공급·포로에 관한 죄 중 법률이 정한 경우에 한하여 단심으로 할 수 있다. 다만, 사형을 선고한 경우에는 그러하지 아니하다.
제14조 계엄 지역 내에서는 사령관은 이하 열거하는 제 건을 집행할 권한을 가짐. 단, 집행으로 발생하는 손해에 대해서는 배상할 책임이 없음. 　제1 집회 신문 잡지 광고 등 시세에 방해된다고 인정되는 것을 정지시킬 권한 　제2 군수로 사용할 수 있는 민유의 제 물품을 조사하고 또한 시기에 따라 그 수출을 금지할 권한 　제3 총포 탄약 병기 화구 기타 위험물품 소지자가 있을 시 이를 조사하고 때에 따라 압수할 권한	제13조 비상계엄 지역 내에서는 계엄사령관은 군사상 필요할 때에는 체포, 구금, 수색, 거주, 이전, 언론, 출판, 집회 또는 단체행동에 관하여 특별한 조치를 할 수 있다. 단, 계엄사령관은 조치 내용을 미리 공고하여야 한다.

일본 계엄령(1882. 8. 5. 태정관 포고 제36호)	한국 계엄법(제정 1949. 11. 24. 법률 제00069호)
제4 전신 전보를 개함하고 출입 선박 및 제 물품을 검사하고 아울러 육해 통로를 정지할 권한 제5 전황에 따라 부득이한 경우 인민의 동산 부동산을 파멸 훼소할 권한 제6 합위지경 내에서는 주야 구별없이 인민의 가옥 건조물 선박에의 출입을 검찰할 권한 제7 합위지경 내에 기숙하는 자가 있을 시는 때에 따라 그 지역에서 퇴거시킬 권한	제14조 비상계엄 지역 내에서는 계엄사령관은 징발법의 정하는 바에 의하여 징용, 징발할 수 있으며 필요에 의하여서는 군수에 공할 물품의 조사, 등록과 반출금지를 할 수 있다. 작전상 부득이한 경우에는 국민의 재산을 파괴 또는 소화할 수 있다. 전항의 경우에 생긴 손해에 대하여는 이를 보상하여야 한다.
제15조 계엄은 평정 뒤에도 해지 포고 내지 선고를 받은 날까지 그 효력을 가지는 것으로 한다.	제22조 계엄이 해제된 날로부터 모든 행정사무 또는 사법사무는 평상사태로 복구한다.
제16조 계엄 해제일로부터 지방행정사무 사법사무 및 재판권은 모두 상례대로 함.	제23조 비상계엄 시행 중에 제16조와 제18조의 규정에 의하여 군법회의에 계속 중인 재판사건의 관할은 비상계엄 해제와 동시에 일반법원에 속한다. 대통령은 필요하다고 인정할 때에는 대통령령의 정하는 바에 의하여 군법회의의 재판권을 1개월 이내에 한하여 이를 연기할 수 있다.
	제15조 제12조, 제13조 또는 전조 제1항, 제2항의 규정에 의하여 취한 계엄사령관의 조치에 응하지 아니하거나 이에 배반하는 언론 또는 행동을 한 자는 3년 이하의 징역에 처한다. 제19조 제16조와 제18조에 의하여 군법회의에서 재판을 받은 자가 불복이 있을 때에는 재심을 요구할 수 있다.

* 오동석, 「한국전쟁과 계엄법제」, 『민주법학』 제43호, 민주주의법학연구회, 2010, 54쪽.

7
법 바깥에서 법을 사유하는 법
— 저항권의 가능성과 실천

1. 비상계엄 그리고 저항! 저항?

2024년 12월 3일 22시 28분, 대통령은 긴급 담화를 통해 비상계엄을 선포했다. 곧이어 계엄사령부는 포고령을 공포했고, 거의 같은 시각 군과 경찰은 국회를 봉쇄하여 국회의원과 당직자들의 국회 출입을 저지했다. 다행히도 국회 본회의가 신속하게 개최되어 비상계엄해제요구결의안이 가결되었고, 이후 대통령은 비상계엄을 해제했다. 이 모든 일은 불과 6시간 만에 이루어졌다.

헌법재판소가 강조하듯이 국회의 신속한 비상계엄 해제 요구 결의는 "시민들의 저항과 군경의 소극적인 임무 수행 덕분"이었다.[1] 시민들의 '저항'은 이후에도 계속되어 마침내 대통령 탄핵을 이끌어냈고, 이후 대통령을 형사 법정에 세우는 계기가 되었다.[2] 내란 우두머리 혐의로 체포된 윤석열에 대해 서울서부지방법원은 영장실질심사를 했고, 이에 반대하는 수백 명의 윤석열 지지자들이 경찰관 등 공무원과 민간인을 상대로 폭력을 행사했다. 일부 지지자들이 법원 유리창과 외벽 등을 손괴하고 법원 건물 내부로 진입하여 방화를 시도하거나 영장을 발부한 판사를 색출하는 등 초유의 사태가 발생한 것이다.[3] 이 과정에서 폭동 가담자들은 저항권을 외쳤다. 특히 전광훈 사랑제일교회 목사는 "우리는 이미 국민저항권을 발동했다", "국민저항권은 헌법 위에 있다", "국민저항권이 시작됐기 때문에 우리는 윤 대통령도 구치소에서 데리고 나올 수 있다"라는 주장을 펼치기도 했다.

여기서 '저항'은 어떤 의미를 지닐까? 내란과 쿠데타에 대한 시민들의 저항과 법원에 대한 폭동을 모두 같은 의미의 '저항'으로 부를 수 있을까? 부정의하고 불법적인 공권력에 대한 반대 또는 이의 제기가 법에 정해진 절차에 따르지 않고 시민의 집단적 유형력 행사로 표출되는 저항은 어떤 경우에 정당할까? 만약 정당한 저항이라면 그 개념과 행사는 민주적 법치국가의 틀 안에서 자리매김해야 하지 않을까?

이 지점에서 저항권의 개념은 무엇이고 그 행사는 어떠한 법적 의미를 지니는지에 대한 검토가 필요하다. 이 글은 저항권이야말로 (현실의) 법 바깥에서 (마땅히 있어야 할 올바른) 법을 사유할 수 있는 실천적인 (제도로서) 법이라는 것을 밝히려는 시도다.

2. 예외상태와 국가긴급권

법 바깥으로서 예외상태

국가긴급권은 전쟁 또는 국가비상상태가 발생했을 때 이를 극복하기 위

시민들의 저항 사례와 저항을 빙자한 폭동 사례》 위 사진은 2024년 12월 3일 위헌적·불법적 공권력(대통령의 비상계엄과 국회 봉쇄 등 일련의 조치들)에 대한 시민들의 저항 행위 모습이고, 아래는 서울서부지법의 합헌적이고 적법한 공권력(법원의 결정 등)에 대한 윤석열 지지자들의 폭력 행위 모습이다. (출처: 미디어몽구)

해 대통령이 발동하는 강력한 권한이다. 일상의 풍경이 처한 위기를 극복하고 '모든 것이 제자리로 돌아가는 풍경'[4]을 회복하기 위한, 헌법 문언으로는 "국가의 안전보장 또는 공공의 안녕질서를 유지"(제76조 제1항)하거나 "공공의 안녕질서를 유지"(제77조 제1항)하거나 또는 "국가를 보위"(제76조 제2항)하기 위한 대통령의 비상조치인 것이다. 계엄과 같은 국가긴급권은 국가비상사태와 같은 예외상태(사실)에 대응하기 위해 헌법이 허용하는 예외상태(규범)다.[5] 즉, 국가긴급권은 '사실로서의 예외'를 '규범으로서의 예외'로 극복함으로써 법치국가를 회복하고자 하는 것이다. 철학자 아감벤(Giorgio Agamben)과 정치학자 카를 슈미트(Carl Schmitt)가 주목한 부분은 후자인 '규범으로서의 예외상태', 곧 법의 질서와 헌법의 효력이 정지된 '예외상태'다. 오늘날 민주주의의 외형을 지닌 전체주의 체제가 정적을 억압하고 타자를 배제함으로써 합법적 내전을 수행할 때 예외상태 개념은 설명력을 갖는다.

아감벤은 예외상태가 법의 바깥에 있지만 법이 효력[6]을 갖는 역설로 이해한다. 다시 말해 예외상태는 법의 효력을 정지시킨다는 점에서 법의 바깥에 존재하지만, 법의 힘을 통해 작동하고 결국 법의 상태를 회복하고자 한다는 점에서 역설이다. 이러한 역설이야말로 법의 경계이자 법의 한계로서, 생명이 정치질서에서 포섭되거나 배제되는 지점이다. 그런 배제와 포섭을 결정할 수 있는 권한이 주권(sovereignty)이라는 점에서 '주권자란 예외상태를 결정하는 자'라는 명제가 가능하다. 20세기 초 독일에서는 누가 주권자이고 누가 헌법을 수호하는가에 대한 치열한 논쟁이 있었지만, 오늘날 확립된 민주적 법치국가에서 주권자는 오로지 국민이다. 국민을 대표하는 의회만이 오로지 법을 만들거나 바꿀 수 있는 이유다.

법은 주권적 결단을 통해 생명을 배제하거나 포섭하는 권력의 형식이다. 법은 포섭과 배제의 테크놀로지로 스스로를 정당화하고 고유한 영역을 확보하려는 속성을 지닌다. '법적 안정성' 또는 '형식적 법치국가' 이념은 법이 자신의 체계를 공고하게 유지하거나 심지어 확장하는 이데올로기로 기능한다. 이처럼 법이 그 자체로 '바깥(예외)'을 상정하면서 바깥을 안으로 포섭하고자 할 때 빈번하게 사용하는 형식이 '제재'와 '절차'다. 먼저, '제재'의 형식으로 규범 바깥을 규범으로 포섭하는 대표적인 법률은 형법이다. 예컨대 형법상 내란죄가 "대한민국 영토의 전부 또는 일부에서 국가권력을 배제하거나 국헌을 문란하게 할 목적으로 폭동을 일으킨 자는 처벌한다"(제87조)고 할 때, 이는 내란 행위라는 법의 바깥을 애초부터 금지(배제)하거나, 내란 행위자를 처벌하는 방식으로 규범 바깥의 사실을 형벌이라는 법규범으로 포섭한다.

한편, 법은 '절차'를 통해 규범 바깥을 규범으로 포섭하기도 한다. 다시 계엄법을 살펴보자. "전시, 사변 또는 이에 준하는 국가비상사태 시 적과 교전 상태거나 사회질서가 극도로 교란되어 행정 및 사법 기능의 수행이 현저히 곤란한 경우"(제2조 제1항)라는 법의 바깥(예외) 상황에 대처하기 위해, 대통령은 계엄 선포 전에 국무회의의 심의를 거치고(제2조 제5항), 계엄 선포 시 그 이유, 종류, 시행일시, 시행지역 및 계엄사령관을 공고해야 한다(제3조). 또한 대통령은 계엄 선포 시 지체 없이 국회에 통고해야 하고, 계엄 상황이 회복되거나 국회의 계엄 해제 요구가 있으면 지체 없이 계엄을 해제하고 이를 공고해야 하며, 이때도 반드시 국무회의의 심의를 거쳐야 한다(제11조 제2항). 이처럼 법의 절차는 국가긴급권을 통해 만들어지는 예외상태를 사전·사후적으로 합법화하고 촘촘하게 통제하는 기능을 수행한다.

실상 '제재' 또한 인간의 기본권이나 법적 권리가 제한(정지)된다는 점에서 일종의 '예외상태'다. 그렇기 때문에 이러한 예외상태를 형사소송법 등의 절차법, 그리고 적법절차 원칙이라는 법이념을 통해 규범적으로 합법화하고 정치적으로 정당화하는 것이다. 헌법과 법률이, 인간의 자유와 권리가 정지되는 계엄과 같은 예외상태를 국회가 사전적으로 견제하고 사후적으로 정당성을 부여하는 방식으로 민주적 법치국가를 회복할 수 있도록 설계했다는 점을 놓쳐서는 안 된다. 이렇게 법이 스스로를 보호하고 회복하기 위한 장치를 늘 마련하고 있다는 점이 우리가 법을 믿고 따라야 할 조금의 이유가 되지는 않을까?

국가긴급권

대통령의 긴급권은 "평상시의 헌법질서에 따른 권력 행사 방법으로는 대처할 수 없는 중대한 위기 상황이 발생한 경우 이를 수습함으로써 국가의 존립을 보장하기 위하여"[7] 행사할 수 있다. 우리 헌법 제76조와 제77조에서는 대통령의 국가긴급권 세 가지를 유형화하여 규정한다. 첫째, '긴급재정경제처분·명령권'이다(제76조 제1항). 대통령은 내우·외환·천재·지변 또는 중대한 재정·경제상의 위기에 있어서 국가의 안전보장 또는 공공의 안녕질서를 유지하기 위하여 긴급한 조치가 필요하고 국회의 집회를 기다릴 여유가 없을 때에 한하여 최소한으로 필요한 재정·경제상의 처분을 하거나 이에 관하여 법률의 효력을 가지는 명령을 발할 수 있다. 둘째, 대통령의 '긴급명령권'이다(제76조 제2항). 대통령은 국가의 안위에 관계되는 중대한 교전 상태에 있어서 국가를 보위하기 위하여 긴급한 조치가 필요하고 국회의 집회가 불가능한 때에 한하여 법률의 효력을 가지는 명령을 발할 수 있다. 셋째, 대통령의 '계엄선포권'이다(제77조). 대통령은 전시·사변 또는 이에 준하는 국가비상사태에 있어서 병력으로써 군사상의 필요에 응하거나 공공의 안녕질서를 유지할 필요가 있을 때에는 법률이 정하는 바에 의하여 계엄을 선포할 수 있다(제1항).

대통령의 긴급권은 일시적이나마 일상의 법 상태와 국가의 다른 권력을 배제하기에 예외적이(어야 하)고, 유일한 주권적 기능을 한다는 점에서 오남용의 위험을 내재하고 있다. 바로 그 때문에 국가긴급권의 위험성을 통제하고 대통령이 국가긴급권을 통해 권력을 농단하는 사태를 막기 위해, 실은 스스로의 헌정질서를 보호하기 위해 헌법은 문언으로 그 행사의 요건을 실체적으로, 그리고 절차적으로 두고 있다.

첫째, 실체적 요건. 긴급재정경제처분·명령권은 '내우·외환·천재·지변 또는 중대한 재정·경제상의 위기'하에서만 가능하고, 긴급명령권은 '국가의 안위에 관계되는 중대한 교전 상태'하에서만 가능하며, 계엄선포권은 '전시·사변 또는 이에 준하는 국가비상사태'하에서만 가능하다.

둘째, 절차적 요건. 한편 헌법 제76조의 대통령 국가긴급권은 반드시 "국무회의의 심의를 거쳐야" 하고(헌법 제89조 5호), "문서로써 하며, 이 문서에는 국무총리와 관계 국무위원이 부서한다"(헌법 제82조). 무엇보다 대통령은 "지체 없이 국회에 보고하여 그 승인을 얻어야 한다"(헌법 제76조 제3항)라고 명시하여 국회의 사후적 통제를 강조한다. 계엄선포권 역시 대통령이 계엄을 선포하려면 반드시 "국무회의의 심의를 거쳐야" 하고(헌법 제89조 5호), "문서로써 하며, 이 문서에는 국무총리와 관계 국무위원이 부서한다"(헌법 제82조). 또한 "계엄을 선포한 때에는 대통령은 지체 없이 국회에 통고하여야" 하는데(헌법 제77조 제4항), 심지어 국회가 폐회 중인 경우라면

"대통령은 지체 없이 국회에 집회를 요구하여야 한다"(계엄법 제4조 제2항).

문제는 2024년 12월 3일 대통령의 비상계엄 선포 등 국가긴급권의 행사가, 헌법재판소가 명확하게 선언했듯이 위헌, 위법 그리고 범죄라는 점이다. 이번 비상계엄은 처음부터 예외상태가 아닌 것을 예외상태인 것처럼 기망함으로써 오히려 법의 바깥에 자리하고 그 자체가 불법이 되었다. 만약 이번 비상계엄이 해제되지 않고 계엄포고령의 효력이 유지됐다면, 우리는 기본권과 인권의 바깥에 놓인 채, 불법한 국가폭력에 자의적으로 노출되는 운명에 처해졌을지 모른다.[8] 앞서 아감벤이 우려했던 바, 모든 법적 지위를 박탈당하고 '벌거벗은 생명(bare life)'으로 전락하는 것이다.

3. 저항권의 개념과 속성[9]

저항권의 등장

우리 헌법과 법률이 스스로를 보호하기 위한 명문화된 제도로는 앞서 언급한 형법상 내란죄와 그에 따른 형사처벌이 있지만, 특히 고위공직자의 헌법침해에 대해서는 탄핵제도가 유용하다. 국민의 대표이자 민주적 정당성을 가진 국회가 소추하고 헌법재판소가 심판하는 탄핵제도는 헌법을 수호하는 시의적절한 제도라고 할 수 있다. 탄핵이야말로 법의 바깥에서 벌어지는 고위공직자의 위헌, 위법, 범죄에 대해서 이들의 법적 권한을 정지시킬 수 있을 뿐만 아니라 민주적 법치국가를 회복할 수 있는 주권자의 합법적 결단이기도 하다.

그러나 만약 이번 대통령의 비상계엄과 같이 불법적인 국가권력의 행사에 대해 달리 합법적 구제수단이 없을 때 또는 합법적 절차를 통한 정상의 회복을 기다리는 데 많은 시간과 노력이 들 때, 시민들은 어떻게 스스로를 지키고 헌정질서를 회복할 수 있을까? 이때 상상할 수 있는 개념이 바로 저항권이다. 저항권은 기존의 헌법질서를 수호하기 위해 행사되는 권리라는 점에서 기존 헌정질서를 파괴하고 새로운 질서를 구축하기 위한 '혁명'과 그 목적을 달리하며, 아울러 저항권은 국민 대다수의 지지를 받는 국민적 정당성에 기초한다는 점에서 국민적 정당성을 결여한 채 소수에 의해 자행되는 '쿠데타(coup d'État)'와 구별된다.

저항권의 속성

(1) 호펠드의 권리 유형에 따른 이해

'저항'이라는 사실의 문제를 '권리'라는 법의 언어로 이해하고 설명할 수 있을 때, 비로소 '저항권'은 정당성을 확보하고 합법성을 지닐 수 있다. 먼저 권리(right)라는 언어를 분석법학(Analytical Jurisprudence)적 관점에서 이해해보자.

20세기 초, 웨슬리 호펠드(Wesley Hohfeld)는 「Some Fundamental Legal Conceptions as Applied in Judicial Reasoning」이라는 논문을 통해 미국 분석법학에서 가장 탁월하다고 평가받는 권리와 의무에 대한 관계적 접근을 시도한다. 그의 논지는 "권리라는 용어는 분별없게 사용되는 경향이 있다. 가장 엄밀한 의미로서의 '권리' 대신 '권한(power)', '특권(privilege)', '면책(immunity)'이 사용되어야 할 경우에도 구별되지 않고 쓰임으로써 권리라는 용어는 분별없게 사용되는 경향이 있다"[10]는 점을 밝히면서, '법적 관계(jural relation)'는 정교한 구조를 갖고 있으며, 특히 (좁은 의미의) 권리와 의무는 법적으로 상응 관계에 있다는 것이다. 법적 관계에 집중한다는 점에서 다소 형식적이지만 호펠드의 권리 유형론은 우리가 천착하는 저항권의 형식적 성격을 해명하는 데 유의미한 틀을 제공한다.[11] 이 관계를 유형화하면 다음과 같다.

첫째, 특권과 권리 없음(Privileges and No-Rights). 순수하게 이론적인, 또는 형식적인 '자유권(liberty rights)'이다. 어떤 사람에게 그가 어떤 것을 하거나(또는 하지 않거나) 또는 가지거나(또는 가지지 않거나) 하는 것에 대한 아무런 규칙도 없을 경우 그는 자유권을 가지고 있다고 할 수 있다. 예를 들어 새에게 먹이 주는 것을 금지하는 법률이 존재하지 않는다면, 누구나 새에게 먹이를 줄 수 있는 법적 권리를 갖는다. 형식적 자유권은 그 안에 어떠한 상호 관계가 있는 의무를 생성하지 않기 때문에 권리 소유자의 측면에서 의무의 부재라고 할 수 있다. 한편, 경찰이 특정한 상황에서 속도제한을 어길 수 있는 것처럼 어떤 사람 또는 어떤 집단이 일반적인 규칙으로부터 제외되는 경우가 있다. 이러한 종류의 법적 관계를 '특권(privilege)'이라고 할 수 있으며, '권리 없음(no-rights)'에 상응한다. 저항권은 불법국가 혹은 불법한 공권력 행사라는 특정한 상황하에서 폭력을 수단으로 할 수 있다는 점에서 일종의 특권인 측면이 있다.

둘째, 권리와 의무(Rights and Duties). 다른 사람의 행위를 청구하여 다른 사람의 순수한 자유권을 제한하게 되는 '청구권(claim rights)'이다. 호펠드가 강조하는 바, 가장 좁은 의미의 권리 개념이다. 통상의 자유권이 개인들의 행위에 다른 측에서 관련 있는 의무(duty)를 수반하고 적어도 권리 소유자의 행위 또는 상황을 방해하지 않는 방식으로 오히려 더 많은 보호를 제공하기 때문에 실질적 자유권이라고 할 수 있다. 의무의 대상이 특정된 청구권을 대인적 청구권(claim in personam), 의무의 대상이 특정되지 않은 청구권을 대물적 청구권(claim in rem)이라고 한다. 한편, 드워킨(Ronald Dworkin)은 실질적 자유권을 '강한 권리(strong rights)'라고 부르고, 형식적 또는 순수한 자유권을 '약한 권리(weak rights)'라고 부른다.[12] 저항권은 대상으로 하여금 침해를 하지 않을 의무를 부과한다는 점에서 청구권적 성격도 갖는다. 특히 불법국가 혹은 불법한 공권력을 행사하는 자를 대상으로 한다는 점에서 대인적 청구권이라고 할 수 있다. 더 나아가 청구권적 성격의 저항권은 사회계약설의 맥락에서 한층 설득력을 가질 수 있다.

셋째, 권한과 책임(Power and Liability). 다른 권리와 의무를 변경하는 능력을 부여하는 방식으로 간접적으로 적용되는 별개의 권리는 '권한(power)'이다.[13] 권한은 다른 사람들의 의무와 연관되진 않지만, 그것들은 다른 사람들에게 영향을 준다는 점에서 '책임(liabilities)'과 상응한다. 예컨대 국회의원들의 입법권은 권한이며, 이를 통해 모든 국민은 법을 지킬 의무를 갖는다.[14] 저항권이 국민주권의 행사라는 측면에서 정당화된다면 호펠드의 권한 형식과도 유사하다고 할 수 있다.

넷째, 면책과 무능력(Immunity and Disability). 권리 소유자가 권한을 통해 다른 사람의 행위에 의해서 법적 또는 도덕적 지위에 책임이 없을 때 존재하는 '면책권(immunity rights)'이다. 호펠드는 면책(권) 개념이 면제(exemption) 혹은 불처벌(impunity)과 유사하다고 한다.[15] 면책을 행사하는 경우 상대방은 무능력(disability)해진다. 면책은 관련된 책임 때문에 개인의 자유를 침해하는 수권 규칙을 생성하지 못하도록 함으로써 더 실질적인 형태로 주어진다. 이렇게 책임이 귀속되지 않는다는 점에서 면책은 큰 의미를 가질 수 있다.[16] 저항권의 행사는 권리 소유자로 하여금 법적 또는 도덕적 책임을 귀속시키지 않음으로써 의미를 갖는다. 특히 저항권 행사 과정에서 수반되는 무력 등 유형력의 행사에 대해 그 책임을 귀속시키지 않는다는 점에서 저항권은 면책권으로서의 형식도 갖는다고 할 수 있다.

(2) 공격받지 않을 권리[17]로서 저항권

저항권을 공격하려는 자에 대한 저항의 권리로 이해한다면, 이는 '공격받지 않을 권리'로서 먼저 설명되어야 한다. 호펠드의 권리 유형을 바탕으로 공격받지 않을 권리는 다른 이들이 그를 공격해서는 안 된다는 당사자의 도덕적 청구를 핵심으로 한다. 구체적으로는 다음과 같은 여섯 가지 요소와 관련이 있다.[18] ① 의무의 수행에 대한 권한을 행사하거나 행사하지 않을 양방향성 도덕적 자유, ② 그의 핵심 청구권을 포기할 도덕적 권한, ③ 핵심 청구권을 포기할 권한을 행사하거나 행사하지 않을 양방향성 도덕적 자유, ④ 당사자를 공격하려는 이에게 저항할 도덕적 자유, ⑤ 당사자가 핵심 청구권을 포기하거나 개입하지 않도록 요청한 경우를 제외하고 다른 이가 공격하는 것을 제3자가 개입해 저지할 도덕적 자유, ⑥ 타인의 독자적 행동으로 인해 핵심 청구권을 잃는 것으로부터의 도덕적 면책 등이 그렇다. 여기서 저항권은 '당사자를 공격하려는 이에게 저항할 도덕적 자유'(④)와 특히 관련 있다. '당사자를 공격하려는 이에게 저항할 도덕적 자유'는 타인에게 무력을 사용해서는 안 된다는 선행 의무가 있음에도 불구하고 스스로를 심각한 위험과 침해에 노출시켜 자기희생을 강요해서는 안 된다는 점에서 도덕적 정당성을 갖는다. 무엇보다 저항권은 위의 ①~⑥까지 공격받지 않을 권리의 모든 측면을 고려해서 총체적이고 포괄적으로 파악되어야 한다.

이러한 속성은 실상 '정당방위'의 속성이다. 스스로를 심각한 위험과 침해에 노출시킴으로써 자기희생을 강요해서는 안 된다는 점은 이른바 자기보호를 통한 법질서 수호라는 측면에서 정당방위의 근거로 설명되기 때문이다.[19] 정당방위를 일종의 도덕적 권리로 이해하면 정당방위는 스스로의 생명, 신체, 자유를 보호할 도덕적 자유며, 필요할 시에는 합당한 정도의 무력도 허용되는 것을 의미한다. 구체적으로는 다음과 같은 도적적 지위를 포함한다.[20] ① 스스로 정당방위를 하지 않을 도덕적 자유, ② 제3자가 정당방위를 방해하거나 제한하는 것에 저항할 도덕적 청구권, ③ 제3자의 의무 수행을 요구하거나 요구하지 않을 양방향성 도덕적 자유, ④ 제3자가 누군가의 정당방위를 돕고자 필요한 모든 합당한 무력을 쓸 수 있는 도덕적 자유, ⑤ 타인의 개별적 행위로 인해 누군가의 핵심 자유권이 박탈당하는 것에 대한 면책.

이처럼 호펠드의 권리 유형에 따르면, 저항권은 권리 형식이 갖는 여러 측면을 포괄할 뿐만 아니라 타인의 부당한 공격에 대한 저항이라는 점에서 '정당방위'의 속성을 갖는다. 그러나 저항의 대상이 국가 또는 공권력인 경우, 보호법익이 '헌법 수호' 또는 '법치국가 수호'와 같은 국가적 법익부터 구체적 개인적 법익 침해까지 다양하다는 점에서 개인적 법익 보호를 전제로 하는 실정법상의 정당방위 도그마틱으로는 저항권을 근거 짓기 어렵다. 적법한 명령에 따른다고 오인한 개별 행위자의 생명·신체에 대한 공격에 대해서는 그에 대한 저항을 정당방위로 근거 짓기에 또한 한계가 있다. 요컨대 다양한 개별 행위자들의 저항은 각각 법적 성격을 달리할 수 있기에 일률적으로 정당방위라고 규정하기에는 어려움이 따른다. 후술하는 것처럼 우리 판례가 저항권 행사를 위법성이 조각되는 '정당행위'로 보는 점도

《윤석열 파면 촉구 집회》 12·3계엄 이후 시민들은 매일같이 집회 현장에 나와 '윤석열 파면'을 외치며 집단적 권리로서 저항권을 행사했다.(출처: 미디어몽구)

그런 고민의 결과일 것이다. 그리고 이 지점이 저항권을 집단적 권리, 총체적 권리로 이해해야 하는 이유기도 하다.

호펠드의 권리 유형은 근대 이후 분석법학의 중요한 성과지만, 개인의 도덕적 권리를 대상으로 형식적인 분석을 했다는 점에서 저항권과 같은 집단적 권리를 설명하는 데 한계가 있다. 보통 권리 담론은 '개인적 권리'를 전제로 한다는 점, 근대 이후 권리 담론의 역사는 주체로서 개인의 성장과 개인의 생명·신체·재산·자유와 같은 자연권 이론의 역사라는 점에서 그렇다. 집단적 권리의 성격을 간략하게나마 검토할 필요가 있다.

(3) '집단적' 권리로서 저항권

근대적 권리는 통상 개인을 전제로 하고, 권리 주체(권리 소지자)로 개인을 상정한다. 개인의 권리가 아니면 권리영역을 확정하기 어렵고 더 나아가 권리보호의 주체와 대상이 모호해지면서 실효성을 상실할 수 있기 때문이다. 물론 최근 민족자결권 같은 집단적 권리에 대한 고민과 실천이 점차 확산되고 있다. 그러나 그러한 집단적 권리가 개인의 권리만큼 명확한 영역과 실효성을 담보하는지는 의문이며, 권리구제 측면에서도 많은 회의가 생길 수 있다.

바로 그러한 이유에서 저항권에 대해서도 같은 문제가 제기될 수 있다. 저항권은 통상 하나의 개인이 행사하는 것을 넘어 국민, 시민 혹은 특정한 정치적 주체와 같은 집단이 행사하는 것이 일반적이다. 이때 집단이나 다중이 저항권의 주체가 될 수 있을지 여부는 권리의 속성 또는 구제와 관련해 몇 가지 쟁점을 내포한다.

집단적 권리는 일응一應 단일한 권리라기보다는 개별 권리들의 총체로 이해된다. 또한 별개인 구성 요소 권리들이 다른 개인들에 의해 각자 다양한 능력들의 힘으로 주장된다는 점에서 집단적 권리를 설명하기도 한다. 이 때문에 집단적 권리는 집단이 주체가 되어 행사할 수 있지만, 집단의 구성원인 개인이 원용하거나 재판규범으로 행사할 수 있는 도덕적 권리기도 하다.[21] 다만 근대의 로크가 이른바 다수에 의한 혁명의 권리를 인정하면서도, 다수가 아닌 개인에게는 그러한 권리를 인정하는 데 소극적이었다는 점은 흥미롭다.[22]

이러한 논쟁은 1966년에 채택된 '국제인권협약(시민적·정치적 권리에 관한 국제규약, International Covenant on Civil and Political Rights)'에서 '민족자결권'이라는 개념을 사용함으로써 일단락되었다.

4. 우리 법 현실에서 저항권 이해

법원의 입장

우리 헌법은 저항권을 명문으로 규정하지 않아서 우리의 법과 질서가 저항권을 인정하는지는 논란이 있을 수 있다. 통상적으로 헌법상 저항권은 자연권적 권리로서 기존의 헌법질서를 유지하기 위해 행사되어야 한다는 목적상 요건, 민주적 기본질서와 같은 중대한 헌법침해 상황 요건, 헌법침해 행위를 저지하기 위한 더 이상의 법적 구제수단을 활용할 수 없는 상황에서 최후의 수단으로서만 행사될 수 있다는 보충성 요건을 모두 충족할 때 인정되는 것으로 보지만,[23] 과거 대법원의 판례는 저항권의 재판규범성을 인정하지 않고 있었다.[24] 저항권을 초실정적인 권리 혹은 자연법에 근거한 주장으로 보고 재판에서 저항권 주장을 배척하는 것이 일반적이었던 것이다.

다만 일부 판례를 제외하고, 법원은 저항권의 '존재' 자체를 부정하지는 않으며, 일정한 요건하에서 저항권이 성립될 수 있음을 인정하는 태도를 보인다. 일부 하급심과 헌법재판소의 소수 의견[25]에서 저항권의 행사를 인정하는 경우가 더러 있었다. 이러한 점에서 법원은 저항권 '개념'과 저항권 '행사'를 구분하는 듯한 태도를 취한다고 할 수 있다.[26]

최근에는 5·18민주화운동 관련 주요 사건 및 재심 결정에서 우리 법원은 저항권의 행사를 적극 인정하면서[27] 오늘날 법원은 저항권 행사의 가능성을 충분히 인정한다. 다만 저항권을 인정하더라도 저항권 행사의 법적 의미를 위법성조각사유, 특히 정당행위로 설명한다.

우리 법체계에서 해석되는 저항권의 지위

(1) 저항권을 정당행위로 보는 판례의 태도

저항권의 행사를 인정하는 판례에서 법원은 대체로 이를 형법 제20조의 정당행위에 해당한다고 본다.[28] 이러한 태도는 5·18민주화운동에 대한 일련의 재심 결정에서 확립된 태도라고 할 수 있다.

저항권의 쟁점이 되는 사안들에서 피고인 및 변호인이 위법성조각사유와 저항권을 함께 주장하는 경우가 일반적이다. 이와 관련하여 인혁당재건단체 및 민청학련 사건에서 당시 대법원[29]은 "피고인들이 위법성이 없다는 것이 구체적으로 형법 소정의 어떠한 위법성저각사유[30]에 해당하는지 분명하지 않"기 때문에, "그 주장 자체로 보아서는 초법규적인 위법성저각사유를 주장하는 것으로 이해할 수밖에 없"음을 전제로, "위법성저각사유는 실정법 질서 내에서만 허용되는 것으로, 여기서 일탈하는 행위는 위법성의 저각사유가 될 수 없으며 또 피고인들의 이에 해당하는 행위들이 형법 제20조의 어느 것에도 해당한다고 보여지지 아니"한다고 했다. 일부 하급심에서도 "노동쟁의조정법이 정하는 쟁의 행위에 해당하지 아니하는 근로자의 행위를 정당행위로 인정하는 것은 극히 예외적인 경우로 제한하여야 하고, 그 행위가 신청인이 내세우는 이른바 저항권의 행사에서 비롯되었다 하여 달리 볼 것은 아니라 할 것"이라고 했다.[31] 이러한 태도는 법원이 정당행위에 대한 판단을 주로 하면서, 극히 예외적으로 저항권의 행사가 인정된다면 정당행위로 달리 볼 여지가 있다는 것으로 이해된다.

(2) 본질적으로 정당방위지만, 법원이 정당행위라고 판시하는 이유

앞서 언급했듯이 위헌적이거나 불법적인 국가 혹은 공권력 행사에 대한 저항권의 본질은 정당방위라고 할 수 있다. 그러나 저항권의 행사를 형법상 정당방위(제21조)로 규정하기에는 법원이 넘어야 할 많은 '해석'상의 어려움이 있다. 이에 대해서 저항권 행사의 대표적인 역사적 사례라고 할 수 있는 5·18민주화운동을 중심으로 검토해보자.

첫째, 국가행위의 위헌성 또는 위법성을 선언하기 어려운 상황. 정당방위는 이른바 부정不正 대 정正의 관계에서 가능해서 저항권 행사의 대상인 국가 또는 공권력의 위헌성 또는 위법성을 전제해야 한다. 오늘날에야 5·18민주화운동은 진상규명과 역사적 평가를 통해 국헌을 문란하게 하는 내란 행위에 저항함으로써 헌정질서를 수호하기 위한 저항으로 정립되었지만, 그동안 국가행위의 위헌성 내지 위법성을 명시적으로 선언하는 데는 많은 어려움이 있었다. 마찬가지로 여전히 진실을 규명하고 명예를 회복해야 하는 많은 국가폭력에 대해서도 위헌성과 위법성을 명시하는 데 어려움이 따른다.

둘째, 현행 정당방위의 해석적 한계. 우리 형법상 정당방위[32]가 자기 또는 타인의 법익 침해, 이른바 '개인적' 법익 침해에 대한 저항만을 대상으로 한다는 점에서 헌정질서라는 '국가적' 법익을 수호하기 위한 5·18민주화운동을 정당방위로 해석하는 데 한계가 있다.

셋째, 저항권 행사의 총체성. 국가의 위헌적 또는 위법한 공권력 행사에 대한 저항은 단시간에 행사되는 것이 아니라 수일에서 길게는 수년에 걸쳐 이루어질 수 있다. 그 때문에 현재성, 다시 말해 '현재의' 침해를 요건으로 하는 현행 정당방위의 엄격한 해석으로는 지속적이고 더러는 장기적으로 이루어지는 저항 행위를 포함하는 데 어려움이 있다. 더 나아가 저항의 다양한 동기와 상황을 일률적으로 규정할 수도 없기 때문에 정당방위라는 좁은 위법성조각사유로 한정하는 데 한계가 있다. 저항권이라는 권리가 통상 개인적 권리가 아닌 집단적 권리의 형태를 띠면서 행사된다는 점에서 총체적 평가는 불가피하다.

결국 법원은 저항권의 행사를 정당방위가 아닌 다른 위법성조각사유로 우회해야 했던 것이고, 언급한 바와 같이 저항권의 법적 지위를 정당행위로 인정하는 데 귀결했을 것으로 보인다. 더 나아가 판례가 저항권의 법적 지위를 정당행위에서 찾는 이유를 '법체계'의 관점에서 조금 더 적극적으로 추측해볼 필요가 있다. 짐작건대 다음과 같은 세 가지 이유가 있다.

첫째, 일단 피고인이 행위의 정당성을 주장하면서, 저항권 내지 정당방위와 정당행위를 열거하기 때문이다.[33] 법원으로서는 피고인과 변호인의 주장에 대해 판단을 할 수밖에 없다.

둘째, 문언의 명확성을 강조하는 형법에서 이례적으로 추상적인 문언이 형법 제20조[34]의 '사회상규'다. 판례에서 "저항권이 초실정법적인 자연법 질서 내의 권리주장으로서 그 개념 자체가 막연"하기 때문에 "실정법을 근거로 국가사회의 법질서 위반 여부를 판단하는 재판권 행사에 있어서는 적용될 수 없다"는 것이 과거 법원의 일반적인 태도라는 점을 고려한다면, 저항권을 ― 법령이나 업무가 아니라 ― 실정법상 가장 추상적 문언인 '사회상규', 정확히는 '사회상규에 위배되지 않는 행위'에서 찾는 것이 그나마 타당해 보일 수 있다.[35] 대법원은 사회상규에 위배되지 않는 행위를 다음과 같이 세 가지로 유형화하기도 한다.[36]

① 행위가 법규정의 문언상 일응 범죄구성요건에 해당된다고 보이는 경우에도 그것이 극히 정상적인 생활 형태의 하나로서 역사적으로

생성된 사회생활 질서의 범위 안에 있는 것이라고 생각되는 경우.
② 어떤 법규성이 처벌 대상으로 하는 행위가 사회발전에 따라 전혀 위법하지 않다고 인식되고 그 처벌이 무가치할 뿐 아니라 사회정의에 배반된다고 생각될 정도에 이를 경우.
③ 자유민주주의 사회의 목적 가치에 비추어 이를 실현하기 위해 사회적 상당성이 있는 수단으로 행하여졌다는 평가가 가능한 경우.

더 나아가 법원은 형법 제20조의 취지를 "어떤 행위가 형식적으로는 범죄의 구성요건에 해당한다고 보이는 경우에도 국법질서 전체의 이념에 비추어 용인될 수 있는 것이라면 이를 정당행위로 보아 처벌하지 아니한다는 것"으로 보면서 이를 구체화하기 위한 기준으로 "그 행위의 동기나 목적의 정당성, 행위의 수단이나 방법의 상당성, 보호법익과 침해법익과의 법익권형성, 긴급성, 그 행위 외에 다른 수단이나 방법이 없다는 보충성 등"의 요건을 제시한다.[37]

셋째, 이와 같이 어느 행위가 정당행위에 해당한다고 인정하기 위해서 요구되는 요건 중에서 '긴급성'과 '보충성'은 앞서 소개한 저항권 행사의 요건으로 인식된다는 점에서 저항권의 행사를 정당행위와 일견 유사하게 볼 여지가 있는 것이다. 한편, 이 경우 저항권은 '실력으로 저항'하는 것이기에 정당행위의 요건 중 하나인 '행위의 수단이나 방법의 상당성'에 부합하기가 쉽지 않다. 이러한 문제는 저항권 행사의 보충성을 정당행위의 보충성으로 혼동하거나 축소하는 오류라고 할 수 있다.[38] 또한 "구성요건 요소는 개개의 입법 취지 내지 법익 보호의 취지에 비추어 현실적으로 타당한 법해석 방법에 의거하여 그 의미를 밝혀야 하는 것이지, 모호하고 불확정적인 상당성이라는 기준에 의해 해석될 수 없다"[39]는 점에서 상당성 자체가 사회상규를 구별할 실익은 없을 뿐만 아니라 상당성이 저항권 개념 및 저항권 행사의 요건이 되어서도 안 될 것이다.

5·18민주화운동과 저항권

저항권의 실천성을 이해하려면 구체적인 역사적 사례를 놓고 그 개념과 행사를 검토해야 한다. 앞서 언급한 것처럼 5·18민주화운동의 사법적 평가를 바탕으로 저항권을 살펴보자.

(1) 5·18민주화운동에 대한 법적 평가

5·18민주화운동의 전개 양상은 국가폭력의 강도에 따른 시민의 각성에 따라 점차 입체적으로 발전해갔다. 대법원 1997. 4. 17. 선고 96도3376 전원합의체 판결은 "국민이 헌법의 수호자로서의 지위를 가진다는 것만으로 헌법 수호를 목적으로 집단을 이룬 시위국민들을 가리켜 형법 제91조 제2호에서 규정하고 있는 '헌법에 의하여 설치된 국가기관'에 해당하는 것이라고 말하기는 어렵"다고 하면서도 "5·18내란 행위자들이 1980. 5. 17. 24:00를 기하여 비상계엄을 전국으로 확대하는 등 헌법기관인 대통령, 국무위원들에 대하여 강압을 가하고 있는 상태에서, 이에 항의하기 위하여 일어난 광주 시민들의 시위는 국헌을 문란하게 하는 내란 행위가 아니라 헌정질서를 수호하기 위한 정당한 행위"였다고 평가한다.[40]

같은 판결에서 "5·18내란 과정으로서의 비상계엄의 전국 확대는 일종의 협박행위로서 내란죄의 구성요건인 폭동에 해당"하고 "비상계엄의 전국 확대를 전후하여 그 비상계엄의 해제 시까지 사이에 밀접하게 행하여진 이른바 예비검속에서부터 정치활동 규제 조치에 이르는 일련의 폭동 행위들은 위와 같은 비상계엄의 전국 확대로 인한 폭동 행위를 유지 또는 강화하기 위하여 취하여진 조치들로서 위 비상계엄의 전국 확대로 인한 폭동 행위와 함께 단일한 내란 행위"가 1981년 1월 24일까지 지속되었다고 본다. 따라서 이 기간에 진행된 광주 시민들의 시위와 투쟁은 국헌을 문란하게 하는 내란 행위에 저항함으로써 헌정질서를 수호하기 위한 정당한 행위로 평가할 수 있다. 더 나아가 최근 법원은 "5·18민주화운동은 전두환 등 신군부 세력의 12·12, 5·17군사반란과 5·18 관련 내란 등 헌정질서 파괴 범죄에 맞선 헌법제정권력인 시민들의 숭고한 저항으로 법적, 정치적, 역사적 평가가 내려져 있다"고 한 바 있다.[41]

(2) 시민 저항의 총체성 및 총체적 평가의 불가피성

1979년 12월 12일과 1980년 5월 18일을 전후하여 발생한 헌정질서 파괴 범죄와 반인도적 범죄에 대항하여 시민들이 전개한 일련의 저항은 다양한 양상을 띤다. 법치국가 수호와 헌정질서 수호라는 목적 및 자기 또는 타인의 생명, 신체에 대한 방어라는 목적이 혼재되어 있고, 구호를 외치는 행위부터 돌과 화염병을 던지는 행위, 더 나아가 무장을 통해 스스로를 방위하는 행위까지 저항의 수단도 다양하게 전개된다. 이에 5·18민주화운동은 시민불복종이라는 작은 저항에서 시작하여 헌정질서 파괴 범죄와 반인도적 범죄에 대항한 저항권의 행사라는 점에서 일련의 모든 행위를 총체적으로 평가해야 한다. 더 나아가 저항권이 개인의 권리가 아닌 집단적 차원의 권리라는 점을 고려하면 '개인'과 그 '행위'를 개별적으로 평가할 것이 아닌 '시민'과 '저항'을 총체적으로 평가하는 것이 불가피하다. 5·18민주화운동을 저항권의 행사라고 부르는 이유가 바로 여기에 있다.

물론 재심과 같은 구체적 사안에서 저항권 행사에 대한 법적 평가를 개별화하는 것은 필요하다. 특히 이른바 공소사실일 수밖에 없는 국가폭력에 대항했던 개별 행위에 대해 정당방위로 평가함으로써 국가폭력의 위헌성과 불법성을 명확하게 드러내고 행위의 정당성을 평가하는 것이 이 역사적 사건의 본질이라서다. 그럼에도 불구하고 정당방위에 대한 실정법상의 해석적 한계에 대해서는 다른 차원의 고민이 필요할 것이다.

예컨대, 국가폭력에 대한 저항을 헌법 전문 또는 개별 조문에서 명문으로 규정하거나, 방위 행위를 '자기 또는 타인의 법익을 방위하기 위하여 한 행위'뿐만 아니라 '헌정질서 파괴 범죄와 반인도적 범죄에 대항하는 행위'까지 입법화하는 방안이 그렇다.[42] 헌정질서 파괴 범죄와 반인도적 범죄와 같은 국가폭력의 부당성을 입법을 통해 명시적으로 선언하고, 이에 대항하는 행위가 긴급한 자기보호라는 점과 법질서 수호라는 점을 밝힘으로써 저항권 행사의 정당성을 입법화하는 것이다.[43] 특히 법질서 수호를 위한 정당방위는 '사회적 차원의 자연권'[44]으로서 국가가 본래 독점하고 있던 형벌권을 예외적으로 시민에게 이양하는 것으로 볼 수 있기 때문이다.[45]

5. 법 바깥에서 법을 사유할 수 있는 실천으로서 저항권

저항권은 실정화되지 않더라도 자연법적 가치를 지니며 제도화하지 않더라도 규범적 가치를 지닌다. 그 때문에 지배권력의 부당한 권력 행사에 대한 저항권은 근대 입헌주의를 배경으로 하지 않더라도 고대부터 오늘날까지 권력의 정당성을 묻는 수단으로 기능해왔다.

저항권은 위헌적 또는 불법적인 국가와 공권력에 저항한다는 점에서 그 본질은 정당방위에 가깝다. 다만 헌정질서 수호 또는 법치국가 헌법 수호를 목적으로 하기에 방위하고자 하는 법익은 국가적 법익이라고 할 수 있다. 이러한 점에서 카우프만은 저항권이 사회적 정당방위의 권리로서 입증되어야 한다고 강조한다.[46] 이어 카우프만은 불법국가에서 저항권 행사의 요건을 다음과 같이 설명한다.

① **국가권력의 극단적 남용 상황**
② **보충성**: 저항은 모든 합법적이고 평화적 수단들이 소진된 경우에만 고려된다는 점에서 단지 부수적으로만 고려된다. 이 점에서 저항은 '최후의 수단(ultima ratio)'이다.
③ **비례성**: 사용되는 수단들과 추구하는 목적이 적합한 관계여야 한다.
④ **성공에 대한 확신**: 카우프만은 저항이 처음부터 가망이 없고 무의미하다면 저항은 허용되지 않는다고 한다. 그 때문에 저항은 성공에 대한 근거 있는 희망이 존재해야 하는 것을 전제로 한다고 한다.[47] 다만 때로는 패배를 예정하면서 또는 희생과 패배를 감수하면서 저항을 할 수 있다는 점에서 카우프만이 제시한 '성공에 대한 확신'이 저항의 조건이어야 하는지에 대해서는 선뜻 동의하기 어려운 점이 있다.[48]
⑤ **통찰 능력**: 저항하는 주체는 상황에 대한 올바른 판단과 필요한 통찰을 가져야 한다.
⑥ **소극적 요소로 권력을 향한 의지**: 저항은 오로지 법을 위해서만 행사되

어야지 권력 획득을 위해서는 행사될 수 없다.

ⓖ **수동적/적극적 저항, 비폭력적 저항/폭력적 저항 요건:** 저항이 수동적일지 적극적일지 또는 비폭력적일지 아니면 폭력적일지 여부는 공격의 강도에 따라 수단의 필요성에 달려 있다. 이는 저항의 시점과 밀접한 관련이 있다.[49]

요컨대, 저항권은 법치국가 헌법을 쟁취, 유지, 수호, 회복할 것을 목표로 한다는 점에서 법치국가를 회복하기 위한 최후의 수단(ultima ratio)이다. 그 때문에 저항권의 대상은 법치국가가 아니라 불법국가다. 정확히는 불법국가의 '찬탈(Usurpation)'과 '폭정(Tyrannei)'이 그 대상이다. 특히 인권의 침해가 극단적인 경우에 방어하기 위한 최후의 수단으로서 불법국가를 배제하기 위하여 저항권은 행사될 수 있다.

저항권이 불법국가를 대상으로 하며 법치국가를 회복하고 헌법을 수호하기 위한 '최후의 수단'이라는 점에서, 저항권과 시민불복종은 구별된다. 시민불복종(Civil Disobedience)은 법치국가 헌법을 전제하며, 법치국가가 자신의 정체성을 계속 유지할 수 있는 안전판을 법이 아닌 힘에 의존시키는 방법이다. 따라서 시민불복종은 시민이 헌법에 보장된 정치적 기본권을 행사하는 것이다.[50] 만약 서부지법 사태에서 윤석열 지지자들이 법원의 구속 결정에 반대하는 집회와 시위를 벌였다면, 이는 헌법에 보장된 정치적 기본권을 행사하는 것이다. 이때 시민불복종은 "그 개념 자체에 불법적인 성격을 내포하고 있지만, 실질적으로는 헌법체제를 안정화하는 하나의 수단으로 작용"한다.[51] 그런데 윤석열 지지자들의 시위는 법치국가를 회복하고 헌법을 수호하려는 것이 아니라, 윤석열이라는 특정한 개인에 대한 지지를 호소한 것이고 그에 대한 법원의 판단과 권위에 불복한 것이다. 따라서 처음부터 저항권이 성립할 여지가 없다.

물론 법원의 판단에 대한 비판이나 지지 또한 가능하기에 이에 대한 집회나 시위가 일종의 정치적 입장 표명으로서 시민불복종이라고 평가할 여지는 있다. 그러나 이 경우에도 주거침입, 폭력, 손괴, 방화와 같은 범죄의 구성요건을 실현해서는 안 된다. 만약 어떠한 행위가, 서부지법 사태처럼, 별도의 범죄구성요건을 실현하면 응당 법적책임(형사처벌)이 불가피하다.

이 지점에서 헌법재판소가 언급한 "시민들의 저항과 군경의 소극적인 임무 수행 덕분" 구절을 다시 떠올리게 된다. 이번 12·3계엄에서 시민들이 저항권 행사를 통해 추구하려는 것은 무엇이었을까? 바로 부당한 권력이 박탈하고자 했던 우리의 삶, 다시 말해 법의 일상과 풍경의 회복이 아니었을까? 부당하게 박탈된 우리 삶을 회복하는 데 합법적 절차를 기대할 수 없을 때, 또 합법적 구제를 기다리기에는 너무나도 많은 시간과 희생이 요구될 때, 저항권은 (현실의) 법 바깥에서 (마땅히 있어야 할 올바른) 법을 사유할 수 있는 실천적인 (제도로서) 법이다.

— 김대근

8
전짓불 앞에 서다
— 한국문학과 계엄의 기억

1. 끝나지 않는 밤

계엄의 밤이 끝났다. 2024년 12월 3일 밤 기습적으로 이루어진 윤석열 정부의 친위쿠데타였던 비상계엄은 다음 날인 12월 4일 새벽 국회의 계엄 해제 표결로 끝이 났다. 그러나 한 차례 투표 불성립으로 지연 통과된 대통령 탄핵 표결과 다시 그로부터 몇 개월간 지난했던 헌법재판소 탄핵심판까지 계엄의 밤은 오래 지속되었다. 2025년 4월 4일 헌법재판소 재판관 8명 전원이 국회 탄핵소추단이 주장한 다섯 가지 탄핵 사유 전부를 인정하여 대통령을 파면하면서 마침내 123일간 이어진 계엄의 밤이 끝났다. 밤사이에 또 다른 계엄 시도가 있을지 모른다는 불안으로 매일이 쉽게 잠들 수 없었던 불면의 123일이었다. 고된 시간이었지만, 이제는 끝난 밤이다.

2024년 겨울밤 느닷없이 선포된 비상계엄. 계엄의 형식을 빌린 대통령의 친위쿠데타는 봄꽃이 피어날 즈음에 저물었다. 하지만 끝나지 않고 이어지는 계엄의 밤을 살았던 이들이 있었다. 그 계엄의 밤을 견딘 이들은 12월 3일의 밤이 다시 긴 어둠 속으로 들어가는 터널의 초입일지 모른다는 불안을 겪었다. 해방 이후 지금까지 한국사에서 계엄의 밤이 수없이 반복되었기 때문이다. 미군정의 신탁통치를 받던 3년 사이에도, 정부 수립 이후 제주4·3과 여순사건, 한국전쟁에서의 죽음과 이승만 정권 유지를 위한 1950년대의 계엄들, 군부정권과 신군부 세력의 통치 기간 이어진 계엄들까지. 계엄의 밤은 반복되었으며 때로는 수년에 걸쳐 이어지기도 했다. 그런 밤들을 겪었던 이들이 있다. 그런데 마지막 계엄 이후 43년 만에 다시 비상계엄이 선포되었다. 언제 끝날지 모를 밤이 다시 일상을 덮었다.

  12·3비상계엄은 한국 사회를 다시 긴 밤으로 몰아넣을 뻔했다. 병사들의 주저와 시민들의 용기, 헬기의 이륙을 늦춘 겨울밤의 눈발, 쿠데타 세력의 미숙함이 그 어둠을 짧은 밤으로 끝냈다. 천만다행이었다. 하지만 한국 사회의 절반은 그날 이전에도 계엄을 겪었던 이들이다. 그리고 그들이 겪은 계엄은 하룻밤 사이에 끝나지 않았다. 긴 밤들이 있었고, 그 시간을 견뎌온 이들의 기억과 기록이 있다. 하룻밤의 계엄과 몇 달에서 몇 년을 이어진 계엄은 전혀 다른 경험이다. 우리는 계엄을 통해 자신들의 권력을 지키려고 한 이들, 그들에게 허락하거나 주었던 적도 없는 권력을 탐했던 이들을 단죄해야 하는 과제를 앞에 두고 있다. 그러나 무도한 이들을 단죄할 기회를 얻기까지, 계엄의 밤을 견뎌온 이들이 마주했던 감각은 이와는 많이 다를 것이다. 그 다른 경험, 다행스럽게도 지금의 우리가 피해갈 수 있었던 두려운 밤들의 기억이 무엇인지 어떻게 알 수 있을까? 아니 그것을 알게 된다면 어떤 의미가 있을까?

  계엄의 밤에 숨죽인 이들이 있다. 군홧발이 일상을 짓밟고 총탄이 창문을 뚫고 날아들 때 입을 막고 숨어서 날이 밝기를 기다린 이들이 있다. 그러나 해가 뜬다고 해서 그 밤이 끝나지는 않았다. 계엄의 밤과 그 밤을 지배하는 힘은 전쟁이 끝난 뒤에도, 계엄이 끝난 뒤에도 눈을 뜨고 평범한 이들을 바라보았다. 계엄령이 끝났다고 해서 계엄의 밤이 끝나지는 않았다. 오히려 전시와 극단적 상황에 대응하기 위해 선포한다던 계엄은 평시를 지배하는 규칙이 되었다. '평상시의 계엄법'[1]인 국가보안법이나 억압적인 정치체제, 그리고 폭력으로 지배하는 권력기관들이 계엄 이후에도 건재했다. 그렇게 계엄은 예외적인 상황이 아니라 일상에 뿌리내렸다.

일상이 된 계엄, 끝나지 않는 계엄의 밤은 어둡지 않았다. 오히려 강렬한 빛이 거리를 훑으며 삶을 감시했다. 그래서 그 일상이 계엄의 밤이라고, 총을 든 권력의 그림자에 뒤덮여 있음을 눈치챈 이들은 말할 수 없었다. 빛이 너무 밝아서 오히려 어둡던 역설이 어디에서 비롯했는지, 한 소설가는 이렇게 기록했다.

> 눈이 부시도록 밝은 전짓불을 얼굴에다 내리비추며 어머니더러 당신은 누구의 편이냐는 것이었다. 하지만 어머니는 그때 얼른 대답을 할 수가 없었다. 전짓불 뒤에 가려진 사람이 경찰대 사람인지 공비인지를 구별할 수 없었기 때문이다. 대답을 잘못했다가는 지독한 복수를 당할 것이 뻔한 사실이었다. 하지만 어머니는 상대방이 어느 쪽인지 정체를 모른 채 대답을 해야 할 사정이었다. 어머니의 입장은 절망적이었다. 나는 지금까지도 그 절망적인 순간의 기억을, 그리고 사람의 얼굴을 가려버린 전짓불에 대한 공포를 생생하게 간직하고 있다.[2]

소설가 이청준이 1970년대에 발표한 중편소설 「소문의 벽」은 '박준'이라는 한 소설가의 기행이 나타난 기원을 찾는 이야기다. 기행을 벌이는 미친 사람들에 대한 소설을 발표하던 소설가 박준은 어느 날 자기 발로 정신병원에 입원했다가 이내 탈출한다. 잡지사에서 일하는 소설의 화자인 '나'는 우연히 술집에서 만난 그의 사연에 관심을 가지고 기행의 비밀을 알아내려고 한다. 소설 속 '나'는 박준의 일상 속 기행(전등이 꺼져 있는 것을 견디지 못하고 다시 켜놓는 행동)과 소설에서 반복되는 '전짓불'이라는 소재가 어떤 기억을 떠올리게 하는 중요한 상징임을 알아챈다. 한국전쟁 중 박준의 가족이 겪었던 어떤 순간 말이다. 전쟁 중 박준의 고향마을에서는 빨치산과 경찰부대의 전투가 반복되며 누구도 편안하게 지낼 수 없는 불안한 상황이 이어졌다. 그러던 중 어느 밤 느닷없이 마을에 찾아온 무장한 이들 중 하나가 박준의 집에 들어와서는 전짓불(손전등)을 비추며 "당신은 누구의 편이냐?"고 물었다. 전짓불이 밝게 빛났지만, 그들 모자에게는 그 빛은 짙은 어둠이었다. 어느 편이냐고 묻는 자가 대체 누구인지 밝은 빛 때문에 알아볼 수 없었기 때문이다. 빨치산 편이라고 답했다가 상대가 경찰이라면 부역자로 몰려 죽을 수 있었고, 반대로 경찰 편이라 말해도 상대가 빨치산이라면 목숨이 위험해진다. 박준의 가족은 운 좋게 그 상황에서 살아남았지만, 목숨을 걸고 자신이 어느 쪽인지 말해야 했던 전짓불의 공포는 점차 그 젊은 소설가를 망가뜨린다.

「소문의 벽」에서 소설가 박준이 겪었던 두려운 기억은 작가인 이청준 자신의 기억이었다. 그는 1988년에 발표한 소설 「전짓불 앞의 방백」에서 전짓불에 대한 트라우마가 자신의 것임을 고백한다. 상대가 누구인지 알 수 없게 만드는, 전짓불이 드리운 눈부신 그림자 앞에서 그는 작가답게도 할 수 있는 것이란 "대답은 자신의 진실을 근거로 한 선택이 될 수밖에 없다"[3]고 말한다. 그러나 동시에 작가답게도 전쟁이 끝난 뒤, 6월항쟁을 거친 뒤인 1980년대 후반까지도 "그 같은 자의적인 자아의 선택조차도 늘 용납되기 어려운 것이 우리의 현실"[4]이라고 쓴다.

「전짓불 앞의 방백」에서 이청준이 비판한 현실은 계엄의 밤만으로는 설명되지 않는, 작가의 비판의식 속에서 해명되어야 하지만 이에 대해서는 잠시 뒤로 미루어두자. 「소문의 벽」에서 박준이 전쟁 이후에도 전짓불의 공포에 시달렸듯, 형식적으로는 계엄의 밤이 끝난 뒤에도 일상이 된 권력의 시선 앞에서 사람들은 불안을 계속 짊어지고 살아야 했다. 법적으로는 계엄령이 수십 년간 선포와 종료가 반복되었지만, 삶에는 전짓불의 빛나는 어둠이 계속 드리워 있었다. 그래서였을까? 계엄의 기억은 한국문학에서 계엄에 대해서 말하지 않는 방식으로 기록되어왔다.

2. 계엄 없는 계엄의 기억

20세기 한국문학의 역사에서 전쟁과 학살의 기억은 몇 세대를 걸쳐 작가들에게 강렬하게 각인되어 있다. 지난해 노벨문학상을 수상하며 많은 이들을 놀라게 했던 소설가 한강의 대표작이 광주민주화운동에 대한 작품인 『소년이 온다』와 제주4·3을 소재로 한 『작별하지 않는다』라는 점에서 알 수 있듯 말이다. 일제강점기부터 전쟁과 학살, 참사로 이어지는 죽음의 기억은 한국문학의 주요한 소재가 되어왔다. 특히 해방과 분단, 전쟁으로 이어지는 1940~1950년대의 냉전기 혼란상을 체험하면서 겪은 충격은 한국

문학사의 결정적인 전환점이었다. 연구자로서 내 연구 분야인 '제노사이드 문학'은 바로 이 시기에 대한 문학적 기억이다. 김승옥, 김원일, 박완서, 이청준, 임철우, 현기영, 황석영 등 해방 이후 현재의 한국문학을 만드는 데 중추적인 역할을 했던 주요 작가들의 작품 속에서 전쟁과 학살에 대한 재현을 발견하는 일은 그리 어렵지 않았다. 그들이 직간접적으로 체험한 전쟁과 죽음의 기억은 시대보다 앞서거나 때로는 뒤늦게라도 망각을 뚫고서 문학이 되었다. 그렇다면 그 죽음을 불러온, 시민의 기본권을 중단시켰던 계엄이라는 제도적 절차 역시 그들의 작품 속에 충격적 사건으로 각인되어 있을 것이다. 그러나 이 글을 쓰기 위해 다시 작품들을 되짚어보던 중 이상한 점을 발견했다. '계엄' 또는 '계엄령'에 대한 서술이 기이하리만큼 찾아보기 어려웠기 때문이다.

해방 이후 한반도, 특히 38선 이남에서 계엄은 계속 반복되었다. 해방 후 최초의 계엄은 미군정이 통치하고 있던 1946년, 대구에서 발생한 '대구 10월항쟁'을 진압하기 위해 진압군이었던 미 제6사단 1연대의 지휘관이 선포한 '마셜로(martial law)'였다.[5] 그런데 대령 계급에 불과한 미군 현장지휘관이 선포한 계엄, 마셜로는 분명한 법적 근거를 가진 것이 아니었다. 미군정기 법률 역할을 했던 군정법령에 근거가 없었을 뿐 아니라, 미군의 군사법에도 구체적인 법조항으로 존재하지 않았던 군사적 관습에 가까웠다.[6] 의도한 것은 아닐지라도, 계엄법 없는 상태의 계엄령 선포는 한국 계엄의 역사에서 반복된다. 정부 수립 이후 최초의 계엄은 1948년 10월 22일 '여순사건'을 진압하기 위해 투입된 부대인 제5여단의 여단장 김백일 대령이 선포했다. 김백일 대령은 야간 통행금지와 집회 금지, 무기 은닉 등을 금지하는 5조의 계엄포고령을 선포하고 이를 위반할 시 사형에 처할 수 있다고 경고했다. 당시 계엄포고문에는 어떠한 법적 근거도 없이 "본관에게 부여된 권한에 의하여" 계엄령을 선포한다고 되어 있었는데, 계엄령을 내릴 권한을 가지고 있던 대통령은 뒤늦게 이를 인지하고 10월 25일에 대통령령으로 계엄을 사후 승인한다.[7] 제헌헌법에서는 계엄은 법률로 정한 내용과 절차에 따라 대통령이 선포하는 것으로 규정되어 있었는데, 정작 계엄법 자체는 입법되지 않은 상태였다.[8] 해방 후 최초의 계엄인 미군의 마셜로처럼, 정부 수립 이후의 첫 번째 계엄도 법적 근거 없이, 심지어 헌법상의 계엄 선포 권한을 가진 대통령이 아니라 일개 군부대 사령관의 자의적 판단으로 내려졌다. 여순사건과 제주4·3에서 계엄법 없는 계엄령은 절차적 문제가 있었음에도 수많은 이의 목숨을 앗아갔다. 그리고 계엄법이 국회 의결을 거쳐서 법률로 공포되는 것은 이보다 훨씬 뒤인 1949년 11월 24일[9]이었다. 이때는 여순 지역의 계엄령도 해제되고 진압이 끝난 뒤였다.

해방 이후 한국 사회가 경험한 계엄은 구체적 요건이나 절차적 규정이 명확하지 않았을 뿐 아니라, 심지어 법적 근거조차 없이 강행되었다. 계엄령이 선포되기 전이나, 해제된 이후에도 계엄하에서 자행된 폭력이 그대로 반복되는 경우도 적지 않았다. 그래서 이 시기 계엄의 밤을 경험한 이들에게 계엄령의 선포와 종결은 명확하게 구분되는 사건이 아니었다. 계엄은 제도와 절차로서도 부정확했지만, 경험으로서도 분명치 않았다. 그래서였을까? 전쟁과 학살이 자행되던 계엄의 밤을 겪은 작가들의 글에서 정작 '계엄'이라는 두 글자는 잘 보이지 않는다.

1960년대 한국문학을 대표하는 소설가 김승옥은 4·19혁명 40주년 기념의 한 대담에서 자신이 평생 말할 수 없었던 어떤 상처를 고백한다. 그와 가족에 관한 것이었다. 그의 대표작인 단편 「무진기행」 속 가상의 도시 '무진'이 그가 어린 시절 자란 곳인 여수를 모델로 한 공간이라는 사실은 잘 알려져 있다. 그러나 김승옥에게 여수는 안개가 특산품이라는 항구도시 무진의 모습만으로는 설명할 수 없다. 영원히 잊히지 않을 상처를 남긴 곳이기 때문이다. 어린 김승옥과 그의 가족은 1948년 10월의 여수에 있었다. 여순사건으로 불타고 있던 바로 그곳에 말이다. 그리고 여순사건으로 김승옥은 아버지를 잃었다. 공개적인 지면에서 아버지가 죽은 원인에 대해 김승옥이 고백한 것은 2001년이 처음이었다.[10] 김승옥의 소설에서는 주인공의 아버지가 등장하는 경우가 많지 않으며, 그마저도 단 한 편을 제외하면 중요한 인물이나 힘 있는 인물로 그려지지 않는다. 그의 소설 속 아버지의 빈자리는 식민지와 해방, 분단, 전쟁, 독재를 경험했던 4·19세대가 사회적 모범이자 준거로서의 앞 세대를 가지지 못한 세대 감각과 관련되어 이해되어 왔다.[11] 그러나 김승옥에게 아버지는 관념적인 것이 아니라 구체적 경험이었다.

　김승옥은 해방 이후와 한국전쟁기의 폭력적 경험에 대해서는 직접적인 묘사를 가급적 피했다. 그러나 단 한 편, 예외적인 소설이 있다. 그의 초기 단편소설 「건」(1962)이다. 이 소설은 학교 운동장에서 밤사이에 죽은 빨치산의 시신이 발견되면서 생기는 일을 어린 주인공의 눈을 통해서 들려준다. 주인공 소년 '나'는 좌익을 혐오하는 마을 어른들을 따라서 빨치산의 시신을 욕보였는데, 갑자기 억센 손이 그를 제지한다. 마을 사람들을 대신하여 빨치산 유해의 수습을 맡게 된 소년의 아버지가 그를 붙잡고는 넘어뜨리며 어른들 사이에서 떼어놓는다. 「건」은 김승옥의 소설 가운데 유일하게 전쟁과 군사적 폭력의 경험을 다루는 작품인 동시에 주인공의 아버지가 중요한 역할로 등장하는 단 하나의 소설이다. 소설 속 빨치산의 시신은 여순사건에서 사망한 김승옥의 아버지에 대한 상징이며, 좌익을 혐오하는 반공국가에서 유일하게 그 죽음에 예의를 갖추는 이는 주인공 소년의 아버지다.[12] 그런데 김승옥이 유일하게 가족의 과거를 꺼내 보였던 이 작품 어디에도 계엄이라는 제도와 절차는 등장하지 않는다. 그저 전쟁의 풍경이 있을 따름이다. 4·19세대의 대표 작가인 김승옥은 4·19혁명으로 시민들이 이승만 정권의 경비계엄을 뚫고 독재자를 축출하는 모습을 보았고, 5·16군사쿠데타로 선포된 비상계엄이 시민의 자유를 질식시켜가는 모습도 보았다. 그러나 그의 소설에서 계엄이라는 단어를 찾는 것은 쉽지 않다.

1970년대 초반에 들어서면 한국문학에서 계엄의 밤에 죽은 이들에 대한 이야기가 훨씬 체계적으로 나타나기 시작한다. 내가 '제노사이드 문학'이라고 명명한, 해방 이후부터 전쟁기까지 자행된 학살을 재현하는 한국의 소설들이 1970년대부터 작가들의 주요 작업으로 부상했다. 물론 한국전쟁에 대한 소설은 그 이전부터 활발하게 쓰여왔다. 그러나 계엄법 없는 계엄에서 일어난 참혹한 사건들은 1970년대에야 주요한 문학작품들로 생산되었다. 물론 이 시기에는 비교적 직접적인 재현보다는 우회적인 방식을 취하는 경우가 많았지만 어디에나 예외는 있다. 제주4·3을 전면적으로 고발한 첫 작품인 현기영의 소설 「순이 삼촌」이 1978년에 발표되었다.

제주4·3으로 가족을 잃고 수십 년간 고통을 받았던 '순이 삼촌'의 죽음으로 섬이 불타던 끔찍한 과거를 다시 마주하는 이야기인 소설 「순이 삼촌」은 그동안 공식적으로 말할 수 없던 학살을 구체적으로 기술한다. 「순이 삼촌」의 배경은 제주4·3에서 단일 마을로는 가장 큰 피해를 입었던 '북촌마을'이다. 소설에서 제사를 위해 모인 가족들은 당시 북촌에서 자행된 학살이 얼마나 큰 피해였는지 이야기한다. 공식 피해자 통계가 없던 1970

제주4·3평화공원의 조각상 '비설飛雪'》 1949년 1월 6일 봉개동 지역에 토벌작전이 펼쳐지면서 군인들에게 쫓겨 두 살 난 젖먹이 딸을 등에 업은 채 피신 도중 총에 맞아 희생된 주민 변병생 모녀를 모티브로 만들어졌다.

년대였지만 소설 속에서는 북촌에서 죽은 이가 500명 이상일 것이라 단언한다.[13] 이는 2000년대 초반 정부의 첫 공식 조사보고서인 『제주4·3사건진상조사보고서』에서 추정한 사망자 400여 명[14]이나 이후에 2019년까지 공식 인정된 북촌마을 4·3 희생자 통계인 446명에 거의 근접한다.[15] 정부가 공식적으로 인정한 제주4·3의 신고 피해자 수가 일반적 추정치인 3만 명의 절반에 불과한 13,999명[16]이다. 이런 사실을 고려한다면 실제 북촌의 희생자는 소설 속 주장처럼 500명을 넘을 것이다.

영어 교사로 근무하던 현기영은 방학마다 제주에서 직접 취재하면서 제주4·3의 진상을 조사했다. 개인적 경험이나 이에 대한 우회적인 재현으로 학살을 증언했던 동시대 다른 작가들에 비해 「순이 삼촌」은 훨씬 구체적이고 사실적으로 사건을 그렸다. 그런데도 계엄령에 대한 이야기는 등장하지 않는다. 소설 속 가족 중에는 당시 진압군으로 투입되었던 서북청년단원이었던 외지 출신 고모부가 등장하고, 그의 입을 통해 군사적 폭력의 과정을 세밀하게 설명하고 있음에도 말이다. 계엄과 같은 제도화된 폭력이 소설에 등장하기는 한다. 고모부는 '견벽청야'[17]라는 당시 진압군이 활용했던 대對게릴라 전술을 설명한다. 견벽청야 전술을 수행하는 군인들에게는 가공할 권한이 주어졌다. 고모부는 고작 중대장급 지휘관에게도 '즉결처분권', 즉 재판절차 없이 민간인을 처형할 수 있는 권한이 주어졌다고 증언한다.[18] 견벽청야 전술을 통해 진압군이 목표했던 것은 소개疏開 작전, 즉 작전지역에서 민간인을 강제로 이주시키는 계획이었다. 소개 작전은 현기영의 소설 속에서 반복해서 등장하는 폭력의 기억이다.

> 그 무섭던 소까이(疏開). 온 섬을 뺑 돌아가며 중산간 부락이란 부락은 죄다 불태워 열흘이 넘도록 섬의 밤하늘이 훤히 밝혀놓던 소까이, 통틀어 이백도 안 되는 무장폭도를 진압한다고 온 섬을 불싸지르다니. 그야말로 모기를 향해 칼을 빼어든 격이었다. 그래서 이백을 훨씬 넘어 삼만이 죽었다.[19]

제주 내륙지역의 중산간 마을 전체를 불태운 소개 작전은 현기영에게 고향 제주를 파괴하는 끔찍한 폭력을 상징하는 악몽 같은 사건이었다. 소개 작전은 당시 진압군으로 투입된 제9연대 지휘관 송요찬이 1948년 10월에 해안선으로부터 5km 이상 들어간 제주 중산간 지역에 남아 있는 이를 모두 폭도로 간주하고 총살한다는 명령으로 시작되었다.[20] 지휘관의 말 한마디에 마을이 불타고 주민들이 재판 절차도 거치지 않고 총살되었지만, 정작 제주도에 계엄령이 선포된 것은 이보다 한 달 뒤인 11월 17일이었다. 제주4·3의 기억에서 계엄이란 그저 '그 무섭던 소까이'를 사후에 승인해주는 요식행위일 뿐이었다.

계엄법 없이 이루어진 1940년대의 계엄은 전쟁과 학살이라는 극단적 폭력을 뒷받침했지만, 피해를 입은 사람들은 그 제도를 잘 기억하지 않았다. 계엄은 국가의 폭력을 제도적으로 승인하고 집행하는 장치다. 그러나 평범한 이들이 직면한 것은 법적·제도적 절차가 아니라, 어떤 제약도 없이 자의적으로 실행되는 폭력 그 자체였다. 이는 계엄법이 제정된 이후에도 별반 다르지 않았다. 계엄법이 공포된 이후인 한국전쟁 중에도 여순과 제주에서 있었던 일들이 전국 각지에서 반복되었다. 그리고 작가들이 이를 기억하는 방식도 비슷했다. 제주4·3의 소개 작전에 쓰였던 견벽청야는 한국전쟁기 다른 제노사이드 사건의 재현에서도 반복적으로 등장한다. 1980년대 발표한 김원일의 장편소설 『겨울 골짜기』에서 빨치산 토벌 임무를 맡았던 11사단이 지역 주민들을 무차별적으로 학살한 일, 즉 거창양민학살사건의 이유를 견벽청야 작전에서 찾는다. 소설의 후반부 병사들의 대화를 통해 작가는 청야 전술이 학살의 논리로 뒤바뀌는 과정을 포착한다.

"그렇다 치자. 청야 지역에 해당된다면 인력은 이동시키는 게 원칙 아닌가. 가옥은 불을 질러 적이 아지트로 삼지 못하게 하더라도 부락민은 이동시키고 봐야지."

"허 참, 그런데 부락민의 성분 문제부터 따져봐야지. 순수한 우익 가족들이라면 물론 읍내로 이동을 시켜야 해. 그러나 신원면이 공비들 세상으로 두 달을 보낼 동안 이 오염지구의 부락민 전체가 통비분자로 변하고 말았어. 그러니 이동 대상이 아니라 문자 그대로 말끔히 청소할 대상인 셈이지."[21]

오염된 자들. 군인들은 빨치산에 점령된 공간에서 국민과 국민이 아닌 자를 식별하기가 쉽지 않다고 토로한다. 신원을 보장해줄 이가 있는 우익의 가족은 골라낼 수 있다. 그러나 직계가족 중 공무원이나 군경이 없는 이라면 머릿속에 있는 사상을 식별할 수 없다. 그렇게 '오염'되었을 수 있는 이를 부득이하게 '청소'할 수밖에 없다는 논리로 이어진다. 전짓불을 들이밀고서 너는 누구의 편이냐고 물었던 이들처럼, 계엄하의 폭력은 우리와 적을 나누며 난도질하듯 삶을 파괴했다. 때로는 단지 적의 땅에 서 있다는 이유만으로, 전짓불 앞에서 답할 기회조차 없이 살인을 자행했다.

한국전쟁기 학살에서 계엄은 반복되어 선포되었지만, 그런 제도적 장치와 절차는 총을 든 이들 앞에 끌려온 무고한 이들에게 중요하지 않았다. 다수의 계엄령이 사후적으로 정당화되었으며, 심지어 계엄법조차 없이 실행되었던 사례가 증명하듯이 해방 후 한국전쟁기 계엄은 제도적 절차가 아니라 가공할 폭력의 실행이었다. 그래서 이 시기에 대해 작가들이 기록하는 계엄 없는 계엄의 기억은 그 자체로 계엄의 형식이 아니라 실제적 경험이 무엇이었는가를 우리에게 보여준다.

3. 내가 누구인지 물었다

「소문의 벽」에서 소설가 박준은 전쟁이 끝난 뒤에도 계속 전짓불의 공포에 시달린다. 작중 화자인 '나'는 박준이 쓴 미발표 소설 원고를 읽고 그가 시달렸던 공포의 실체가 무엇이었는지를 알아간다. '나'가 일하는 잡지사에 박준이 투고했던 그 원고에는 끝나지 않는 악몽에 시달리는 'G'라는 남자가 등장한다. G는 매일 반복되는 악몽에 시달린다. G는 정체를 알 수 없는 자들에게 붙잡혀서 자신의 생애를 고백하라는 심문을 받는다. G는 의문스러운 존재들의 의심을 피하기 위해 여러 이야기를 꺼내보려고 하지만 이상하게도 그가 말할 수 있는 것은 어린 날 자신을 괴롭혔던 전짓불 체험의 공포뿐이다. "그가 신문관의 마음에 들도록 정직한 진술거리를 찾아보려 하면 할수록, 그리고 신문관의 정체를 알고 싶어하면 할수록 기억 속에서는 전짓불빛만 더욱 강"[22]해질 뿐이다. 그의 삶을 전짓불이 집어삼킨 것이다. 원고의 후반부에서 정체를 알 수 없는 신문관은 G가 유죄라 선고하고는 그에게 형벌을 내린다. 아니, G는 몰랐지만 자신도 모르게 오래전부터 그 형벌을 겪고 있었다.

> "당신의 전짓불과 나에 대한 두려움, 그것은 이미 스스로 선택한 당신의 수형의 고통이지요. 그리고 당신은 그렇듯 스스로 선택한 수형의 고통 속에 이미 반쯤 미친 사람이 되었거나 앞으로도 계속 미쳐갈 게 분명합니다. 당신은 우리들의 심판에 앞서 자신의 형벌을 그렇게 스스로 선고받고 있는 것입니다……."
>
> "……."[23]

전쟁이 끝난 뒤에도, 총을 들고 그의 앞에 전짓불을 들이미는 이들이 사라진 뒤에도 아무것도 바뀌지 않는다. 전짓불은 한낮의 밝은 햇살 속에 숨어 계속 빛나고 있기 때문이다. 전짓불의 트라우마는 계엄령의 시작이나 끝과도 상관없이 그를 괴롭힌다. 국가가 그를 의심하지 않을 때조차, 자신이 어떻게 보일지 계속 두려워하며 살아가야 하기 때문이다. 일상에서 끝없이 이어지는 전짓불의 공포는 단순히 미쳐가는 한 인간이 겪는 정신적 위기에 그치지 않았다. 계엄의 밤에서 살아남은 자들 모두가 그 공포로부터 자유롭지 못했다.

현기영의 소설 「아스팔트」에서 주인공 '창주'는 제주4·3 당시 마을에 가해진 초토화작전에서 살아남기 위해서 산으로 피난을 간다. 그가 겪은 산 생활은 추위에 시달리고, 토벌대와 무장대 양측 모두에게 의심과 위협을 받는 위태롭고 공포스러운 시기였다. 4·3의 진압작전이 초토화 일변도에서 전향과 회유로 방향을 틀었을 때, 창주는 귀순 권고 삐라를 가지고 피난민들과 함께 내려간다. 그와 피난민들은 원래 살던 마을과 집이 아닌 요새화된 '전략촌'을 건설하고 그곳에서 살아야만 했다. 다행인지 창주가 원래 살던 부락에 전략촌이 건설되었으므로 그는 고향에 돌아왔지만 집이 모두 불탄 그곳을 더는 고향이라 할 수도 없었다. 그리고 그 폐허 위에 군인들의 명령에 따라 전략촌을 건설해야만 했다. 창주는 자신의 손으로 고향을 전혀 알지 못하는 기이한 공간으로 바꿔야만 했다. 창주는 목숨을 걸고 산에서 내려와 귀순을 하고, 전략촌을 건설하는 노역에도 동원되었으나 그를 향한 의심은 계속되었다. 어떤 이유에서든 입산을 하였던 자, 사상적으로 오염되었을지 모르는 이들을 향한 위협이 계속되었다. 전쟁이 터지자 군경은 전략촌에 모인 피난민들이 불온한 삐라를 붙였다는 혐의로 붙잡아갔고

하산하는 제주 주민들》 1948년 4·3 당시 계엄군의 마을 초토화작전으로 산에 피신했던 주민들은 5·10선거가 끝난 뒤에야 하산했다. (출처: 제주4·3아카이브)

여러 사람이 끝내 돌아오지 않았다. 당시 중학생에 불과했던 창주도 점차 어른 취급을 받을 나이에 다가가고 있었다. 그리고 입산자였던 그가 어른이 된다는 것은 곧 창주도 예비검속으로 사라진 이들처럼 될 수 있다는 의미였다. 그래서 창주는 학도병에 지원한다.

한국전쟁 발발 직후 제주에서는 3,000명에 달하는 청년들이 해병대로 자원입대했다. 당시 제주도 인구가 30만 명이었음을 감안한다면 해병대 3, 4기 지원자가 3,000명에 달했다는 것은 상당한 숫자였다. 제주4·3에서 제주의 청년들이 특히 많이 희생당했다는 사실을 상기한다면 더욱 그렇다. 제주 청년들의 자원입대는 예비검속이 횡행하는 상황에서 자신과 가족을 향한 '빨갱이'라는 의심과 혐오를 걷어내고 국민으로 인정받기 위한 절박한 노력이었다.[24] 고작 열다섯 살의 어린 나이에 창주가 학도병으로 입대했던 이유도 바로 그 때문이다. 창주는 전쟁에서 부상을 입었으나 3년 만에 살아서 고향으로 돌아온다.

> 총알이 스쳐 지나가면서 턱살을 찢어놓은 흉측한 상처를 달고 삼 년 만에 전쟁터에서 돌아온 창주는 자신이 임씨, 강씨와 대등한 위치에 서 있음을 깨달았다.[25]

전쟁터에서 돌아온 창주에게 그의 얼굴에 남은 흉터는 아픔 대신 안도감을 준다. 입산자라는 이유로 그를 계속 의심하고, 자신의 이익을 위해 청년들을 모함했던 육지에서 온 경찰 임씨나 그의 수족노릇을 한 섬사람 강씨 같은 이들과 자신이 대등한 국민이 되었음을 느꼈기 때문이다. 국가로부터 불온한 자로 낙인찍혔던 이들은 그 혐의에서 벗어나기 위해 국가의 목표에 협력하는 충성스러운 국민임을 증명해야 한다는 압박에 시달린다. 한 연구자는 이를 '과잉적응'[26]이라고 불렀다. 창주처럼 죽음을 무릅쓰고 전쟁에 나가 충성을 증명하려고 한 또 다른 학살 유족은 훈장까지 받았지만 사라지지 않은 연좌제와 차별 때문에 국가를 향한 자신의 헌신이 부끄러워지는 경험을 하기도 했다.[27] 자신이 순응적인 국민임을 아무리 증명하려고 해도, 의심은 끝없이 이어진다. 당장은 의심을 피할 수 있을지 모르지만, 언제든 작은 트집이라도 잡아서 그들을 추궁할지 알 수 없기 때문이다. 자신의 일생 전체에 전짓불이 비춰지고 있다는 G의 공포는 광기도 망상도 아니다. 그저 현실을 표현하고 있을 따름이다.

과거 계엄으로 찍힌 낙인은 또 다른 계엄에서도 의심의 증거가 된다. 계엄의 밤에서 한번 살아남았다고 해도 다시 찾아온 계엄의 밤마다 그들은 가장 취약한 존재가 된다. 조갑상의 장편소설 『밤의 눈』 속 '옥구열'과 '한용범' 같은 이들이 그랬다. 경남의 '대진읍'이라는 가상의 지역에서 벌어진 국민보도연맹원 학살사건을 다루고 있는 이 소설에서 계엄은 여러 차례 반복된다. 소설은 1950년대부터 1970년대 후반까지 보도연맹사건으로 가족을 잃은 생존자들이 처한 위기와 말해지지 못한 기억을 보여준다. 소설은 1972년 11월 21일, 투표를 위해 집을 나서는 한용범의 모습으로 시작한다. 아침 일찍 투표를 하고 나오는 한용범 앞에 그를 담당하는 정보과 형사가 나타나서는 당연하다는 듯 행적을 확인한다. 비상계엄이 선포되고 진행되었던 유신헌법 통과를 위한 국민투표이므로, 한용범은 결코 빠질 수 없었다. 여러 차례의 계엄이 그의 삶을 묶어버렸기 때문이다.

대진읍의 유지였지만 지역 토호들에 의해 원치 않게 보도연맹에 가입했던 한용범은 전쟁이 터지자 예비검속으로 붙잡혀 처형 장소에 끌려간다. 다행히 그는 총격이 빗나가 살아남았지만, 학살을 주도한 군과 토호들은 그의 여동생을 살해했다. 전쟁 중의 계엄에서 살아남은 그는 실패한 1960년의 계엄으로 억울함을 풀 기회를 얻게 된다. 이승만 독재와 부정선거에 저항하는 시민들을 진압하기 위해 1960년 4월 19일 비상계엄이 선언되었으나 4월혁명으로 자유당 정권이 붕괴되었기 때문이다. 보도연맹사건으로 여동생을 잃은 한용범과 아버지를 잃은 옥구열은 4월혁명 이후 진상규명을 위해 유족회를 결성한다. 그러나 1년여 만에 다시 계엄이 반복되면서 죽은 가족의 억울함을 해소하고자 했던 그들의 행동은 끔찍한 족쇄가 된다. 5·16군사쿠데타 직후 군부는 전쟁 중 군이 자행한 학살을 은폐하기 위해

경주 지구 피학살자 합동위령제 》 1960년 11월 13일 경주피학살자유족회는 경주 계림국민학교에서 한국전쟁 당시 학살된 이들에 대한 합동위령제를 지냈다. 그러나 5·16군사쿠데타 직후 박정희 정권은 위령제를 지낸 유족회 회장을 "북괴에 이로운 일을 했다"며 체포, 기소했다. (출처: 『과거사정리를위한진실화해위원회 2009년 하반기 조사보고서』)

유족회에 대한 대대적인 탄압을 가했다. 한용범과 옥구열 역시 쿠데타 직후 군경에 끌려가 고초를 겪는다. 이후 박정희 정권 아래에서 그들은 계속 감시당한다.

『밤의 눈』은 경남 김해시 진영읍에서 발생했던 보도연맹사건과 이후 '금창유족회'를 결성했던 유가족인 김영욱, 김영봉의 이야기를 소설화한 작품이다. 진영읍은 소설가 김원일과 국문학자이자 문학평론가인 김윤식의 고향이기도 했다. 이곳에서의 사건은 1990년대 중반 김원일의 소설 속에 다루어지기도 했다. 『밤의 눈』에서는 지역명과 인명 모두 변경되었지만, 실제 사건의 내용을 충실히 따르고 있다. 소설 속 유족회 주요 인사였던 옥구열과 한용범은 유신헌법 국민투표 날에 지인의 장례식장에서 오랜만에 만난다. 그런데 몇 년 만에 인사를 한 그들은 몇 마디 나누지 않고 투표에 대해 언급한다. 옥구열은 장례에 잠깐 참석했다가 바로 투표하러 가야 한다고 말한다. 그 말을 들은 한용범은 '나처럼 자네도 투표에 빠질 수는 없'[28]으리라고 생각한다. 국가의 의심을 받고 있는 처지에 정권이 기획한 국민투표는 이들에게 선택의 문제가 아니라 생존을 위해 강제되는 것이었다.

계엄의 밤에서 살아남았다고 해도, 반복되는 계엄은 그들의 삶을 통제한다. '빨갱이' 낙인이 찍힌 이들만이 아니다. 계엄의 밤에는 누구든 갑작스레 자신을 향할 전짓불 앞에 서서 자신이 누구인지 고백해야만 할 처지에 놓일 수 있기 때문이다. 그래서 전짓불의 공포는 낙인이 찍히지 않은 자들도 계속 뒤쫓는다. 그 공포와 상처가 남긴 영향은 민주화 이후에도 지속되었다. 조갑상의 또 다른 소설 『보이지 않는 숲』은 보도연맹사건으로 가족을 잃은 여성 '서옥주'와 결혼한 지식인 '김인철'의 생애를 따라간다. 이 소설은 조갑상의 여러 작품처럼 보도연맹사건을 다루고 있지만[29] 정작 작품의 주인공인 김인철은 학살사건의 직접적인 유족이 아니다.

소설은 1968년 김인철과 서옥주의 첫 만남으로 시작한다. 그런데 그들이 만난 장소는 다름 아닌 경찰서였다. 대중잡지의 기자였던 김인철에게 갑자기 경찰서에서 연락이 온다. 그가 담당하는 지면에 실렸던 독자 투고작 중 한 편의 내용이 문제가 된 것이다. 가난했던 어린 날에 대해서 쓴 「기찻길 옆 오막살이」라는 에세이에 "전쟁 나고 얼마 안 되어 지서(파출소)에 간 아버지가 돌아오시지 않은 뒤로 살림이 어려워"[30]졌다는 내용이 보도연맹사건에 대한 우회적 언급으로 보였기 때문이다. 경찰은 글을 쓴 서옥주를 먼저 잡아두고는 김인철을 불러서 다시 이런 글이 실리면 안 된다고 경고한다. 그렇게 기인한 인연으로 묶인 둘은 만남과 헤어짐을 반복하다가 결혼하게 된다.

『보이지 않는 숲』에서 주인공을 서옥주가 아니라 김인철로 내세우고 있다는 사실은 어딘가 의아하다. 소설에서는 서옥주뿐 아니라 보도연맹사건과 반복된 계엄, 국가보안법의 위협 등에 노출된 많은 이들이 등장한다. 그리고 그때마다 김인철은 뒤늦게 알지 못했던 과거를 듣게 되거나 피해자를 지켜보는 관찰자 역할을 한다. 민주화 이후에도 반복된 1990년대의 국가보안법 사건에 대해 지역 대학의 교수가 된 김인철은 원치 않지만, 총장의 요구로 이적표현물을 제작했다는 혐의로 기소된 다른 대학교수들을 비판하는 글을 쓰기도 한다. 그리고 문제가 된 사건의 대학교수들에게 수업을 들었던 김인철과 서옥주의 아들이 재판에 증인으로 출석한다. 그러나 이 모든 사건은 그동안 조갑상의 작품 속 인물들이 겪은 것에 비하면 모두 간접적이다. 게다가 소설의 후반부에는 부부의 부동산 투자의 대상이었던 아파트와 길 건너 교회 사이에 빛 공해 문제로 벌이는 다툼이 중요하게 부각된다. 그리고 작품의 결말에서 김인철은 갑작스레 교통사고로 세상을 떠난다.

『보이지 않는 숲』에서 주인공 김인철은 어찌 보면 과거사 문제의 관찰자로만 보인다. 소설은 그의 생애를 따라가지만, 동시에 그의 이야기에만 집중하지 않는다. 소설은 그를 통해서 반복되는 계엄의 밤을 살아간 이들의 이야기에 계속 눈길을 준다. 제노사이드 사건에 연루된 이들이 김인철의 중요한 주변인이라는 사실을 제외하면, 이 소설은 마치 독재와 경제개발 그리고 민주화를 거치며 사회적 지위를 확대해온 중산층의 형성사처럼 보인다. 부동산 투자로 자산을 불려가던 부부가 교회와 아파트 주민들 간 갈

등 사이에 끼어들게 되고, 김인철이 여러 직업을 거쳐 지방 사학재단이 만든 대학의 교수가 되고, 서옥주는 사교육 업계에서 자리를 잡는 과정이 소설에서 상세하게 그려진다. 서옥주가 독실한 개신교 신자가 되면서 가족의 제사를 둘러싼 갈등이 김인철의 고향에서 자행된 학살사건이나 민주화 이후에도 반복되는 국가보안법 사건만큼이나 적지 않은 비중을 차지한다. 김인철의 인생 경로는 경남 지역 중산층 가족이 만들어지는 과정을 충실하게 밟아간다. 그러나 김인철의 삶에도 짙은 죽음의 그림자가 드리워 있다.

  김인철의 아버지는 한국전쟁 중 사망한다. 그러나 아버지가 지서에 예비검속되어 살해당했음을 아는 서옥주와 달리 김인철은 그 죽음의 이유를 평생 알지 못한다. 전쟁 중 인민군이 김인철 가족이 살던 지역을 장악하기 직전에 잡화점을 운영하던 그의 아버지는 피난가기 전 가게의 물건을 숨겨두기 위해 나갔다가 변을 당한다. 가족이 아버지를 발견했을 때 그는 이미 바닥에 넘어져 숨을 거둔 뒤였다. 가게에는 아버지가 죽기 전에 누군가와 다투다 죽었다는 흔적만 남아 있을 뿐, 가해자가 누구인지 알 수 있는 증거가 없었다. 김인철에게 아버지의 죽음이 "후퇴하기 직전의 국군인지 경찰인지, 민간인인지, 또는 미리 잠입한 인민군인지 알 수 없"[31]는 미지로 남겨진다. 그 사건은 평생 그에게 멍에로 남는다. 아버지를 잃었다는 상실감만이 아니다. 이유를 확인할 수 없는 아버지의 죽음은 언제든 국가가 김인철을 의심할 이유가 될 수 있기 때문이다.

    6·25전쟁이니 반공을 소재로 그림을 그리거나 글짓기를 하거나 웅변대회 자리에 앉았을 때 아버지를 떠올리는데, 누가 죽였는지 하는 데 생각이 미치면 헷갈려버리는 것이었다. 빨간색으로 진하게 문지른 괴

뢰군? 연초록색 국군? 거기다 흰색으로 칠하는 바지저고리를 입은 민간인? 그럴 때마다 김인철은 아버지가 싫었다.[32]

　김인철을 괴롭히는 문제는 미지로 남은 아버지의 죽음 때문에 "당신은 누구의 편이냐는" 질문에 답할 수 없게 되었다는 점이다. 그의 장인인 서옥주의 아버지처럼 경찰에게 살해당했다면, 김인철 역시 연좌제를 피할 수 없다. 반면 인민군에게 죽은 것이라면 가족의 비극은 오히려 반공국민임을 증명하는 확실한 근거가 될 것이다. 그것도 아니라 돈을 노린 민간인의 짓이라 하더라도 사실을 알 수 있다면 다행이었다. 이념의 소용돌이에 휩쓸리지 않고 아버지의 죽음을 슬퍼할 수 있기 때문이다. 그러나 그 죽음은 영원히 밝혀지지 않을 비밀로 남겨진다.

　확인할 수 없는 아버지의 죽음은 계엄의 밤마다 관찰자와 연루된 자 혹은 가담한 자의 자리를 오가는 김인철의 불안정한 위치를 만들었다. 그는 학살의 희생자들을 마냥 연민할 수도, 아니면 다른 이들처럼 연좌제를 이유로 의심할 수도 없다. 뒤늦게라도 죽음의 진상이 밝혀진다면 그 자신이 어느 편에 서게 될지 알 수 없기 때문이다. 관찰자와 피해자, 그리고 부역자 중 어느 한쪽으로도 확정될 수 없는 김인철의 생애는 어쩌면 계엄의 밤 이후를 살아간 이들 중 가장 보편적인 모습일 수 있다. 계엄의 밤에 우리와 적으로 많은 이들이 나뉘었지만, 대다수는 어느 면을 부각하느냐에 따라 그 정치적 정체성이 언제든 바뀔 수 있었기 때문이다. 해방 후 한국에서 가족 중 좌익이 없는 이도 없었고, 가족 중 우익이 없는 이도 없었다. 전짓불을 들이민 자가 누구냐에 따라 다르게 답변할 근거가 있었다. 그러나 반대로 어떻게 대답하든 그 답을 거짓이라고 주장할 근거 역시 있었다. 계엄의 밤에서 우리는 모두 연루된 자들이었다.

『보이지 않는 숲』은 경남을 배경으로 한, 한국의 중산층의 형성사다. 그리고 이 중산층 형성사의 이면에는 말해지지 않고, 기억되지 않는 수많은 죽음이 숨어 있다. 계엄과 전쟁, 제노사이드 같은 국가폭력과는 동떨어져 있는 것처럼 생각해온 일상이 실은 그 보이지 않는 숲의 경계를 따라 만들어졌다. 전짓불을 들고서 너는 누구의 편이냐 묻는 자들에 의해 적이라 답하면 잘리고 우리라 답하면 훈육되는 피비린내 나는 가지치기를 거친 것이다. 그렇게 지금까지 이어져온 한국 사회는 보이지 않는 숲 사이에 갇혀 있고, 여전히 많은 이들은 숲의 존재를 바라보려고 하지 않는다. 그렇게 사라지지 않은 숲은 어느 겨울밤, 누군가 들이댄 전짓불의 불빛에 의해 다시 보이게 되었다.

4. 다시, 전짓불 앞에 서다

윤석열 정권의 친위쿠데타, 12·3비상계엄은 사라진 것의 등장이 아니었다. 수도방위사령부를 비롯해 윤석열 친위쿠데타에 동원된 군병력 대부분이 과거 수차례 쿠데타와 쿠데타 미수 사건, 계엄령 등에 동원되었던 부대였다. 심지어 국회의원 체포를 비롯한 친위쿠데타 계획의 핵심적인 내용은 이미 2017년 박근혜 탄핵 당시 기무사의 계엄문건에 쓰어 있던 내용을 거의 베껴놓은 것에 불과했다. 계엄의 밤을 실행할 모든 수단과 방법이 무엇이고 어디에 있는지 누구나 알 수 있었다. 그러나 몇 달 앞서 야당을 중심으로 제기된 친위쿠데타 계획에 대한 경고를 진지하게 들은 이는 결코 많지 않았다.

 조갑상이 '보이지 않는 숲'이라고 불렀던, 계엄의 밤을 이어온 수많은 폭력의 수단과 주체들은 언제나 우리의 곁에 있었다. 분명 그것은 선명하게 보였고, 심지어 그 계획을 고발하고 폭로한 사건으로부터 10년도 지나지 않았지만 이를 중요하게 여긴 이는 드물었다. 그러나 그렇게 의식하지 않고 있었다고 해서, 우리가 그 보이지 않는 숲으로부터 완전히 자유로웠던 순간은 없었다. 계엄의 밤이 남긴 상처가 우리의 현재를 계속 둘러싸고 있었기 때문이다.

 나는 수년간 제노사이드 문학을 공부해왔지만 마음 한편에서는 그 일이 나보다 앞선 세대의 경험이라고만 생각하고 있었다. 민주화 이후 태어난 나에게 전쟁은 너무나 먼 과거의 일이었으며, 계엄도 마찬가지였다. 계엄은 영화와 소설, 그리고 증언 속에서나 언급되던 단어였다. 그러나 그저 먼 과거로만 여기던 내 생각은 착각일 뿐이었다. 지난해 동갑내기 친구와 밥을 먹던 중 그는 남들에게 털어놓지 못했던 이야기를 들려주었다. 빈 가슴을 술로 채우다, 가족에게 빈자리만 남겨주었던 그의 아버지에 대해서 말이다. 친구의 아버지도 누군가의 죽음으로 텅 비어버린 삶을 견뎌야 했다. 전쟁 중 전짓불을 들고 온 누군가에 의해 세상을 떠난 아버지의 빈자리를 말이다. 원망과 연민을 오가며 조심스레 옛 기억을 꺼낸 친구 앞에 위로와 응원 어떤 말을 해야 할지 몰라 당황했던 날이었다. 그도 나도 그때까지 어떤 계엄의 밤도 겪지 않았지만, 우리의 삶도 누군가 들었던 전짓불 아래에서 결정되었다.

 계엄의 밤에 총을 든 이들에게는 무엇도 새로운 것은 없었다. 계엄으로 시작된 『밤의 눈』의 이야기는 또 다른 계엄을 배경으로 끝을 맺는다. 유신

정권의 종말을 촉발했던 부마항쟁을 진압하기 위해 박정희 정권은 계엄을 선포했다. 12·3 이전 마지막 계엄이었다. 1979년 10월 18일 자정 부산에 내려졌던 비상계엄은 10·26과 12·12쿠데타 그리고 5·18광주민주화운동에 대한 잔혹한 진압까지 3년에 걸쳐서 이어진다. 정권의 붕괴를 막기 위해 내린 그 계엄은 오히려 박정희의 종말을 초래했다. 그러나 독재자의 죽음이 남긴 혼란 속에서 계엄은 또 다른 독재자가 등장할 기회가 되었다. 그런데 『밤의 눈』에서 그 계엄은 엄혹한 시대의 입구처럼 그려지지 않는다. 옥구열은 부마항쟁의 시위 대열에 휩쓸리고 저항하는 시민들 사이에 선다. 그리고 그제야 자신도 의심받고 심문당하는 죄인이 아니라 불의에 맞서는 시민이 될 수 있음을 느낀다. 역사 속에서 부마항쟁은 진압되었지만 거리에 섰던 시민들은 끝내 승리했다. 전짓불 앞에 선 이가 겪었던 공포는 자신이 누구인지, 안전해질 수 있는 답을 하는 것으로 끝나지 않는다. 전짓불 뒤에 숨어 너는 누구의 편이냐고 묻는 이들, 그 보이지 않는 숲의 포식자의 얼굴을 마주보아야 두려움을 끝낼 수 있다. 부마항쟁의 시민 행렬에 함께한 옥구열처럼. 겨울밤, 다시 누군가 전짓불을 들고 우리 앞에 섰다. 그리고 묻는다. 너는 누구의 편이냐고. 이번에는 대답하지 않아야 한다. 그리고 물어야 한다. 어둠 속에 숨은 너는 대체 누구냐고. 다시 전짓불 앞에 선 우리의 이야기는 결코 과거와 같지 않을 것이다.

— 김요섭

제3부
내란의 기억과 민주주의의 새로운 길

9
알고리즘 내란,
극우 유튜브가 키운 대통령의 최후

"지금 이 건물에 군인들이 진입하려고 시도 중입니다. 저도 지금까지 수많은 생방송 경험이 있습니다만 이렇게 스튜디오 바깥에 계엄군이 몰려오는 상황은 상상조차 해본 적이 없습니다. 이 뉴스특보가 얼마나 계속될지 모르겠습니다. 제가 지금 허탈한 웃음이 나오는데요. 지금 저희 패널들을 급하게 스튜디오로 소집하고 있는데, 1층 출입문을 열 수가 없는 상황입니다. 저희 제작진의 걱정은 계엄군이 무단 진입하지 않겠느냐, 몸싸움이 벌어질 수도 있겠고요. 시청자 여러분, 끝까지 함께해 주십시오."

2024년 12월 3일 밤, 윤석열이 불법 비상계엄을 선포한 직후 서울 서대문구 충무로역 인근 뉴스공장 스튜디오 1층에 총을 든 군인 20여 명이 나타났다. 뉴스공장의 저녁 프로그램 〈내 그럴 줄 알았다〉를 진행하는 이재석 앵커가 급하게 스튜디오로 달려온 직후였다. 4층에서 내려다보면서 찍

12·3계엄 당시 뉴스공장 생방송》 2024년 12월 3일 유튜브 채널 뉴스공장은 이재석 앵커가 진행하는 '[겸공 뉴스특보] 윤석열 비상계엄 선포 긴급 라이브' 방송을 했다. 이날 뉴스공장 건물에도 계엄군이 들이닥쳤다.(출처: 유튜브 방송 화면 캡처)

은 영상에는 총을 든 군인 대여섯 명이 1층 주차장 입구에서 서성거리는 모습이 잡혔다.

1. 언론을 짓밟고 성공한 권력은 없다

윤석열이 계엄 선포를 한 이유

269만 뷰를 찍은 이날 뉴스공장 뉴스특보를 보면 이재석 앵커의 목소리에 참담함과 비장함이 묻어난다. 뉴스공장 건물은 지하 1층에 '벙커 원' 스튜디오가 있고 2층에 경영기획실, 3층에 여론조사꽃, 4층에 방송 스튜디오가 있는 구조다. 자정을 막 넘긴 시각, 뉴스공장 스튜디오에는 일촉즉발의 긴장감이 흘렀다. 그 시각 여의도 국회에서는 헬기에서 내린 군인들이 창문을 깨고 본청 안에 진입하고 있었다. 과천 중앙선거관리위원회는 무장한 군인들이 들이닥쳐 야간 당직자들의 휴대전화를 압수하고 서버실을 장악한 상태였다.

뉴스공장 운영자 김어준 총수의 주장에 따르면 이날 밤 충무로역 인근에 군인들이 탄 버스 두 대와 트럭 한 대, 지휘 차량 한 대가 도착해 뉴스공장 건물 주변을 봉쇄했다. 방송 출연을 위해 서둘러 달려온 출연자들은 모두 1층에서 가로막혔다.

뒤늦게 달려온 이봉우 뭉클연구소 연구원은 "계엄군들이 곳곳에 배치돼 있다"고 말했다. "방송국 입구는 물론이고 주변 도로까지, 옆에 있는 골목에도 계엄군이 배치돼 있다. 현장에 배치됐던 군인들은 '명령이 내려온 이상 어쩔 수 없다', '출입을 봉쇄하라고 했다'고 말했다."

1층에서 군인들과 대치하던 양지열 변호사가 이재석 앵커와 전화로 연결됐다. "군인들은 건물을 통제하라는 명령을 받았고 별도의 명령이 있을 때까지 풀 수 없다고 말했다"고 했다.

결국 새벽 1시 국회에서 계엄해제결의안이 통과되고 10분쯤 지난 뒤 군인들은 조용히 물러났다. 양지열 변호사는 "군인들이 그리 위협적인 태도는 아니었다"고 말했지만 언론사에 총을 든 군인들이 출동한 건 군사독재 시절에나 볼 수 있었던 놀라운 광경이었다.

한편 김어준 총수는 비상계엄 선포 직후 곧바로 짐을 싼 뒤 밤새 차로 달려 서울에서 멀리 떨어진 곳에 몸을 숨겼다고 했다. 결국 다음 날 아침 방송도 이재석 앵커가 대신 진행했다. 김어준 총수는 전화 연결에서 "군 체포

조가 집 앞까지 왔다"라면서 "출국금지와 함께 체포영장이 준비돼 있다는 제보를 받았다"고 주장했다.

며칠 뒤 로이터와의 인터뷰에서는 "그때는 정말 죽는 줄 알았다"고 말했다. 로이터는 "계엄령에 언론을 통제하라는 내용이 포함돼 있었는데 좌파 성향에 반체제 성향을 가진 김어준이 유일하게 표적이 됐다"고 분석했다.

윤석열은 "경고성 계엄이었다"고 주장했지만 실제로 군인들은 "의원을 끌어내라"는 지시를 받았고 "계속해서 다시 계엄을 선포하면 된다"고 말한 걸 들은 사람도 여럿이다. 상당수 군인들이 명령을 거부했고 시민들이 목숨 걸고 막아선 끝에 최악의 상황은 막았지만, 윤석열이 국회와 선관위와 언론을 장악하려 했다는 사실은 시사하는 바가 크다. 윤석열은 국회를 무력화하고 음모론을 앞세워 권력을 찬탈하고 여론을 찍어누를 생각이었다.

만약 국회가 비상계엄을 해제하지 않았다면 실제로 정부에 비판적인 언론사를 폐쇄하고 상당수 언론인을 불법 구금했을 가능성도 있다. 1987년 민주화 이후 사라졌다고 생각했던 언론통제의 악몽이 되살아났다. 이날 밤 『뉴스타파』와 『뉴스토마토』 등 비판적인 기사를 쏟아냈던 언론사 기자들 여럿이 서둘러 몸을 피해야 했다. 계엄해제결의안이 통과되고 윤석열이 계엄을 해제한 다음 날 아침까지도 긴장을 놓을 수 없었다.

윤석열이 이상민 당시 행정안전부 장관에게 MBC와 JTBC, 경향신문, 한겨레 등의 전기와 수도를 끊으라고 지시한 사실도 확인됐다. 이상민이 소방청장에게 전화로 "경찰청에서 단전·단수 협조 요청이 오면 조치해줘라"고 지시한 사실과 실제로 허석곤 소방청장이 이영팔 소방청 차장을 거쳐 황기석 서울소방재난본부장에게 이상민의 지시를 전달한 정황도 확인됐다. 이상민은 검찰 조사에서 "대통령실에서 본 쪽지에 소방청 단전·단수, 이런

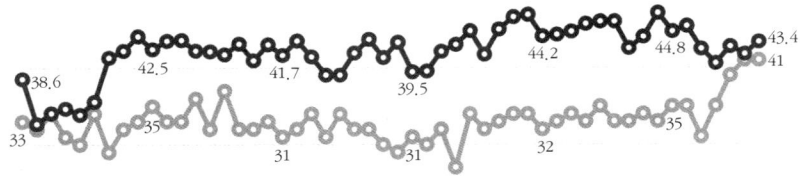

여론조사 업체에 따른 민주당 지지율 격차 (단위: %)

* 조사 기간이 겹치는 부분만 취합, 한국갤럽 조사는 민주당+조국혁신당 합산.
* 여론조사꽃과 한국갤럽 여론조사 데이터를 기초로 필자가 작성.

내용이 적혀 있었다"고 말했으면서도 헌재 심판에서는 "대통령에게 지시받은 사실은 전혀 없다"고 말을 바꿨다.

윤석열은 한국의 수많은 언론사 가운데 왜 뉴스공장에만 군인들을 보냈을까? 대략 다섯 가지 이유를 꼽을 수 있다. 여기에 12·3비상계엄을 이해하는 중요한 키워드가 담겨 있다.

윤석열은 여론을 믿지 않았다

첫째, 뉴스공장의 계열사인 여론조사꽃이 1차 타깃이었을 가능성이 크다. 실제로 곽종근 전 특수전사령관은 윤석열 탄핵심판에 증인으로 출석해 "김용현 당시 국방부장관으로부터 국회와 선거관리위원회, 민주당 당사,

여론조사꽃 등 6곳을 확보하라는 지시를 받았다"고 말했다. 여론조사꽃은 김어준이 운영하는 여론조사 업체다.

　윤석열은 부정선거 때문에 2024년 4월에 치러진 제22대 총선에서 졌다는 망상에 빠져 있었다. 총선에서 질 거라는 생각을 하지 못했고 패배를 받아들이지도 못했다. 애초에 2023년 10월 강서구청장 보궐선거에 김태우 전 강서구청장을 내보낸 것부터 패착이었고, 부인 김건희의 명품백 논란이 여론을 뒤흔들었지만 윤석열은 회의 때마다 혼자 59분을 떠들고 불편한 소리를 하면 찍어누르며 이런 말을 하곤 했다. "아니, 이 좋은 날 뭣 하러 그런 얘길 합니까. 쓸데없이 말이야"『중앙일보』에 따르면 총선 때는 방송사 출구조사 결과를 몇 분 일찍 듣고 소리를 질렀다고 한다. "그럴 리가 없어! 당장 방송 막아!"[1]

　출구조사 결과는 민주당이 최대 197석까지 확보하고 국민의힘이 85석에 그칠 수도 있다는 충격적인 내용이었다. 최종 결과는 민주당과 국민의힘이 175석과 108석으로 격차가 좁혀들었지만, 당초 예상을 크게 뛰어넘는 국민의힘의 참패였다. 선거 전부터 일찌감치 여러 여론조사에서 국민의힘의 지지율이 심상치 않다는 경고가 많았다. 그런데도 윤석열의 반응을 보면 제대로 보고를 받지 못했거나 묵살했을 가능성이 크다. 실제로 2024년 3월 마지막 주 한국갤럽 여론조사에서는 국민의힘과 민주당 지지율이 각각 37%와 29%로 국민의힘이 크게 앞서고 있었다. 여론조사꽃 여론조사에서 민주당이 43%로 앞서고 국민의힘이 34%에 그친 것과 완전히 다른 결과였다. 윤석열은 국민의힘이 앞선 일부 여론조사만 보고 상황을 오판했을 수 있지만, 비례선거에서 돌풍을 일으켰던 조국혁신당을 포함하면 한국갤럽 조사에서도 이미 민주당+조국혁신당이 41%로 국민의힘을 크게 앞지를 상황이었다(여론조사꽃은 조국혁신당을 설문 문항에 넣지 않았다).

김어준 총수는 "계엄군이 여론조사꽃 서버를 필요로 했다면 이거 뭔가 선거 조작으로 만들려고 하는 것 같다는 생각이 들었다"고 말했다. 부정선거 음모론에 앞장섰던 전광훈 사랑제일교회 목사도 비슷한 말을 했다. "내가 이거 부정선거 안 밝혀주면 윤석열 지지를 철회한다 그랬어, 이래 가지고 결국은 나온 게 계엄령이야."

'레임덕'을 지나 '데드덕' 상황이었다

둘째, 명태균의 '황금폰' 공개를 막으려는 최후의 발악이었을 가능성이 크다. 비상계엄 3주 전인 11월15일 정치브로커 명태균이 구속되면서 "내가 구속되면 한 달 안에 정권이 무너진다"고 말했다. 실제로 민주당 박주민 의원에게 한 달 뒤 면회를 와달라고 부탁했고, 윤석열 부부와 통화 내역이 담긴 '황금폰'을 넘길 계획이었다는 사실도 알려졌다. '황금폰'이 비상계엄의 트리거였을 거라는 추측도 돌았고, 윤석열이 김봉식 전 서울경찰청장에게 "개인 가정사 때문"이라고 말했다는 진술도 확인됐다.

명태균은 비상계엄 직후 '황금폰'을 민주당이 아니라 검찰에 넘겼고 문제의 "김영선이 좀 해줘라" 통화 녹음이 흘러나왔다. 윤석열이 김영선 전 국민의힘 의원에게 보궐선거 공천을 주도록 국민의힘 공천관리위원회에 지시했다는 의혹이 있었지만 명태균의 주장과 정황만 있었을 뿐 윤석열의 육성이 공개된 건 처음이었다. "상현이한테 내가 한 번 더 이야기할게"란 말도 나왔다. 윤상현이 당시 국민의힘 공관위원장이었다.

윤석열은 "공관위원장이 정진석 비서실장인 줄 알고 있었다"면서 공관위에 부탁한 적 없다고 주장했지만 사실이 아닌 것으로 드러났다. 비상계엄이 아니었다면 공천 개입 논란과 함께 명태균 특검 요구에 불이 붙었을 가능성이 크다. 명태균을 대리하는 남상균 변호사는 "비상계엄이 성공했으면 명태균이 제일 먼저 총살당했을 수도 있다"고 말했다.

명태균과 윤석열의 통화 이후 김건희가 명태균에게 다시 전화를 걸어 "걱정 말라"고 말한 사실도 비상계엄 이후 드러났다. 윤석열은 명태균을 두 번 만난 게 전부라고 했지만 거짓말이었다. 『뉴스타파』가 공개한 검찰 보고서에 따르면 명태균은 당원 명부를 빼돌려 여론조사를 진행했고 윤석열에게 보고했다. 정치자금법 위반 가능성도 크다. 연합뉴스와 인터뷰를 앞두고 "방향 좀 부탁드립니다"라는 메시지를 보낸 사실도 확인됐다. 『뉴스타파』는 "명태균의 역할은 마치 킹메이커와 같은 모습이었다"고 평가했다. 황금폰에서 뭐가 더 나올지 알 수 없는 상황이었다.

비상계엄 두 달 전인 2024년 9월 이준웅 서울대 교수는 "한국 언론에 '머로 순간'이 오고 있다"[2]고 평가했다. 이미 『조선일보』를 비롯해 보수언론도 돌아서고 있었다. 머로 모멘트(Murrow moment)는 언론이 유력 정치인의 말을 조신하게 받아쓰다가 갑자기 태도를 바꿔 비판적으로 돌아서는 순간을 말한다. 명태균 게이트가 결정적인 트리거가 됐지만, 윤석열 정부는 이미 붕괴 직전의 상황이었다.

전쟁이라도 일으킬 생각이었나

셋째, 아예 전쟁이라도 일으킬 생각이었을 수도 있다. 전쟁이 안 되니 선택한 게 부정선거 음모론이었을 거라는 이야기다.

2024년 5~11월 동안 남에서 보낸 대북전단과 북에서 보낸 오물풍선 건수를 비교한 그래프를 통해 알 수 있듯이 윤석열은 비상계엄 이전부터 계속

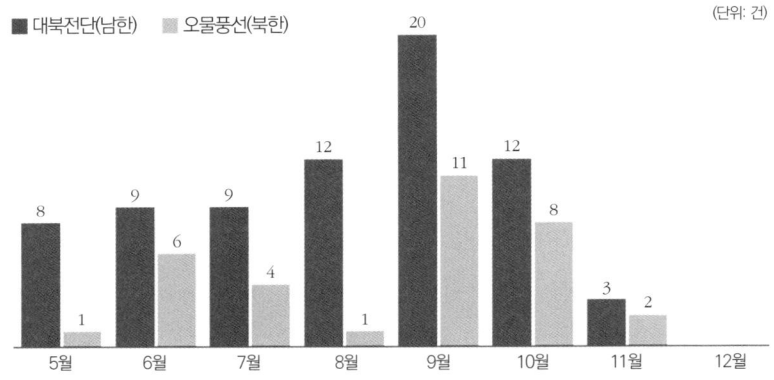

남한에서 보낸 대북전단과 북한에서 보낸 오물풍선 건수 비교(2024)

* 합동참모본부 자료와 언론 보도를 종합하여 필자가 작성.

해서 북한을 자극했다. 총선 패배 직후 대북전단이 크게 늘었다. 북한이 반격 차원에서 오물풍선을 내려보내자, 김용현 당시 국방부장관이 경고사격을 한 뒤 원점을 타격하라는 지시를 내리기도 했다. 비상계엄 이전 2024년 5월부터 11월까지 남한에서 북한으로 보낸 대북전단이 확인된 것만 73차례, 북한에서 내려온 오물풍선은 33차례다.[3] 10월에는 평양까지 세 차례나 무인기를 보낸 사실도 확인됐다. 선전포고나 다름없는 위험천만한 도발이었다. 북한이 경의·동해선 연결도로를 폭파했을 때 군이 군사분계선 이남 지역에 대응사격을 한 것도 과잉 대응이었다는 지적이 있었다. 비상계엄 비선 조직을 운영했던 노상원 전 정보사령관의 수첩에서 "NLL(북방한계선)에서 북한의 공격을 유도"라는 메모가 발견되기도 했다.

총선 패배 이후 김건희 특검법으로 궁지에 몰린 윤석열은 비상계엄이 필요했고 비상계엄을 하려면 전쟁이 필요했던 게 아니냐는 관측도 나온다.

정치적 목적으로 국민들을 전쟁의 위협에 몰아넣으려 했다는 이야기다. 1996년 당시 한나라당이 벌인 총풍사건은 대선용 기획이었지만, 윤석열의 북풍 공작은 실제로 전쟁을 유발하려는 도발이었을 가능성이 크다. 최악의 경우 북한이 남한의 도발에 맞서 대응사격을 했다면 자칫 남북 교전이 시작되고 전면전으로 치달았을 가능성도 배제할 수 없다.

2024년 11월 북한 대적연구원 보고서에 따르면 북한은 윤석열의 도발을 "최악의 집권 위기를 조선반도에서의 충격적인 사건 도발로 모면하려는 의도"로 규정했다. 의도적인 도발에 말려들 이유가 없다고 판단했을 가능성이 크다는 분석이 나온다. 실제로 김정은 북한 국무위원장이 윤석열을 두고 "뭔가 온전치 못한 사람"이라고 말한 적도 있다. 북한은 국제적으로 핵보유국의 지위를 인정받는 게 목표라 굳이 남한의 도발에 반응할 상황이 아니었다. 결국 북한은 움직이지 않았고 윤석열은 일부 보수 성향 유튜브 채널에서 떠드는 부정선거 음모론을 꺼내들고 폭주했다. 윤석열을 내란죄뿐만 아니라 외환죄로 추가 기소하고 수사해야 한다는 지적이 나오는 것도 이런 이유에서다.

윤석열이 정치적 목적으로 북한을 도발하고 국민들을 위험에 빠뜨렸다는 의혹이 사실이라면 형법 제99조 일반이적죄에 해당한다. "대한민국의 군사상 이익을 해하거나 적국에 군사상 이익을 공여하는 자는 무기 또는 3년 이상 징역에 처한다"고 규정하고 있다.

"확 계엄해버릴까"

넷째, 윤석열에게는 퇴로가 없었다. 윤석열은 비상계엄 이전부터 이미 탄핵 위기에 놓여 있었다. 비상계엄 한 달 전인 11월 1일 윤석열 지지율은

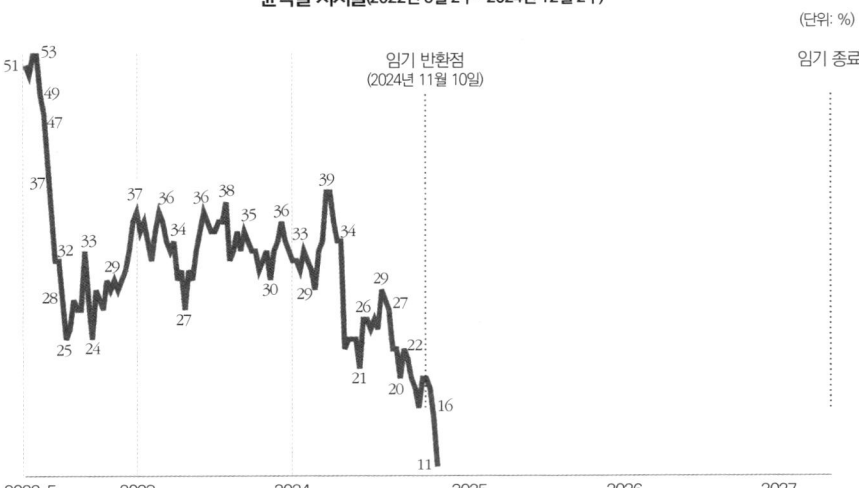

이미 20% 선이 무너진 상태였다. 11월 2일 광화문에서 열린 윤석열 퇴진 집회에는 민주당 추산 30만 명이 몰렸다. 집권 절반도 안 지났는데 "'레임덕'을 넘어 '데드덕'"이라는 말이 나올 정도였다.

국민의힘 대표를 지냈던 이준석 개혁신당 의원은 일찌감치 "윤석열은 두려움에 지배당하고 있다"[4]고 분석한 바 있다. 채 상병 특검법과 김건희 특검법에 각각 세 차례 거부권을 행사했지만 여론은 잠잠해지지 않았다. 김건희가 개입한 정황이 곳곳에서 드러났다. 명품백 논란과 도이치모터스 주가조작 사건도 뭉개는 데 한계가 있었다.

부산 엑스포 유치에 실패했고 새만금 잼버리는 국제적 망신이었다. 이태원 참사의 발생과 그에 대한 대응은 무능의 바닥을 드러냈다. 하루도 청와대에 머물지 않겠다며 무리하게 대통령실을 이전했고, 아무 대책 없이 의대 정원을 2,000명 늘리겠다며 의료 대란을 촉발했다. 강제동원 3자 변제와 오염수 방출 등 굴욕 외교에 홍범도 흉상 철거 논란, 삼부토건 주가조작 의혹에다 한남동 관저 공사 특혜 논란까지 터져 나오면서 윤석열 정부는 역대 정권 가운데 가장 빠르게 지지율을 잃었다.

2024년 4월 국민의힘이 총선에 참패한 다음 날 양상훈 『조선일보』 주필은 "남은 3년 무슨 일이 벌어질지 모른다"면서 "일단 안전벨트를 단단히 매는 게 좋겠다"[5]고 경고했다. 보수진영에서도 임기를 채울 수 없다는 위기의식이 팽배했지만, 윤석열은 계속해서 무시하고 스스로 고립됐다. 조언을 하는 참모에게는 "당신은 누굴 위해 일하는 거냐"고 윽박질렀다고 한다.

정권이 흔들리면서 김건희 '칠상시' 의혹도 흘러나왔다. 김건희 라인에선 비서관과 행정관들이 대통령실을 쥐고 흔든다는 뒷말이 돌았다. "윤석열이 관저에 다녀오면 다른 말을 한다"는 불만도 있었다. 검사 정권이지만 검사 위에 여사가 있고 급기야 "김이 곧 국가다"라는 말이 나올 정도였다.

윤석열은 평소에도 "확 계엄해버릴까" 하는 말을 종종 했다고 한다. 22대 총선을 한 달 앞둔 2024년 3월 삼청동 안가 모임에서 "시국이 걱정된다"면서 "비상대권을 통해 헤쳐 나가야 한다"고 말한 사실도 확인됐다. 신원식 당시 국방부장관과 김용현 당시 경호처장, 조태용 국가정보원장, 여인형 당시 방첩사령관 등이 모였는데 신원식과 조태용이 반대 의견을 냈고 그래서 나중에 비상계엄에서 배제된 것 아니냐는 뒷말이 나오기도 했다.

윤석열 정부는 민주화 이후 역대 정권 가운데 가장 빨리 지지율이 무너진 기록을 세웠다. 집권 절반도 지나지 않아 지지율 20%대가 무너졌고 본격적으로 탄핵과 퇴진, 임기 단축 개헌 등이 거론되던 무렵, 모두가 끝을 예감하던 때 윤석열은 비상계엄을 선택했다.

언론을 찍어누를 수 있다고 믿었나

다섯째, 윤석열은 언론이 문제라고 인식했다. 윤석열은 2023년 8월 국민의힘 의원 연찬회에서 "언론도 전부 야당 지지 세력이 잡고 있어서 24시간 우리 정부 욕만 한다"고 비난한 적 있다.

검찰은 언론과의 관계에서 늘 우위에 있다. 단독 기사를 흘려주면서 기자들을 관리하고 사건을 사건으로 덮는 데 익숙했다. 윤석열은 정권을 잡은 뒤에도 비판 여론을 무시하거나 찍어눌렀고 범죄자들을 대하듯 강압적으로 여론을 통제하려 했다. 이종규 『한겨레』 저널리즘책무실장은 "언론사들에게 윤석열 치하 1,000일은 늘 비상계엄 상태였다"고 평가했다. 『뉴스타파』의 김만배 인터뷰를 문제 삼아 압수수색과 고소·고발을 남발했고, 『뉴스타파』를 인용 보도한 방송사에 무더기 법정 제재를 쏟아냈다.

윤석열 정부의 몰락은 2022년 9월 '바이든-날리면' 사건에서 출발했다. 미국을 방문해 국제원조회의를 끝내고 나오면서 한 말이 MBC 카메라에 잡혔다.

"국회에서 이 새끼들이 승인 안 해주면 바이든은 쪽팔려서 어떡하나."

논란이 되자 대통령실은 "'바이든'이 아니라 '날리면'이었다"고 해명했다. 국민 10명 가운데 6명이 '바이든'으로 들었다는 여론조사 결과도 있었지만 윤석열은 물러서지 않았다. "한미동맹을 훼손하는 악의적인 공격"이라고 비난했고 방송통신심의위원회를 내세워 MBC에 3,000만 원의 과징금을 부과했다. 명예훼손 소송을 걸었는데 1심에서 정정보도를 하라는 판결이 나왔다.

전상진 서강대 교수는 '바이든-날리면' 사건의 경험이 12·3불법계엄으로 이어진 중요한 요소였을 거라고 분석한 바 있다. "자신의 일방적 주장이 사실이 되고 그에 따라 현실을 쥐락펴락할 수 있다는 일종의 '신적 경험'에 자신감을 얻었을 것"이라는 분석이다. 윤완준 『동아일보』 논설위원은 "'바이든-날리면' 사건으로 말미암은 독선이 계엄이라는 파국으로 끝난 퇴행의 시작이었다"[6]고 분석했다.

윤석열은 비판을 논쟁으로 덮고 힘으로 찍어눌렀다. 탄핵심판에서 "의원이 아니라 요원을 끌어내라 했다"거나 "지시나 명령의 결과도 없고 피해도 없다"고 주장했던 건 논쟁을 키우면 진실을 가릴 수 있다는 학습효과 때문이었을 수도 있다. 윤석열 정부는 이미 '바이든-날리면' 사건 이후 일탈 상황의 연속이었다.

MBC 기자를 대통령 전용기에 태우지 않겠다고 심통을 부리며 "'가짜뉴스'로 이간질하려는 악의적 행태 때문"이라고 비난했다. MBC 기자가 "뭐가 악의적이었느냐"고 항의하자 "불미스러운 사건"이라며 그나마 요식적으로 하던 도어스테핑을 일방적으로 중단했다.

이명박 정부 시절 청와대 대변인을 지낸 이동관을 방송통신위원회(이하 방통위) 위원장으로 임명한 것도 정권 붕괴의 징후였다. 방통위는 대통령이 위원장을 포함해 2명을 지명하고 나머지 3명 가운데 1명을 여당이, 나머지 2명은 야당이 추천하는 구조다. 윤석열은 야당 추천 위원들의 임기가 끝난 뒤 민주당 추천 위원들의 임명을 미루면서 방통위를 파행 운영해왔다. KBS와 MBC 등 공영방송 이사회를 장악하고 낙하산 사장을 내려보내려는 꼼수였다. 이동관의 뒤를 이어 방통위원장으로 내려온 이진숙도 마찬가지였다.

『뉴스타파』 김만배 인터뷰 논란의 본질은 화천대유 실소유주 김만배와

신학림 전 『뉴스타파』 전문위원의 금전 거래가 아니라 윤석열이 부산저축은행 사건을 수사하면서 김만배의 청탁을 받고 수사를 무마했다는 의혹에 있다. "커피 한 잔 마시고 왔더니 사건이 없어졌다"는 방송 보도가 논란이 됐지만 핵심은 커피가 아니라 수사 중단이다.[7] 방통위와 방통심의위까지 나서서 『뉴스타파』 폐간을 외쳤지만, 한국에서 인터넷신문은 허가제가 아니라 신고제. 허위 보도를 문제로 신문사를 폐간할 방법이 없고 애초에 『뉴스타파』 보도는 허위가 아니었다. 만약 윤석열 정부의 핵심 인사 가운데 하나라도 "언론을 찍어눌러서 있는 문제를 없는 걸로 만들 수 없다"고 조언하는 사람이 있었다면 결말이 달랐을 수도 있다.

홍성국 전 민주당 의원은 『뉴욕타임스』와의 인터뷰[8]에서 "윤석열의 비상계엄은 세계 최초로 알고리즘이 촉발한 내란 선동이었다"고 평가했다. "윤석열의 가장 큰 지지자들은 태극기를 흔들면서 윤석열을 한미동맹의 챔피언으로 미화하는 우파 유튜버들이었다"는 분석이다. 김정하 『중앙일보』 논설위원은 "윤석열은 권력 중독과 유튜브 중독, 알코올 중독의 3중 중독에 빠져 있다"고 평가하기도 했다.

"신문·방송은 국정 운영의 문제점을 꼬치꼬치 따지지만, 유튜브에선 이 모든 게 자유민주주의 질서를 위협하는 종북 반국가 세력의 음모 때문이라고 시원하게 정리해주니 얼마나 듣기가 편한가."

2022년 10·29참사 직후 김진표 당시 국회의장을 만난 자리에서는 "특정 세력에 의해 유도되고 조작된 사건일 가능성도 배제할 수 없다"고 말하기도 했다. 김 전 의장은 회고록에서 그때 상황을 "대부분의 국민들은 신문, 방송 등 주요 매체들이 균형 있게 보도한 걸 보고 판단하는데, 대통령은 유튜브에서 극단적 팬덤들끼리 주고받는 내용으로 세상을 판단한다"고 지적했다.

윤석열 취임식에 이봉규TV와 시사창고, 시사파이터, 너알아TV, 짝짜TV, 애국순찰팀, 가로세로연구소, 안정권, 박완석 등 극우 유튜브 채널의 운영자들이 김건희의 초청으로 참석했다는 사실도 시사하는 바가 크다. TV조선 출신의 이봉규는 이미 대선 때부터 "윤석열 후보가 자면서도 내 방송을 본다"고 자랑하기도 했다. 5·18광주민주화운동에 북한이 개입했고, 이재명 대표 피습은 조작됐다는 등의 온갖 음모론의 온상이 바로 여기였다.

윤석열은 "레거시 미디어는 보여주지 못하고 있는데, 유튜브가 이제 좀 많이 바뀌었다"면서 "탄핵반대 집회에 나온 20~30대를 보면서 자유민주주의에 대한 갈망과 희망을 본다"고 말하기도 했다. 심지어 관저에서 체포되던 날에도 "요즘 레거시 미디어는 너무 편향돼 있기 때문에 유튜브에서 잘 정리된 정보를 봐야 한다"고 말했다.

윤석열에게는 여러 차례 기회가 있었다. 명품백 논란을 "박절하지 못해서"라고 변명하지 않았더라면, 늦게라도 채 상병 사건을 공정하게 수사하라고 지시하고 책임자를 문책했더라면, 도이치모터스 주가조작 사건에 성역 없는 수사를 요청했더라면 결과가 달랐을 수도 있다. 윤석열은 일부 강성 지지자들의 팬덤에 둘러싸여 반국가 세력과의 전쟁에서 박해받는 영웅으로 스스로를 포장했다.

김윤철 경희대 교수는 "윤석열의 '12·3 계엄령 선포 사태'는 뇌썩음(brain rot) 정치의 대표 사례로, 역사서에 등재되지 않을까 싶다"[9]고 지적했다.

언론의 자유를 침해할 수 없다는 합의된 원칙

12·3비상계엄포고령 1호의 모든 조항이 문제였지만, 특히 "모든 언론과 출판은 계엄사의 통제를 받는다"는 제3조는 명백한 헌법 위반이었다. 대한

민국헌법 제21조는 "모든 국민은 언론·출판의 자유와 집회·결사의 자유를 가진다"고 규정하고 있다. 2항에는 "언론·출판에 대한 허가나 검열과 집회·결사에 대한 허가는 인정되지 아니한다"고 명시하고 있다.

헌법 제77조 3항에 "비상계엄이 선포된 때에는 법률이 정하는 바에 의하여 영장제도, 언론·출판·집회·결사의 자유, 정부나 법원의 권한에 관하여 특별한 조치를 할 수 있다"는 조항이 있지만 애초에 비상계엄의 요건을 갖추지 못했기 때문에 해당 사항이 없고 근본적으로 어떤 '특별한 조치'도 헌법 제21조를 넘어설 수 없다.

헌법재판소는 대통령 윤석열 파면 선고에서 "이 사건 포고령은 모든 언론과 출판이 계엄사령부의 통제를 받도록 하는 등 국민의 기본권을 광범위하게 제한하는 내용을 담고 있다"라고 지적했다. 헌재는 "국민이 정치적인 반대 의사를 표시하는 것을 원천적으로 배제하기 위하여 이 사건 포고령을 통하여 정당의 활동과 정치적 결사, 집회, 시위 등 일체의 정치활동을 금지하고, 모든 언론과 출판은 계엄사령부의 통제를 받도록 함으로써 모든 국민의 정치적 표현의 자유를 전면적·포괄적으로 박탈했다"고 판단했다. "자유민주적 기본질서를 침해한 것으로서 국민주권주의 및 민주주의에 대한 중대한 위반행위에 해당하고 헌법질서에 미친 부정적인 영향도 엄중하다"는 판단이다.

한상희 건국대 법학전문대학원 교수는 "언론·출판 검열은 헌법상 절대적으로 금지된다"며 "언론·표현의 자유는 국가안보나 사회질서 유지를 위해서도 제한할 수 없다"고 강조했다. '국경 없는 기자회(RSF)'는 "계엄령이 해제되지 않았다면 윤석열은 언론을 검열하고 그들이 유포하는 정보를 통제할 권한을 가졌을 것"이라고 지적했다. 국제앰네스티 한국지부도 "윤석열의 비상계엄은 국제인권법 및 대한민국헌법에 명시된 기본 원칙에 반하는 행위"라고 지적했다.

2. 윤석열의 뇌썩음 정치와 공론장의 작동 불능

윤석열이 몰랐던 것

윤석열의 예상과 달리 군은 명령대로 움직이지 않았다. 갑자기 여의도에 투입된 군인들은 어리둥절했고 테러 진압이 아니라 시민들에게 총부리를 들이대야 한다는 사실에 충격을 받았다. 조성현 당시 수도방위사령부 경비단장은 국회의원들을 끌어내라는 지시를 받았지만 일단 알겠다고 한 뒤 대원들에게 지시를 내리지 않았다. 그는 검찰 조사에서 "법은 모르지만 하면 안 될 것 같은 생각이 들었다"고 말했다. 같은 지시를 받았던 김대우 당시 방첩사령부 수사단장은 아예 부하들에게 "민간인과의 접촉을 피하라"고 경고하기도 했다.

국회 본청 유리창을 깨고 진입했던 김현태 당시 707특수임무단 단장도 "부하들에게 체포는 안 된다고 말했다"고 했다. "계엄해제요구결의안이 늦었다면 국회의원을 끌어냈겠느냐'는 질문에는 "불가능하다. 가능하게 하는 방법은 실탄을 쓰는 것밖에 없는데 상상도 하지 않았고, 지시했더라도 따를 부대원은 아무도 없다"고 말했다.

선관위에 진입했던 정성우 방첩사령부 대령은 "직원 동의가 없으면 서버 복사를 할 수 없다"고 명령에 따르지 않았다. 정성우 대령이 방첩사 법무관들에게 물어봤더니 일곱 명 모두 "압수수색을 하기 위해서는 최소한의 범죄 혐의를 특정해야 한다"고 말했다고 한다. 그때는 이미 선관위에 진입한 상황이었지만 팀장들에게 임무 수행을 중단하라고 지시하고 빠져나왔다.

윤석열의 비상계엄이 박정희의 5·16군사쿠데타나 전두환의 12·12군사쿠데타와 달랐던 건 실시간으로 정보가 공유되고 모두가 지켜보고 있었다는 사실이다. 애초에 윤석열이 TV 생중계로 비상계엄을 선포했고 시민들이 국회로 몰려갔다. 수천 개의 스마트폰이 당시 상황을 기록했다. 우원식 국회의장과 이재명 민주당 대표가 국회 담을 넘는 장면이 생중계됐고, 상당수 국민들이 밤새 뜬눈으로 현장을 함께했다. 현장에 내던져진 군인들은 상부의 명령보다 시민들의 분노와 저항을 더 두려워했다.

과거에는 신문사 윤전기와 방송사 송출실만 장악하면 정보의 흐름을 차단할 수 있었지만 인터넷과 소셜미디어가 주류 언론의 사각지대를 보완하는 2024년의 한국은 달랐다. 설령 전기와 수도를 끊더라도 스마트폰으로 유통되는 정보를 막을 수는 없다는 사실을 윤석열은 몰랐을까.

그날 밤 안귀령 민주당 대변인이 한 군인의 총부리를 잡은 장면을 세계가 지켜봤다. 일부 군인들은 시민들에게 죄송하다며 허리 숙여 인사하고 떠났고, 방첩사 군인들 일부는 명령을 따르지 않고 주변을 배회하거나 편의점에서 시간을 때우다 돌아갔다.

보고 싶은 것만 보는 세상

로이터저널리즘연구소[10] 조사에 따르면 한국은 언론사 웹사이트의 직접 방문 비율이 세계에서 가장 낮다. 언론사 웹사이트를 직접 방문해서 읽는다는 비율이 6%에 그쳤다. 유튜브에서 뉴스를 본다고 답변한 비율은 세계에서 가장 높다. 2024년 조사에서 한국은 53%, 43개국 평균은 30%였다.

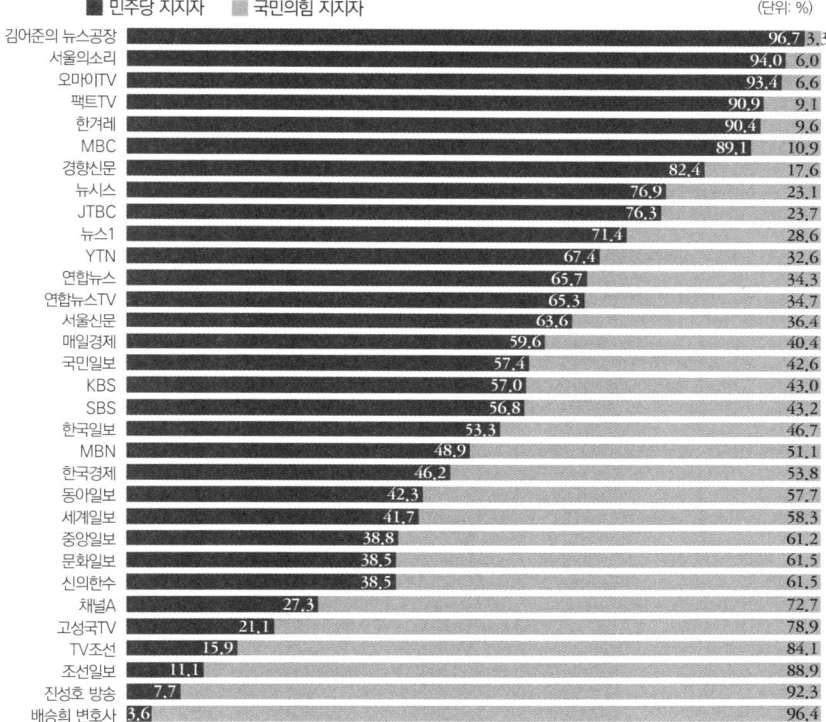

* 권오성·한지영, 「이용자 데이터를 통해 본 한국 매체의 정치 지형과 이용자의 정파적 매체 이용」(한국언론학회 정기학술대회, 2024년 3월)을 인용해 필자가 작성.

유튜브를 보는 시간이 하루 평균 67분으로 TV(22분)나 TV 뉴스(6분)보다 압도적으로 길었다.

이것은 첫째, 뉴스와 뉴스가 아닌 것의 경계가 사라졌고, 둘째, 뉴스의 맥락적 소비가 잘 안 되는 환경이라는 걸 의미한다. 셋째, 뉴스의 해석과 평가를 강력한 주장성 콘텐츠에 의존하는 시대, 즉 무엇을 볼 것인가를 결국

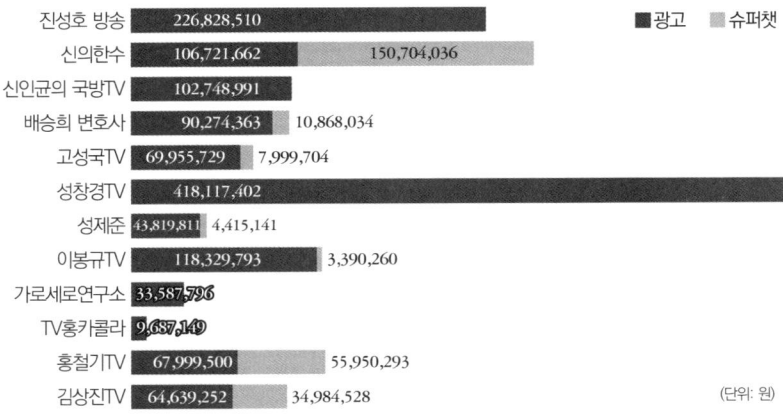

* 위에서부터 채널 구독자 순, 플레이보드.
* 유튜브 수익 추정 서비스 블링 데이터를 기초로 필자가 작성.

알고리즘이 결정한다는 것이다. 주류 언론은 여전히 문제가 많지만 언론 전반의 신뢰가 무너질 때 그 자리를 차지하는 것은 검증되지 않은 주장과 선동, 그리고 음모론이라는 교훈을 간과해서는 안 된다.

"나와 같은 관점의 뉴스를 선호한다"는 비율도 조사 대상 국가 중 가장 높았다. 한국은 44%인데 40개국 평균은 28%였다. "반대되는 관점의 뉴스를 찾아본다"는 비율은 4%에 그쳤다.

정당별로 선호하는 채널도 극명하게 엇갈렸다. 기후솔루션 권오성 등의 연구[11]에 따르면 김어준의 뉴스공장은 민주당 지지자가 97%인 데 반해 배승희 변호사 채널은 96%가 국민의힘 지지자다. 기본적으로 유튜브 알고리즘은 오래 머물고 광고를 많이 보게 만드는 방식으로 작동한다. 더 자극적이고 선정적인 콘텐츠를 더 많이 노출할 수밖에 없는 구조다.

"어휴, 요즘 몇몇 유튜브가 재미있다고 성화야. 대통령께서 즐겨 보고 링크까지 보내시니 안 볼 도리가 있나. 그걸 봐야 대화에 낄 수 있을 정도야." 정권 출범 직후 대통령실 고위 관계자가 했다는 말이다. 필수 구독 리스트가 돌기도 했다.

윤석열의 한 참모가 "여론을 신경 써야 한다"고 말하자 윤석열이 이렇게 답변했다고 한다. "제가 느끼는 건 달라요. 여론조사 말고도 시중 여론을 살피는 법이 있으니까 잔말 말아요." 그게 바로 이봉규TV 같은 극우 성향 유튜브 채널이었을 가능성이 크다.[12]

『중앙일보』는 "보수 유튜버가 보여주는 세상에서 그(윤석열)는 언제나 승자였다"[13]고 평가했다. 언론의 비판에 귀를 닫고 유튜브 알고리즘에 빠져든 대통령의 최후는 비참했다.

3. 역사의 교훈, 진실은 결국 튀어나온다

언론 탄압의 역사, 그 긴 터널

군사정권과 언론 탄압의 역사는 일제강점기로 거슬러 올라간다. 조선총독부는 언론 자유를 박탈하고 기사를 검열하거나 삭제했다. 1941년부터는 모든 한국어 신문과 잡지 발행을 금지했다.

해방 이후 들어선 미군정도 신문 발행을 허가제로 바꾸고 『대동일보』와 『해방일보』 등을 정간 처분했다. 이승만 정부도 반공을 명분으로 진보 성향의 언론을 폐간하거나 언론인을 투옥하고 고문하는 등 언론 자유를 탄압했다. 『제일신문』과 『조선중앙일보』가 정간됐고 『세계일보』와 『국민일보』,

『대한일보』가 폐간됐다. 『경향신문』은 여러 차례 정간 처분 끝에 폐간되기도 했다.

5·16군사쿠데타로 집권한 박정희 정부는 포고령 11호를 발령하고 "신성한 언론 자유를 모독하는 사이비 언론인 및 언론기관을 정화하고 진정한 민주언론 창달과 혁명 과업에 이바지한다"는 명목으로 수많은 언론사를 숙청하고 정리했다. 『민족일보』강제 폐간과 조용수 사장 사형은 한국 언론사의 가장 참혹한 사건이었다. 1972년 10월유신 이후 박정희는 긴급조치 1호를 발령하고 언론 검열을 강화했다. 긴급조치 9호에서는 정부 비판 자체를 범죄화했다.

1979년 10월 26일 박정희 피살 이후 12·12군사쿠데타로 집권한 전두환은 계엄사령부 주도로 모든 보도를 통제했다. 특히 5·18광주민주화운동 관련 기사는 보도를 전면 금지하거나 군의 발표만 받아쓰게 했다. 급기야 1980년 11월에는 언론통폐합 조치를 단행해 중앙일간지를 7개에서 6개로, 지역신문을 14개에서 10개로 축소하고 통폐합했다. 통신사는 연합통신으로 일원화했고 TBC동양방송과 DBS동아방송 등을 강제 폐지하거나 통합했다. 신문사 발행인들은 계엄군에 불려가 각서를 써야 했고, 이 과정에서 수많은 언론인이 강제 해직됐다. 해직 언론인은 937명에 이른다.

전두환 시절에는 보도지침이 일상화됐다. 날마다 다뤄야 할 기사 목록과 기사의 크기, 논조까지 지침으로 내려왔다. 국가안전기획부 요원과 경찰이 신문사 편집국에 상주했고, 수많은 기사가 삭제되거나 순화됐으며 '땡전뉴스'가 일상화됐다. 1987년 6월항쟁 전까지 26년간 기나긴 독재의 터널은 이어졌다.

격동의 한국 현대사에서 확인할 수 있는 중요한 교훈은 언론과 싸우는 정권은 반드시 비참한 결말을 맞는다는 사실이다.[14] 비판을 잠깐 잠재울 수는 있지만 진실을 영원히 묻어둘 수는 없다. 모든 언론인이 정의롭지 않을 수는 있지만 누군가 알고 있는 것은 언젠가 튀어나온다. 언론인 개인은 취약할 수 있지만 우리 모두에게는 옳지 않은 것을 옳지 않다고 말할 용기가 있다. 사명감은 때로 개인의 두려움과 욕망을 뛰어넘는 힘이 된다. 그게 언론이 작동하는 방식이고 민주주의의 기본 원리로, 언론의 자유를 보장하는 이유다.

박정희 시절 『동아일보』 기자들은 목숨을 걸고 자유언론투쟁을 주도했고 많은 기자가 평생을 해직 기자로 떠돌았다. 전두환 군사독재에 맞서 목숨을 걸고 싸운 기자들이 있었기에 5월 광주의 진실이 알려졌고, 박종철 열사의 죽음을 딛고 민주화의 새로운 페이지를 넘길 수 있었다.

5월 『투사회보』에서 천만 촛불집회와 응원봉집회

1980년 5월 『전남매일신문』 기자들은 "정부 발표만 나오는 신문은 나오지 않게 하는 것이 마지막 양심"이라며 사직서를 냈다.

"우리는 보았다. 사람이 개 끌리듯 끌려가 죽어가는 것을 두 눈으로 똑똑히 보았다. 그러나 신문에는 단 한 줄도 싣지 못했다. 이에 우리는 부끄러워 붓을 놓는다. 1980년 5월 20일, 전남매일신문 기자 일동."

언론이 없는 5월 광주에는 시민들이 만든 『투사회보』가 있었고 계엄군이 도청을 공격하던 날은 가두방송이 진실을 알렸다.

"시민 여러분, 지금 계엄군이 쳐들어오고 있습니다. 사랑하는 우리 형제자매들이 계엄군의 총칼에 숨져가고 있습니다. 우리 모두 일어나서 계엄군과 끝까지 싸웁시다."[15]

5월 광주의 경험은 1987년 6월항쟁으로 이어졌고 2002년 효순·미선 사건과 2004년 노무현 탄핵반대 집회, 2008년 광우병소고기 수입반대 집회에 이어 2014년 세월호 노란리본 연대와 2016년 강남역 포스트잇 추모 행렬, 2016년 박근혜 탄핵 촛불집회, 2024년 윤석열 탄핵 응원봉집회로 이어졌다. 누군가가 먼저 든 촛불 하나가 수백만 수천만 명을 이끈다. 주머니 속의 송곳이 튀어나오듯 언론이 침묵하면 누군가가 비명을 지르고 누군가가 먼저 분노를 쏟아낸다. 그게 한국 민주주의의 힘이다. 선출된 대통령의 권력은 국민들에게 위임받은 것이고 감시와 견제, 민주주의의 원칙에서 한 발자국도 벗어날 수 없다는 엄혹한 현실이 우리가 윤석열 정부 3년에서 얻어야 할 교훈이다.

　제왕적 대통령제를 끝내야 한다는 문제의식과 함께 개헌 논의도 제기되고 있지만 윤석열의 폭주를 멈춰 세운 게 1987년 헌법이라는 사실을 간과해서는 안 된다. 대통령은 국회를 해산할 권한이 없고 비상계엄을 선포하더라도 국회가 해제를 요구하면 반드시 따라야 한다. 대통령은 형사상 불소추특권이 있지만 내란죄와 외환죄는 예외다. 윤석열은 현직 대통령으로 구속된 첫 사례다.

　삼권분립의 원칙도 탄탄했다. 비상계엄을 선포하면 곧바로 국회에 통보해야 한다. 헌법이나 법률을 위반하면 국회 재적의원 3분의 2 이상의 찬성으로 탄핵소추를 의결할 수 있다. 제왕적 대통령도 헌법이 정한 민주주의의 가이드라인을 넘어설 수 없다는 사실을 입증한 것은 한국 국민들의 위대한 성과다. 헌법재판소는 대통령이 3명을 지명하고 국회와 대법원장이 각각 3명을 추천하는 구조다. 극단적인 갈등 상황에서 헌재는 전원일치로 윤석열 파면을 결정했다. 진영을 넘어선 지극히 상식적인 결론이었다.

미완의 언론 개혁과 내란의 잔불

윤석열이라는 괴물을 만든 게 언론이라는 반성도 빼놓을 수 없다. 도이치모터스 주가조작 의혹을 두고 "지난 정부에서 탈탈 털었다"는 윤석열의 궤변을 그대로 실어줬고, 김건희의 명품백 수수 관련해서는 "그 외국 회사 작은 파우치"를 "박절하지 못해서 받았다"는 변명으로 여론을 물타기했던 언론이 있었다는 사실을 잊어서는 안 된다. 애초에 "사람에게 충성하지 않는다"는 프레임도 언론이 만든 상징조작에 가까웠다.

"거야의 폭주가 문제"였고 "오죽하면 계엄까지 했겠느냐", "비상계엄은 통치행위"고 "계엄령이 아니라 계몽령"이었다는 등의 논리로 내란을 옹호했던 언론이 쟁점을 물타기하고 프레임을 뒤섞으면서 분열과 갈등을 조장하고 있다.

윤석열이 빠져든 극우 유튜브 채널들은 모두 보수언론이 만든 돌연변이라고 할 수 있다. 윤석열 탄핵반대 집회에서 "조선일보 폐간"이라는 구호를 외치고 김건희가 "조선일보 폐간에 목숨 걸었다"고 벼르는 것은 한국의 극우 담론이 조·중·동의 자장을 아득히 벗어났다는 의미다.

윤석열 파면 이후 상황은 한국의 민주주의가 여전히 도전 과제라는 사실을 일깨운다. 여론조사마다 다르지만 국민의 약 32%가 윤석열의 비상계엄을 지지하는 게 현실이다. 윤석열은 승복도 사과도 없었다. 내란 공범들은 모두 구속되어 재판을 받고 있는데 정작 내란 우두머리 피의자는 체포 52일 만에 석방되었다. 관저에서 나와 서초동 사저로 돌아가 "다 이기고 돌아온 거니 걱정 말라"고 한 건 탄핵 정국의 터널을 겨우 빠져나온 국민들을 농락하는 발언이었다.

한덕수 대통령권한대행은 친윤석열 인사를 헌법재판소 재판관으로 지명하려다 실패했고, 최상목 전 대통령권한대행에 이어 내란특검법 등에 거부권을 행사했다.

윤석열 파면 이후 조기 대선을 치르고 정권이 바뀌었지만 국민의힘은 제1야당으로 남았다. 내란에 동조했던 정치인들이 강성 야당으로 간판을 바꿔 달고, 한때 윤석열의 수족이었던 검찰이 내란 종식이라는 명분을 내걸고 칼을 휘두르는 걸 지켜봐야 할 상황이다. 윤석열 파면 이후에도 한국 사회에 남아 있는 과제가 많다는 이야기다.

언론 개혁도 시급한 과제다. 정권이 바뀔 때마다 낙하산 사장이 내려오고 공정성 시비에 휘말렸던 악순환을 끝내야 한다. 우리에게는 정치권력으로부터 언론의 자유를 확보하는 것뿐만 아니라 언론의 사명과 공적 책무에 복무하기 위해 높은 수준의 윤리적 기준과 시민들의 신뢰를 확보해야 하는 과제가 남아 있다.

단순히 공영방송의 독립을 넘어 저널리즘 생태계의 왜곡된 구조를 바로잡는 것도 중요한 과제다. 의제 설정 기능이 무너진 포털 중심의 뉴스 유통 시스템과 광고 중심의 미디어 수익 모델, 보수 우위의 편향된 공론장, 알고리즘이 지배하는 소셜네트워크 등 황폐화된 저널리즘 생태계가 민주주의의 근간을 위협한다는 사실을 교훈으로 받아들여야 한다.

윤석열이라는 괴물을 만든 것도 언론이고, 그 언론이 윤석열을 끌어내리는 데 주도적 역할을 했던 것도 사실이다. 언론은 단일 주체가 아니고 거대한 협업 프로젝트에 가깝다. 헌정 위기의 일탈 상황에서 언론의 역할이 돋보였지만 언론이 애초에 권력 감시의 역할을 제대로 했는지 묻지 않을 수 없다. 이 상반된 경험은 역설적으로 저널리즘 생태계의 새로운 질서가 왜 절실한지를 증명한다.[16]

미국 제3대 대통령 토머스 제퍼슨은 "나는 언론 없는 정부보다 정부 없는 언론을 택하겠다"라고 말한 적 있다. "모든 국가는 그에 걸맞은 정부를 가진다"는 말도 있지만 모든 국민은 그에 걸맞은 언론을 갖는다고 볼 수도 있다. 8년 만에 두 명의 대통령을 끌어내린 우리는 더 나은 언론을 가질 자격이 있다.

― 이정환

10
새로운 사회를 위한 움직임
— 광장에서 현장으로, 변화를 위한 균열들

1. 광장에 나선, '용감하고 혁명적인' 민중들

> 나라로부터 받은 은혜도 없으면서 위기가 닥치면 떨쳐 일어나는 독특한 유전자를 가진 민중들이 화답하여 일어나 싸웠다.

박시백 작가는 『박시백의 조선왕조실록 10 — 선조실록』에 전국 각지에서 의병장을 따라나선 민중에 대해 표현하면서 위와 같은 문장을 썼다. 2024년 12월 3일 계엄이 선포되자, 곧장 국회 앞으로 달려 나가 계엄을 해제시키고 연일 거리로 나선 이들은 서로를 보면서 이 문장을 다시 한번 꺼내어 공유했다. 이후 얼마 지나지 않아 이 장면은 깃발이 되어 거리에 등장했다. 깃발에 담긴 그림에서는, 선이 굵은 남성들의 얼굴로 채워져 있던 의병의 모습이 광장에 나선 다양한 이들의 모습으로, '독특한 유전자'는 '용감하고 혁명적인 유전자'로, '민중'이라는 단어는 '여성'으로 바뀌었다.[1]

계엄을 막아낸 이후 거리에 모이는 시간이 쌓이면서 점차 이전에는 '민중'이라는 집단을 떠올릴 때 잘 그려지지 않았던 수많은 이들의 이야기가 광장에 나왔다. 여성, 노동자, 청소년, 장애인, 이주민, 성소수자 등 하나의 정체성 집단의 모습으로서만 나온 것이 아니었다. 학교폭력·젠더폭력·성폭력을 경험한 사람, 전세 사기 피해를 겪은 사람, 이주민의 자녀, 장애인 트랜스젠더, 성노동자, HIV 감염인으로 살아온 사람, 우울증으로 오랫동안 방 안에만 있었던 사람 등 자신의 구체적인 삶의 결을 드러내는 이야기들이 적극적으로 광장에서 서로를 연결했다. 이들이 자신을 드러냄으로써 광장에 함께 선 '민중'의 모습은 더욱 선명하게 구체화되었다. 마치 멀리서 볼 때는 그저 초록의 숲이었지만 막상 안으로 들어가서 관심을 기울이고 보면 작은 풀꽃과 생명체들이 살아 숨 쉬는 터전임을 알게 되는 것처럼, 2024년 겨울부터 2025년 봄까지 길 위에 선 사람들은 그렇게 우리에게 '민중' 안의 구체적인 존재들을 드러내 보여주었다. 그리고 이들은 함께 싸웠다. 한겨울 매서운 추위와 폭설을 견디며 밤을 지새우고 겹겹이 둘러친 경찰 차벽을 함께 뚫고 길을 열어냈다. "내란범 구속", "윤석열 탄핵"을 외치는 광장을 넘어, 멀리서 수일에 걸쳐 트랙터를 몰고 온 농민들의 행진이 가로막힌 자리에, 수년 동안 맺힌 절절한 요구를 안은 채 천막농성을 시작하거나 고공농성을 벌이는 노동자들의 현장에, 시민으로 살아가기 위한 가장 기본적인 권리인 이동권이 가로막힌 장애인의 투쟁 현장에 달려갔다. 외롭게 싸우고 있는 이들의 자리에 적극적으로 연결되었다.

무엇이 이런 변화를 만들었을까? 분명 '독특한 유전자' 때문은 아니다. 또한 광장에서 현장으로 연결된 이 움직임은 어떤 거대한 추상적 집단으로서의 '나라'를 지키기 위한 것도 아니었다. '나라로부터 받은 은혜'도 없을 뿐만 아니라, 심지어 '민중'으로서 언제나 존재했지만 드러나지도 못했던 이 민중들에게 '위기'는 아주 구체적인 서로의 모습으로 각인되었다는 사실을 우리는 함께 발견하고 기억해야 한다. 그 서로의 모습 안에 위기의 원인이 있고, 갈망하는 변화의 방향도 있기 때문이다. 윤석열 탄핵 집회의 광장을 통해 현재를 진단하고 다른 사회로의 변화를 위한 씨앗을 찾고자 한다면 여기에서부터 시작해야 한다. 그리고 미리 말해두자면 이것은, 희망 이전에 비관을 직면하는 일이다. 반복된 역사 속에서 어느새 우리를 가둔 하나의 선을 발견하고 함께 넘어서 보기 위한 제안이다. 그 밑그림을 그리기 위해 이 글은 우선, 광장에 모인 수십만의 민중 중에서도 조금 다른 지점에 서서 균열을 만들어냈던 이들에게 편협하게 집중하여 중요한 변화의 흐름을 짚어본다.

2. 첫 번째 균열, '평등하고 민주적인' 광장을 열어내기

2024년 12·3비상계엄 선포 이후 이어진 윤석열 탄핵 집회에서 언론에 자주 등장한 주요 키워드는 '응원봉', '2030 여성', '키세스단', '남태령'이었다. 그런데 이 모든 키워드와 연결되면서도 다양한 역동을 통해 만들어진 중요한 특징이 있다. 집회 전에 항상 소위 '평등수칙'이라고 불리는 약속문을 참가자들과 공유하고 시작했다는 것, 그리고 앞에서 이 글을 열며 언급한 것처럼 수많은 이들이 자신들의 교차적인 정체성을 아주 구체적인 수준에서 드러내는 발언을 함으로써 광장에 다양한 균열을 만들어냈다는 것이다. 뒤에서 다시 이야기하겠지만 이러한 변화는 그간 '민주주의'를 요구하며 시작된 자리임에도 정작 그 광장에서조차 내내 소외되거나 차별과 혐오, 낙인, 비하의 경험에 다시 놓여야 했던 소수자들이 적극적으로 나서며 이루어진 것이었다.

'윤석열즉각퇴진·사회대개혁비상행동'(이하 비상행동)이 만들어 배포한 '평등하고 민주적인 집회를 위한 모두의 약속'은 다음과 같다.

> 민주주의는 멀리 있지 않습니다.
> 민주적 집회 참여와 실천에서부터 시작해봅시다.
>
> 민주주의를 지키기 위해 이곳에 선 우리가 누군가를 향해
> 여자라는 이유로, 동성애자라는 이유로, 트랜스젠더라는 이유로, 장애가 있다는 이유로, 나이가 어리다는 이유로, 학교를 다니지 않는다는 이유로, 이주민이라는 이유로, 일하지 않는다는 이유로, 결혼하지 않았다는 이유로, 질병을 겪고 있다는 이유로,
> 야유를 보내거나 "중요하지 않다" 말하며 배제하거나
> 반말하며 하대하거나 "장하다", "대견하다" 미숙한 존재로 대하거나
> "예쁘다" "아름답다" 외모를 평가하거나
> 원치 않는 신체 접촉을 하거나, 다양한 사람들의 존재 특성이
> 나와 다르다고 차별하거나, 혐오해서는 안 됩니다.
>
> 민주주의를 지키기 위해서는 집회에 참여한
> 우리의 "지금"부터 민주적이어야 합니다.

민주적 집회는 집회 참여자가 서로를 평등하게 존중하는 것에서부터 시작합니다.

함께 약속합시다.

1. 서로가 서로의 광장이고 민주주의입니다. 우리가 지키고 만들어갈 민주주의는 지금 바로 이곳에서 시작합니다.
2. 민주주의는 성별, 성적 지향, 장애, 연령, 국적 등 서로 다른 사람이 배제되지 않고 안전하고 평등하게 참여할 수 있는 곳에서 가능합니다.
3. 집회 발언 시 여성, 성소수자, 장애인, 청소년, 이주민 등 사회적 소수자를 차별하거나 배제하는 말을 하지 않습니다.
   (예: 여성에게 '마음도 얼굴만큼 예쁘다', 청소년에게 '기특하다', 장애를 빗대어 '눈 먼 장님과 같다', '정신적 불구 상태' 등)
4. 특정 대상에 대한 욕설이나 차별, 혐오, 외모 평가 발언 없이도 싸울 수 있다는 것을 기억합니다. 우리에겐 싸울 힘이 충분히 있습니다.

이렇게 행동합시다.

1. 집회 참여자 중 누군가 야유, 욕설, 비하, 배제, 차별, 혐오 발언 및 행동을 한다면 정확하고 명확하게 행위 중단을 요구합니다.
2. 중단되지 않는다면 즉시 주변 사람이나 스태프에게 도움을 요청해주세요.
3. 주변에서 현장을 목격하신 분도 마찬가지로 행위를 멈추도록 항의해주시고, 기록을 남기고, 스태프에 도움을 요청해주세요.

> 4. 문제 발언을 용인하는 것은 차별, 혐오, 폭력을 용인하는 것입니다. 문제 발언, 행동이 용인되지 않도록 집회 참여자인 우리부터 중단합시다.

박근혜 퇴진 촛불집회 당시 '박근혜정권퇴진비상국민행동'도 이와 비슷한 가이드라인을 만들기는 했으나 모든 참가자에게 '평등'과 '민주주의'를 위한 집회의 원칙으로서 매회 공유되지는 않았다. 그러나 윤석열 퇴진 집회에서는 무대에 오르는 발언문을 사전 신청하게 하여 이 원칙에 어긋나지 않는지 미리 검토했고, 혹여 무대에 선 누군가가 사전에 공유된 발언문과 달리 돌발적으로 이를 어기는 발언을 하는 경우 즉각 발언을 제지하거나 누구든 그에 대한 문제를 제기할 수 있었다. '평등수칙'은 발언뿐 아니라 집회 현장 곳곳의 푸드트럭, 부스, 소규모 행사와 행진 과정에도 적용되었다. 완전히 동일한 문장은 아니었지만 각 지역의 집회에서도 이와 같은 내용의 약속문이 집회 시작 전에 공유되었다. '평등수칙'은 생각보다 중요한 역할을 했다. 무엇보다 수십만 명의 대중이 모이는 광장에서 참가자 모두에게 '함께 만드는 민주주의의 원칙'으로 공유됨으로써 지금까지의 집회에서 흔히 등장했던 말과 행동이 차별과 혐오의 인식을 반영하는 언행에 해당될 수 있음을 공식적으로 짚어주었고, 다양한 참여자들이 조금이나마 부담을 덜고 자신을 드러내며 발언하고 참여할 수 있게 했다. 그러나 처음부터 이러한 인식과 합의가 형성된 것은 아니었다. '평등수칙'이 등장하게 된 데에는 계엄령 선포 직후의 시간을 통과하면서 형성된 또 다른 중요한 맥락이 있다.

　12월 3일 비상계엄이 선포된 날은 32번째 세계 장애인의 날이었다. 장애인에 대한 시혜가 아닌 장애인의 이동권과 교육권, 노동권, 시설이 아닌 지역사회에서 함께 살아갈 권리를 보장할 것을 외치며 종일 투쟁한 전국장애인차별철폐연대(이하 전장연)와 집회 참가자들은 장애인 권리 법안과 예산 반영을 요구하기 위해 국회의사당역에서 노숙 투쟁을 준비하고 있었다. 그런데 바로 그날 밤 계엄이 선포되었다. 비상계엄포고령은 국회와 지방의회, 정당의 활동과 정치적 결사, 집회, 시위 등 정치활동 일체를 금지한다는 내용을 담고 있었다. 그러나 이미 일상을 '비상사태'로 살아온 장애인들은 국회로 향하지 않을 수 없었다. 다음 날 오전 이들은 '윤석열 대통령 사퇴촉구 탄핵추진 비상시국대회'를 준비하고 있는 국회의사당으로 가서 휠체어에서 내려와 국회 본관 계단을 몸으로 기어올랐다. 그런데 대회 참가자들이 '윤석열 탄핵'이라는 구호 외에 다른 구호들이 등장해서는 안 된다며 이들이 들고 있는 피켓을 내리라고 요구했다. 참가자 중 일부는 "사람들과 공존하려면 이렇게 해서는 안 된다"라며 꾸짖거나 "이만하면 되지 않았냐"고 힐난하기도 했다. 시민의 힘으로 계엄을 해제시킨 날의 아침이었지만 장애인 시민의 요구는 그날 아침에도 다시 한번 나중의 일로 밀려나고 있었다.[2]

　이와 비슷한 풍경은 페미니스트의 발언 자리에서도 볼 수 있었다. '페미당당'의 심미섭 활동가는 국회가 윤석열 탄핵 표결을 앞두고 있었던 12월 7일의 집회에서 페미니스트이자 퀴어로서 발언을 하던 중에 여기저기서 들려오는 집회 참가자들의 야유와 비난에 직면했다. 그중에는 심지어 무대를 향해 삿대질하며 "끌어내려!"라고 외치는 사람도 있었다. 그때 심미섭 활동가는 자신이 8년 전 박근혜퇴진운동 당시에 바로 그와 같은 경험을 했노라 발언하고 있었다. 모두가 평화시위라 상찬하던 그 집회가 여성과 성소수자에게는 때로 두려운 공간이었다고 말이다. 심미섭 활동가는 박근혜를 비판하는 대신 "암탉이 울면 나라가 망한다"고 조롱하던 이들과, 혼잡한 집회 현장에서 성추행을 하던 이들이 도처에 존재하던 8년 전 집회의 경험을 이야기하며, 그 경험이 김건희를 욕하면서 '술집 출신이라 술을 먹이고 대통령을 조종했다'고 말하는 2024년의 집회 현장에서 다시 익숙하게 반복되고 있음을 이야기했다. 그리고 정작 그러한 발언을 윤석열과 김건희는 듣지 못하겠지만 바로 옆에서 민주주의를 요구하는 광장을 함께 지키고 있는 동료 시민인 여성, 성노동자, 성소수자, 장애인들은 듣고 있다는 사실을 함께 생각해달라고 말했다.[3]

그리고 12월 21일부터 22일까지 무박 2일 남태령에서의 밤에 이렇게 막혀 있던 이야기들이 봇물 터지듯 쏟아져나왔다. 한덕수 대통령권한대행의 농업 4법 거부권행사에 항의하고 윤석열 퇴진을 요구하기 위해 12월 16일부터 트랙터 30여 대와 화물차 50여 대를 끌고 서울까지 온 전국농민회총연맹(전농), 전국여성농민회총연합(전여농)의 '전봉준투쟁단' 농민 100여 명이 남태령고개에서 경찰의 차벽에 가로막힌 밤이었다. '전봉준투쟁단'은 2015년 11월 민중총궐기에 참여했던 고 백남기 농민이 경찰의 물대포에 맞아 사망한 이후 2016년 박근혜 퇴진 집회에 참여하며 조직되었다. 당시에도 양재 IC에 가로막혔던 농민들은 인근 주민들의 지지를 받으며 길 위에서 하룻밤을 지새웠지만 결국 경찰의 폭력으로 저지선을 뚫지 못했다. 그런데 12월 21일 밤에는 8년 전과 완전히 다른 시간을 맞이했다. X(구 트위터) 등 사회연결망 서비스를 통해 농민들이 경찰의 폭력으로 부상을 당하고 트랙터의 유리창이 깨지는 등의 상황이 발생하고 있다는 소식과 '전봉준투쟁단'의 긴급 호소문을 본 시민 수천 명이 남태령에 모인 것이다. 이들 중 대다수가 20~30대 여성이었고, 수많은 성소수자와 다양한 소수자 정체성을 지닌 이들이 계속해서 찾아와 자리에 함께했다. 편의시설 하나 없는 8차선 대로에서 동짓날 밤의 매서운 추위와 바람을 견디며 노래와 발언을 이어갔고, 사람들은 자신의 이야기를 꺼내고 서로의 이야기에 마음을 열며 새로운 장을 열었다. 달려온 이들 중 다수가 이 사회에서 거듭 '나중'으로 밀려나고 가로막혔던 이들이었기에, 이 밤 발언을 이어간 사람들은 남태령고개에서 외롭게 갈 길을 차단당한 농민들의 상황에 누구보다 깊이 공감했다. 그리고 위로를 받았다.

남태령 집회 일주일 후인 12월 28일에 열린 '남태령 대첩을 함께한 우리들의 집담회'에서 한 참가자는 이런 소감을 남겼다.

> 노동·퀴어·장애·기후 등 여러 집회를 느슨하게 오가면서도 제 자신이 각기 다른 자아들로 찢어져 그저 부유한다는 느낌을 받곤 했어요. 그런데 생각지도 못한 장소에서 퍼즐이 맞춰지는 느낌이어서 신기했어요. 비관만 늘면서 사회운동에 대한 기대를 접었던 차에 무언가 새로운 길을 위한 작은 새싹이 돋아난 것 같았고 그건 다 함께해주신 분들 덕분인 것 같습니다.[4]

이날 '전봉준투쟁단'으로 현장에 있었던 농민 강광석 씨는 자신의 페이스북에 이런 소회를 남겼다.

그들은 밤새웠고 그것을 보는 농민들은 입을 다물지 못했고 보고 싶어서 들어가지도 못했다. 이것은 한 개의 나락이 160개의 알곡이 되는 일보다 놀라웠다. 그들은 노래하며 춤추고 말하고 한숨 쉬고 야유하고 환호했다. 처단할 것을 결의하고 울지 말라고 위로했다. 그들은 순서대로 발언대에 올라 3분을 말했는데 그러기 위해 세 시간을 기다렸다. 수학을 가르치는 학원강사, 초등학교 교사, 농업을 공부하는 대학원생, 광주에 사는 롯데 팬, 전라도 혐오 때문에 괴로운 대학생, 이번에 수능을 본 재수생, 자신이 농업지대에 산다는 학생, 부산에서 주말마다 올라온다는 24세 여성, 수방사에서 군인으로 근무한 아버지를 둔 직장인, 아들을 군대에 보낸 여성, 대학을 가기 위해 뒤늦게 수능 준비를 한다는 30대 여성, 취직이 걱정인 4학년 여대생, 대학 총학생회 활동을 하는 성소수자 남성, 이태원 참사에서 희생당한 친구를 둔 여성, 양평에서 아버지가 농사짓는다는 직장인을 따라온 양평에서 혼자 농사짓는 여성, 농민운동가 아버지를 그리워하며 연단에 선 고 신용범의 딸 신우리, 집회장의 천연기념물이 되었다는 20대 남성, 특성화고를 졸업하고 노조운동을 한다는 21세 여성 등이 말했다. 그들의 말잔치는 끝이 없었고 박수의 가열함은 겨울 공기를 뚫었다. …… 나는 연민과 분노를 생각했다. 여성, 성소수자, 이주노동자, 장애인, 농민, 특성화고 출신 비정규직 노동자의 고통을 직시하려는 마음, 타인의 배고픔과 추위를 외면하지 않는 마음, 차별과 배제의 고통에 함께하려는 마음이 인간의 마음이며 인간의 마을에 피어나는 꽃이라고 생각했다.[5]

3. 두 번째 균열, '다른 민주주의'의 내용을 요구하기

탄핵 집회의 광장에서 또 다른 균열을 만들어낸 것은 윤석열 탄핵 이후의 다른 사회, 변화해야 할 민주주의의 모습을 이야기하고 요구하기 위한 다양한 공간이 조직된 것이었다.

페미니스트와 성소수자들은 '민주주의 구하는 페미-퀴어-네트워크', '윤석열OUT 성차별OUT 페미니스트들', '윤석열 퇴진 무지개존' 같은 공간을 만들어 페미니스트의 요구와 계속해서 '나중'으로 밀려온 성소수자들의 요구를 함께 모아 가시화했다. 여성단체와 페미니스트 모임, 페미니스트 창작자 집단이 모여 함께한 '민주주의 구하는 페미-퀴어-네트워크'[6]는 여성가족부 폐지를 공약으로 내걸고 "구조적 성차별은 없다"고 단언하던 윤석열에 대한 탄핵 요구와 함께, 성평등 사회와 '우리가 바라는 민주주의'에 대한 요구를 모으고 그 내용을 피켓, 현수막, 스티커 등에 담아 알리고 배포했다. 이들이 만든 스티커와 피켓에는 "탄핵은 끝이 아니라 시작", "함께하는 우리는 소수가 아니다", "여성은/장애인은/이주민은 언제나 광장에 있었다", "트랜스젠더에게 자유를/윤석열에게는 구속을", "민주주의의 시작은 이주 인권/여성 인권/학생 인권에서부터", "소수자 차별을 묵인한 결과가 윤석열이다", "혐오는 퇴진 평등은 전진", "세계 어디에도 군홧발과 총칼이 필요한 나라는 없다", "페미니스트-퀴어-불구-의 연대로 평등 세상 쟁취하자"와 같은 구호가 담겨 있었다. 이들은 "페미니스트가 요구한다/윤석열은 물러나라"고 쓰인 깃발을 함께 달고 행진했고, 기자회견과 집회, 전시, 성명 발표 등의 액션 활동도 활발하게 펼쳤다.

'윤석열OUT 성차별OUT 페미니스트들'도 12월 7일 82개 단체와 957명에 달하는 시민의 연명을 받아 긴급행동선포 기자회견을 열었고, 이것을 시작으로 시국선언, 시국발언대 등을 조직했다. 12월 16일 광화문에서 진행된 기자회견에서 서울여성회 페미니스트 대학생 연합동아리의 대표로서 발언한 정영은 씨는 "여성의 대자보·시국선언을 페미니스트라며 찢고 조롱하는 시도가 있었다"고 말하며 "20~30대 여성들이 광장을 지켰다고 하면서도 의사결정 과정에는 포함하지 않으려는 광장의 문화도 함께 바꿀 것"이라고 했다. 또 다른 발언자 김강리 씨는 "우리가 광장을 뒤로하고 일상으로 돌아갈 때 한국옵티칼 노동자들, 아리셀 유족들, 현대제철 노동자들은 일상으로 돌아가지 못했다"라며 "동료 시민 누군가를 소외시키고서는 단 한 사람도 민주사회로 나아갈 수 없다"고 강조했다.[7]

'성소수자차별반대무지개행동'(이하 무지개행동)은 탄핵 집회 동안 '윤석열 퇴진 무지개존'을 운영했다. 무지개행동은 12월 5일 '윤석열 퇴진 성소수자 공동행동'을 결성했고, 13일에는 시국선언문을 발표하는 기자회견을 진행한 후 국회에 윤석열 탄핵 의결 안건이 상정되었던 12월 14일 여의도공원 문화의 마당에서 처음으로 무지개존을 마련했다. 이날 수많은 인파 가운데에서 여의도공원에 형성된 무지개존에는 수많은 무지개 깃발과 트랜스젠더 깃발, 다양한 성적 지향과 성별 정체성을 나타내는 깃발이 나부꼈다. 흥미롭게도 이날 이후 집회 때마다 항상 무지개존이 운영되었지만 갈수록 광장 곳곳에 무지개 깃발이 많아져 오히려 깃발만으로는 무지개존을 찾기 어려울 정도가 되었다. 탄핵 집회 이전에도 노동조합이나 여성단체, 몇몇 사회운동 단체 등에서 단체 깃발에 연대의 의미로 6색 무지개를 배경으로 넣거나 트랜스젠더 깃발의 상징색을 함께 넣기는 했지만 길 위에서 함께 밤을 지새며 수많은 성소수자의 발언을 듣고 연대의 현장에서 서로를 만난 남태령 집회와 한강진 집회, 여러 현장의 연대 집회를 통해 그 수가 크게 늘어났다. 이는 분명 계속해서 밀려나온 성소수자의 권리와 차별금지법 제정에 대한 요구를 탄핵 이후 사회에 대한 민주주의의 요구로서 동의하고 함께하겠다는 마음을 담은 변화였다.

'윤석열 퇴진, 세상을바꾸는네트워크'(이하 네트워크)는 2024년 12월 25일 크리스마스에 3천여 명이 모인 집회를 시작으로 매주 수요일 서울과 광주, 청주, 전주 등 각 지역에서 '평등으로 가는 수요일' 집회를 열었다. 평등으로 가는 수요일 집회는 매주 주관 단위를 달리하여 차별금지법 제정, 투쟁 중인 현장에 대한 연대, 대학생의 현실에 대한 요구, 페미니스트-퀴어의 요구, 지혜복 교사와 함께한 성폭력 없는 학교에 대한 요구, 임신중지 권리와 성·재생산 권리 보장, 기후정의 등 다양한 주제로 진행되었다. 네트워크는 윤석열 탄핵, 내란범 심판 요구에 집중되는 비상행동의 집회에서는 잘 다뤄지지 않았던 의제와 요구를 평등으로 가는 수요일 집회를 통해 모아내고 매주 『평등으로』라는 타블로이드판 4면 신문 배포, 시민들이 자신의 요구를 적을 수 있는 '소원을 말해봐' 참여 게시판 등의 활동을 통해 사회 변화에 관한 의제와 요구를 공유할 수 있는 매개를 꾸준히 만들었다. 이 외에도 청년, 청소년, 비정규직, 장애인, 이주민의 요구와 주거권 요구, 기후정의 등을 이야기하기 위한 발언대, 공론장, 시국대회, 집회 등도 광장 안팎에서 꾸준히 열렸다. 비상행동에서는 '천만의 연결'이라는 온라인 공론장 운영과 함께 비상행동에 참여한 단체들을 통해 119개의 사회대개혁 과제를 정리하여 공유하는 자리를 만드는 등의 활동이 진행되었다.

이러한 자리들은 각 당사자나 개별 의제를 드러내기 위해서만이 아니라, 탄핵 요구에만 집중해서는 탄핵 이후에도 실질적인 삶의 변화가 어려울 것

"이게 바로 안티페미니스트 정치의 말로"》 2025년 2월 5일 '민주주의 구하는 페미-퀴어-네트워크' 주관으로 진행된 '평등으로 가는 수요일' 집회의 현수막(출처: 윤석열 퇴진! 세상을 바꾸는 네트워크).

이라는 깊은 우려와 그에 대한 공감을 바탕으로 이어진 것이었다. 8년 전 박근혜 퇴진 촛불집회 당시에도 온 힘을 다해 참여했지만 이후 광장에서 기대했던 실질적인 변화가 이루어지지 못한 것에 대한 무력감과 회의감, 일종의 트라우마와 같은 감정을 다시 반복해서는 안 된다는 간절함이 있었기 때문이다.

박근혜 탄핵의 핵심 내용은 '국정농단'을 통해 드러난 실체와 이 부당하고 부패한 권력 집단이 독재정권의 잔재 유산을 바탕으로 삼아 권력을 남용하고 배후를 장악하여 민주주의의 질서를 무너뜨렸다는 점이다. '적폐청산'은 박근혜퇴진운동의 핵심 구호였다. 그러나 정치질서와 제도의 변화가 중요한 상징으로 자리했던 반면, 이후 실질적인 사회 변화와 제도를 넘어선 민주주의의 내용적 전환은 어떠한 방향으로 이어져야 할지, 그 변화가 각자도생에 내몰려 무너진 삶을 어떻게 바꿀 수 있을지에 대한 논의와 시도는 제대로 이어지지 못했다. 그나마 일부의 시도조차 실망감만을 안기는 시간이 이어졌다. 시민들은 변화를 갈망하며 문재인 정부와 더불어민주당에 대한 압도적인 지지를 보냈으나 오히려 이전보다 보수 양당 간 구도만이 더욱 강화되는 상황 속에서 세월호 참사 진상규명조차 제대로 이루어지지 못했다. 여성, 성소수자, 이주민, 장애인, 빈민 등 사회적 소수자에 대한 정책은 점점 나중으로 밀려나거나 배제되었으며, 노동정책의 후퇴와 노동운동 탄압 또한 심각해졌다. 2017년 10%대를 밑돌았던 자유한국당의 지지율은 국민의힘이 출범한 이후 2021년에는 39%에 달했다. 변화에 대한 열망을 모아 정권을 바꿔냈으나 새로운 변화와 대안은 보이지 않는 상황, 강화되는 보수 양당 중심의 구도, 다른 방향의 변화를 추동할 집단적 힘은 점점 더 모아내기가 어려운 시간 속에서 자리 잡은 깊은 회의감은 다른 한편에서 혐오의 확산을 용이하게 하고 극우가 성장하는 데에 좋은 토양이 되어주었다.

윤석열 탄핵을 요구하는 광장에서 탄핵 요구와 동시에 다양한 이들이 자신의 삶과 요구를 드러내고, 사회 변화를 위한 의제들을 쏟아내고 공유의 장으로 만들어낸 것은 반복된 역사에 대한 트라우마에 균열을 내며 이후 계속해서 민주주의의 내용을 새롭게 채워나갈 힘을 만들기 위한, 간절하고도 중요한 과정이었다.

4. 세 번째 균열, 광장에서 현장으로 이동을 조직하기

광장의 변화를 만들어낸 또 하나의 균열은 광장에서 현장으로의 이동이 만들어낸 역동이었다. 앞서 언급했던 남태령의 밤을 기점으로 참가자들은 더욱 적극적으로 탄핵 집회의 광장을 넘어 노동자, 장애인 등 투쟁하고 있는 사람들의 현장으로 연결되기 시작했다.

남태령 투쟁 이틀 후인 12월 23일 안국역 승강장에서 진행된 전장연의 다이-인(Die-in) 행동에는 역시 20~30대 여성과 성소수자를 주축으로 한 시민 200여 명이 참여하여 역을 가득 채우고 헌법재판소 앞까지 함께 이동했다. 평소 지하철행동이 진행될 때 장애인 활동가들을 폭력적으로 휠체어에서 떨어뜨리고 강제로 쫓아내던 서울교통공사 직원들은 거세게 항의하는 시민들에 의해 제지당했다. 고용승계를 요구하며 노동자 박정혜, 소현숙이 400일 넘게 공장 옥상에서 고공농성 중이던 한국옵티칼하이테크에는 생수와 지원물품이 쏟아졌고, 이후 경북 구미의 공장으로 연대 방문과 집회가 이어졌다. 서울 한화빌딩 앞에서 거리농성과 고공농성을 시작한 김형수 지회장과 거통고(거제통영고성)조선하청지회(이하 거통고 지회)의 노동자들, 지하차도 위 도로교통 시설에 올라 고공농성을 시작한 고진수 지부장과 세종호텔 노동자, 성폭력 피해 학생들의 이야기를 듣고 함께 해결하려다가 학교에서 쫓겨난 지혜복 교사의 서울시교육청 앞 농성, 재단의 일방적인 학사 행정에 맞서 싸우면서 고소와 탄압을 겪고 있는 동덕여대 학생들과 팔레스타인 해방을 요구하는 집회에 이르기까지 광장과 현장을 연결하는 발길은 계속되었다. 그리고 이렇게 광장과 현장을 연결하는 이들에게 '말벌동지'라는 이름이 붙었다. TV 프로그램 〈나는 자연인이다〉에서 말벌이 나타나자 꿀벌을 지키기 위해 뛰어가던 '말벌 아저씨' 밈을 차용해 이들이 스스로를 '말벌 아저씨'라고 칭했기 때문이다. 투쟁 현장과 말벌동지들의 만남은 다양한 계기로 이루어졌다. 전장연 다이-인 행동이 평소에도 익히 알고는 있었으나 직접 찾아가 함께하지 못했던 마음이 이어진 것이라면, 거통고 노동자들과의 연대는 거통고 지회가 새해맞이 1박 2일 연대의 밤 행사를 열면서 적극적으로 남태령 집회의 참가자들을 초대한 것이 계기가 되었다. 거통고 지회는 연대자들의 요청을 반영해 행사장에 성중립 숙소를 마련하기도 했다.

남태령에서의 경험은 탄핵 집회의 광장에서 투쟁하는 현장으로의 적극적인 이동이 시작되는 데에 중요한 영향을 미쳤다. 남태령 투쟁에서 참가자들은 탄핵 집회에서는 나눌 수 없는 생생한 이야기들의 연결감과 길 위에서 추위를 견디며 함께 밤을 지새운 이들과의 동지애, 그리고 그 연결감과 동지애를 바탕으로 끝내 길을 열어냈다는 엄청난 승리감을 경험했기 때문이다.

탄핵 집회의 광장은 수십만 명이 모여 만들어내는 엄청난 역동을 지니고 있었지만 모두의 이야기가 하나의 집중점을 향해 있는 공간이었다. '윤석열을 즉각 파면하고 내란 세력을 심판해야 하는 이유'는 다양한 서사를 통해 이야기되었으나 계엄 선포 이전에도 '비상사태'를 경험하며 싸워온 이들의 현장들이 오랜 투쟁의 이유와 그 자체의 의미를 공유하기는 어려웠다. 그러나 남태령에서는 달랐다. 전봉준투쟁단은 농민들의 요구와 윤석열 탄핵의 요구를 함께 내걸고 왔지만 남태령의 현장에서 농민들의 현실과 요구는 '탄핵이 필요한 이유'나 '탄핵 이후의 과제'로서만 머물지 않고 그 자체가 남태령 투쟁에 연대해야 할 이유이자 이 투쟁이 꼭 승리해야 할 이유

"윤석열 없고 차별금지법 있는 나라"》 2025년 2월 5일 '평등으로 가는 수요일' 집회 피켓(출처: 비주류사진관).

가 되었다. 그리고 바로 그 때문에 함께 모인 사람들도 자신의 이야기를 꺼내놓고 농민들의 이야기에 자신의 이야기를 적극적으로 엮어낼 수 있었다. 남태령 투쟁을 비롯해 이후 이어진 여러 투쟁 현장들로의 이동과 연결은 탄핵 집회 광장의 집중점에 균열을 만들어 광장에 더 많은 이야기들이 파고들 수 있게 했다. '말벌동지'들은 사회관계망서비스에서 투쟁 현장의 상황과 요구를 전하고 참여를 제안했으며, 언론이나 기업, 경찰, 정부 등에 의해 일정한 해석과 맥락의 단절, 왜곡을 거쳐 전달된 내용을 바로잡았다. 광장을 누비는 말벌동지들의 가방, 옷, 모자, 깃발 등에 주렁주렁 매달린 배지, 버튼, 띠 같은 것들이 종류와 개수를 더해갈수록 사람들이 별로 관심을 두지 않았던 외로운 싸움의 현장들이 가시화되었다. 말벌동지들도, 투쟁 현장의 당사자들도 각자의 자리는 취약했지만 이들이 모인 자리는 새로운 에너지가 되어 퍼져 나갔다.

5. 민주주의, 저항의 주체, '국민'의 자격

적게는 수백에서 수천 명, 많게는 수십만 명이 모인 길 위에서, 얼굴도 모르는 누군가에게 쉽게 차별이나 편견의 대상이 될 수 있는 자신의 정체성을 밝히고 발언을 한다는 것은 생각보다 큰 용기가 필요하다. 그런데도 수많은 이들이 '광장식 자기소개'를 하며 발언을 이어갔던 것은 자신보다 앞서 용기를 냈던 이에 대한 연대의 마음, 그리고 누군가의 용기에 대한 다른 누군가의 용기 있는 환대가 있었기 때문이다. 앞서 소개한 탄핵 집회 초기의 모습처럼 누군가가 자신을 페미니스트이자 퀴어라고 소개했을 때 쏟아졌던 야유를 그 자리에서 함께 목격한 사람들이, 광장 속의 익명으로 남는 대신 함께 그 자리에 서기를 결심한 것이다. 국회로 향하는 탱크를 맨몸으로 막아섰던 처음의 한 시민과 그 자리에 함께 선 이들처럼, 비상계엄 이후 민주주의를 요구하는 광장에서 선 이들 중 누군가는 발언자의 정체성으로 인해 쏟아질 수 있는 혐오와 차별 앞에서, '그런 이야기는 나중에 하라'는 익숙한 비난 앞에서 서로를 지키고 자신을 지키기로 결심하고 용기를 냈다. 한 사람 한 사람의 자기소개가 다음 사람의 용기를 부르고 광장을 조금씩 바꿔내며 사람들이 생각하는 민주주의의 모습을 좀 더 구체적이고 다양한 얼굴로 변화시켰다. 그리고 이들의 용기에 화답한 누군가의 환대가 이 변화에 중요한 매개가 되었다. 그 예로, 남태령의 밤 이후 소개된 중요한 일화가 있다. 2024년 12월 22일 X의 사용자 '용주'는 "어떤 아저씨가 우리 딸들 수고했어!! 하시길래 친구랑 충.논.계(충격논바진짜계심) 깃발 펼치면서 정말 감사합니다!!! 근데 저희가 사실은 딸이 아니에요!!! 로 답하니 그렇구나, 알아두겠다!! 하심. 모르는 사람에게 면전에서 부정당하지 않은 건 처음이라 이 자체로 감동이었다"라는 짧은 글을 남겼다.[8] 이 글은 수많은 사람들에게 공유되며 '올해의 말'로 손꼽히기도 했다. 누군가의 정체성에 대해, 한 사람이 살아온 삶에 대해 쉽게 단정 짓고 부정하며 가르쳐 바꾸려 하는 태도가 만연한 사회에서 "그렇구나, 알아두겠다"라는 짧은 한 마디는 익명의 누군가로 가득찬 광장이 두렵기만 한 공간이 아니라 타인을 있는 그대로 받아들이고 바라보는 이들도 존재하는, 환대와 연대의 공간일 수 있다는 감각을 전해주었다.

한편으로 이번 탄핵 집회의 광장에는 그간 이 국가의 구성원으로서의 자격을 의심받아온 이들이 민주주의에 대한 질문을 함께 던진 중요한 순간들도 있었다. 가장 먼저 그 시작을 연 이는 2024년 12월 11일 부산 서면에서 진행된 탄핵 집회에서 발언한 김유진(가명) 씨였다. 유진 씨는 자신이 노래방에서 일하는 성노동자라 소개하고, "이 고비를 무사히 넘기고 난 다음에도 계속해서 정치와 우리 주변의 소외된 시민들에게 관심을 가지는 일"을 잊지 말아달라고 간곡히 이야기하기 위해 무대에 올랐다며 이렇게 말했다.

> 우리 주변의 소외된 이들에게 관심을 주십시오. 더불어 민주주의에 관심을 가져주십시오. 오로지 여러분의 관심만이 약자들을 살려낼 수 있습니다. 저기 쿠팡에서는 노동자들이 죽어가고 있습니다. 파주 용주

골에선 재개발의 명목으로 창녀들의 삶의 터전이 파괴당하고 있습니다. 동덕여대에서는 대학 민주주의가 위협을 받고 있고, 서울 지하철에는 여전히 장애인의 이동할 권리가 보장되고 있지 않으며, 여성들을 향한 데이트 폭력이, 성소수자들을 위한 차별금지법이, 이주노동자의 아이들이 받는 차별이, 그리고 전라도를 향한 지역 혐오가, 이 모든 것들이 해결되지 않는다면 우리의 민주주의는 여전히 완벽하지 못한 것입니다. 그러니 여러분께 간곡히 부탁드립니다. 우리가 이 고비를 무사히 넘기는 데 성공하더라도, 이것이 끝이고, 해결이고, 완성이라고 여기지 말아주십시오. 편안한 마음으로 두 발 뻗고 잠자리에 들지 말아주시길 부탁드립니다. 이상입니다.[9]

X에서 '위아더해군'이라는 사용자명으로 알려진 상신연 씨는 남태령 집회에서 '한국에서 나고 자란 중국인'이라고 밝히고 "한국에 살며 존재를 부정당하는 모든 이가 당당하게 살아가는 민주주의를 바란다"고 말했다. 그러나 보수언론과 극우 유튜버들은 상신연 씨의 발언을 짜깁기해서 퍼트리며 '중국인' '간첩 세력'이 탄핵 집회에 참석한다고 몰아갔고, 일부 정치인들까지 그에 동조하고 나섰다. 며칠 후인 12월 24일, 상신연 씨는 다시 집회 무대에 올라 이렇게 말했다.

> 저희 부모님은 중국에서 온 이주노동자이며, 저는 대한민국에서 태어난 이주노동자의 2세이자 '중국인인 저를 말소한' 한국인입니다.(중략) 이 땅에서 살아가고 있는 외국인의 의견은 의견이 아닙니까? 이 땅에서 나고 자랐으며, 대한민국의 공교육을 받았고, 이 나라에서 살아가길 선

택한 제가 정말로 간첩입니까? 1980년대 천안문에서 민주항쟁을 하다 잡혀가 죽은 저의 외할아버지와 외삼촌들이 있는데 제가 어찌 감히 민주주의를 외면하겠습니까? 유가족인 엄마의 걱정과 불안을 뒤로하고 나온 제가 당신들 눈에는 이 땅을 가로채갈 간악한 중국인으로밖에 안 보입니까? 수많은 혐오로 인해 놀림받던 제 이름을 버렸습니다. 수많은 혐오로 인해 중국어를 하는 저를 강박적으로 숨겼습니다. 수많은 혐오로 인해 제 존재를 부정했습니다. 그러니 더더욱 나서야 했습니다. '상신연'은 제 개명 전 이름입니다. 길 상, 기쁠 흔, 자연 연. 커다란 자연처럼 기쁘게 살아가길 바라며 주신 이 이름을 위해서라도 감히 부탁하고 있습니다. 한국 국적을 취득한 이주노동자들을, 그 노동자들의 2세를, 우리를, 저를 무시하지 말아주세요. 우리 또한 이곳에서 살고 있는 동료 시민이자 존재하는 사람입니다.[10]

12월 25일 진행된 '평등으로 가는 수요일' 첫 집회에서는 HIV 감염인으로 살아가고 있는 최장원 씨가 감염인으로서 경험해온 익숙한 두려움을 이야기하며 이렇게 말했다.

여러분 저는 두려움을 잘 알고 있습니다. …… 계엄령이 발표되고 해제되기까지의 몇 시간 동안 저는 두려움을 느꼈습니다. 그때 이런 생각들을 했어요. '만약 계엄이 지속되고, 다음 세 달치 HIV 치료제를 처방받으러 갈 때 계엄군에게 붙잡히면 어떻게 말해야 하지? 병원 간다고 하면 되나? 내가 HIV 감염인이라고 말하면 건드리기 싫어서 풀어줄까? 에이즈 환자라고 말해야 알아들을까? 근데 그것 때문에 더 무섭게 괴

차별 금지, 소수자 인권에 대한 요구》 윤석열즉각퇴진·사회대개혁비상행동 시민 공론장 '광야에서 광장으로'에 참여한 참가자들의 요구가 적힌 포스트잇. 2025. 1. 25. (출처: 이진영)

롭히면 어쩌지? 그때는 정말 그렇게 될 수도 있다는 생각이 들었어요. …… 여러분 두려우신가요? 저들의 약점은 '목소리를 듣지 않는 것'입니다. 그러나 우리는 서로의 목소리들을 듣고, HIV 감염인을 포함한 시민들이 함께 만든 이 민주주의를 지킬 수 있습니다. 저는 HIV예방/검사/상담 센터에서 일합니다. 바로 제 눈앞에서 방금 HIV 양성반응을 보인 분들을 만납니다. 그분들이 가장 먼저 두려워하시는 게 무엇인지 아세요? '남들에게 전파시켰을까'를 걱정합니다. 그리고 '고립되는 것'을 걱정합니다. 아까 말한 미검출이 되지 않은 4%의 감염인들은 '고립되는 것'을 선택당한 것입니다. 두려움은 그런 일을 합니다. 할 수 있는 것을 하지 못하게 합니다. 그리고 우리들을 고립되게 합니다. 내란 세력이 하고 있는 것이 바로 그것입니다. …… 하지만 여러분 우리는 지금 여기 함께 있습니다. 두려움은 우리를 지치게 할 수 없습니다. 두려움은 우리를 고립시키지 못합니다. 두려움은 우리를 포기하게 하지 못합니다. 두려움은 우리를 도망치게 하지 못합니다. 두려움은 우리에게 가만히 있으라 하지 못합니다. 두려움은 우리를 죽일 수 없습니다. …… 우리는 두려움을 잘 알고 있습니다. 그리고 우리는 두렵지 않습니다.[11]

헌법재판소에서 윤석열에 대한 파면 결정을 내리기까지 123일에 걸친 전국의 탄핵 집회에서 HIV 감염인, 성노동자, 이주민이 발언한 자리는 한 손에 꼽을 정도로 적었다. 이들은 '국민'으로서, 또는 이 사회의 동등한 한 명의 동료 시민으로서 여겨지기보다는 언제든 이 나라를 떠나야 할 임시적 존재, 다른 국민/시민에게 피해를 줄 수 있는 존재, 정당한 자격을 가지지 못한, 불법과 합법의 경계에 있는 존재로서 살아가고 있는 사람들이다. 광장에 나선 '국민'들이 '나라를 지키기 위해' 나왔다고 생각할 때 이들은 그 나라에서 언제든 불법화되고 추방될 수 있는 존재라 여겨지기에 많은 사람이 생각하는 '민주공화국'의 모습 안에서도 이들의 자리는 없거나 불안정했다. 그러나 이들은 계엄이 민주주의의 위기를 초래했을 때 그 위기가 구체적으로 누구에게 어떤 모습으로 나타날 수 있는지를, 시민으로서 함께 살아온 이들로서 우리가 무엇을 생각하고, 어떠한 민주주의의 모습을 만들어야 할지를 발언을 통해 선명하게 보여주었다. 현재 한국 사회가 설정한 민주주의의 제도적 한계로 인해 가장 취약하고 불안정한 위치에 있는 이들이, 저항의 주체가 되어 민주주의가 위기에 처했을 때 자신들의 위치를 드러냄으로써 바로 그 지점에서 역설적으로 민주주의를 지켜야 할 이유를 알렸다. 그리고 우리가 함께 새롭게 만들어가야 할 민주주의의 방향에는 이들의 자리, 자신들뿐만 아니라 이 사회가 계속해서 지우고 고립시킨 사람들의 자리가 존재해야 함을 힘주어 강조했다.

6. '죽은 자'를 지금 여기의 관계로 이어오는 민주주의를 위해

물론, 이처럼 다양한 변화의 균열이 존재했음에도 광장의 민주주의 또한 완벽하지는 않았다. 집회 무대에서는 약속문의 원칙에 따라 발언 내용이 어느 정도 사전에 검토되고 문제가 있으면 제지되기도 했지만, 무대 아래에서는 여전히 일부 참가자들이 발언자를 비난하고 조롱했다. 서울보다 소규모 인원이 모이는 지역 집회에서는 이런 경향이 더 강하게 나타났고, 그중에서도 특히 이주민과 성소수자에 대한 혐오의 태도나 차별 발언은 쉽게 접할 수 있었다. 자신을 성소수자, 퀴어로 소개하는 이들이 많아지자 그에 대해 불만을 제기하는 사람들도 많아졌다. 더불어민주당의 당원들이 다수 참석한 집회 공간에서는 일부 지지자들이 다른 진보정당의 발언자가 발언할 때 대놓고 야유하는 일도 있었다. 한편, 서울에서 진행된 집회 외에 각 지역에서 진행된 집회 소식과 요구는 전국적으로 함께 공유되고 알려지지 못하는 한계도 있었다. 그러나 윤석열과 내란 공범들이 저지른 비상계엄 선포 사태 이후 함께 저항한 123일의 시간 동안 우리에게 남은 중요한 의미를 찾는다면 그것은 전례 없이 많은 사람들이 자기 삶을 용기 내어 말하고, 그 이야기들이 연결되는 지점에서 누구도 소외되지 않는 민주주의로의 변화를 요구했다는 데 있을 것이다. 아니, 역으로 그러한 변화를 요구하기 위해 굳이 자기 삶을 드러내는 용기를 냈다고 하는 편이 맞다. 비상계엄 선포는 이 광장이 시작된 계기였지만 숱한 밤을 길 위에서 지새우고 밤새 내리는 눈을 고스란히 맞으며 서로의 곁을 지킨 이유는 단순히 '윤석열과 내란 세력을 심판'하고 계엄 이전으로 돌아가는 데만 있지 않았다. 이는 집회에 참여한 시민들의 발언문 분석과 설문조사에서도 나타났다.

 비상행동의 '시민발언문 분석팀'은 시민들이 발언을 통해 이야기하고 있는 주된 서사가 '두려움', '덕분', '부끄러움', '분노', '애도', '책임', '감사'의 정서에서 시작하고 있으며, '세월호 참사', '기억', '경험'과 같은 것들을 통해 배운 것을 잊지 않고 전하겠다는 다짐, 그리고 그 시간을 버텨온 '다양한', '정체성'을 지닌 이들과 함께 '승리'하겠다는 전망으로 이어지고 있음을 보여주었다. 시민들은 이러한 경험의 서사를 통해 '모두의 존엄과 평등'을 중요한 변화의 방향으로 이야기하고 있으며, 이를 위해 차별 금지와 인권 보장, 민주주의와 정치개혁, 돌봄과 사회안전망을 사회대개혁 과제의 우선순위로 꼽았다.[12] 이보다 앞서 '윤석열 퇴진을 위해 행동하는 청년들(윤퇴청)'이 2025년 1월 1일부터 13일 동안 집회 참여 경험이 있는 10대에서 30대까지의 시민을 대상으로 실시한 설문조사에서도 이와 유사한 결과를 볼 수 있었다. 응답자 중 남성 72%는 '비상계엄 충격으로' 집회에 참여하게 되었다고 응답한 반면, 여성 71.6%는 '계엄 선포 이전부터 윤석열 정부에 대한 분노가 누적'되어서 참여했다고 응답했고, 다수가 '다른 사람과의 연대'를 기대하고 집회에 참석했다고 답했다. 가장 기억에 남는 일 또한 '연대감과 공동체 의식'이었다. 특히 주목할 부분은 광장의 요구 중에서 중요도 우선순위를 묻는 질문에 '사회대개혁을 위한 사회문제 해결'을 1순위로 꼽은 응답자의 비율(63.1%)이 '내란 범죄 수사 및 책임자 처벌'(24.8%)이나 '윤석열 탄핵을 최종 완수시켜 파면시키는 것'(9.5%)보다 압도적으로 높았다는 점이다. 윤퇴청은 이에 대해, 집회 참여 동기에 대한 질문에서 '비상계엄에 충격'을 받아 참여하게 되었다는 응답이 73.2%로 가장 높고 '중요하게 생각하는 사회문제 개선을 위해'라는 응답자가 36.2%였던 반면, 집회 참여 이후로는 사회대개혁을 가장 중요한 과제로 꼽고 있다는 점을 향후 정국에서도 중요하게 고려해야 한다고 짚었다. 그리고 이러한 변화에 대해 "시민들이 광장 참여를 통해 다양한 소수자들의 목소리, 인권침해 사례 등을 목격하면서 새롭게 사회문제를 인식하고 연대하고 있으며, 이는 연대의식과 공동체의 중요성을 인식하는 계기가 되고 있다"고 분석했다. 또한 응답자들은 민주주의를 강화할 방안으로 '경제적 불평등 해소'와 '시민참여 보장'을, 한국 사회에 바라는 미래상으로 '평등하고 다양성이 존중되는 포용 사회'를 꼽았다.[13]

이처럼 광장에 모인 이들의 직접적인 참여 계기는 윤석열의 비상계엄 선포였지만 이들을 계속해서 모이게 한 힘은 오히려 비상계엄 이전의 누적된 시간 속에 있었다. 이들 중 다수는 윤석열 파면이 결정되고 다시 일상으로 돌아갔을 때, 지난 역사의 경험이 되풀이될 수도 있다는 회의감을 마음 한편에 지니고 있기도 했을 것이다. 하지만 계엄 이후 숱하게 회자되었던 한강 작가의 말처럼, "인간의 참혹과 존엄 사이에서, 두 벼랑 사이를 잇는 불가능한 허공의 길을 건너려면 죽은 자들의 도움이 필요했다."[14] 자신의 중요한 일상을 포기하면서까지 사람들을 광장에 계속해서 모이게 하고 머물게 한 힘은 윤석열 구속과 파면에 대한 의지만이 아니었다. 먼저 세상을 떠난 이들에 대한 기억과 그에 대해 각자가 간직하고 있었던 나름의 책임감이 마음속에 자리하고 있었다. 세월호 참사, 이태원 참사, 화성 아리셀 공장의 화재 참사 등 반복되었던 사회적 참사의 기억, 끊이지 않는 노동 현장의 산재 사망 소식, 사회보장과 돌봄망의 부재 속에 죽어간 이들과, 차별과 혐오, 낙인으로 인해 스스로 세상을 떠난 이들에 대한 기억은 과거의 시간으로 사라지지 않고 현재의 시간 속에 연결되고 누적되어 계기가 있을 때마다 계속해서 사람들을 불러냈다. 그 기억 속에는 한 번도 만나본 적 없는 이들부터 아주 가까운 친구나 가족까지, 또는 아끼고 좋아하는 아이돌 그룹의 멤버나 아티스트까지 포함되어 있을 것이다. 이들에 대한 기억과 그들의 죽음에 연루되어 있는 정치·사회적 맥락들이 죽은 이들과 연결된 현재로서의 자신의 이야기를 용기 내어 말하게 하고, 또 다른 참사와 사회적 죽음 앞에 놓인 소외된 다른 이들을 잊지 말자고 외치게 했다. 그리고 광장 밖 투쟁 현장에 찾아가 서로를 연결하게 만들었다. '모두의 존엄과 평등', '평등하고 다양성이 존중되는 포용 사회'를 가장 중요한 우선순위의 과제로 꼽은 집회 참여자들의 마음에는 더 이상 앞서 죽은 이들을 그 시간 속에만 남겨두지 않겠다는 간절한 마음이 반영되어 있는 것이다. 그 마음을 어떻게 살려나갈 것인지가 앞으로 우리가 다시 만들어가야 할 민주주의의 구체적인 내용이자 해결되지 않은 과제로 남아 있다.

7. 헌법질서의 수호를 넘어 다른 사회로의 전환을 시작하기 위해

계엄 이후 극우를 분석하는 수많은 말과 글이 쏟아져나왔다. 그러나 극우보다 더 심각한 문제는 민주주의와 삶의 기반은 점점 더 무너져가는데 대안은 보이지 않는 현실 상황이 갈수록 심화되었다는 데 있다. 동시에 이는 지금까지도 계속되고 있는 극우 세력의 중요한 성장 배경이기도 하다. 21세기 극우가 어떻게 성장했는지를 각국의 사례를 통해 분석한 카스 무데는 극우는 정치적으로 대부분 한계가 뚜렷하고 지지율이 낮으나, 우익 포퓰리즘은 대부분의 서구 민주주의국가에서 주류 정당이 되었다고 분석하고, 그 이유는 우익 포퓰리즘 정당과 기존의 주류 보수정당들이 점점 더 유사한 쟁점을 다루고 있기 때문이라고 보았다.[15] 주류 보수정당들은 극우와 우익 포퓰리즘 정치에 대응하는 정치세력으로 자신들의 위치를 보여주고 싶어 하면서도, 동시에 대중으로부터 유의미한 지지를 가져오고자 이주민과 난민을 사회적 불안과 위험을 야기하는 집단으로 규정하고 반동성애와 반여성, 반페미니즘을 적극적으로 선동하는 그들의 논리를 유사하게 차용하거나 우회하는 방식으로 점점 더 우경화되었다. 그렇게 어느새 민주주의의 기준선이 밀려나는 것이다.

한국에서도 박근혜 탄핵 이후 이러한 경향이 점차 뚜렷하게 나타났다.

그리고 가슴 아프게도 윤석열 탄핵 이후의 대선 국면에서 상황은 더욱 심각해졌다. 국민의힘의 대선 경선 후보들은 앞다퉈 극우의 입장을 더 선명하게 드러내려고 경쟁했고, 더불어민주당은 '모두의 존엄과 평등', '평등하고 다양성이 존중되는 포용 사회'의 바람에 담긴 성평등과 차별금지법 제정에 대한 요구를 또다시 '나중'으로 미루면서 더욱 역행하는 태도를 보였다. 나경원은 자체 핵무장을 당론으로 채택하겠다 말하고, 홍준표는 "극단적인 페미니즘을 주장하는 PC(정치적 올바름)주의에 맞서 '건강한 가정이 해답이다'라는 패밀리즘(Familism)을 확산시키겠다"고 주장하며, 한동훈은 '비동의 강간죄'에 대해 "억울한 사람을 많이 만들 수 있다. 강력히 반대한다"는 발언을 이어가는 가운데[16] 더불어민주당은 "굳이 논쟁적인 지점을 만들지 않겠다"는 이유로 여성과 성평등을 적극적으로 지웠다.[17] '여성가족부 폐지'를 공약으로 내세워 당선되었던 윤석열이었기에, 탄핵 집회의 광장에서 누구보다 적극적으로 행동했던 이들이 20~30대 여성이었다는 사실을 생각하면 이러한 상황은 더욱 문제적이다. 단지 여성의 존재를 지우고 요구를 무시해서가 아니라, 이러한 태도가 향후 이들이 밀고 나갈 정치 방향의 의도를 분명하게 보여주기 때문이다. 그 정치 방향이란 현재의 모든 문제를 해결할 길이 경제성장에 있다는 익숙한 레퍼토리를 반복하면서 사회 전반적인 재생산 위기에 대응하여 여성과 소수자, 이주민을 더욱 차별적으로 배제하거나 필요에 맞춰 활용하는 방식을 강화해 나가는 것을 의미한다.

고용 불안정으로 인한 임금소득의 저하와 주거 불안정, 돌봄을 위한 공적 자원의 부재는 갈수록 더 많은 사람을 부채의 늪에 빠지게 하는 악순환을 만들고 있으며, 이로 인한 양극화와 빈곤의 심화, 심각해지는 기후위기재난으로 노동하고 삶을 돌보며 살아갈 수 있는 이들이 점점 줄어들고 있다. 그런데도 신자유주의 국가들은 금융자본의 성장을 위해 더 많은 대출 상품을 만들고, 복지와 공적 지원, 사회적 돌봄 인프라마저도 점점 더 축소하거나 시장화해왔다. 사회 구성원들은 어느덧 공적 지원의 수혜 자격을 둘러싼 경쟁 대상이 되어 취약성의 경쟁 대상이 되고, 역차별 주장이 권리의 언어를 대체했다. 현재 전 세계적으로 저출생과 돌봄 공백, 노동력 부족과 같은 재생산 위기가 계속되는 것은 이 시스템이 자초한 당연한 결과이다. 그러나 정부는 노동 안정을 보장하고, 주거, 교육, 의료 등 삶의 기본 자원과 공적 돌봄시스템을 확대하는 대신, '저출산'을 위기의 원인으로 돌리고 여성의 임금노동과 임신·출산, 양육, 돌봄 등의 재생산 노동을 동시에 적극적으로 활용할 방안만을 찾아왔다. 이주노동자와 결혼이주여성, 유학생 등 이주민의 체류 자격과 노동조건을 세분화하여 이로 인한 거주 지위의 불안정성을 노동력 부족과 돌봄 공백을 메꾸는 데에 활용해온 것 또한 주된 전략이었다. 극우는 이에 더해, 한층 노골적이고 급진적으로 불안의 원인을 성소수자, 이주민에게 돌리며 '전통적' 가족주의를 강조하고, 반–페미니즘, 반–젠더이데올로기,[18] 반–동성애, 반–이민의 논리와 선동을 강화해왔을 뿐이다. 윤석열의 비상계엄 시도를 통해 드러난 것은 한편에서는 반공이데올로기와 개발독재 권력의 부활을 시도해온 이들이 민주주의의 전복을 시도하고, 동시에 위에 언급한 바와 같은 여성과 성소수자, 이주민에 대한 통제 전략으로 혐오를 강화해온 극우 개신교 집단과 극우 유튜버 등이 한국의 극우로서 세력을 성장시켜왔다는 사실이었다. 따라서 지금 주목해야 할 더욱 심각한 문제는 현재의 문제를 지속시키고 내란을 일으킨 극우 집단을 언제든 다시 성장시킬 수 있는 토양이 지금의 체제 안에 뿌리

깊게 자리하고 있다는 점, 그리고 현재의 정치 상황에서는 집권 정당이 바뀐다고 해도 이에 대한 근본적인 전환과 대안이 부재한 채 전반적인 정치·사회적 우경화가 심화될 수 있다는 사실이다. 이 비관적 현실을 직면하는 것이 어쩌면 지금 가장 중요한 첫 번째 과제일 수 있다.

  결국 희망은 집권 정당의 변화가 아닌 탄핵 집회의 광장에서 만들어낸 균열과 연대의 연결망에 있다. 주디스 버틀러는 "어떤 사회운동이 새로운 삶의 방식, 살 만한 삶의 형태를 요구할 때, 그 순간 그 운동은 자신이 실현시키려는 바로 그 원칙을 실행하고 있는 것"이며, 그 안에 이미 "급진 민주주의의 수행적 실행이 존재한다"고 보았다. 그리고 이러한 운동은 불안정성에 맞서서 투쟁할 때 상호의존성이나 취약성을 극복하려고 하는 대신 그 취약성과 상호의존성이 살 만한 것이 되는 조건들을 만들어내고자 한다고 짚었다.[19]

  윤석열 탄핵 집회의 광장에 모여 단지 헌법과 민주주의를 지키겠다는 데에만 머물지 않고, 현재와 연결된 죽은 이들을 기억하며, 불평등과 부정의에 대해 싸우는 이들의 현장에 '말벌동지'로 함께한 이들, 낙인찍히고, 소외되고, 국가에 의해 죽도록 방치된 이들과 함께 '다른 민주주의'를 만들겠다고 나선 이들이 바로 그러한 민주주의의 실천을 이미 수행했다. 그 수행을 씨앗으로 삼아 이제 지금까지와는 다른 근본적인 변화를 만들기 위한 전환을 시작해야 한다. '평등하고 다양성이 존중되는 포용 사회'를 만들자는 광장의 요구와 같이, 성평등과 인권, 생태를 위한 전환을 핵심가치로 삼아, 모든 구성원이 함께 지속가능한 공존의 삶을 살아갈 수 있게 하는 대안을 광장에서 서로의 곁을 지킨 이들과 함께 만들어갈 수 있기를 바란다.

— 나영

11
내란의 긴 밤을 거슬러, 내란 이후의 세계로
— 언어의 전개 과정으로 보는 123일의 내란 정국

1. 123일의 내란 정국을 돌아보며

 2024년 12월 3일 밤, 내란 정국은 윤석열의 대국민 담화에서 시작됐다. 그것은 마치 무대 위 극의 시작을 알리는 암전暗轉 같았다. 담화가 끝나고 무대에 조명이 켜지며 극이 시작되자, 사태는 누구도 예측하지 못한 방향으로 흘러갔다. 2025년 4월 4일, 장장 123일간에 걸친 내란 정국은 헌법재판소의 윤석열 파면 결정으로 일단락되었지만, 한국 사회는 더 이상 12월 3일 이전으로 돌아갈 수 없게 되었다. 내란 정국에서 드러난 국가 시스템의 허점이나 강고히 잔존하는 극우 세력을 고려한다면, 민주주의의 위기는 끝난 것이 아니라 장기화됐다고 말해야 옳다. 광장을 겪은 시민들 역시 더 이상 과거와 같을 수는 없다.

 이 글은 12월 3일과 그 이후를 통과하면서 '우리'가 무엇을 겪었고 무엇을 해냈는지를 밝히는 데 일차적인 목적이 있다. 시민들은 내란 정국이라는 무대를 직접 보고 듣고 체험했을 뿐만 아니라, 각자의 배역을 맡아 말하고 쓰고 움직이며 그 무대의 참여자가 되었다. 그렇다면 123일이라는 민주주의의 긴 밤 동안, 과연 시민들은 무엇을 해냈으며, 거기에는 어떤 의미가 있는 걸까? 이 글을 통해 '우리'가 겪고 해냈던 일들을 되돌아보면서 그것들의 의미를 성찰하고자 한다.

그 성찰은 주로 **언어**를 단서로 삼아 이뤄질 것이다. 내란 정국은 대통령 담화문이라는 언어로 시작하여 헌법재판소 판결이라는 언어로 끝났다. 이때 언어는 활자 텍스트에만 국한되지 않는다. 군용차량을 막아 세운 몸, 군인과 경찰을 향한 눈빛, 펄럭이는 깃발과 응원봉의 다채로운 빛깔, 법원 건물에 가해진 폭력도 모두 각각 일정한 의미를 담아서 전해지는 언어가 될 수 있다. 그런 의미에서 123일의 내란 정국은 언어로 가득했다. 이 글은 무대 위 배역에 따라 각자 다른 언어들이 서로 어떻게 도전받고 응전하며 대결했는지, 그 언어들의 전개 과정을 따라가려 한다.

더욱이 내란 정국의 언어들은 서로 경합하는 과정에서 기존의 안정된 언어의 질서를 뒤흔들며 시민들을 혼란에 빠뜨리기도 했다. 인권이나 저항권은 12월 3일 여의도와 12월 21일 남태령에서 시민들이 해낸 일을 정당화하며 그 의미를 설명하는 개념이지만, 동시에 윤석열이 진실을 부정하고 폭도들이 법원을 침탈한 행위를 합리화하는 데 도용되기도 했다. 이러한 언어의 혼란에 휩쓸리지 않으려면, 내란 정국의 언어들이 가진 각각의 의미를 좀 더 깊이 들여다봐야 한다. 혼란스러운 언어질서의 변동을 이해하기 위해서다.

이와 같은 작업은 내란 이후의 세계를 그려 나가기 위한 정지작업에 해당한다. 기존의 언어질서가 뒤흔들리며 말과 의미 사이의 간극이 넓어지고, 같은 말을 듣고 동일한 사건을 목격했는데도 서로 전혀 화해할 수 없는 상태에 놓일수록, 모두가 함께 공유하는 내란의 경험이 무슨 의미를 내포하고 있는지를 탐색하는 일은 중요해진다. 이것이 한국 사회의 붕괴된 공통감각(commonsense)을 다시금 정초하는 데 기여할 것이기 때문이다.

이 글은 먼저 12월 3일 비상계엄의 밤을 가득 메웠던 말들을 다룬다. 대통령의 담화와 계엄사령관 포고, 항명하고 불복종한 계엄군과 시민들의 언어를 저항권의 맥락에서 살펴볼 것이다. 그다음으로 윤석열, 국민의힘, 극우 세력의 내란 부정이 하나의 서사이자 세계관으로 구축되어가는 과정을 다루며, 거기에 깃든 폭력의 그림자를 드러내고자 한다. 그러면서 '언어의 내란'으로 혼란해진 언어질서의 문제를 성찰할 것이다. 마지막으로, 법치주의라는 미명 아래 법조 엘리트들의 자의적인 법해석이 정당화되면서 시민에게서 말의 힘을 앗아가는 문제를 짚고, 그와 반대로 광장의 말들이 기존 체제를 추궁하는 과정에서 그 언어에 깃든 급진적 상상력을 얼마나 멀리 밀고 나아갔는지 다룰 것이다.

2. 내란의 밤에 흘러내린 언어들

계엄과 포고, 그 마법의 주문

2024년 12월 3일 밤 10시 23분, 윤석열 대통령의 대국민 담화가 갑작스레 시작되었다. "대통령으로서 피를 토하는 심정으로 국민 여러분께 호소"한다며, "지금 대한민국은 당장 무너져도 이상하지 않을 정도의 풍전등화의 운명에 처해 있"다고 했다. 10시 28분경, 담화의 중간 즈음 누구도 예상치 못했던 단어가 튀어나왔다. "저는 북한 공산 세력의 위협으로부터 자유 대한민국을 수호하고 우리 국민의 자유와 행복을 약탈하고 있는 파렴치한 종북 반국가 세력들을 일거에 척결하고 자유헌정질서를 지키기 위해 **비상계엄을 선포**합니다." 그렇게 '12월 3일의 밤'의 막이 올랐다.

 마법은 언제나 주문呪文을 통해 실현된다. 그런 의미에서 언어는 마법과 같은 힘을 지닌다. **비상계엄**이라는 단어 하나가 그런 신비한 효과를 지닌다. 특히나 계엄은 다른 어떤 조치가 아닌, **말**로서 행해지는 것이다. 대한민국헌법 제77조 제1항은 "대통령은 …… 법률이 정하는 바에 의하여 **계엄을 선포**할 수 있다"고 적시한다. 계엄이라는 주문의 (마)법적 효과가 헌법과 법률로 규정되어 있는 것이다. 그 주문 하나만으로, 모든 법률적 효력이 정지되고 군이 사회를 통치하는 세상이 열린다. 대통령 담화는 고작해야 5분에 불과했지만, 그 결과는 1987년 이후 정착된 한국의 민주주의를 부정하고, 군을 출동시켜 유혈사태의 가능성을 임박하게 만들며, 전 국민을 긴 불면과 우울증에 시달리게 한 것이었다. 그 모든 게 '계엄 선포'라는 마법의 효과였다.

 11시 23분, 또 다른 마법의 주문이 재차 발동됐다. 대통령이 임명한 박안수 계엄사령관은 계엄이 선포된 시공간에서 행정권과 사법권을 장악하고 군사상 필요에 의해 법률을 넘어선 조치들을 포고했다. 포고는 계엄사령관이 언어로서 행하는 무제한의 마법 주문이다. 그중에서도 다섯 번째 주문이 세간의 이목을 끌었다. "모든 의료인은 48시간 내 본업에 복귀하여 충실히 근무하고 위반 시는 계엄법에 의해 처단한다." 전공의의 복귀를 주문하는 뜬금없음은 다소 실소가 나오는 대목이지만, 그래서 그 문장의 마지막을 맺는 "처단한다"가 더욱 비현실적으로 다가온다.

하지만 비상계엄이라는 주문으로 만들고자 한 마법의 시공간에서 "처단"은 결코 가벼운 말장난으로 끝나지 않을 예정이었다. 지난 2월 언론을 통해 보도된 전 국군정보사령관 노상원의 수첩에 적힌 단어들을 꼼꼼히 읽다보면 모골이 송연하다. 수첩에는 "행사(계엄)"를 통해 "야권 인사 500여 명"을 "수집"하여 "처리"한다는 시나리오가 담겼다. 시민들을 "수거" 또는 "수집"해 인적이 드문 곳의 "수집소"로 보내며, 이송 중에 또는 "수집소"에서 폭발물이나 독극물 등으로 "처리"하겠다는 무시무시한 내용이었다.[1]

이러한 단어들은 전형적인 완곡어법에 해당한다. 완곡어법은 언어가 지닌 도덕적인 함의를 축소하거나 제거하기 위해 자주 사용되는 부정(denial)의 수법이다. 이 언어들을 벽돌 삼아 하나의 완결적인 세계관이 구축될 때 가해자들은 상식적인 규범체계가 부여하는 도덕적 부담에서 벗어날 수 있다. 명령하는 자만이 아니라 명령을 받아 수행하는 현장의 군인들도 자신이 수행하는 임무를 '민간인 학살'이 아니라 "반국가 세력"의 "수거"와 "처리"로 받아들이게 된다.

더욱이 언어와 세계관의 측면에서, 12·3비상계엄은 갑작스런 결단이 아니라 차근차근 준비한 결과였다. 윤석열이 공식석상에서 언급해온 '반국가 세력'이라는 단어가 이를 잘 보여준다. 대통령 선거 출마로 정치 경력을 시작한 윤석열은 대선 과정에서부터 적대와 혐오의 언어를 이념으로 사용하기 시작했다. 2023년 6월 28일 자유총연맹 창립 69주년 기념식과 8월 15일 광복절 경축사 등에서 윤석열은 "공산전체주의", "반국가 세력"과 같은 단어를 반복하며 한국 사회 내에 '처리'하고 '처단'해야 할 적이 존재한다고 주장했다. "공산전체주의", "반국가 세력"은 사실상 야당 및 시민사회 전반을 일컬어 **적**으로 모는 혐오 선동이었다.

공산전체주의를 맹종하며 조작 선동으로 여론을 왜곡하고 사회를 교란하는 반국가 세력들이 여전히 활개치고 있습니다. 자유민주주의와 공산전체주의가 대결하는 분단의 현실에서 이러한 반국가 세력들의 준동은 쉽게 사라지지 않을 것입니다. …… 공산전체주의 세력은 늘 민주주의운동가, 인권운동가, 진보주의 행동가로 위장하고 허위 선동과 야비하고 패륜적인 공작을 일삼아왔습니다.

―2023년 8월 15일, 대통령 광복절 경축사

그래도 당시에는 이런 적대와 혐오의 논리가 철 지난 냉전논리를 답습하는 허황된 정치적 수사로 여겨졌다. 하지만 12월 3일을 겪은 지금 다시 읽어보면, 비상계엄의 명분과 논리가 급조된 것이 아님을 알 수 있다. 반국가 세력으로부터 자유민주주의를 수호하겠다며 민주주의를 부정하는 윤석열의 논리는 민주화 이후 지켜온 민주공화국의 근본 전제와 양립 불가능한 것이었다. 그것은 내란이 정당화될 세계에서 공통감각이 될 언어들로 구축한, **내란의 세계관**이었다. 12월 3일의 비상계엄 선포는 그 자연스러운 귀결인 셈이다.

주박술과 인형극에 대항한 항명

사람들을 통제하여 저항의 가능성을 앗아가 쿠데타를 성공시키고자 윤석열과 내란 세력은 언어라는 수단을 적극 활용했다. 상관의 명령은 **주박술**呪縛術로서의 언어였다. 이 주박술의 마법이 12월 3일의 밤이라는 무대를 하나의 통제된 **인형극**으로 만들려 했다. 쿠데타 모의 및 실행의 주역인 여인형 국군방첩사령관은 왜 항명하지 않았느냐는 기자들의 질문에 이렇게 답했다. "맞고 틀리고를 떠나서 위기 상황이잖아요. 군인은 그 명령에 따라야 된다고 강하게 생각을 해요."[2]

 여인형 같은 내란 중요 임무 종사자들에게는 사전에 쿠데타를 차단할 힘이 있었다. 그런 그가 상관의 명령을 언급한 건 구차한 변명이지만, 정작 현장의 군인들은 고위사령관을 통해 현장으로 전달된 명령을 거부하기 쉽지 않다. 권한이 없는 말단으로 갈수록 비록 그것이 불법적 명령이라도 저항하기가 더 어렵다. 상명하복의 원리를 일상에서 몸에 새기는 군인들에게, 특히 현장에 출동했던 군인들에게 명령은 그야말로 신체를 통제하고 제약하는 주박술이다. 그날 밤, 무대에 오른 군인들은 자유의지를 잃은 채 인형처럼 조종당할 운명에 처했다.

 하지만 모두가 지켜보았듯이 주박술은 통하지 않았다. 군인들은 자신들을 옭아매는 마법의 주문에 저항했다. 제 의지를 잃은 인형이 되길 거부하면서 정해진 시나리오가 아닌 다른 서사를 써내려갔다. 역설적이게도 군인들은 총을 쏘지 않았기에 생명을 구했고, 명령을 듣지 않았기에 나라를 구했다. 시민들은 포고문이 금지하며 불법화한 행위를 벌임으로써 파국의 시나리오를 막았다. 이들은 대체 어떻게 마법의 주문에 저항할 수 있었을까? 무엇이 사람들로 하여금 언어의 주박술을 거부하게 만들었을까?

 12월 3일 오후 10시 29분 윤석열 대통령의 담화 종료는 작전 개시를 알리는 신호였다. 담화가 끝난 직후 10시 30분 곽종근 특전사령관은 특수전사령부 예하 707특수임무단에 국회 출동을 지시했다. 707특임단은 국회를 봉쇄하고 국회의원을 체포하는 작전의 초동 부대 역할을 맡았다. 하지만 강설로 인해 충북 음성에 위치한 특수작전항공단의 헬기가 경기 이천의 특수전사령부로 이동하는 시간이 지연되어 오후 11시 5분에야 도착했다. 오후

10시 48분부터 특수작전항공단 제602항공대대는 수도방위사령부에 유선으로 비행금지구역 헬기 진입 승인을 여러 차례 요청했으나 보류됐다. 김문상 수방사 작전처장은 "(출동) 목적을 계속 물어도 답하지 않아 (헬기 진입을) 거절했다"고 밝혔다.[3] 결국 707특임단이 국회에 진입한 건 11시 48분이었다. 최초의 명령에서 국회에 진입까지 약 1시간 18분이나 소요된 것이다.

방첩사령부 대원들은 국회를 비롯해 서울 관악, 경기 과천 및 수원의 선거관리위원회 건물과 여론조사꽃에 투입 명령을 받았다. 하지만 이들은 아무도 건물로 들어가지 않고 명령에 불복종했다. 대원들은 위법한 임무 수행과 불복종의 불이익 사이에서 적당하게 '농땡이'를 피웠다. 주유나 식사를 핑계 삼아 고속도로 휴게소, 요금소 등에서 시간을 때웠다. 편의점에서 라면을 먹거나 건물 인근 지역을 배회하기도 했다.[4] 이런 저항의 모습은 사람들이 전형적으로 상상하는 것과는 조금 다를지도 모른다. 대단한 책임감이나 의무감, 직업윤리의 발로가 아닌 모든 불이익의 가능성을 피하고자 '적당히 중간만 했던' 것일 수도 있다. 하지만 그것이야말로 부정의한 권력의 통제력이 파열되는 징후였다. 역사는 평범한 인간 군상들의 크고 작은 다양한 저항들이 모여 만들어내는 것이다.

707특임단은 작전에 대한 제대로 된 설명도 받지 못한 채, 상황 파악도 안 된 상태에서 국회에 투입됐다. 국회를 봉쇄하라는 지시를 받았던 그들이 마주한 것은 평소 자신들이 **지켜야 한다**고 믿었던 민간인의 모습이었다. 적이 아니라, 무장도 하지 않고 위협적이지도 않은 시민들이 자신들을 가로막은 채 당부와 비난의 말을 쏟아내고 있었다. 이에 현장지휘관은 민간인과 접촉하지 말고 거리를 유지하라고 지시하면서 대치 상황에서 흥분하는 대원들을 진정시켰다. 부대원들도 민간인과 큰 충돌이 일어나지 않도록 서로를 당부하고 타일렀다. 이후 특전대원들은 "일부러 뛰지도 않고 걸어 다녔다", "놀란 시민들 얼굴과 표정을 잊을 수 없다"고 말했다.[5] 이런 군인들의 망설임이 재차 국회의 계엄 해제 요구안 의결을 위한 시간을 벌어주었다.

11시 48분 국회에 도착한 707특임단은 11시 49분 국회 본관 후문으로 진입을 시도했으나 약 10분간 대치 끝에 국회 직원과 시민들의 방해로 진입에 실패했다. 11시 59분 국회 본관 정문으로 다시 진입하고자 했으나 약 30분간 시민들과 대치한 결과 진입에 또 실패했다. 윤석열은 곽종근과 이진우에게 전화로 "문짝을 도끼로 부수고서라도 안으로 들어가서 다 끄집어내라", "총을 쏴서라도 문을 부수고 들어가서 끌어내"라고 지시했다.[6] 결국 707특임단이 유리창을 깨고 국회 본관에 진입한 것은 12시 34분이 되어서였다. 국회 영내 진입 후 46분이 지난 뒤였다. 이후 1시 2분 계엄해제결의안이 본회의를 통과하자, 윤석열은 "해제됐더라도 내가 두 번, 세 번 계엄령 선포하면 되니까 계속 진행해"라며 특전사부대 추가 투입을 지시했다.[7] 하지만 1시 11분 특전부대는 국회에서 철수했다. 현장에 투입된 부대가 뜻대로 움직이지 않아 '2차 계엄'을 영영 이룰 수 없게 되었다. 그렇게 상관의 명령이라는 마법의 주문에 '절대 복종'하지 않음으로써 군인들은 주박술에 걸린 인형이 되지 않을 수 있었다.

시민들의 역주문이 만든 역포위

계엄군을 옭아매는 주박술이 상관의 명령이었다면, 시민들을 향한 주박술도 작동했다. 박안수 계엄사령관의 포고문은 시민들의 입에 재갈을 물리려는 의도를 노골적으로 드러냈다. 그 기상천외함으로 주목받은 '전공

국회를 봉쇄하려는 군인들, 그들을 역포위한 시민들》 2024년 12월 3일 밤과 4일 새벽 계엄군은 국회에 진입했고, 시민들은 이를 막고자 국회로 달려왔다. (출처: AP통신)

의 처단'보다 더 심각한 것은 시민들이 쿠데타에 저항하지 못하게 언어를 박탈하려 했다는 점이다. 포고문이 금지와 통제를 선언한 항목들은 "국회와 지방의회, 정당의 활동과 정치적 결사, 집회, 시위 등 일체의 정치활동", "가짜뉴스, 여론 조작, 허위 선동", "언론과 출판", "파업, 태업, 집회 행위"였다. 이는 헌법에 보장된, 민주주의의 핵심적 가치로 꼽히는 **표현의 자유**를 전면 부정한 것이다.

1. 국회와 지방의회, 정당의 활동과 정치적 결사, 집회, 시위 등 일체의 정치활동을 금한다.
2. 자유민주주의 체제를 부정하거나, 전복을 기도하는 일체의 행위를 금하고, 가짜뉴스, 여론 조작, 허위 선동을 금한다.
3. 모든 언론과 출판은 계엄사의 통제를 받는다.
4. 사회 혼란을 조장하는 파업, 태업, 집회 행위를 금한다.
5. 전공의를 비롯하여 파업 중이거나 의료현장을 이탈한 모든 의료인은 48시간 내 본업에 복귀하여 충실히 근무하고 위반 시는 계엄법에 의해 처단한다.
6. 반국가 세력 등 체제 전복 세력을 제외한 선량한 일반 국민들은 일상생활에 불편을 최소화할 수 있도록 조치한다.

이상의 포고령 위반자에 대해서는 대한민국 계엄법 제9조(계엄사령관 특별조치권)에 의하여 영장 없이 체포, 구금, 압수수색을 할 수 있으며, 계엄법 제14조(벌칙)에 의하여 처단한다.

2024. 12. 3.(화) 계엄사령관 육군대장 박안수

포고문은 행정과 사법을 장악한 계엄군에 대항할 유일한 헌법기관인 국회를 무력화하려 했다. 국회의원의 불체포특권을 우회하고자, 국회의 활동을 불법화해 계엄을 해제하려던 의원들을 현행범으로 체포하려 한 것이다. 더욱이 노상원 수첩에서 "역행사"라고 명명했던, 비상계엄에 대한 국민적인 저항의 가능성을 봉쇄하고자 시민들의 자유로운 언어 일체를 감옥에 가두려 했다. 민주주의와 헌법을 수호하려는 시민들의 저항권을 사전에 차단하려 한 것이다.

하지만 시민들은 윤석열과 '반국가 세력' 운운하는 내란 세력의 주문에 결코 걸려들지 않았다. 비상계엄 해제 직후 "사랑 때문에 계엄까지 선포했다"며 조롱을 담은 밈이 널리 퍼졌던 것처럼, 시민들은 대통령 담화에서 설명한 계엄의 이유를 곧이곧대로 믿지 않았다. 그 불신의 이면에는 분명 **기억**이 있었다. 많은 이들이 1980년 5월 광주항쟁의 기억을 떠올렸고, "나도 끌려갈지 모른다"며 폭력의 가능성을 예감했다. 시민들은 국가가 거는 마법의 주문에 넘어가서는 안 된다는 걸, 자신의 존엄과 생명을 지키기 위해 침묵하지 않고 싸워야 한다는 걸 알고 있었다. 그렇기에 시민들은 포고문이 금지하며 불법화한 행위를 벌임으로써 파국의 시나리오를 막았다. "집회, 시위 등 일체의 정치활동"을 벌이고자 여의도로 달려갔고, 윤석열이 "가짜뉴스, 여론 조작, 허위 선동"이라고 생각했을 언어들을 쏟아냈다. 정부는 언어를 감옥에 가두려 했지만, 반대로 시민들은 불법화된 언어를 쏟아내어 파국으로 가는 내란의 시나리오를 멈춰 세우려 했다. 그 순간 더 이상 합법과 불법을 판정하는 권력은 정부의 것이 아니었다. 시민들은 권력이 규정하는 불법을 행함으로써 합법과 불법을 판정하는 권력을 찬탈해 자신들의 손아귀에 쥐었다. 시민불복종, 그것이 12월 3일 밤의 새로운 시나리오의 제목이었다.

경찰기동대와 계엄군으로 국회를 봉쇄하려 했던 내란 세력의 작전은 시민들의 불복종으로 좌절되었다. 국회의원과 보좌진은 죽음을 각오하고 국회 담을 넘었다. 시민들은 국회 바깥에서 자신들을 가로막는 경찰에 항의하고 출동한 군 차량과 군인들을 가로막았다. 월담해 국회 본관에서 특전부대를 막아선 시민들도 있었다. 그야말로 국회를 포위한 계엄군과 경찰을 시민이 **역포위**한 모양새였다. 2시 13분, 김용현 국방부장관이 곽종근 특전사령관과 통화하며 "중과부적"이라고 표현했던 건 시민들의 역포위를 감당해내지 못했다는 의미로 읽을 수 있다.

시민들은 존재 자체로, 무엇보다 눈빛과 언어로 계엄군을 둘러싸고 포위했다. "시키는 일이란 거 다 안다", "우리와 같은 마음이지 않냐"며 군인들을 붙잡고 설득했다. "역사의 가해자가 되면 안 된다", "그러지 말라"며 꾸짖기도 했다.[8] 자식이 계엄군으로 출동했던 여성은 "애야, 안 된다"며 울부짖었다.[9] 여의도로 출동한 계엄군과 계엄을 막으러 달려간 대학생이 친구 사이인 경우도 있었다.[10] 시민들은 "반국가 세력" "공산전체주의"의 형상이 아니라 가족, 이웃, 친구의 얼굴을 하고 있었다.

몸을 던져 군용차량을 막고, 버스에서 내리려는 군인들을 막아 세운 것도 그 자체로 하나의 강력한 언어였다. 국회로 진입하려는 군인들과 대치해 시민들은 군인들과 몸을 부대끼며 그들을 막았다. 바짓가랑이마저 붙잡고 어떻게든 막아 세우려 했다. '살인병기'라는 별칭이 어색하지 않을 정예부대를 향해 시민들은 제 몸을 던져 그 앞을 가로막고, 당부하고 호소하며 비명을 질렀다. 그런 시민들이 죽여야 할 '적'으로 인식될 리 없었다. 오히려 자신이 있어서는 안 될 곳에 있다는 사실, 행해서는 안 될 명령을 수행하고 있다는 사실 그 자체가 자신이 지켜야 할 시민들을 향한 폭력이 되고 있다는 걸 절감할 수밖에 없었을 것이다. 결국 시민들의 모든 눈빛, 언어, 행동은 담화문과 포고문, 상관의 명령을 무효화해 내란의 시나리오를 극적으로 비틀어낸 역주문으로 작용했다.

시민불복종과 저항권

박안수 계엄사령관의 계엄사령부 포고령은 왜 표현의 자유를 억압하려 했을까? 왜 자유로운 언어를 불법화했던 것일까? 굳이 질문할 필요가 없을 만큼 뻔하고 당연한 것 같지만, 이 질문은 권력이 무엇을 두려워하는지, 무엇을 막고자 하는지를 되짚어보게 만든다.

대본에 없는 말은 위험하다. 내란 세력은 명령과 포고문이라는 주박술로 군인과 시민들이 시나리오에서 벗어나는 행동을 하지 못하게 막으려 했다. 그러려면 대본에 적힌 대사 이외의 '애드리브'는 금지해야 한다. 과거 권위주의 정권 시절 괜히 '막걸리 보안법'이라는 말이 생겼던 게 아니다. 술김에 내뱉은 불평마저 체제를 위협하는 거냐고 비꼬았던 것은, 역으로 허락되지 않은 말들이 사회에 흘러넘칠수록 권력에 심대한 위협이 된다는 것을 알려준다. 실제로 12월 3일의 밤, 권력이 쓴 대본에 없던 무수한 대사를 만들어냄으로써 무대에 선 수많은 단역은 스스로가 주연이 되는 다른 각본을 썼다.

그날 밤, 윤석열과 고위사령관만 휴대폰을 부여잡고 떠들었던 게 아니다. 출동하지 않고 부대에 있던 군인들도 당직 근무 동안 밤새 휴대폰을 붙잡고 지인들과 걱정을 나누었다. 많은 시민이 가족, 동료, 친구에게 안부를 물었다. 계엄 시절을 겪었던 어른들은 손주들에게 당부를 전했다. 12월 3일 밤은 마법의 주문을 거스르는 불법화된 말들로 가득 차 있었다. 언어의 주박술에 대항하는 역주문들이 거대한 은하수처럼 흘렀다.

> 울 손자 손녀야 몸조심하자. 계엄령은 사람을 경찰이 밉다 싶으면 무조건 잡아가는 거니까 조심해. 튀는 행동 하지 말고 길가다가 고성도 하지 말고 학교에 조용히 다녀. 너희는 좀 맘이 놓이긴 하는데 그래도 조심하자.[11]

누군가는 서울시 120다산콜센터와 경찰 112신고에 전화를 걸었다. "마트에 가도 되나요?", "아침에 영화 보는 건 상관없나요?", "가스나 전기가 끊기진 않죠?", "만약 서울에 올라가면 죽나요? 제가 죽을 수도 있나요?", "조울증이 있는데 너무 불안해서 힘들어요", "피난 가야 하나요? 비행기 타야 하나요?"[12] 전화기를 통해 흐르고 전달되며 퍼져나간 수많은 말부터, 국회로 출동한 군인들을 향해 외쳐진 말들에 이르기까지, 이 모든 언어는 윤석열과 내란 세력이 쓴 대본에 없던 대사였다.

분명 그 모든 말은 불법이 될 수 있었다. 군인은 상관의 명령에 복종해야 하고, 계엄사령관은 "체포·구금·압수·수색·거주·이전·언론·출판·집회·결사 또는 단체행동에 대하여 특별한 조치를 할 수 있다." 그렇다면 명령의 적법성과 "특별한 조치"의 합법적 범위를 판단하고 결정하는 근거는 무엇인가? 누가 그것을 판단하는가? 윤석열은 12월 12일 담화에서 "대통령의 비상계엄 선포권 행사는 사면권 행사, 외교권 행사와 같은 사법심사의 대상이 되지 않는 통치행위"라고 주장했다. 선포된 계엄 상태를 근거로 권력이 외운 마법의 주문들은 모두 합법적이며 그 합법성은 대통령이 자신의 권한에 기인한다는 뜻이다.

반대로 12월 3일, 명령과 포고를 의심하고 거스른 모든 말은 대통령이 자임하는 권한을 부정하고 찬탈해 그것을 시민들의 손아귀로 가져왔다. 시민들이 **저항권**을 행사해 헌법의 최종 수호자로 나선 것이다. 가령 군인들은 단순히 불법적 행위를 하지 않은 것이 아니다. 명령을 따르기 위해 목숨마저 희생해야 한다고 교육받는 군인들이 그 명령을 의심하며 명령의 불법성을 스스로 판단했던 것이다. 시민들 역시 계엄이라는 대통령의 권한 행사가 불법이며 위헌이라고 선언했다. 그럼으로써 시민 개개인이 불법성을 직접 판단하고 천명했다.

절대적인 상명하복의 원리가 근본에서 부정되고, 비상사태에 대응하고 공공의 안녕질서를 유지하기 위한 대통령의 계엄선포권이 의심될 수 있다면, 그러한 사태는 사회질서의 근간이 무너지고 혼란으로 이어질지 모른다는 불안과 위기감을 자아낸다. 그러나 그 불안과 위기감은 과연 누구의 것인가? 상관과 권력자가 **아래로부터의** 의심과 질문을 받을 가능성에 놓이게 될 때, 그러한 상태가 주는 불안은 '아래'에 위치하는 평범한 병사나 시민의 것이 아니다. 12월 3일은 사회질서 유지를 명분으로 권력이 자신의 전횡을 합법화하는 것이야말로 평화로운 일상을 무너뜨린다는 사실을 알려주었다. 반대로 그에 대항해 불법화된 행동에 나선 시민들은 질서를 지키고 만들었다. 1980년 5월 계엄군이 물러간 도시 광주가 열어낸 '대동세상'처럼, 2024년 12월 21일 경찰의 집행력에 대항해 남태령에서 피어난 연대의 밤처럼, 권력이 질서를 무너뜨린 자리에서 시민들은 인간의 존엄을 평등하게 보장하는 새로운 질서를 만들어냈다.

물론 아무리 부당한 권력의 행사라 해도 시민불복종은 그리 쉽게 일어나지 않는다. 비상계엄과 쿠데타라는 초유의 사태가 아니더라도 일상에서 일어나는 부당하고 억울한 일에 대해 저항하는 것조차 쉬운 일이 아니다. 하지만 12월 3일은 사람들 사이에 부당한 것을 부당하다 말하는 언어가 흐르기 시작할 때 평범한 사람들이 무엇을 해낼 수 있는지를 알려주었다. 지나가다 마주치는 평범한 이웃이 어떤 순간에는 일상의 모습과 다른 특별한 존재가 된다. 이를 두려워했던 권력은 과거 여수·순천을, 제주를, 광주를 고립시켜 언어가 바깥으로 흐르지 못하도록 막았다. 그러나 2024년의 한국 사회는 더 이상 고립된 개인이나 지역이 외롭게 싸우지 않아도 될 만큼 성장해 있었다.

3. 횡행하는 부정론과 언어의 내란

계몽령 서사의 구축

12월 4일 4시 27분 윤석열은 대국민 담화를 통해 국회의 요구를 수용하고 계엄을 해제하겠다 했고, 4시 30분 국무회의를 통해 비상계엄을 공식 해제했다. 그 직후부터 곧장 '경고성 계엄'이라는 단어가 등장했다. 그것은 최초의 부정이었다. 초기에 정부와 여당은 약 6시간 만에 해제된 비상계엄이 그리 심각한 문제가 아닌 것처럼 사소한 일로 만들려고 했다. 비상계엄 자체가 워낙 비현실적인 사건이었으니, 마치 한밤중에 겪은 꿈결 같은 일처럼 치부하도록 한 것이다. 잠깐 일어난 해프닝에 불과한 일을 트집 잡아 탄핵을 요구한다며 야당을 정쟁과 분란을 일으키는 집단으로 몰아갔다.

> 저는 국회 관계자의 국회 출입을 막지 않도록 하였고, 그래서 국회의원
> 과 엄청나게 많은 인파가 국회 마당과 본관, 본회의장으로 들어갔고 계
> 엄 해제 안건 심의도 진행된 것입니다. 그런데도 어떻게든 내란죄를 만
> 들어 대통령을 끌어내리기 위해 수많은 허위 선동을 만들어내고 있습
> 니다. 도대체 2시간짜리 내란이라는 것이 있습니까? 질서 유지를 위해
> 소수의 병력을 잠시 투입한 것이 폭동이란 말입니까?
>
> —2024. 12. 12. 윤석열 대국민 담화

12월 12일의 대국민 담화는 경고성 계엄의 논리를 더 구체화하고 있다. "2시간짜리 내란이라는 것이 있습니까?"라고 묻는 윤석열의 적반하장은 한 가지 중요한 부정을 암시한다. 윤석열은 시민들의 마음이 모여 쿠데타를 막아냈다는 사실 자체를 부정하고 있다. 군인의 항명과 시민의 불복종을 마치 윤석열 스스로가 의도했던 양 해석하면서, 계엄 해제를 저항의 성취가 아니라 윤석열 자신이 기획하고 연출한 인형극의 예정된 결과로 만들어버렸다. 이는 비상계엄을 '대통령의 고유권한'이라고 주장했던 논리의 연장선에 있으며, 사실상 시민적 저항을 무효화하는 결과를 가져온다. 대통령의 권한이 여전히 계엄의 불법성을 판단하는 근거로 작용하고 있다.

이윽고 경고성 계엄이라는 최초의 부정은 '계몽령 서사'라는 총체적인 내란의 세계관으로 발전해갔다. 윤석열 탄핵은 거대 야당의 입법독재 징표로, 여소야대 국회는 부정선거의 결과로, 그리고 이 모든 일의 배후로 중국이 지목되는 서사가 구축되었다. 거짓말이 거짓말을 낳듯 부정의 논리는 혐오와 음모론을 통해 그 스스로 몸집을 불려갔다. 그 결과, 가해자와 피해자마저 전도되기에 이른다. 2월 12일 국회 국방위원회에 출석한 김현태

707특임단장의 진술이 이를 잘 보여준다. "복귀해서 저희 부대원들이 들은 수없이 많은 폭행과 폭언, 욕설에 대한 사실을 들으면서, 부대원들이 잘 참아줘서 고맙다는 생각을 하고. 마치 저희를 이용해서 폭동을 일으키려는 그런 느낌을 받았습니다."

하나의 총체적인 부정의 서사 또는 세계관을 구축하는 일은, 과거처럼 도시 하나를 봉쇄하고 모든 언로를 차단할 수 없는 상황에서, 마치 고립된 성채처럼 사회의 공통감각과 동떨어진 독립된 담론 생태계를 형성하는 과정이었다. 이 담론 생태계는 **상호참조** 메커니즘을 통해 구성된다. 온라인과 오프라인을 오가며 퍼져 나가는 유언비어는 보통 극우 성향이 강한 온라인 커뮤니티의 전혀 확인되지 않은 가짜뉴스가 극우 유튜버를 통해 확산되고, 지상파나 일간지 등 기성 매체들을 통해 그것이 공적인 쟁점이 되는 경로를 밟는다. 그럼으로써 마치 그 진위를 공적으로 진지하게 토론해야 할 것처럼 여기게 한다.

더구나 12월 3일 이후 유언비어 확산 경로에 가담하는 여러 행위자는 훨씬 긴밀하게 연결되었고, 가짜뉴스의 생산자와 소비자가 뒤섞이는 경향이 나타났다. 극우 유튜버의 애청자인 윤석열은 온라인 커뮤니티나 유튜브에서 흘러다니는 가짜뉴스를 인용하는 동시에 그 스스로도 온갖 부정과 혐오의 언어를 직접 생산했다. 이런 긴밀한 상호참조의 역동이 윤석열 대통령 탄핵심판 최종변론에서 피청구인 대리인단 김계리 변호사의 발언을 가능하게 했다. "저는 계몽되었습니다."

윤석열은 줄곧 '민주당의 폭주', '입법독재', '망국의 위기'를 **국민들에게 알리기 위해** 비상계엄을 선포했다는 논리로 일관했다. 그가 무언가를 알리고자 했다면, (비록 그것이 뻔한 거짓말이라 할지라도) 그 진의를 입증하기 위해서는 비상계엄을 통해 **알게 된 국민들**이 등장해야 한다. 손뼉도 마주쳐야 소리가 나듯, '계몽령 서사'는 스스로가 계몽됨을 자백하는 사람들이 출현해야 비로소 완성될 수 있다. 실제 김계리 변호사만이 아니라, 인터넷에는 마치 12월 3일 비상계엄이 종교적 회심의 계기라도 된 것처럼 고백하는 글과 영상이 제작·유포되었다. '계몽령' 역시 온라인에서 쓰이던 단어를 윤석열이 인용한 것이다. 이렇듯 거짓말에 서로 입을 맞춰 나가는 모습, 그 자체가 상호참조의 과정이었던 셈이다.

권력을 확인하기 위한 폭력과 부정

국민의힘 의원 역시 극우 담론 생태계의 일원으로서, 과거라면 '망언'이라고 지탄 받을 말들을 연일 쏟아냈다. 극우 세력의 일부가 된 정치는 연일 쏟아지는 부정과 혐오의 언어가 공론장으로 진입하도록 **승인**해주는 일종의 임계점으로 기능했다. 그 결과가 가장 극적으로 나타난 것이 1월 19일 서울서부지방법원 폭동 사태다.

1월 18일, 광화문에서 탄핵반대 집회를 하던 시위대는 행진으로 서부지법까지 이동해 시위를 이어갔다. 서부지법 앞에서 전광훈은 폭동을 직접적으로 선동했다. "우리는 서울구치소를 들어가서 강제로라도, 왜 국민저항권이 최고의 권위니까. 대통령을 서울구치소에서 모셔 나와야 되는 것입니다!" 윤상현 국민의힘 국회의원도 시위에 참석해 "17명의 젊은이들이 담장을 넘다가 유치장에 있다. 그래서 관계자와 이야기를 했고요. 아마 곧 훈방이 될 것이다 보고 있습니다. 다시 한번 애국시민 여러분들께 감사드립니다"라며 사실상 폭동의 뒷배를 자임했다.[13] 그렇기에 폭동에 가담한 한 유튜버는 신이 나서 "우리가 영웅이다"라고 소리를 질렀다.[14]

사상 초유의 법원 침탈은 결코 우연하고 자연발생적인 군중의 흥분으로 일어난 사태가 아니었다. 폭도들은 극우 담론 생태계의 일원으로서 '계엄령 서사'를 신념으로 공유했기에 스스로를 정당화할 수 있었다. 무엇보다 같은 생태계에 속한, 권력을 지닌 자들이 그 뒷배를 자임했기에 '선을 넘는' 폭동으로 나아갈 수 있었다. 이는 폭도들에게 권력을 지닌 **강자**의 위치에서 제약 없이 자의적으로 원하는 바를 행할 수 있도록 만들어주었다. 폭력을 사용하고 불법의 선을 넘나들어도 괜찮다고, 스스로에게 그런 **권력**이 있다고 믿게 만든 것이다.

12월 3일의 밤 군인들은 그러한 신념을 공유하지 않았고, 혹시 일이 잘못되면 자신이 져야 할 법적 책임과 사회적 파국의 가능성을 염려했다. 그들은 폭도들보다 월등하게 강력한 무력을 보유하고 있었음에도 망설이고 주저하며 함부로 힘을 사용하지 않았다. 보통의 시민들의 시선을 의식했고, 한국 사회의 공통감각의 눈치를 보았다. 하지만 서부지법 폭동에서 극우 세력은 바로 그런 공통감각을 힘으로 뭉개버리려고 했다. 법이나 규범보다도 자신들이 가진 권력이 더 우위에 있다고 선언했다.

폭력은 피해자에게 고통과 무력감을 새겨넣고, 가해자에게 피해자를 지배하며 상황을 통제하고 있다는 **전능감**을 안겨준다. "우리가 영웅이다"라는 말은 스스로가 법과 도덕의 제약에 아랑곳하지 않고 멋대로 해도 되는 권력을 지니고 있음을 확인하는 데서 오는 고양된 전능감의 표현이다.

그런 점에서 서부지법 폭동의 주체가 극우 세력이었던 것은 결코 우연이 아니다. 극우 세력이 공유하는 계엄령 서사가 권력을 가진 자의 '부정의 언어'로 구축된 것이기 때문이다. 부정의 언어는 위기에 몰린 집단의 방어적 반응이 아니라, 뜻대로 되지 않는 개개인을 향한 강자의 괴롭힘이나 따돌

림 같은 폭력의 일환이다. 12월 3일 이후 국민의힘 의원들의 태도가 이를 전형적으로 보여준다.

12월 3일 밤 국회 담을 넘어 국회 본회의에 참석했던 의원 190명은 '죽을 수도 있다'는 두려움을 공유했다. 12월 6일 국회 법제사법위원회 자리에서, 정청래 민주당 의원은 월담해 국회 본관으로 달려가는 와중에 "계엄군들이 본관 정문을 에워싸고 있으면 나는 체포를 당하러 가는 건데 이렇게 가는 것이 맞나?" 하는 두려움을 느꼈다고 했다. 190명 중에는 국민의힘 의원 18명도 있었다. 김상욱 의원은 비상계엄 해제를 위해 국회로 달려갔던 순간의 "참담함이 잊히지 않는다"며 "정치가 어떻게 국민에게 총을 겨눌 수 있는가"를 질문했다.[15] 당시 의원들이 느꼈던 두려움은 자기 신변의 위협과 함께 자신이 지켜내야 하는 국민들에게 향해졌던 위협에 대한 반응이기도 했다. 그들은 **총구가 겨눠지는 측**에 스스로를 동일시했다.

하지만 국민의힘 의원 108명 중 다수는 비상계엄해제요구결의안 표결에 참석하지 않았다. 당시 국민의힘 당사에 집결한 의원이 34명, 국회 안에 있었으나 표결에 불참한 의원이 8명이었다. 행적 확인이 어렵거나 미확인된 국회의원은 31명이다.[16] 이들은 비상계엄해제요구결의안 표결에 참석했던 의원들의 두려움을 공유하지 않는다. 12월 3일 그들이 서 있던 자리는 시민들에게 겨눠진 비상계엄이라는 **총구의 뒤편**이었다. 그렇기에 이후 대통령 탄핵소추안 표결을 보이콧했고, 사실상 윤석열의 내란에 동조하는 행보와 언행을 보였다. 12월 3일 상황의 자연스러운 논리적 귀결로서, **강자**이자 **가해자**인 윤석열과 자신들을 동일시한 것이다.

그랬기에 김예지, 김상욱 의원은 국민의힘에서 **왕따**가 되었다. 국민의힘 의원을 필두로 국민의힘 당원 및 지지자가 합심하여 두 의원을 집요하게 비난하고 공격했다. 이는 마치 내부고발자를 향해 조직 전체가 괴롭힘을 가하고 고발 내용을 부정하는 것과 유사하다. 국민의힘은 두 의원을 **배신자**로 치부한다. 두 의원이 대통령 탄핵에 공개적으로 찬성 의사를 밝힌 탓이다. 내란에 대한 책임을 부정하는 국민의힘 의원들에게 그 책임을 촉구하는 김예지, 김상욱 의원은 용인하기 어려운 배신자일 뿐이다. 국민의힘은 둘을 적극적으로 괴롭힘으로써 폭력을 통해 또 다른 공개적인 배신자가 출현할 가능성을 단속하며 의원들을 결집시켰다.

부정론의 형성과 확산은 이처럼 폭력이 행사되는 과정과 동일한 궤도를 밟아 나간다. 그러한 폭력은 특히, 진실을 말하고 책임을 추궁하는 개인들을 향한 괴롭힘이나 모욕으로 나타난다. 국민의힘 의원들은 헌법재판소 변론에 출석했던 곽종근 특전사령관과 홍장원 국정원 1차장의 증언을 부정하기 위해 온갖 부정 논리를 만들어냈다. '윤석열이 "국회의원을 끌어내라"고 했다'는 곽종근의 진술을 민주당의 회유에 오염된 것이며 계속 그 내용이 바뀐다며 부정했다. 홍장원 차장의 경우, 윤석열의 전화를 받을 당시 술에 취한 상태였다거나 그가 쓴 메모가 네 번 작성되어 신뢰할 수 없다는 등 트집을 잡았다. 두 사람은 국회의원 체포 지시에 관해 직접 윤석열과 통화했기에, 더욱더 인격적 모욕과 괴롭힘을 동반한 부정에 직면해야 했다. 이처럼 12월 3일의 진실을 증언하는 목소리에 가해지는 부정은 궁극적으로 전 국민이 보고 겪은 것을 부정한다는 점에서 국민 전체의 기억에 대한 부정과 다름없다.

거리로 나선 극우 시위대의 행동에서도 부정론과 폭력은 동전의 양면처럼 붙어 있다. 그들은 손쉽게 물리적, 언어적 폭력을 행사할 수 있는 대상을 만들기 위해 '중국인 간첩'이라는 **비국민** 표지를 고안해냈다. 그로써 탄핵을 요구하는 시위대도, 시위를 통제하는 경찰도, 지나가는 행인마저도 중국인 간첩이라는 딱지가 붙는 순간 의심과 폭력을 겪을 수 있게 되었다. 2월 27일 전남대를 찾은 극우 유튜버들은 온갖 비국민의 표지를 뒤섞어 혐오 발언을 했다.[17] 나아가 특정한 집단을 향한 혐오만이 아니라, 문형배 헌법재판관 권한대행의 거주지로 알려진 곳으로 찾아가 연일 시위를 하며 특정한 개인을 향해서도 위협을 가했다.

왜 부정은 폭력이나 혐오와 밀착해서 작동하는 것일까? 폭력을 통해 권력을 확인하고 전능감을 고양하려는 욕망은 언제나 권력의 열위에서 폭력의 피해자가 되는 존재를 필요로 하기에 집단을 향한 혐오와 밀착하기 쉽다. 아무렇게나 변명을 하고 제멋대로 타인을 모욕할 수 있는 권력을 확인한다는 점에서, 부정은 폭력의 행사와 동일한 속성을 지닌다.

하지만 여러 군 지휘관은 증언을 통해 그러한 부정과 폭력에 동참하기를 거부했다. 조성현 수방사령부 제1경비단장은 헌법재판소의 직권 채택에 따라 증인으로 출석해 진실을 증언하는 이유를 말했다. "아무리 거짓말을 해도 부하들은 다 알기 때문에 일체 거짓말을 할 수 없고 해서는 안 된다고 생각합니다." 곽종근 특전사령관 역시 같은 의견을 보였다. "지금 말 바꾼다고 하는 게, 밑에 있는 부하들이 다 동의를 하냐? …… 그럼 거기 간 애들은 뭐가 돼?"[18]

윤석열과 내란에 종사한 군사령관들은 제 신변의 안전이나 권력을 향한 욕망을 추구하기에 변명과 부정을 일삼는다. 그들에게 도덕적 판단의 기준은 오직 자신의 이해관계이며 자기 말을 들어주는 극우 세력만을 **참조**한다. 이 같은 권력자의 뻔뻔함은 그 명령을 받은 아랫단의 군인들에게 책임을 전가해 도덕적 손상을 입힌다. 군인들은 수치심과 배신감을 토로한다.

반대로 조성현, 곽종근은 증언을 할 때 "부하들"을 떠올리며 그들을 도덕적 판단의 기준으로 삼았다. 자신의 명령을 따른 부하들과 시민들이 그날 밤을 기억하고, 그들이 자신의 입을 바라보고 있다는 걸 결코 잊지 않았다. 곽종근이 "모든 책임"을 지겠다고 했기에, 특전사령부 장교들은 국회와 헌법재판소에서 낱낱이 진실을 증언할 수 있었다.

언어의 내란

1월 19일 서부지법 폭동과 그 이후, 극우 세력은 부정을 통해 내란의 세계관을 구축하며 한국 사회가 합의해온 언어들을 뒤흔들었다. 서부지법 폭동에서 전광훈과 극우 유튜버들은 자신들의 폭력이 "저항권의 행사"이자 "혁명"이라고 말했다. 민주화를 통해 획득한 표현의 자유와 집회의 자유는 극우 세력이 광주 금남로를 모욕하고 전남대에서 난동을 부릴 자유마저 보장해주었다. 시민사회의 치열한 투쟁으로 세운 국가인권위원회는 사회적 약자의 언어인 인권을 피고인 윤석열의 방어권 보장을 권고하는 근거로 유용해버렸다.

이런 일련의 사건들을 거치면서 그야말로 언어가 도용되어 오염되는 상황에 직면하게 됐다. 당장 12월 3일 계엄군과 대치한 시민들이 그 스스로의 행위를 의미화하는 데 '저항권' 개념마저 흔쾌히 적용하기 곤란해진 것이다. '언어를 빼앗겨버렸다'는 한탄이 나올 법하다. 국민의힘이 민주당의 '줄탄핵'을 '내란'이라고 규정하며 역공세를 가한 것처럼, 부정론은 거짓말, 트집 잡기, 모욕, 혐오 발언을 넘어 비상계엄을 막고 내란을 진압하려는 시민들의 언어마저도 훔쳐가버렸다.

기존의 안정된 언어질서를 뒤흔든다는 점에서 이는 **언어의 내란**이라 부를 만하다. 극우 세력은 조롱과 냉소를 머금고서 언어의 내란을 통해 기존에 합의된 맥락으로부터 언어를 떼어놓아 자의적으로 어긋난 맥락에 적용한다. 이는 사회적 규범과 기준에 아랑곳하지 않고 제멋대로 말하는 것이라는 점에서 재차 권력을 확인해 전능감을 고취시키는 효과를 자아낸다.

 이런 언어의 무단 도용은 폭력과 혐오를 비판하고 처벌하기 위해 기존에 사회적 약자들이 사용해온 **인권**, **민주주의** 같은 언어들을 사용하기 어렵게 만든다. 그렇기에 기존 체제의 한계를 비판하던 이들이 이제는 **공화국의 수호**, **헌정과 법치**, **엄정한 법집행**을 말하기 시작했다. 비판과 저항을 진압하기 위한 권력의 언어를 사용해야 하는 처지에 놓인 것이다. 권력에 의해 불법으로 규정되어 '엄정한 법집행'으로 경찰 폭력을 겪은 시민들이 이제는 폭도들의 불법시위에 대한 엄정한 법집행을 말하게 되는 곤란한 상황에 놓였다.

 이런 곤란함에는 한 가지 부당한 전제가 깔려 있다. 광화문에서 경찰차벽을 사이에 두고 벌어진 두 집회를 "탄핵찬성 vs. 탄핵반대"로 요약하는 언론의 프레임처럼 내란 정국을 마치 동등한 두 세력 간의 갈등으로 바라보는 것이다. 그러나 **선을 넘은** 것은 윤석열과 극우 세력이지 내란에 저항한 시민들이 아니다. 비상계엄과 서부지법 폭동은 '선'을 넘고 공통감각을 무너뜨리며 혼란을 만들어냈고, 이를 통해 극우 세력은 자신의 권력을 확인하고자 욕망했다.[19] 반대로 시민들은 폭력에 대항하는 위험을 무릅쓰고 **선을 지키기** 위해 싸웠다. 여의도로 달려가서 군인들과 대치하며 두려움을 삼켰고, 남태령으로 달려가서 경찰 폭력을 저지하며 동짓날 밤의 추위를 견뎠다.

 서부지법 폭동에 가담한 극우 세력과 남태령에서 연대한 시민들을 과연

"탄핵찬성 vs. 탄핵반대"로 요약하는 게 적절한가? 결코 그렇지 않다. 전자는 한국 사회가 공유하는 기본적인 전제와 규범마저도 부정함으로써 공동체가 존속하고 시민들이 공존할 수 있는 최소한의 근간마저 부정했다. 2024년 작고한 홍세화의 문장을 빌리면, "똘레랑스(관용)의 온화함은 앵똘레랑스(불관용)에 대한 단호한 앵똘레랑스가 전제되어야 한다."[20]

그렇다면 어느 쪽이 '선'을 넘고 '앵똘레랑스'를 하고 있는지 어떻게 판명할 것인가? 단순히 불법과 폭력을 그 기준으로 삼을 수는 없다. 사람을 해친 적이 없어도 동덕여대 학생들의 대학민주화 투쟁이 '폭력시위'로 낙인찍히고,[21] 전봉준투쟁단의 트랙터 시위를 경찰이 '불법시위'라 규정한 것처럼, 불법과 폭력은 권력의 입맛에 따라 자의적으로 정의되기 때문이다.

대신에 극우 세력 역시 표현의 자유, 집회의 자유, 인권을 누리고 있다는 걸 떠올려보자. 민주주의는 반대 의견도 포용하는 '똘레랑스'의 너른 품을 가지고 있다. 그들이 누리는 표현의 자유는 그들이 부정하는 민주주의의 역사에 의해 보장되는 것이다. 이 역설, **자신들이 누리는 권리의 근간을 부정한다**는 것이 극우 세력의 주장이 왜 정당하지 못하며 그들에게 '앵똘레랑스'가 필요한지를 보여준다. 요컨대, 그간 한국 사회가 쌓아온 민주주의의 역사를 준거로 삼아 그 역사를 전면적으로 부정하는 극우 세력이 틀렸다고 말할 수 있어야 한다. 우리가 가진 민주주의의 언어와 그 역사는 결코 뿌리가 얕지 않다. 내란이 가져온 혼란에 휘말리지 않고 내란을 심판할 수 있을 정도로 충분하다.

한 걸음 더 나아가, 투쟁의 역사를 통해 만들어온 민주주의와 법에 근거하여, 커져가는 혐오와 부정을 사회적으로 규제해야 한다. 이러한 규제는 단순히 현재의 기성 체제를 혐오와 부정으로부터 지켜내기 위한 것이 아니다. 극우 세력이 세를 불리며 혐오와 부정의 논리가 배양되고 허용된 것도 바로 기존의 체제 아래서 일어난 일이다. 혐오와 부정을 규제한다는 것은 그런 규제가 미약한 현재의 체제를 변화시키는 일 그 자체다. 민주주의는 땅 위에 고정된 건물이 아니라 파도치는 바다 위의 선박과 같다. 가만히 기존 체제를 지키기만 해서는 파도에 밀려 후퇴하게 된다. 민주주의를 지키기 위해서라도 노를 저으며 앞으로 나아가야 한다. 그러므로 내란의 종식은 내란의 배경이기도 한, 이 체제가 낳은 혐오와 부정에 의해 그 존재를 부정당해온 이들의 권리를 보장할 때 비로소 달성된다. 지난 123일 동안 광장이 요구해온 '포괄적 차별금지법' 제정은, 그런 이유에서 내란 이후의 세계를 만드는 출발점이다.

4. 광장을 기억하라

준법의 한계를 넘어

대통령 담화라는 마법의 주문으로 열린 내란 정국은, 123일이 지나 문형배 헌법재판소장 권한대행의 "주문 피청구인 대통령 윤석열을 파면한다"는 선언으로 막을 내렸다. 법적 효력이 발생하는 판결의 결론을 의미하는 주문主文은, 그야말로 (마)법적 효력을 가진 주문呪文이었다. 114쪽에 달하는 헌법재판소의 결정문은 피청구인 측이 제기한 온갖 쟁점에 성실하고 꼼꼼하게 답변했다. 헌법재판소의 결정은 부정론을 반박하는 데 있어 성실한 규명을 통해 파악된 진실과 그 진실에 대한 국가의 공적 인정이 얼마나 중요한지를 깨닫게 해준다. 지금도 계속되는 피해자 부정과 역사 부정에 맞서는 데 국가가 할 일이 결코 적지 않다.

하지만 헌법재판소의 결정 그 자체만으로 **장기화된 내란**이 완전하게 종결된 것은 아니다. 더욱이 국회의 탄핵소추안 통과 이후 헌법재판소의 결정이 있기까지 111일 동안 전 국민이 전전긍긍했던 감각에 대한 반추가 필요하다. 111일간 헌법재판소는 언어의 권력을, 언어의 마법적 권능을 독점하다시피 했다. 일상에서, 광장에서, 국회에서 내란의 종결과 기존 체제의 변화를 요구하는 수많은 말이 흘러넘쳤음에도, 정작 헌법재판소의 **주문** 앞에서 그 모든 말이 무력해졌다. 헌법재판소 판결이 지연됨에 따라 모두가 우울을 호소했던 것은, 아무리 윤석열 파면과 내란 종결을 주장한들 정작 그것을 결정할 권능을 시민들이 가지지 못했기에 헌재 판결 외의 모든 말이 무력하다는 것을 절감했기 때문이다. 과연 헌법재판소의 권한이 시민들의 저항권보다 우선하는 것일까?

2025년 3월 7일 지귀연 부장판사가 그간의 사법적 관행을 깨고 이례적으로 윤석열 구속 취소를 결정하고, 5월 1일 대법원이 사법적 관행과 예규를 무시한 채 이재명 대통령 후보의 공직선거법위반 유죄 취지 파기환송을 한 것도 그러하다. 두 판결은 정확히 "법 앞에 만인은 평등하다"는 법치주의의 핵심 원리를 위반하고 있다. 법관 스스로가 법을 위반한다는 점에서 법의 자해라고 불러도 좋겠다. 과연 '우리'가 원하고 지키려 했던 **법치주의**가 이런 것일까? 준법의식에 따라 이런 법치주의라도 지켜져야만 하는 것일까? 나아가, 만약 헌재가 잘못 판결을 내렸더라도 시민들은 정말 그 결론을 따랐을까?

법조 엘리트만이 아니라 행정부의 고위 관료들 역시 법을 자의적으로 해석하고 운용하는 **제도 해킹**을 노골적으로 실현했다. 최상목 대통령권한대행은 마은혁 헌법재판관의 임명을 지연시켰고, 한덕수 대통령권한대행은 선출되지 않은 임명직 총리로서 이완규, 함상훈 후보자를 헌법재판관으로 지명하는 대통령의 권한을 행사했다.

이런 일련의 사건들은 법치주의와 그에 대한 신뢰를 근본에서부터 무너뜨렸다. 법을 해석하고 운용할 권한을 가진 엘리트들은 **법**을 말하면서도 실상 준법과 위법의 경계를 오가며 그 권한을 자의적으로 행사했다. 법 바깥의 정치적 이해관계를 개입시키며 자의적으로 법을 다루어 법이 정치에 개입한 역사적 사례를 썼다. 그렇다면 물을 수밖에 없다. **그 법은 과연 누구의 법이며 누구의 질서인가?** 적어도 광장을 지킨 시민들의 법은 결코 아니다.

하지만 이 문제 역시 법과 정치의 경계를 그으며 법의 정치적 중립만을 요구하는 것으로 해소될 수 없다. 법의 정치적 중립은 필요하지만, 동시에 법은 언제나 법 바깥의 정치적 요구와 압력에 영향을 받기 마련이며, 법원이 다루는 사안은 모두 넓은 의미에서의 정치적 쟁점에 해당한다. 법은 언제나 그 정당성의 근거로 법 바깥의 것을 전제할 수밖에 없기 때문이다.

바로 이 대목에서 광장은 무기력을 넘어선다. 가령 이재명 후보 파기환송심 첫 공판이 5월 15일에서 6월 18일로 연기된 것은 대법원장이 주도한 대선 개입에 대한 시민적 공분이 있었기 때문이다. 만약 탄핵소추안이 국회를 통과한 12월 14일 이후 광장이 지속되지 않았다면, 그때도 헌법재판소는 과연 윤석열 탄핵 전원일치 인용 결정을 내렸을까? 부정의한 폭력과 억압에 대항해 역사를 만들어온 시민들의 마음이야말로 민주주의와 법치주의의 근간이자 보루이다. 자의적으로 법을 다루는 사법부와 행정부에 "법대로 하라"고 요구해야 하지만, 이때 "법대로"의 의미는 시민들이 채워

넣는 것이다. 그렇게 불복종으로 내란에 저항하면서 지키려 한 시민들의 **존엄**이 법의 근거가 되고, 광장에서 외친 시민들의 발언이 (마)법어가 되어야 한다.

기존 질서를 추궁하는 언어들

시민들이 열어내고 지켜온 광장은 그저 민주주의를 수호하고 법을 준수해야 한다는 수동적인 주장에 머무르지 않았다. 12월 3일 밤 비상계엄은 국민을 위해 존재해야 할 국가에 대한 **배신감**을 불러일으켰다. 그날 밤 군인들과 대치한 시민들의 불복종은 법과 명령에 대한 근본적인 **의심**의 발로였다. 계엄의 밤이 막을 내리고, 광장을 만들고 지켜낸 시민들은 배신감과 의심으로부터 기존 체제를 추궁해가기 시작했다.

그러자 가려져 있던 존재들이 드러나고 억눌려 있던 말들이 출현했다. 12월 7일 서울 여의도에서 페미당당 활동가 심미섭은 2016년 촛불광장의 여성혐오적 분위기를 지적하면서 여성 레즈비언 페미니스트가 광장에 있음을 선언했다. 누군가는 "끌어내려"라고 소리쳤지만, 누군가는 더 크게 환호하며 주변의 혐오와 차별에 항의했다.[22] 12월 11일 부산 서면에서 "노래방 도우미로 일하는, 소위 말하는 술집 여자"라고 자신을 소개한 김유진은 "주변의 소외된 이들에게 관심을 주십시오"라고 호소했다. "이 고비를 무사히 넘기는 데 성공하더라도, 이것이 끝이고, 해결이고, 완성이라고 여기지 말아주십시오"라며 과거 광장의 한계를 반복하지 말자고 했다.[23] 이 흐름을 이어받아, 12월 14일 여의도의 공연 무대에 오른 뮤지션 이랑과 여성단체 활동가들은 "페미니스트가 요구한다, 윤석열은 물러나라" 구호를 외쳤다.[24]

지워지기를 거부하는 말과 몸짓 》 2024년 12월 14일 여의도 국회 앞에서 싱어송라이터 이랑과 여성단체 활동가들은 〈늑대가 나타났다〉 노래를 부르며 대통령 탄핵안 가결을 촉구했다.(출처: 『여성신문』 이세아 기자)

　존재하되 인식되지 않거나 인식될 때 혐오와 차별에 직면해온 사람들이 자신의 존재를 당당히 드러내면서 말하기 시작했다. 기존 체제를 추궁하면서, 안정적이던 언어질서가 점차 깨져 나가며 익숙한 언어가 뒤집혔다. 12월 7일 대구 동성로에서 대구여성의전화 2030페미니스트모임 회원인 소결이 쓴 대자보가 주목을 받았다. "TK의 콘크리트는 TK의 딸들에 의해 부서질 것이다."[25] 채 상병 사망 사고 이후 결성된 해병대예비역연대는 탄핵 집회에서 팔뚝질을 하며 〈임을 위한 행진곡〉을 제창했다. 1월 24일 서울역 역사에서 설 귀성 인사를 하는 국민의힘 의원들을 향해 해병대예비역연대는

"내란 정당 해체하라", "권성동, 내란 빨갱이"라고 소리쳤다.[26] 대구 경북의 '딸들'의 선언은 '보수의 성지'에 파열을 냈고, 권력이 혐오와 폭력을 가하기 위해 사람을 '비국민'으로 낙인찍는 대표적인 언어 '빨갱이'는 부정의한 권력의 이름이 됐다.

내란의 추궁으로부터 내란 이후의 세계에 대한 열망으로 부글부글 끓어오르던 마음들은 이윽고 12월 21일 남태령고개에서 비등점을 맞았다. 왜 젊은 여성들, 성소수자들, 청년들은 동짓날 밤 한파를 무릅쓰고 남태령으로 갔을까? 그것은 폭력과 부당한 낙인의 경험을 모르지 않기 때문이다. 광장에 나와 자리를 지키고 마음을 보태던 시민들 중에는 **내란 이전의 세계**에서 사회 주변부의 취약한 상태에 있던 이들이 많았다. 그들은 12월 7일 여의도에서 "조합원 동지들 전부 다 일어나주십시오. 민주노총이 길을 열겠습니다"[27]라는 양경수 민주노총 위원장의 발언만으로도, '폭력시위'라는 권력의 부당한 낙인을 견디며 없는 길을 만들어온 노동자들의 서사를 즉각 감지했다. 8년 만에 다시 트랙터를 이끌고 상경하는 전봉준투쟁단에 당연한 듯 가해진 경찰의 폭력을 목도하자, 폭력을 겪어도 주목받지 못했던 농민들의 외로운 투쟁의 서사를 읽어냈다. 3월 25일 2차 남태령 시위에서 자신을 성폭력 생존자라고 밝힌 한 여성의 발언은 **달려나간 연대의 마음**에 담긴 의미를 알려주고 있다.

> 저는 철저히 혼자 남았습니다. 아무에게도 제 아픔을 있는 그대로 말할 수 없었고, 제가 할 수 있는 건 저 스스로를 죽이지 않기 위해서 모든 것을 잊으며 노력하는 것뿐이었습니다. …… 그날 밤 저는 지켜봤습니다. 정말 많은 사람들이 국회로 달려가서 계엄을 막아내는 장면을요.

그리고 깨달았습니다. 폭력 앞에 혼자 있으면 안 되는구나. 폭력 앞에서 우리가 모이면 우리는 무언가 할 수 있구나. 그래서 여의도에, 광화문에, 남태령에, 한강진에, 안국역에 갔습니다. …… 남태령은 서로 다른 우리의 연대가 거대한 폭력을 무너뜨릴 수 있다는 것을 가르쳐주었습니다. 남태령은 저의 싸움은 저만의 것이 아니라는 것을 가르쳐주었습니다.[28]

남태령에서 어떤 극점을 보여준 **다정함의 연대**는 앞으로 다양하게 해석되고 분석될 수 있을 것이다. 다만 분명한 것은 추위를 불사한 연대와 시민들의 다정함이 시민들에게 총구를 들이댔던 비상계엄의 절대적 폭력과는 정반대에 놓여 있다는 점이다. 그 다정함은 분명 정치적인 환대의 의미를 품고 있었다. 남태령에서 "우리 딸들 수고했어"라는 말을 건넨 중년 남성에게 "저희가 사실은 딸이 아니에요"라고 답하자 "그렇구나, 알아두겠다" 했다는 사연은 이를 잘 보여준다.

불법, 폭력이라는 권력의 시선에 아랑곳않고 달려간 이들은 농민들과 함께 남태령에서 경찰 폭력에 저항했다. 남태령의 시위대는 '불법시위'라는 경찰의 자의적인 유권해석이야말로 불법이라고 규정했고, 경찰이 시위를 탄압하는 명분인 "교통혼잡"을 경찰의 불법적 관행의 결과로 돌리며 그 말의 의미를 뒤집었다. 남태령의 밤에 울려퍼진 "차 빼라"는 구호는 12·3비상계엄에서 시작된, 의심하고 추궁하는 시민들의 인식이 어디까지 나아갔는지를 보여준다.

남태령의 자유발언은 내란 이후의 세계를 다시 쓰려는 창조의 말들로 가득했다. 시민들은 자신의 사연과 정체성을, 제 아픔을 드러내는 언어에서 출발했다. 이윽고 만나고 연결된 광장의 '말벌동지'들은 날갯짓처럼 깃발을 흔들며 세종호텔, 한국옵티칼하이테크, 한화오션 하청업체의 노동자들에게, 동덕여대 학생들에게, 혜화역의 장애인들 곁으로 향했다. 지난 4개월 동안 꼬박꼬박 출석하며 광장을 지킨 그들은 사회 곳곳에 들어선 경찰차벽 앞에 서서 "차 빼라"고 주권자로서 명령했다. 내란 이전의 세계에서 폭력을 일상으로 살아내던 이들이 비상계엄으로 시작된 내란 정국에서 가장 멀리 날아가며 **내란 이후의 세계**를 써나가기 시작한 것이다.

― 최성용

12
12·3비상계엄 이후의 수업,
그 대화의 기록

1. 비상계엄 이후, 교실에서 시작된 질문

얼마 전, 시험 기간 중에 비상계엄이 선포되었다는 소식을 듣고 정말 무서웠다. 뉴스에서 군인들이 거리로 나와 통행을 통제하고, 집회와 언론 활동이 제한된다는 이야기를 들으니 마음이 혼란스러웠다. 평소 당연하다고 생각했던 일상이 한순간에 흔들리는 것을 체감하며, '이게 정말 내가 사는 세상에서 가능한 일인가?'라는 생각이 들었다.

—2024년 12월 24일 학교교육 프로그램에서 나눈 대화, 학생 A.

2024년 12월 3일 윤석열 대통령은 비상계엄을 선포하며 전 국민을 충격에 빠뜨렸다. 그 충격은 위 학생의 말에서도 알 수 있듯이 중고등학생들에게까지 전해졌다. 비상계엄을 경험한 적 없는 학생들은 지금이 어떤 상황인지 물으며 연락을 해왔고, 학교와 교사는 혹시 휴교령이 내릴까 상황을 살펴야 했다. 군인들이 총을 들고 서울 시내를 돌아다니고, 심지어 유리창을 깨고 국회에 진입하는 방송 보도 장면은 학생들에게도 믿기 힘든 충격이었다.[1]

다행히 국회의 의결로 계엄은 해제되었지만, 역사 교사인 나는 시민으로서 비상계엄을 목격한 학생과 사회적 현안을 어떻게 나눌지 고민해야 했다. 계엄은 한국 현대사에서 발생한 국가폭력의 상징과 같은 용어이기 때문에 교육의 필요성을 실감할 수밖에 없었다. 더욱이 계엄 과정에서 '반국가 세력', '처단'이라는 용어가 등장한 일, 이후 '백골단'이라 자칭하는 집단이 다시 등장한 것은 계엄이 지닌 역사성과 사회적 영향력을 환기시켰다.[2] 계엄이 낳을 폭력의 연쇄를 상상해보면, 45년 만에 다시 선포되었지만 6시간 만에 해제된 계엄을 시민으로서 어떻게 판단할지는 개인에게도, 사회에도 중요하다. 특히 1·19 서부지법 사태는 극단적 인식이 폭동으로 나아갈 수 있다는 점을 드러냈고 사회에 큰 충격과 불안을 안겨주었다. 법원을 점거한 사람들 다수가 2030세대 청년이었다는 사실은 사회적으로 교육의 중요성을 다시금 환기시켰다.

그런데 정치인과 대통령이 계엄을 정당화하고 몇몇 언론과 SNS, 커뮤니티 게시글이 이를 옹호하면서,[3] 어떤 학생은 계엄으로 인한 정치 상황을 정치세력 간의 갈등 정도로 이해하거나, 계엄 발동의 정당성을 대통령 입장에서 옹호하는 모습을 보였다. 해당 학생은 극단적 인식이 흘러넘치는 커뮤니티와 유튜브 채널을 자주 접하고 있었다. 학교는 교육의 극단적인 인식이나 허위 정보에 노출된 학생들과 어떤 대화를 나눌지 고민해야 하는 과제에도 직면해 있다.

그렇다면 학교교육 및 학생들과의 대화 목적은 무엇이어야 할까? 첫째, 12·3비상계엄이 한국 현대사를 살아온 시민들에게 어떻게 인식되고 있는

지를 이해해보는 경험이 필요하다. 최근의 비상계엄이 많은 국민에게 충격을 준 것은, 과거 계엄령이 반복적으로 민주주의를 억압하고 국가폭력을 초래했던 역사적 경험 때문이었다. 여순사건, 제주4·3사건, 한국전쟁, 5·16군사쿠데타, 6·3시위, 유신체제, 5·18민주화운동 등은 비상계엄하에서 시민의 생명과 기본권이 어떻게 침해되는지를 보여준 역사적 사건이다. 이러한 맥락을 고려하면, 12·3비상계엄에 대한 시민들의 비판적인 문제제기와 저항 행동은 자연스러운 결과라고 할 수 있다. 과거와 현재를 관통하는 시민의 관점은 "2024년의 계엄은 시민들이 기본권을 제한받고 공포를 감내할 만큼 정당한 조치였는가?"라는 핵심 쟁점에 대해 학생들이 스스로 질문하고 고민하게 만드는 출발점이 된다.

둘째, 계엄에 대한 사회 구성원의 서로 다른 관점이 갈등으로 표출되는 상황에서, 각 주장이 어떤 정보와 가치에 기반하여 형성되었는지를 학생들이 되짚어볼 수 있는 시간이 필요하다. 헌법재판소의 판결 이전, 사회는 대통령 탄핵을 둘러싸고 찬반으로 극심하게 갈라졌고, 다양한 언론 보도와 주장들이 쏟아져 나왔다. 하지만 학생들의 생각을 들어보면, 이미 거짓으로 판명된 주장이나 검증되지 않은 자료를 그대로 받아들이는 경우가 적지 않았다. 따라서 어떤 주장이 선동적 콘텐츠나 허위 정보에 영향을 받았는지를 검토하고, 사실과 논리를 기반으로 서로의 주장을 존중하며 대화를 나누는 경험이 중요하다. 이를 통해 서로 의견이 다르더라도 시민으로서 존중할 수 있는 의견의 한계선을 확인해볼 수 있다.

이 글은 2024년 12월 3일 비상계엄 선포 이후, 경기 인창고등학교에서 이루어진 역사 수업과 교육 프로그램을 중심으로 교사와 학생들이 나눈 대화의 과정을 기록한 것이다. 인창고는 일반계 고등학교이지만, 혁신학교로서 교육의 변화를 꾸준히 모색해온 학교이다. 대화와 협력, 신뢰를 중시하는 학교문화는 교사의 수업 실천과 교육적 시도를 지지하는 기반이 되어왔다. 이러한 문화 속에서 계엄 다음 날 진행된 역사 수업, 12·3비상계엄을 주제로 한 학교 집담회, 자신의 정치적 입장을 '우파'라고 밝힌 학생과의 대화, 헌법재판소의 판결 선고 방송을 함께 시청하며 나눈 토론 등 다양한 교육 장면이 나타났다. 이 글은 그 과정에서 드러난 학생들의 인식과 질문, 혼란, 그리고 이에 응답하고자 했던 교사의 고민을 담았다.

2. 역사 수업, 현재를 직면하다

12월 4일의 수업: 12·3비상계엄과 5·18민주화운동

12월 4일 한국사 수업은 마침 5·18민주화운동을 다루는 두 번째 수업이었다. 한국의 민주화는 학생들이 초등학교 입학부터 고등학교 졸업까지 여러 차례 배우는 핵심적인 주제다. 민주화 서사는 4·19혁명, 부마민주항쟁, 5·18민주화운동, 6월민주항쟁과 같은 역사적 사건으로 구성된다. 그중에서도 5·18민주화운동은 정치세력에 의한 왜곡과 폄훼 시도가 최근까지도 지속되었다는 점에서, 더욱 섬세한 접근이 요구되는 주제다. 그래서 최근 역사 교사들은 5·18민주화운동을 수업할 때 5월 18일부터 27일까지 10일간 광주 시민들이 계엄군에 저항한 역사를 가르치는 한편, 그 이후 정부가 국가폭력을 어떻게 은폐하고, 진실을 알리려는 시민을 어떻게 억압하였는지 다룬다. 또한 과거사 청산을 통해 5·18민주화운동이 사회의 공식 기억으로 자리 잡은 과정을 가르치기도 한다.

이날 수업은 지난밤 선포된 비상계엄에 대한 언급으로 시작하지 않을 수 없었다. 이미 수업 전 쉬는 시간부터 학생들은 선생님의 생각을 궁금해했기 때문이다. 이에 나는 지난 한국사에서 마지막으로 발동된 계엄이 1980년 5월 17일임을 설명해주며, 12월 3일에 발표된 대통령 계엄 선포 담화문과 계엄법의 일부 조항을 함께 읽었다. 대통령이 비상계엄을 선포한 이유를 무엇이라 밝혔는지, 또 대통령의 판단이 법률적·사회적으로 정당한지 학생 스스로 판단해볼 필요가 있다고 강조했다.

　이후 5·18민주화운동 수업을 진행하며 1980년 5월 22일자 『조선일보』에 실린 이희성 계엄사령관의 입장문을 읽었다.[4] 이 포고문은 정부에 저항한 시민을 "고정간첩", "폭도"라 지칭하고, "선량한 시민"은 이들에게 현혹되지 말고 생업에 전념하며 "폭도와 분리될 것"을 당부하고 있다. 이는 군부정권이 한 지역에 대한 혐오와 낙인을 조장하여 계엄과 시위 진압을 합리화·정당화한 것이었다. 전날의 계엄 사태를 목격한 학생들은 45년 전의 신문 기사를 집중하며 읽었다. 이후 신군부의 5·18에 대한 조작, 1980년대 5·18을 알렸던 시민들의 시위, 민주화 이후 1990년대에 이루어진 5·18 과거사 진상 규명 노력에 대한 자료를 읽었다. 그리고 계엄군의 명령에 저항했던 전남 경찰국장 안병하, 광주에 잠입하여 진실을 알렸던 외국인 기자 위르겐 힌츠페터의 행위에 대해 대화를 나눴다. 다양한 주체가 남긴 행적은 계엄 권력과 폭력에 대한 공포에서 잠시 벗어나, 저항과 연대의 의미를 새롭게 바라보게 했다.

　이러한 접근은 최근 역사 교사들이 공통적으로 강조하는 두 가지 교육적 초점과도 맞닿아 있다. 첫 번째 초점은 5·18 당시의 다양한 행위자의 존재와 행위의 관점을 학생들이 이해해보는 것이다. 교사들은 시민군에게 주먹

밥을 만들어 나눠 준 상인과 여성들, 다친 시민과 시민군을 치료했던 의료인뿐만 아니라 국가권력하에서 시민과 대치했던 군인, 경찰을 수업에서 세심하게 다룬다. 예컨대 학생들이 명령에 복종하여 시민들을 진압한 군인이 지닌 가해와 피해의 이중적 위치를 생각해보거나, 신군부의 명령에 불복종하며 시민에게 발포하지 않은 군인의 행위와 관점을 상상해볼 것을 권유하고, 공수부대 출신으로서 시민에게 총을 겨누었던 자신의 행위를 고백했던 군인의 고뇌를 살피기도 한다. 이는 학생들이 비상계엄이 발동된 구조적 토대 위에서 각각의 개인이 보일 수 있는 행동반경을 검토하고, 그 책임에 대해 검토해보는 교육적 고려가 반영된 것이다.

두 번째 교육적 초점은 2010년대 중반부터 제기된 '북한군 개입설'과 같은 5·18민주화운동에 대한 폄훼, 왜곡 주장에 비판적으로 접근하는 것이다. 이러한 주장은 대부분 1980년대 신군부가 조작한 논리를 되풀이하는 것으로, 민주화운동의 진실을 훼손하고 국가폭력에 대한 사회적 기억을 지우려는 시도로 볼 수 있다. 교사들은 이러한 주장에 대해 학생들이 스스로 검증하고 비판적으로 읽어낼 수 있도록 조력하고 있다. 실제로 학생들은 2015년 6월 2일 지만원 씨가 기자회견에서 제시한 보도자료[5]를 분석하며, 그 주장과 근거가 사실에 부합하는지를 다양한 자료를 바탕으로 검토해본다. 이때 활용되는 것이 바로 '비판적으로 텍스트 읽기'다. 이는 텍스트가 저자의 관점과 의도가 반영된 생성물임을 고려하여 독자가 텍스트를 해체적으로 읽는 것을 의미한다. 학생들은 5·18 관련 폄훼, 왜곡 주장을 비판적으로 읽기 위해 다음의 과제를 실행해볼 수 있다.

질문 1 텍스트 저자는 어떤 삶의 이력을 지녔나?

질문 2 주장과 근거는 '사실'이라고 말할 수 있나? 사실이 아니라면, 그 이유는 무엇인가? (우리가 배운 내용을 토대로 생각해보기, 제공받은 학습 자료와 인터넷 검색을 활용해보기)

질문 3 저자는 왜 이런 주장을 했을까? 그 의도와 목적은 무엇일까? (지금까지 생각해본 내용을 토대로 자신의 생각을 적어보기)

질문 4 5·18을 겪은 광주 시민들이 저자의 주장을 듣는다면 어떻게 생각할까?

질문 5 한국 사회는 왜 저자의 주장과 다르게 1980년 5월 18~27일 동안 있었던 사건을 '민주화운동'이라고 부르며, 학교에서 학생들에게 교육하고 있을까? 자신의 생각을 적어보자.

5·18민주화운동 수업은 자연스럽게 12·3비상계엄이 한국 현대사를 살아온 시민들에게 어떻게 인식되는지 상상하도록 만든다. 1980년 5월 17일의 비상계엄 포고문과 2024년 12월 3일의 비상계엄 포고문, 시민을 '고정간첩'이나 '폭도'로 지칭했던 과거의 언어와 '반국가 세력'이라는 현재의 언어, 계엄군에 저항한 시민군과 국회 앞에서 군인을 저지한 시민들, 시민에 대한 발포 명령을 거부한 안병하 전남경찰국장과 소극적 임무 수행으로 명령을 불이행하려 했던 군인들의 행위는 45년이라는 시간이 지난 현시점에서 한국 시민들이 지닌 집단 기억과 정서를 감각하도록 만들었다. 이러한 감각은 한 학생이 수업이 끝난 뒤 교사에게 질문한 내용에 고스란히 남아 있다.

"선생님 5·18민주화운동을 겪은 분들은 이번 계엄이 트라우마로 다가

왔겠어요. 계엄령 포고문을 보고 트라우마를 느끼지 않을까요?"

과거와의 만남: 계엄의 역사와 1980년대 시민의 기억

과거와의 만남은 현재를 깊이 이해하는 데 중요한 통찰을 제공한다. 특히 역사적 사건이 오늘의 현실과 맞닿을 때, 학생들은 현재를 단지 '지금'이 아니라 역사 속 과정으로 인식하기 시작한다. 이러한 관점에서 2024년 12월 말 12·3비상계엄에 대한 이해와 대화를 이어가기 위해 두 가지 역사교육 프로그램을 마련했다. 이 프로그램들은 계엄의 역사성을 이해하고 계엄에 대한 시민들의 관점과 자신의 관점을 비교해보기 위한 목적으로 기획되었다. 프로그램은 방과 후 참여 희망 학생을 대상으로 운영되었다.

첫 번째 프로그램은 한국 현대사에서 발동된 계엄의 역사를 이해하기 위한 연구자 강사의 특강이었다. 한국 현대사에서 비상계엄은 단순한 비상조치가 아니라 민주주의를 억압하고 정권을 창출하거나 유지하는 도구로 활용되었다. 여순사건과 제주4·3에서 법적 근거가 없는 계엄과 국가폭력이 자행되었고, 이후 이를 정당화하는 방식으로 계엄법이 제정되었다. 이러한 사실은 비상계엄이 태생부터 권위주의와 결부된 폭력성을 지니고 있음을 보여준다. 연구자 강사의 특강은 12·3계엄 이후 형성된 광장과 시민 저항의 장면으로 이어졌다. 국회 진입을 시도한 군인들을 막아선 시민들의 저항, 이후 대통령 탄핵 지지 시위에서 드러난 여성들의 활약, 시위 참여자를 위한 기부 문화 등은 민주주의 회복을 위한 시민들의 저항으로 설명되었다. 학생들은 이러한 사례를 통해 과거 계엄이 남긴 상징적인 의미 체계와 거리로 나온 시민들의 행위가 어떻게 연결되는지 성찰할 수 있었다.

역사 교육 프로그램, 역사사회학 연구자의 특강에 대한 질의응답》 한국 현대사에서 발동된 비상계엄의 역사 특강이 끝난 뒤 학생들은 질문과 대화를 이어갔다.(출처: 맹수용)

> 교수님의 특강을 통해 국가긴급권의 필요성에 대해 생각해보는 시간이 되었다. 역대 대통령의 비상계엄 사용 사례는 모두 대통령의 부당한 행위에 관해 시위하는 시민들을 상대로 사용한 것이었기 때문이다. 과거 이승만과 박정희, 전두환 정부 시절의 역사를 돌아보며 역사가 반복될 수 있음을 느꼈고 반복되지 않기 위해서 시민 연대의 중요성을 느꼈다.
>
> ─학생 B

다른 하나는 1980년대 민주화를 위한 시위 현장에 있었던 시민을 학교로 초대하여 대화를 나누는 프로그램이다. 학교에서 1987년 6월민주항쟁을 다룬 영화 〈1987〉을 보고, 이한열 열사의 신발을 주웠던 실제 시민을 만났다. 6월민주항쟁을 겪은 시민과의 대화는 증언을 매개로 역사적 상황에 대한 생생한 이해를 더하고, 군부독재와 계엄을 이미 겪은 세대가 지닌 감정과 정서를 후세대인 학생들에게 공유하는 경험이 된다. 시민 강사는 1980년대라는 역사적 상황에서 자신이 시위에 참여하게 된 이유로 "나라와 공동체가 안전해지기를 바라는 마음에서", "5·18 광주 비디오를 보면서 불의에 느낀 저항심 때문에" 등을 들었다. 학생들은 목숨을 건 시위 참여의 이유를 전적으로 공감하기 어려워했지만, 현재의 민주주의가 과거 시민들의 용기와 연대의 결과물임을 깨닫기에는 충분했던 것 같다. 시민 강사는 대화 도중 2024년 12월 3일 밤 자신이 국회 앞에 있었다는 사실을 고백하며 "나도 모르게 자연스럽게 그곳에 가 있었다", "당연히 가야 한다고 생각했다"고 말했다. 이는 1980년대를 살아낸 시민의 정서가 현재까지 이어지고 있으며, 정서를 기반으로 한 기억이 현재의 저항 행위로 발현되었음을 보여주는 상징적인 장면이었다.

한 학생은 강의가 끝난 뒤 다음과 같은 소감을 남겼다.

> 군인과 경찰처럼 위계질서에 따라 상부의 명령을 따라야 하는 이들이 조직의 일원으로서가 아니라 개인으로서 양심적 명령불복종에 대해 어떻게 생각할지 궁금했다. 또한, 무비판적으로 명령에 따르는 이들을 과연 삶의 주체성을 지닌 존재라고 부를 수 있을지에 대한 의문도 들었다. 시민 강사 선생님과 교장 선생님과의 대화를 통해 계엄과 독재라는 국가폭력에 맞선 사람들의 이야기를 다각도로 들을 수 있었다. 특히 전두환에게 '대통령'이라는 칭호를 쓰지 않는다는 점이 인상적이었다. 나

는 의식적이든 무의식적이든 예의상 그를 대통령이라 불렀는데, 이를 실제로 겪은 세대와 내가 느낄 수 있는 분노의 차이는 그 폭이 넓을 수밖에 없음을 깨달았다. 오늘 강의를 통해 나와 같은 생각을 공유하는 사람들이 이렇게 많다는 것을 느끼며 깊은 연대감을 경험했기에 의미 있는 강의였다. ─학생 C

한편, 한 학생이 연구자 강사의 특강 후 제시한 질문은 교실에 긴장감을 만들기도 했다. "대통령 탄핵을 요구하는 시위에 여성 인권에 대해 발언하는 여성이 등장하거나, 중국인이 시위에 참여하는 것은 적절하지 않다고 생각하는데, 어떻게 보시나요?"라는 질문이었다. 이에 강사는 민주주의 사회에서 다양한 주체들이 각자의 목소리를 공론장에서 드러내는 것은 건강한 일이며, 오히려 그러한 장면이 민주주의의 역동성을 보여주는 사례라고 교육적으로 응대했다. 또 공론장은 다양한 정체성과 문제의식을 가진 시민들이 함께 연대할 수 있는 공간임을 강조하면서 학생에게도 이 점을 고민해볼 것을 요청했다. 그렇지만 "중국인의 시위 참여"에 대한 정치인의 발언을 언론을 통해 접한 학생은 강사의 설명에 선뜻 공감하지 못했다. 만약 외국인이 시위에 참여했다면, '출입국관리법'상 외국인의 정치적 활동이 제한된다는 법적 규제가 지켜지지 않은 것으로 보이기 때문이다.

학생의 질문에는 '중국인이 시위에 참여했다'는 정치인의 주장과 언론 보도, SNS에서 확산된 '중국 개입설'이라는 음모론의 영향이 짙게 반영되어 있었다. 이러한 주장은 거짓으로 판명된 근거에 기반하며 중국 혐오 정서를 부추겼고, 정치적 갈등을 격화시키는 데 영향을 미쳐왔다. 이러한 상황을 고려하여 학생과는 어떤 대화를 이어갈 수 있을까? 이때 교육적으로는 여러 질문을 제공하여 학생이 자신의 발언을 다각도로 바라보도록 유도하는 것이 필요하지 않을까? 외국인의 탄핵 집회 참여에 대한 진위 여부는 차치하고, 다음과 같은 질문을 제시하여 학생의 생각을 들어볼 수도 있다.

첫째, 외국인의 탄핵 집회 참여가 사실이라고 가정한다면, 그 행위가 '출입국관리법'의 규정에서 금지하는 사례에 해당한다고 생각하는 이유는 무엇인가?

둘째, 외국인도 자신이 거주하는 국가의 정치로부터 영향을 받는다. 외국인으로서 거주 국가의 정치 상황에 목소리를 내는 것이 제한되어야 하는 이유가 있다면, 무엇이라 생각하는가?

셋째, 1970년대 박정희 유신 정권의 독재와 인권 유린을 비판하다가 강제 출국당하였던 오글 목사(George E. Ogle), 시노트 신부(James P. Sinnott)에 대해서는 어떻게 바라볼 것인가?

결과적으로, 쉽지는 않겠지만 학생이 제시한 질문이 어떤 맥락과 환경에서 제기되었는지를 검토·성찰하도록 유도하는 대화가 필요하다. 이때 학생의 법적 문제 제기를 단지 비민주적인 발상으로 치부하지 않으면서도, 민주주의 사회에서 국적이 다른 '타자'와 공존하는 데 필요한 태도와 인식이 무엇인지 되묻는 것이 중요해 보인다.

3. 다양한 생각을 지닌 학생들과 어떻게 대화해야 할까?

'우파' 학생을 바라보는 시선

학생 D는 텍스트를 명확히 읽을 줄 알고 쟁점에 대한 토론을 즐긴다. 평소 사회적 이슈에 관심이 많으며 스스로 이슈를 다루는 정보를 찾아보는 편이다. 스스로에 대해 보수적인 가치를 지니고 있으며 '우파'의 관점에서 정치와 사회를 바라본다고 생각한다. 학생 D는 '혐오'가 사회적으로 비판의 대상이 된다는 점에 수긍하면서도 반페미니즘과 반중 정서가 자연스러운 사회적 인식이라고 믿는다. 여성들은 현재 절대로 사회적 약자가 아니며 페미니스트 대부분은 남성을 극단적으로 혐오하는 집단으로 간주한다. 중국은 언제든 공산화될 수 있는 '자유민주주의' 대한민국에서 항상 경계해야 할 국가이며, 중국인은 막대한 부를 지니고 있으면서도 국민연금을 축내고, 지방 선거권으로 언제든 국민주권을 위협할 수 있는 집단으로 생각한다.

학생 D는 교사에게 호의적이며 학교교육을 신뢰하는 편이다. 매사에 성실한 태도로 수업에 참여하며, 정치적인 사안이 아니라면 교사가 제시하는 발문에 온화한 태도로 자신의 생각을 표현한다. 많은 교사들이 어떤 것이든 적극적으로 배우고자 하는 학생 D의 '열린 태도'를 칭찬한다. 교사에 대한 신뢰가 높기 때문에 자신이 다양한 경로로 접한 사회 이슈에 대한 정보를 교사에게 묻기도 한다.

그러던 학생 D는 어느 시점부터 특정 커뮤니티와 유튜브 채널에 접속하는 시간이 늘기 시작했다. 커뮤니티와 유튜브 채널에는 극단적인 인식과 비속어, 특유의 유머 코드가 섞인 게시물들이 지속적으로 올라온다. 학교와 학원에서 공부하는 시간 외에는 일상적으로 커뮤니티를 들여다본다. 이제 사회 현안은 자신이 본 게시물들에 담긴 인식의 토대 위에서 보이기 시작하고, 사회 현안과 관련된 학교 사회, 역사 수업은 신뢰하기 힘들다는 판단으로 이어진다. 선생님과 대화를 나눠보긴 했지만, 선생님은 '다른 쪽'의 자료만 보고 대화를 나누는 것 같다는 생각에 이른다. 학생 D는 교사에게 결국 불신과 불만을 드러낸다. "선생님과 대화를 나눠보니 사실 저보다 적게 알고 계신 것 같아요." 학생 D는 정말 극단주의에 빠진 것일까?

학생 E는 평소 자신이 존경하는 조부모님으로부터 정치와 사회에 대한 이야기를 들으며 자랐다. 학생 E는 한국의 독재정권이 잘못을 저질렀지만 한국 사회에 경제적·문화적으로 긍정적인 기여를 했다고 믿는다. 종종 외국인을 대상으로 혐오 표현을 하기도 한다. 특히 중국과 중국인을 싫어한다. 학생 E가 생각하는 중국은 독재정치를 하면서 다른 나라의 산업기술을 빼가는 '나쁜 국가'다.

친구들은 학생 E가 커뮤니티에 빠져 있다며 놀린다. 학생 E는 자신은 정말 언론 보도만 본다며 억울해한다. 선생님에게는 "저는 텔레비전에 나오는 뉴스 보도만 봐요. 진짜예요"라면서 자신과 커뮤니티 간의 관계에 선을 긋는다. 학생 E는 정치 시사 뉴스만 보아도 현재 정치적 상황이 어떻게 돌아가는지 대략적으로 정리가 된다고 생각한다.

그런데 학생 E는 언론 보도 내용을 살펴보면서 '합리적으로 의아함을 느낄 만한 점'이 있었다고 말한다. 특히 정쟁이 되어버린 사회적 이슈에서 정치인 간에 오가는 발언을 들을 때 의문이 생긴다. 또한 학생은 양당 체제가 굳건한 한국 사회에서 자신이 정치적 의견에 따라 국민의힘 또는 더불어민주당 어느 쪽으로 분류될 것을 염려한다. 또한 자신이 가지고 있는 의문을 교사나 친구에게 물어볼 경우, 자신에게 '일베' 딱지가 붙을 것을 염려하여 적극적으로 자신의 견해를 타인에게 내비치지 않는다. 그 때문에 교사에게 자신은 유튜브 콘텐츠를 신뢰하지 않으며, 항상 레거시 미디어만을 본다고 강조한다. 학생 E는 실제로 극단적인 인식과 얼마나 거리를 두고 세상을 살아가고 있을까?

학생 D와 E로부터 도출된 질문은 학교에 다양한 결의 학생이 존재하며, 교사가 학생을 대할 때 섬세한 접근이 필요함을 알려준다. 학생의 인식이 극단주의에 해당하는지, 평소 학생은 어떤 신념과 사고를 지니고 있는지, 교실에서 제기된 학생의 질문은 자연스럽게 생긴 의문인지 아니면 자신과 다른 위치에 있는 교사에 대한 감정적 표현인지, 최근 학생은 어떤 자료로부터 많은 영향을 받고 있는지 등 다양한 요소를 살펴야 한다. 이러한 점에서 최근 1·19 서부지법 폭동 사태 이후 '극우 청년'에 대한 사회적 대응 방안으로 언급되고 있는 교육은 학생을 세심히 관찰하는 데서부터 출발해야 한다. 학생이 지닌 인식을 교육적 문제로 전환하며 대화의 가능성을 모색해볼 수 있기 때문이다.

'선동'에 둘러싸인 학생들

"선생님과 대화해보니 사실 선생님은 저보다 자세하게 알고 계신 것 같지 않아요."

12·3계엄과 1·19 서부지법 폭동 사태에 대해 학생과 대화를 나누던 중 학생이 이렇게 말한다면 교사는 어떻게 반응해야 할까? 이 학생은 대통령 탄핵에 반대하며 계엄령이 정당했다고 생각한다. 서부지법 폭동은 "폭력이 동원되었다는 점"에서 지지하지는 않지만, 대통령 구속의 과정과 절차에 문제가 있었기 때문에 행위의 취지에는 동의한다. 또한 선거관리위원회가 채용 비리 의혹을 받고 있는 상황에서 부정선거 의혹이 제기되는 것은 자연스러운 일이며, 이는 대통령의 비상계엄을 정당화할 수 있는 이유 중 하나라고 주장한다.

학생이 참고하는 자료는 주로 온라인 커뮤니티의 글과 유튜브 영상, 일부 언론 보도다. 그는 커뮤니티와 유튜브 게시물 일부가 감정적이거나 과격한 표현을 담고 있더라도 그 안에 담긴 논리와 주장은 설득력이 있다고 믿는다. 수시로 게시물을 확인하며, 자신이 사실과 정보에 누구보다 빠삭하다는 인식을 지니고 있다. 이러한 점을 고려하면, 이 학생은 극단적인 인식에 가까이 다가가고 있다고 판단할 수 있다.

시민들이 '극우'의 주장에 동조하는 원인에 대한 분석은 다양하다. 그러나 단일한 분석만으로 학생의 극단적 인식 형성 배경을 충분히 설명하기는 어렵다. 극단적 인식은 특정한 배경을 지닌 학생에게만 나타나는 것이 아니라, 오늘날 청소년들 사이에서 일상의 놀이문화처럼 확산되고 있기 때문이다. 학생은 가정환경이나 학업성취도와 무관하게 극단적 논리에 공감할 수 있고, 극우에 동조하지 않더라도 혐오를 담은 표현을 유희로 소비할 수 있다.

이러한 현실을 고려한다면, 정체성을 형성해 나가는 과정에 있는 학생에게 '선동' 텍스트를 비판적으로 접근할 수 있는 경험을 제공하는 것은 시도해볼 만한 교육적 방법이다. 1·19 서부지법 폭동 사태는 대통령을 포함한 정치인들의 선동이 극단적 인식을 지닌 일부 시민들과 결합해 나타난 사건이었다. 이때 교육자는 선동을 선동가의 문제로만 치부할 것이 아니라, 그것을 수용하고 재생산하는 시민의 문제로 전환해 바라보아야 한다. 선동에 대해 꾸준히 연구해온 패트리샤 로버츠-밀러는, 선동은 정치인들이 무엇을 하는지가 아니라 시민들이 어떻게 주장하고 생각하는지를 드러낸다고 말한다. 다시 말해, 정치문화에서 선동의 영향력을 줄이는 문제는 결국 시민에게 달려 있다는 것이다.[6]

로버츠-밀러에 따르면 선동은 개인의 정체성과 밀접하게 연결된다. 선동은 정치적 문제를 '우리'와 '그들'의 대립 구도로 만들고, 쟁점이 아니라 정체성과 동기에 관해 논쟁하게 한다. 또한 선동은 공정성과 같은 가치를 폄하하며, 어려운 상황에 놓인 내집단을 위해 어떤 행위든 정당화될 수 있다고 주장한다. 이를 고려하면, 선동에 노출된 학생은 복잡한 역사, 정치, 사회 문제를 '정치집단 간 갈등'으로 단순화하거나, 한 집단의 세계관을 자신의 정체성으로 받아들이며 '우리'와 '그들'의 문제로만 바라볼 가능성이 높다.[7]

대표적인 사례는 중국과 중국인에 대한 온라인 콘텐츠다. 5~6년 전부터 한국 청년세대의 '반중 정서'를 다룬 보도와 설문 분석이 많았는데, 최근에는 혐오로까지 이어지는 현상이 뚜렷해지고 있다는 분석이 지배적이다.[8] 최근 학생이 공유한 유튜브 콘텐츠는 특정 정치인과 정당이 중국과 밀접한 관련이 있다는 의혹을 제기하며, 중국과 중국인이 "얼마나 나쁘고 위험한지"를 주장한다.[9] 이러한 주장은 결국 정치인에 대한 비판으로 이어진다. 이 영상에서 주장을 뒷받침하기 위해 제시된 근거는 다음과 같다.

① 사드 배치 이후 중국 정부가 실행한 '한한령' | 외교
② 중국으로의 산업기술 유출 | 경제·안보
③ 중국에서 넘어오는 황사 및 미세먼지 | 기후
④ 한국전쟁 이후 반공 정체성의 정당성 강조 | 이념
⑤ 중국의 한국전쟁 출병 기념과 일본 식민 지배 태도 비교 | 역사 인식
⑥ 중국인 영주권자의 지방선거 영향력 | 과장
⑦ 외국인의 건강보험료 수급과 참정권 문제 | 허위 정보

이 가운데 ①, ②, ③은 중국 정부 비판을 위해 제시될 수 있는 사실이며 토론의 대상이 된다. 반면 ④, ⑦은 '중국과 중국인은 나쁘다'는 주장을 정당화하기 위한 방식으로 정체성과 혐오를 자극하는 논리를 반영하고 있다. 특히 ⑥과 ⑦은 과장되거나 잘못된 정보에 가깝다. 예를 들어 건강보험 재정 적자와 관련된 기존 보도는, 중국인에게 잘못된 보험료가 부과된 사실이 국민건강보험공단 측의 해명으로 밝혀진 바 있다. 또한 외국인 영주권자의 지방선거 참정권은 한국 사회가 이미 제도적으로 결정한 사안이며, 그 영향력은 제도의 장단점에 대한 토론으로 이어져야지 특정 국적을 문제 삼아서는 안 된다.

학생을 둘러싼 '선동'은 극우 정치세력과 결합하며 현실 정치에도 영향을 미치고 있다. 중국인이 부정선거에 개입했다는 주장이 대표적이다. 위 콘텐츠와 같은 정보가 정치인들에 의해 옹호되고 있는 현실은 청소년에게도 영향을 준다. 선동의 힘이 더욱 강해지는 지금, 학생에게 필요한 것은 단지 정보가 아니라 텍스트를 비판적으로 분석하는 경험이다. 그리고 이러한 경험을 가능하게 하는 조건은 교사와 학생 사이의 신뢰 관계와 대화다.

관계를 토대로 한 대화와 비판적 읽기

"선생님은 이 동영상 내용에 대해 어떻게 생각하세요?"

만약 학생이 이러한 질문을 하면서 거짓 정보나 극단적 인식이 담긴 영상 콘텐츠를 교사에게 보여준다면, 교사는 어떻게 응대해야 할까? 먼저 학생이 교사를 찾은 맥락을 세심하게 파악하는 일이 필요하다. 학생은 의사소통을 요청할 만큼 교사에게 매우 높은 신뢰감을 가지고 있을 것이다. 그것이 아니라면 자신과 정체성이 다른 집단에 속한다고 판단된 교사를 공격하기 위해 접근했을 가능성도 있다. 실제 교실에서 당혹스러운 질문은 도발적으로 제기되는 경우가 많다. 우연히 본 내용이 정말 궁금해서 물어볼 수도 있다. 어떤 경우든 교사로서는 쉽지 않겠지만 학생의 질문을 경청하며 진중하게 응대해야 한다. 갈등, 극단주의에 관심을 두고 교육을 연구한 린 데이비스는 극단주의에 맞선 교육자들의 사례를 분석하여 이들이 보인 행위상의 특징을 다음과 같이 설명했다.

> 극단주의에 맞선 교육자들의 회고에는 공통점이 있다. 극단적 인식을 지닌 사람의 말을 끝까지 경청하고 그와 다른 생각을 지니면서 상반된 주장을 펼치는 이를 텍스트로 제공하며, 이를 기반으로 지속적인 대화와 소통, 성찰을 이끌어낸다는 점이다.[10]

린 데이비스가 제시한 교육자들의 공통점은 대화를 나눌 수 있는 관계의 토대 위에서 비판적 읽기를 수행한다는 것이다. 학생은 자신의 신념 및 주장과 상반되는 자료를 읽고 반감을 가지더라도, 경청하는 교사의 태도에 지속적인 대화를 이어 나갔을 것이다. 또한 자신의 질문이나 주장이 진중한 검토의 대상이 된다는 점에 적잖게 긴장감을 느끼며 교사와 대화했을 것이다. 자신의 생각이 대화의 소재가 된다는 것은 학생과 교사 사이에 신뢰를 굳건히 하면서 건강한 긴장을 만든다.

한편 비판적 읽기는 텍스트가 저자의 관점과 의도가 반영된 생성물임을 고려하여 독자가 텍스트를 해체적으로 읽는 것을 의미한다. 역사교육 분야에서도 텍스트 읽기에 대한 다양한 연구가 이루어진 바 있다. 대체로 텍스트를 비판적으로 읽는 절차는 다음과 같은 과정을 거친다. 제시될 수 있는 질문도 같이 소개해본다.

(1) **자료의 출처 및 신뢰성 확인**: 자료를 작성한 저자는 누구인가요? 자료의 저자는 사회적으로 어떤 평가를 받나요?
(2) **텍스트 내용 분석**: 텍스트의 내용을 정리해보고, 정보 간의 관계를 파악해보세요. 이때 텍스트가 다루고 있는, 혹은 작성된 사회와 시대를 고려해보세요.
(3) **텍스트에 담긴 정보(역사적 사실)에 대한 해석과 평가**: 분석을 통해 확인한 정보가 의미하는 바는 무엇인가요? 해당 정보에 대한 여러분의 생각과 판단을 말해보세요.

텍스트를 비판적으로 읽는 절차는 수업에 적용될 수 있지만 학생과의 대화는 수업 상황 외의 일상에서도 이루어진다. 따라서 위의 수업 절차가 대화 기술이나 전략으로 전환되어야 한다. 학생이 믿는 텍스트를 비판적으로 읽을 수 있게 교사가 지속적으로 논리적 결함이나 과장이 담긴 내용에 대한 질문, 상반된 주장과 근거를 담은 자료를 제시하거나 출처의 신뢰성에 의문을 지속적으로 표현하는 전략을 취해볼 수 있다. 이 경우 학생이 정서적, 감정적으로 '불편함'을 느껴서 대화가 중단될 수도 있다. 따라서 학생이 근거로 삼는 선동 텍스트의 일부 내용에 동의하고 공감하는 행위도 필요하다. 교사도 비슷한 의문을 가지고 있다는 동의 표현이나, 주장에 동의하지는 않으나 정서적으로 이해해볼 수 있다는 공감의 표현은 학생에게 '불편함'을 견디는 힘을 제공한다. 결과적으로 불편함을 마주하는 학생은 자신의 사고, 신념, 정체성을 되돌아보거나 상대화할 수 있게 된다.

더 나아가 학생이 현재 자신의 사고나 신념에 영향을 미치는 환경과 요인을 성찰하도록 대화를 이끄는 전략도 가능하다. 자신의 사고와 신념에 가장 큰 영향을 미치는 주변 요소가 무엇인지 상호 소통과 대화를 해보는 것이다. 이 과정에서 교사는 학생에게 가족 및 친구와의 대화, 자신에게 큰 영향을 주었다고 판단되는 개인적인 경험, 평소 자주 접하는 커뮤니티 콘텐츠, 유튜브 알고리즘을 상대화하며 바라볼 것을 요청한다. 이 같은 과정은 학생 자신의 사고와 신념, 정체성이 긴 시간에 걸쳐 형성되어온 것임을 확인하는 경험이 된다. 불편함이나 분노를 동반하는 자기 성찰은 자신이 옳다고 믿어온 '나'를 흔들고 의심하는 계기가 될 수 있다.

이러한 전략은 학생 자신의 정체성이나 신념을 상대화하기 위해서지 생각을 바꾸는 데 있지 않다. 학생이 지닌 정치적 입장과 세계관은 존중되어야 마땅하다. 다만 거짓 정보나 정치적 목적으로 생산된 텍스트를 그대로 믿는 행위를 경계하도록 도울 뿐이다.

12·3비상계엄 이후 탄핵을 반대하는 한 학생과 여러 차례 대화를 나눈 적이 있다. 학생은 자신이 보수적인 가치관을 지니고 있다고 설명했다. 학생이 평소 접하는 커뮤니티나 유튜브 채널은 극단적인 인식을 담고 있었으나, 그 자신이 사회를 바라보는 방식과 커뮤니티의 방식의 차이를 설명할 줄 알았다. 학생은 최소한 "중국인 음모론에 회의적이며 5·18 왜곡에 동의하지 않는 것", "그동안 잘못 생각하고 있었던 것이 있었는지 스스로 진지하게 생각해보는 것"을 커뮤니티에 담긴 극단적 인식과의 차이점으로 설명했다.

4. 미래를 위한 '서사' 만들기

헌재 판결 시청과 그 이후의 대화

2025년 4월 4일 11시에 헌법재판소에서 대통령 탄핵심판 선고가 진행된다는 것이 그 사흘 전인 4월 1일에 발표되었다. 학교는 고심 끝에 교사 간 협의를 거쳐, 각 교과 수업에서 자율적으로 탄핵 선고 방송을 시청할 수 있도록 안내했다. 이 결정을 내리는 데 두 가지를 주요하게 고려했다.

첫 번째는 교육적인 경험 제공에 대한 고려이다. 학생들은 이미 시민으로서 이번 계엄 사태에 큰 관심을 보이고 있었고, 일부는 교사보다 더 많은 언론 보도와 자료를 찾아보며 적극적으로 상황을 이해하고자 했다. 거리시위에 참여한 경험이 있는 학생들도 있었다. 이런 맥락에서, 사회가 헌법이라는 최고 규범을 통해 잘못된 상황을 바로잡아가는 과정을 지켜보는 것은 학생들에게 민주주의에 대한 감각을 기르는 데 중요한 교육적 기회가 될 수 있다고 판단했다. 특히 '계엄'은 학교 역사교육에서 다루는 대표적인 국가폭력의 상징이므로, 2024년에 발생한 계엄 사태를 어떻게 바라보고 해석할 것인지는 시민교육 차원에서도 중요하게 다루어져야 할 문제였다.

두 번째는 교사의 정치적 중립성을 둘러싼 한국 사회의 문화에 대한 고려이다. 탄핵 선고 전날, 여러 시도교육청은 각 학교에 탄핵 선고 방송을 자율적으로 시청할 수 있도록 안내하는 공문을 발송했다. 이는 교사들이 학생들과 함께 방송을 시청하고 대화를 나누는 것을 제약 없이 할 수 있도록 보호하려는 의도가 있었을 것이다. 하지만 실제 교육활동은 학교 단위에서 이루어지고 수업의 구체적인 설계는 교사에게 달려 있다. 이 때문에 시도교육청의 권고가 자칫 '교육청의 권고에 따른 시청'으로 오해될 경우,

교실에서 함께 시청하는 대통령 탄핵심판》 2025년 4월 4일 헌법재판소의 대통령 윤석열 탄핵심판 선고 방송을 교사와 학생들이 함께 시청하고 있다.(출처: 맹수용)

단위 학교와 교사의 교육적 고민과 실천은 사회적으로 가려질 수 있다. 결과적으로 교육활동의 의미가 축소되거나 오해받을 소지가 생긴다. 따라서 시청 여부와 방식은 교사와 학교의 교육적 고려를 바탕으로 자율적으로 결정되어야 하며, 학교 공동체가 탄핵 선고 방송 시청의 의미를 함께 성찰하고 나누는 과정 또한 필요하다.

최근 대통령 탄핵을 둘러싼 정치적 논의가 극단으로 치닫는 상황에서, 학생들에게는 민주적 대화 속에서 발생하는 이견의 충돌과 갈등을 조정하는 경험이 절실하다. "지금 이 순간을 어떻게 바라보고 기억할 것인가?"라는 질문과 이에 대한 성찰은 민주주의에 대한 이해와 감수성을 키우는 데 큰 영향을 미친다. 현재 벌어지고 있는 사안에 대해 자유롭게 생각을 말하고, 나와 다른 견해, 때로는 잘못된 근거를 가진 주장까지도 경청하며 비판적으로 대응할 수 있는 대화의 기술은 민주시민으로서 반드시 길러야 할 역량이다. 학생들은 12·3계엄 사태부터 헌법재판소의 판결에 이르기까지, 민주주의를 함께 고민한 한국 시민들의 정치문화를 되새기며 '삶의 기술'로서 민주주의를 경험하고 체득할 수 있다.

게다가 학생들은 초등학교 시절 박근혜 대통령 탄핵 사건을 목격했고, 그 사건이 교과서에 역사적 사건으로 수록되었음을 알고 있다. 자신이 살아가는 현재가 어떻게 역사로 전환되고 기록되는지를 지켜보는 경험은 시민으로서의 정체성을 형성하는 데 의미 있는 과정이다.

탄핵 인용 발표 이후 교사는 두 가지 질문을 던지며 모둠별 대화를 이끌었다. "헌법재판소 재판관들이 가장 중요하게 생각한 점은 무엇일까?", "오늘은 5년 뒤 후배들이 배울 역사 교과서에 어떻게 기록될까?" 짧은 시간이었지만 학생들은 12·3비상계엄이 사회적으로 정리되어간다는 인상을 공유하면서 각자의 시선을 나누었다.

수업이 끝난 뒤, 정치에 관심이 많다고 밝힌 한 학생이 교사에게 조심스럽게 다가와 이렇게 말했다. "탄핵 선고 방송을 본다고 했을 때 솔직히 긴장됐어요. 혹시라도 선생님이 정치적으로 편향되신 건 아닐까 걱정됐거든요. 그런데 특별히 좋아하거나 싫어하는 표정을 짓지 않으셔서 다행이라고 생각했어요."

이 학생의 발언은 정치와 사회 현안을 교실에서 다루는 일이 학생들에게 때때로 긴장과 불안을 유발할 수 있음을 보여준다. 동시에 교사가 그 상황을 어떻게 다루느냐에 따라 교실의 분위기와 학습 경험은 전혀 다르게 구성될 수 있다는 점도 드러낸다. 이 장면은 교사가 느끼는 부담감과 어려움을 상기시키며, 사회 현안과 민주주의를 다루는 수업에는 교사의 전문성과 용기가 필수적임을 말해준다.

'현재는 어떤 기록으로 남을까?'를 상상하기

헌법재판소의 대통령 탄핵 선고 이후, 인창고 역사 동아리 '바로'의 학생들은 탄핵 선고 요지를 함께 읽었다. 12·3비상계엄 이후 민주주의에 대한 관심이 높아진 상황에서 이들은 동아리 활동 주제로 '한국 민주주의의 역사'를 정하고 탐구를 이어오고 있었다. 이번 판결의 선고 요지를 함께 읽고 각자가 인상 깊게 느낀 문장을 골라 이야기를 나누는 시간을 가졌다.

한 학생은 이렇게 말했다.

> 실시간으로 탄핵 선고 영상을 보며 귀에 가장 잘 들려온 문장이 있었다. "피청구인을 파면함으로써 얻는 헌법 수호의 이익이 대통령 파면에 따르는 국가적 손실을 압도할 정도로 크다고 인정됩니다"라는 대목이었다. 우리나라 최고법인 헌법이 대통령의 행보가 잘못되었다고 명확히 말해주는 느낌이었다. 그래서 그 대통령을 비판해온 내 가치관과 역사의식이 틀리지 않았다는 안도감이 들었다. —학생 F

반면 꾸준히 대화를 같이 나누던 '우파' 학생은 교사에게 다가와 대화를 요청했다. 학생은 교사가 현 상황을 어떻게 바라보고 있는지 궁금해했다. 그리고 판결 이전까지 자신이 정보를 접하며 떠올린 의문을 교사에게 묻고 싶어했다. 이 과정에서 학생이 헌법재판소 판결과 관련하여 인상 깊게 말한 대목은 다음과 같다.

구리 인창고등학교 역사 동아리 '바로' 학생들의 세미나》 학생들이 언론 보도를 수집하여 분석한 뒤, 자신이 바라본 12·3비상계엄을 친구들에게 설명하고 있다. (출처: 맹수용)

> 헌법재판소 판결에 불복한다는 건 내용에 동의하지 못하는 것일 수도 있고, 더 나아가 시위나 폭력 같은 극단으로 연결될 수도 있다고 봐요. 후자는 절대 있어선 안 되지만, 전자마저 허용되지 않아야 한다는 주장에는 동의할 수 없습니다. ―학생 G

서로 다른 관점에서 현재를 바라보는 이 두 학생이 같은 공간에 앉아 있다면 어떤 대화가 가능할까? 서로의 위치가 만든 거리를 좁히도록 대화를 독려할 수 있을까? 각자의 판단을 존중하면서도 그 차이를 그대로 두는 것이 더 나을까? 물론 어느 쪽이든 민주주의 사회에서는 가능하다. 하지만 학교라는 교육 공간에서는 그보다 한 걸음 더 나아가야 하지 않을까? 여기서 역사 교실이 활용할 수 있는 접근은 '미래에 공유할 기억'이다. 즉, 우리가 목격하는 현재가 미래에 어떤 기억으로 남으면 좋겠는지 질문해보는 것이다. 이는 시민들이 함께 공유할 수 있는 판단을 헤아려보고, 앞으로 살아갈 사회의 미래를 전망하는 것이기도 하다.

이러한 맥락에서 역사 교사들은 최근 '현재가 미래의 역사 교과서에 어떻게 기록될까?' 혹은 '현재는 어떤 기록으로 남을까?'라는 질문을 통해 현재를 역사화하려고 노력한다. 이 질문은 2016~2017년 박근혜 대통령 탄핵 사건과 2019년 코로나19의 확산을 수업 주제로 삼았던 교사들이 학습 과제로 학생에게 제시했던 것이다. 교사들은 학생과 함께 지금 일어나는 사건을 직접 서사로 구성하고 기록해보는 활동을 시도해왔다. 이 과정에서 현재 만나는 사회에 대한 성찰을 과제로 제시했으며, '지금 이 순간의 역사'를 학생 자신의 후배와 자녀가 어떻게 배우기를 바라는지 질문해왔다.[11] 이러한 수업 실천 사례를 참고하여 최근 우리가 목격한 '현재'를 '역사화'하는 수업은 다음과 같은 흐름으로 구성할 수 있다.

(1) **사료 읽기에서 시작하기**: 12·3계엄 담화문, 포고문, 헌법재판소 결정문 등은 역사교육의 핵심적인 1차 사료가 될 수 있다. 이를 직접 읽어보며 핵심 문장을 발췌하고, 각각의 의미를 파악한다.

(2) **언론 보도에서 다양한 관점 찾기**: 정치인이나 정당 중심의 관점을 넘어, 시민·법조인·기자·사회단체 등 다양한 주체가 사건에 어떻게 관련되었는지를 조사해본다. 서로 다른 정파적 보도도 비교하여 시각의 차이를 분석해본다.

(3) **여러 주체가 보인 행위의 의미 분석하기**: 단순히 '무엇을 했다'가 아니

라, '왜 했는가' '그 행동이 가진 역사적 의미는 무엇인가'를 중심으로 사건을 다시 바라본다. 예를 들어 군인들의 소극적 저항 행위, 시민들의 저항과 시위 참여자의 깃발 표어, 국회 청문회에서 군인이 행한 양심고백 등이 있다.

(4) **나만의 역사 서사 만들기**: 학생 각자가 12·3비상계엄 이후부터 현재까지 가장 중요하다고 생각한 사건과 사실을 선택해 서사를 구성한다. 이를 통해 자신의 '기억'을 역사로 전환해본다.

(5) **서사를 교실 안에서 나누기**: 만든 서사를 학급에서 공유하며, 같은 사건을 어떻게 다르게 기억하고 있는지를 비교한다. 이 과정을 통해 '기억의 다양성'을 확인하되 '사회적 기억'의 형성 가능성을 함께 고민해본다.

학생들은 앞으로 어떤 서사를 만들어낼까? 누구는 헌법재판소의 선고에 담긴 헌법 정신을 기억할 것이고, 누구는 판결 이후 각자의 반응을 둘러싼 사회적 긴장을 더 중요하게 기록할지도 모른다. 분명히 인식의 차이는 서사를 공유하는 과정에서 갈등과 경합을 만든다. 바로 그 차이를 '문제'로 보면서도 민주주의의 일부로 인식하는 경험이 하나의 교육목표가 될 수 있다. 이 경우 학생은 다양한 서사에 담긴 관점과 가치를 성찰하고, 어떤 서사가 더 많은 공감을 얻는지 확인하며 고민할 것이다. 각자의 시선에서 '지금 이 순간'을 서사로 구성해보고, 서로 다른 기억과 판단을 나누는 과정 자체가 곧 민주주의를 경험하는 것이다.

5. 대화의 기록이 남긴 의미와 질문

'12·3비상계엄과 이후의 상황을 어떤 서사로 남길 것인가?'라는 교육적 차원의 질문은 단지 지금을 기록으로 남기는 일이 아니다. 이는 교사와 학생이 함께 앞으로 어떤 사회를 만들고, 어떤 가치를 미래 세대에게 전승할 것인지를 함께 고민하는 일이다. 그렇기에 학교는 지금 이 시기를 어떻게 인식하고, 어떤 사회적 기억을 남길 것인지를 두고 끊임없이 토론해야 한다. 특히 학생들은 아직 역사 교과서가 다루지 못한 '현재'를 살아가고 있다. 학생이 어떤 사건과 사실을 중요하게 여기고, '중요한 사실'을 어떤 언어로 표현하는지는 미래에 나타날 한국 사회의 집단 기억으로 인식되어야 마땅하다.

이러한 교육 실천을 위해 교사는 학생이 민주주의와 공공성에 기반하여 현재를 판단할 수 있도록 조력해야 한다. 이때 교사는 일방적인 가치판단의 전달을 경계하면서도 선동의 영향 아래 만들어진 적대적 감정을 상대화하고, 질문과 탐색을 통해 감정에 가려진 현실의 복잡성을 회복시키려 노력해야 한다. 복잡성은 교육적 대화가 적대적 대결로 나아가는 위험을 막고, 역사성과 다양한 인식을 고려하며 현재를 성찰할 수 있도록 돕는다. 교사의 역할은 이러한 대화와 성찰이 이루어질 수 있도록 안전하고 윤리적인 공간을 구성하는 것이라 할 수 있다.

하지만 이는 교사에게 간단한 과제가 아니다. 정치적 선동과 극단적 인식이 일상생활 속으로 파고든 상황에서 이에 영향을 받는 학생들도 교실 안에 함께 있다. 학생들은 교사의 발언, 수업의 구성 방식에 민감하게 반응하며 격한 감정을 표출하기도 한다. 그렇기 때문에 교사는 단순히 올바른 판단이나 다수의 기억을 전달하는 것을 넘어, 학생 스스로가 질문하고 탐색하며 자신의 감각으로 돌아볼 수 있도록 하는 경험을 제공해야 한다. 학생이 배제되고 있다는 느낌을 지니지 않도록 세심하게 신경을 쓰면서, 서로 다른 정체성과 신념을 기반으로 한 생각이 충돌하며 갈등을 겪는 가운데서도 '불편함'을 통해 민주주의를 상상할 수 있는 공간을 만드는 것이 중요하다.

마지막으로, 한 학생과의 대화는 우리에게 중요한 질문을 남긴다. 스스로를 보수적 입장에 서 있다고 밝힌 학생은 진보적인 관점은 사회적으로 존중받는 반면 자신과 같은 입장은 교실에서 조롱받거나 희화화의 대상이 된다고 말했다. 자신이 자주 보는 유튜브나 커뮤니티의 극단적 주장에는 전적으로 동의하지 않지만, 그렇다고 교실이나 친구 관계에서 자신의 신념을 편하게 말할 수 없다고 토로했다.

교사는 이 학생에게 어떤 존재가 되어야 할까? 이 질문은 보수 정체성을 지녔지만 불안감을 느끼는 학생에게 교실이 어떤 공간이어야 하는지 되묻는다. 동시에, 사회가 극단주의에 대응하기 위해 학교교육에 기대하는 바에 대해 어떤 실천이 가능한지 가늠하게 한다. 학교는 극단적 인식에 단호하게 선을 긋되, 학생들의 의문과 견해를 적극적으로 끌어안아 민주주의를 경험할 수 있는 안전한 공간이 되었을 때, 극단주의에 맞서는 교육을 실천할 수 있을 것이다. 12·3비상계엄과 내란이 정치적으로 정리되어가는 이 시점에서 교실에서 어떤 이야기가 오갈지 상상해보며 다음 대화를 준비해본다.

― 맹수용

미주, 참고문헌, 계엄 일람표

미주

1부. 한국 계엄의 역사

1장. 한국적 계엄의 탄생 ― 여순사건, 제주4·3사건, 한국전쟁기 계엄

1   김선택, 「12·3 사태의 헌정사적 의미」, 『12·3비상계엄사태와 헌정회복을 위한 과제』 (2025년 1월 8일 학술토론회), 16쪽.
2   『서울신문』 1948. 10. 24.
3   김춘수, 『한국 계엄의 기원』, 선인, 2018, 38쪽, 43~45쪽.
4   '계엄령'(태정관 포고 제36호, 1882. 8. 5)과 그 개정판인 칙령 제74호[1886년]).
5   '부서(副署)'는 법적 구속력이 있는 공식 문서에 대해 책임자가 서명한 후, 그 책임을 보조하거나 승인하는 다른 관료가 함께 서명함으로써 문서의 효력을 인정하는 행위를 의미한다.
6   「계엄령이란 무엇인가?」, 『동광신문』 1948. 11. 9, 2면.
7   김춘수, 앞의 책, 2018, 67쪽.
8   김득중, 『'빨갱이'의 탄생: 여순사건과 반공 국가의 형성』, 선인, 2009.
9   강성현, 『작은 '한국전쟁'들: 평화를 위한 비주얼 히스토리』, 푸른역사, 2021, 62쪽.
10 국회사무처, 「제1회 국회속기록 제92회, 1948년 10월 30일」 중 토의 안건 1. 반란사건에 관한 건 및 시국대책위원회 구성에 관한 건, 7쪽.
11 김무용, 『한국 계엄령 제도의 역사적 기원과 변천』, 선인, 2015, 30쪽; 강성현, 앞의 책, 2021, 65쪽.
12 김무용, 위의 책, 33~35쪽.
13 위의 책, 32~40쪽; 김춘수, 앞의 책, 2018, 127~128쪽.
14 국회사무처, 「제5회 국회임시회의속기록 제19차, 1949년 10월 12일」 중 의사일정 3. 계

엄법안 제1독회, 6~8쪽.
15 국회사무처, 「제5회 국회임시회의속기록 제25차, 1949년 10월 27일」 중 의사일정 2. 계엄법안 제2독회, 3~6쪽. 이 쟁점에 대한 연구로, 김무용(2015)과 김춘수(2018)의 논의를 참고할 수 있다.
16 국회프락치 사건(1차)은 1949년 5월부터 국회 내 남조선노동당 '프락치'들(밀정)이 소장파 국회의원들과 접촉이 있었던 것처럼 조작한 사건이다. 이 사건으로 김약수 국회부의장 등 소장파 의원 18명이 구속되었고, 현직 의원들이 변호인 접견이 차단된 채 반복적인 고문으로 거짓 자백을 강요받았다. 최종적으로 13명이 기소되어 재판을 받았다.
17 강성현, 「한국 사상통제기제의 역사적 형성과 '보도연맹 사건': 1925~1950」, 서울대학교 사회학박사학위논문, 2012. 372~373쪽; 김춘수, 앞의 책, 2018, 151~152쪽.
18 김석원, 『노병의 한』, 육법사, 1977, 261, 300쪽.
19 『관보』에 따르면 이 명령은 전쟁이 발발한 6월 25일에 제정·공포한 것으로 기록되어 있지만, 실제로는 6월 29일에 공포된 것으로 추정한다. 이 명령은 약 한 달 후 7월 25일 국회에 제출되었고, 29일에 승인되었다.
20 강성현, 「'예외상태 상례'의 법 구조에 대한 비교 연구: 한국전쟁기와 유신체제기 발동한 국가긴급권을 중심으로」, 『사회와 역사』, 제108집, 2015, 178~180쪽.
21 강성현, 『다시, 제노사이드란 무엇인가』, 푸른역사, 2024, 262쪽.
22 위의 책, 267쪽.
23 김춘수, 앞의 책, 2018, 180~186쪽.
24 강성현, 앞의 책, 2021, 70쪽.
25 권혁은, 「계엄이라는 '체계'의 형성, 1952~1972」, 『역사비평』, 제150호, 2025, 52쪽.
26 위의 글, 53쪽.
27 '1987년 체제'란 1987년 6월항쟁을 계기로 대통령 직선제를 포함한 헌법 개정을 통해 성립된 민주적 헌정질서 체제를 뜻한다.

2장. 32년 군사독재의 서막 — 5·16군사쿠데타와 계엄

1 「깡패두목들 속죄 행진」, 『동아일보』 1961. 5. 23.
2 한국군사혁명사편찬위원회, 『한국군사혁명사』 상권, 1963, 246쪽.
3 국군기무사령부, 「위험인물 예비검속 계획」, 1961, 진실화해를위한과거사정리위원회,

「5·16쿠데타 직후 인권침해사건」, 『2009년 하반기 조사보고서』 8권. 339쪽 참조.
4 한국정신문화연구원 편, 『내가 겪은 민주와 독재』, 선인, 2001, 340쪽.
5 「민정에의 구상—본사에서 알아본 지식층 여론」, 『동아일보』 1962. 5. 16.
6 「새 헌법은 국민투표로 확정」, 『동아일보』 1963. 7. 29.
7 한태연, 「한국헌법과 헌법학의 회고」, 『헌법학연구』 제8권 1호, 한국헌법학회, 2002.
8 1962년 11월 15일 문홍주 법제처장은 국민투표에서 개헌안이 부결되면 군정이 연장될 수밖에 없을 것이라고 말하였다. 헌법심의위원회 전문위원들 가운데 한 사람인 한태연이 헌법개정안 계몽에 동원된 공무원들을 대상으로 한 교육에서 개정안이 통과되지 않으면 군정 연장이 될 수밖에 없다고 발언한 것에 대해 기자의 논평을 요구받자 이에 동조하는 발언을 한 것이다(「개헌안 부결되면 군정을 연장」, 『동아일보』 1961. 11. 15). 헌법개정안이 부결되면 비상조치법의 효력이 지속되므로 군정도 지속된다는 논리였다.
9 「5·16혁명과 민족의 진로」, 『사상계』 95호(1961. 6).
10 「재야 정치세력 공동투쟁에 돌입」, 『동아일보』 1963. 3. 22.
11 「서울대생들 궐기대회」, 『동아일보』 1963. 3. 29.
12 「군정 연장은 안위 위협, 미 국무성 한국사태에 공식 성명」, 『조선일보』 1963. 3. 27.

3장. 저항의 조직화, 계엄의 체계화—6·3항쟁과 계엄

이 글은 다음 원고를 토대로 했다. 권혁은, 「계엄이라는 '체계'의 형성, 1962~1972」, 『역사비평』 150, 역사비평사, 2025. 지면 관계상 원출처에서 인용된 각주는 표시하지 않고, 새로 인용한 자료만 각주로 표시했다.

1 RG 59, 1964~66 SNF, 695, Central Political Files, Political & Defense 27-96, POL-23-8 Demonstrations, Riots 1/1/64, 'Telegram from Seoul to SecState (1964. 3. 25)', 출처: 국립중앙도서관 해외 한국 관련 자료(이하 RG 59 문서에 대해서는 출처를 생략한다).
2 RG84, Korea, Seoul Embassy, Classified General Records, 1963, Entry CGR 56~63, Boxes 37, 38, File 040 ; 320. 1 ; 350, 'Kim Chong-p'il's Plans for Settlement of ROK-Japan Talks(1963. 2. 18)', 소장처: 국립문서기록관리청(NARA), (출처: 국사편찬위원회 전자사료관 사료참조코드 AUS003_06_02C0005_032)

3 YTP 폭로 사건에 대해서는 다음을 참조. 송철원, 「YTP(청사회: 靑思會)」, 『기억과전망』 26, 2012.
4 「목요일 새벽의 이변」, 『동아일보』 1964. 5. 21.
5 「군화에 새벽잠 깨고」, 『경향신문』 1964. 5. 22.
6 「외신서도 보도」, 『동아일보』 1964. 5. 21.
7 「문제삼을 것 못된다」, 『조선일보』 1964. 5. 22.
8 RG 59, 1964~66 SNF, 695, Central Political Files, Political & Defense 27-96, POL-23-8 Demonstrations, Riots 1/1/64, 'Telegram from Seoul to SecState(1964. 5. 22)'.
9 RG 59, 1964~66 SNF, 695, Central Political Files, Political & Defense 27-96, POL-23-8 Demonstrations, Riots 1/1/64, 'Telegram from Seoul to SecState(1964. 5. 24)'.
10 「캄캄한 밤하늘에 … 번갈아 "린치" 5·20 데모 때 조사 읽은 송군 폭로」, 『경향신문』 1964. 5. 21.
11 「학생들 단식투쟁 결의」, 『경향신문』 1964. 6. 1.
12 「빗속에 단식 4일째」, 『조선일보』 1964. 6. 2.
13 RG59, 1964~66 SNF, 695, Central Political Files, Political & Defense 27-96, POL-23-8 Demonstrations, Riots 6/3/64, 'Telegram from CINCINC to JCS, CINCPAC(1964. 6. 3)'
14 *Foreign Relations of the United States, 1964~1968, VOLUME XXIX, PART 1, KOREA*, '6. Telegram From the Commander in Chief, United Nations Command, Korea (Howze) to the Chairman of the Joint Chiefs of Staff (Taylor)(1964. 3. 26)'
15 RG 59, 1964~66 SNF, 695, Central Political Files, Political & Defense 27-96, POL-23-8 Demonstrations, Riots 1/1/64, 'Telegram from Seoul to SecState(1964. 3. 25)'.
16 RG 59, 1964~66 SNF, 695, Central Political Files, Political & Defense 27-96, POL-23-8 Demonstrations, Riots 1/1/64, 'Telegram from AmEmbassy Tokyo to SecState WASHDC(1964. 3. 26)'
17 RG 59, 1964~66 SNF, 695, Central Political Files, Political & Defense 27-96, POL-23-8 Demonstrations, Riots 1/1/64, 'Telegram from Seoul to SecState(1964. 4. 20)'.
18 ibid.
19 *Foreign Relations of the United States, 1964~1968, VOLUME XXIX, PART 1, KOREA*, '13. Telegram From the Embassy in Korea to the Department of State(1964. 6. 3)'
20 육군본부, 「부대약사(계엄간)1964. 6. 3~7. 29(보병제6사단)」, 1965.

21　RG 59, 1964~66 SNF, 695, Central Political Files, Political & Defense 27-96, POL-23-8 Demonstrations, Riots 6/3/64, 'Telegram from Seoul to JCS, CINCPAC(1964. 6. 4)'

22　RG 59, 1964~66 SNF, 695, Central Political Files, Political & Defense 27-96, POL-23-8 Demonstrations, Riots 6/3/64, 'Telegram from Seoul to SecState(1964. 6. 4)'

23　주한미대사관은 6월 5일 부산, 광주, 청주, 공주, 경주, 김천, 인천 등지에서 시위가 나타났다고 보고했으나 서울을 언급하지는 않았다. 따라서 6월 5일엔 서울에서 시위가 발생하지 않은 것으로 보인다. RG 59, 1964~66 SNF, 695, Central Political Files, Political & Defense 27-96, POL-23-8 Demonstrations, Riots 6/3/64, 'Telegram from AmEmbassy Seoul to SecState WASHDC(1964. 6. 5)'

24　RG 59, 1964~66 SNF, 695, Central Political Files, Political & Defense 27-96, POL-23-8 Demonstrations, Riots 6/3/64, 'Telegram from Seoul to SecState(1964. 6. 4)'

25　RG 59, 1964~66 SNF, 695, Central Political Files, Political & Defense 27-96, POL-23-8 Demonstrations, Riots 6/3/64, 'Telegram from AmEmbassy Seoul to SecState WASHDC(1964. 6. 5)'

26　주한미대사관은 6월 6일과 7일 서울과 지방 모두에서 시위가 발생하지 않았다고 보고했다. RG 59, 1964~66 SNF, 695, Central Political Files, Political & Defense 27-96, POL-23-8 Demonstrations, Riots 6/3/64, 'Telegram from AmEmbassy Seoul to SecState WASHDC(1964. 6. 8)'. 다만 6월 9일엔 전북대 기계공학과 학생 150명이 시위를 벌였다고 보고되었다. RG 59, 1964~66 SNF, 695, Central Political Files, Political & Defense 27-96, POL-23-8 Demonstrations, Riots 6/3/64, 'Telegram from COMUSKorea to CONCPAC(1964. 6. 9)'

27　「징계학생 3백52명」, 『조선일보』 1964. 7. 31.

28　「구속 학생 총수 전국서 2백54명」, 『조선일보』 1964. 7. 30. 학생들의 구속 학생 석방운동으로 구속 학생 숫자는 9월 10일경에 36명가량으로 줄었고, 12월에는 거의 석방되었다. 민주화운동기념사업회 연구소, 『한국민주화운동사』 1, 돌베개, 2008, 434쪽.

29　위의 책, 437쪽.

30　위수령에 대해서는 다음을 참조. 권혁은, 「1950년 위수령 제정과 1965년 위수령의 '재발견'」, 『한국연구』 14, 2023.

4장. 비상대권과 긴급조치의 시대 — 유신쿠데타와 10·17비상계엄

1 1968년 1월 23일 미 해군 정보수집함 푸에블로호가 북한 원산항 앞에서 북한으로 납치된 사건이다.
2 김연철, 「7·4남북공동성명의 재해석 — 데탕트와 유신체제의 관계」, 『역사비평』 99, 역사비평사, 2012, 230쪽.
3 「계엄선포공고」, 『관보』 제6280호, 1972. 10. 17.
4 이경재, 『유신 쿠데타』, 일월서각, 1986, 22쪽.
5 민사군정감실계엄사편찬위원회, 『계엄사』, 육군본부, 1976.
6 1971년 10월 2일 민주공화당 일부 의원들이 오치성 내무부장관에 대한 해임안에 찬성표를 던져 이를 가결시킨 사건이다. 이후 박정희는 찬성표를 던진 민주공화당 의원 20여 명을 중앙정보부로 끌고 가 고문을 가했으며, '항명'을 주도한 김성곤·길재호 등을 강제로 정계은퇴시켰다.
7 (사)평화박물관건립추진위원회, 『전국 국가폭력 고문피해 실태조사(2차)』, 민주화운동기념사업회, 2021. 11; 이경재, 『유신 쿠데타』, 일월서각, 1986, 30~43쪽; 김진, 『청와대 비서실 1』, 중앙일보사, 1992, 188, 192쪽; 「8대 야당 의원 12명이 자술한 고문당한 내용」, 『동아일보』 1975. 2. 28. 3면.
8 「서중석의 현대사 이야기 108, 유신 쿠데타 첫 번째 마당」, 『프레시안』 2015. 9. 9.
9 https://theme.archives.go.kr/next/rediscovery/index7.do
10 이종찬, 『숲은 고요하지 않다 1』, 한울, 2015, 282쪽; 「김당의 시크릿파일 ②」, 『UPI뉴스』 2019. 3. 25.
11 김충식, 『남산의 부장들』, 폴리티쿠스, 2012, 380~381쪽.
12 이상록, 「'예외상태 상례화'로서의 유신헌법과 한국적 민주주의 담론」, 『역사문제연구』 35, 역사문제연구소, 2016, 523~525쪽.
13 강성현, 「예외상태 상례의 법 구조에 대한 비교 연구 — 한국전쟁기와 유신체제기 발동한 국가긴급권을 중심으로」, 『사회와 역사』 108, 한국사회사학회, 2015, 173~175쪽.
14 https://archives.kdemo.or.kr/contents/view/243
15 민주화운동기념사업회 연구소, 『한국민주화운동사 2』, 돌베개, 2009.
16 진실화해를위한과거사정리위원회, 『대통령긴급조치위반사건 재심현황 자료집』, 2021.
17 홍석률, 「유신체제의 형성」, 『유신과 반유신』, 선인, 2007, 55쪽.
18 권혁은, 「계엄이라는 '체계'의 형성, 1962~1972」, 『역사비평』 150, 역사비평사, 2025,

63쪽.
19 헌재, 2025. 4. 4., 2024헌나8, 대통령(윤석열) 탄핵 [탄핵 인용], 결정문 전문)

5장. 무너진 민주주의, 되살아난 군사독재 — 부마항쟁, 12·12군사반란 그리고 5·18항쟁

1 「시국에 관한 대통령권한대행 특별담화」 1979. 11. 10.
2 민주화운동기념사업회 한국민주주의연구소 엮음, 『한국민주화운동사』 3, 돌베개, 2010, 50쪽.
3 『경향신문』 1979. 12. 27.
4 현대한국사연구회, 『제5공화국전사 3권: 제3편 정 총장에 대한 의혹과 12·12사건』, 921~924쪽.
5 육군본부, 「군계엄작전일지(1979. 10. 18~1980. 5. 28.)」
6 「'내란의 밤' 4시간 전 … 그들은 판교에 모였다.」, 『한겨레』 2024. 12. 23.
7 청와대 비서실, 『최규하 대통령 면접인사 기록부』 1980. 2. 5.
8 「내가 보낸 '화려한 휴가' — 광주사태 당시 투입되었던 한 공수부대원의 수기」(윤재걸, 『작전명령 — 화려한 휴가』, 실천문학사, 1989, 31~34쪽.
9 5·18기념재단, 『광주 밖 전국의 5·18진상』, 까치원색, 2024, 254~263쪽.
10 작전상황실, 「상황일지」 1980. 5. 20(5·18민주화운동진상규명조사위원회 편, 『5·18민주화운동관련 군자료집(1979~1981)』, 선인, 2023, 563쪽.)
11 대법원 96도3376호, 「판결문」 (1997. 4. 17)
12 전투교육사령부, 「광주사태 전교사 작전일지」 1980. 5. 18.
13 국회 사무처, 『2004년도 국정감사 교육위원회 회의록 제2반 — 피감사기관 전북도교육청』 2004. 10. 11.
14 한국현대사사료연구소, 『광주오월민중항쟁사료전집』, 풀빛, 1990, 132쪽.
15 한국현대사사료연구소, 위의 책, 597쪽.
16 보안사령부, 「광주사태 일일속보철」 1980. 5. 18; 7공수여단, 『전투상보』, 1980.
17 광주시 동구, 「상황일지」, 1980. 5. 18(광주광역시 5·18사료편찬위원회, 『5·18광주민주화운동사료총서』 제20권, 9~13쪽, 150쪽.)
18 김영철(가명), 「'다 같은 피해자, 참회의 마음을' — 광주사태에 투입된 어느 계엄군의 고백」, 『월간 경향』 3월호, 1998(광주광역시5·18사료편찬위원회 편, 『5·18광주민주화운

동사료총서』 11권, 320~323쪽).
19 보안사령부, 「광주사태상황보고(28-1보)」, 1980. 5. 28.
20 광주시, 「상황보고」 1980. 5. 19(광주광역시 5·18사료편찬위원회, 『5·18광주민주화운동사료총서』 제20권, 85쪽).
21 '5.18 첫 총상자와 그를 구한 의사의 만남', 〈연합뉴스〉 2006. 5. 11.
22 「『소년이 온다』의 주인공인 막내 시민군 문재학의 엄마 "한강 작가에 감사"」, 『한겨레』 2024. 10. 11.
23 5·18민주화운동진상규명조사위원회, 『종합보고서』 1, 2024, 100~101쪽.
24 국가보위비상대책위원회, 『국보위 백서』, 1981, 16쪽.
25 5·18기념재단 엮음, 『5·18민주화운동과 언론투쟁』, 2024, 38~60쪽.

2부. 예외상태 법의 본질과 인간의 조건

6장. 계엄제도가 국가범죄 수단으로 전락한 까닭

1 헌재 1996. 2. 29. 선고 93헌마186 결정.
2 오동석, 「한국전쟁과 계엄법제」, 『민주법학』 제43호, 민주주의법학연구회, 2010, 58쪽.
3 대법원 2018. 11. 29. 선고 2016도14781 판결.
4 헌재 2025. 4. 4. 선고 2024헌나8 결정.
5 김도창, 국가긴급권론, 청운사, 1968, 41쪽.
6 예를 들면, 박종보, 「계엄제도에 관한 비교법적 고찰」, 『법학논총』, 제23집 제2호, 2006 참조.
7 오동석, 앞의 논문, 64쪽.
8 위의 논문, 67쪽.
9 이인호, 「전시 계엄법제의 합리적 운용에 관한 고찰」, 『법학논문집』 제30집 제2호, 2006, 138쪽.

7장. 법 바깥에서 법을 사유하는 법—저항권의 가능성과 실천

1 헌법재판소 2025. 4. 4.자 2024헌나8 결정 [대통령(윤석열) 탄핵].
2 2025년 5월 현재, 대통령이었던 윤석열의 내란죄 관련 형사재판은 진행 중이다.
3 2025년 2월 9일 기준으로 검찰은 서부지법 폭력 사태에 연루된 78명을 기소했고, 이 가운데 1명을 제외한 77명이 구속 상태로 재판에 넘겨졌다. 이들에게 적용된 범죄 혐의는 특수건조물침입, 특수공무집행방해, 공무집행방해, 건조물침입, 특수공용물건손상, 특수감금, 현주건조물방화미수, 상해, 방실수색 등이다.
4 "세상 풍경 중에서 제일 아름다운 풍경, 모든 것들이 제자리로 돌아가는 풍경" '시인과 촌장'이 부른 〈풍경〉의 노랫말이다. 대통령 탄핵심판의 공개 변론에서 국회 측 변호인 중 한 사람인 장순욱 변호사가 인용하면서 한 번 더 알려졌다.
5 이하는 필자가 『한겨레』에 기고한 글 "법 바깥의 '예외상태'를 바로잡는 폭군 축출 합법적 '방벌'은 탄핵뿐—비상계엄 이후, 법이란 무엇인가"(『한겨레』 2024. 12. 13.) 일부를 재구성한 것이다.
6 법효력의 근거에 대한 법철학적 논의로는 김대근, 「이유(reason)로서의 법—법효력의 근거로서 이유의 가능성과 전망」, 『법학연구』 제35권 제1호, 충남대학교 법학연구소, 2024 참조.
7 대법원 2010. 12. 16. 선고 2010도5986 전원합의체 판결.
8 〈'종이관 1천 개'·'영현백 3천 개' … 군의 수상한 '시신 대비'〉, MBC 뉴스데스크, 2025. 3. 18.
9 김대근, 「저항권의 정당화와 이론적 지평: 비판과 실천 그리고 전망」, 『법과사회』 제77호, 2024에서 발췌하여 재구성한 것이다.
10 Wesley Hohfeld, "Some Fundamental Legal Conceptions as Applied in Judicial Reasoning", *The Yale Law Journal*, Vol. 23, No. 1, 1913, p. 30.
11 자세한 내용은 ibid 참조.
12 Ronald Dworkin, *Taking Rights Seriously*, Harvard University Press, 1978, pp. 188~192.
13 하트는 이를 Facilitative Rights라고 한다. H. L. A. Hart, *The Concept of Law*, Oxford University Press, 1961.
14 이 사례는 조효제, 『인권의 문법』, 후마니타스, 2007, 105쪽에서 참조했다.
15 조효제, 위의 책, 105쪽.
16 Tom Campbell, *Rights: A Critical Introduction*, Routledge, 2006, p. 33.

17 여기서 공격(attack)은 개인의 생명, 신체, 재산에 대한 침해를 상정한 것이다.
18 Carl Wellman, *Real Rights*, Oxford University Press, 1995, p. 79~80.
19 다만, 자기보호 원리와 법질서 수호 원리는 정당방위의 근거가 아니라 정당방위의 성립을 해석하는 개별 원리 또는 해석 근거라는 주장은 김성돈, 『형법총론』, 박영사, 2024, 505쪽 참조. 이 책에서는 정당방위를 "법(정)은 불법(부정)에 길을 비켜줄 필요가 없다는 '법확증의 원리'에 입각한 위법성조각사유"로 본다.
20 Carl Wellman, *Real Rights*, Oxford University Press, 1995, p. 85.
21 Carl Wellman, *ibid*, p. 157.
22 Jeffrey Abramson, *Minerva's Owl: The Tradition of Western Political Thought*, Harvard University Press, 2010, 359쪽. 이 책의 번역으로는 김대근 옮김, 『미네르바의 올빼미—서구 정치사상의 전통』, 이숲, 2023이 있다.
23 오승철, 「저항권이론의 재조명—혁명권·저항권·시민불복종의 통합을 향한 탐색」, 『민주법학』 제40호, 2009, 174쪽.
24 대법원 1980.5.20. 선고, 80도306 판결.
25 헌법재판소 2004. 10. 21. 선고 2004헌마554·566(병합) 전원재판부 [신행정수도의건설을위한특별조치법위헌확인] 재판관 전효숙은 반대 의견을 통해 "헌법제·개정절차를 통하지 않은 관습헌법에 성문헌법과 "동일한" 혹은 "다른 헌법조항을 변경시키는" 효력을 인정할 수 없다. 이는 성문헌법 체계를 벗어나는 논리로서, 헌법이 예정하지 않은 방법으로 이루어지는 국민주권의 행사를 판례법상 인정하는 것인데, <u>성문헌법 체제하에서 국민주권의 행사는 그것이 저항권의 행사와 같은 특별한 예외가 아닌 한 성문헌법의 테두리 내에서만 이루어져야 할 것이다.</u>"(밑줄—필자)라고 한 바 있다. 이러한 견해는 저항권이 국민주권 행사의 일환이고, 성문헌법의 테두리가 아니어도 인정될 수 있는 특별한 예외임을 전제하는 것이라고 할 수 있다.
26 권리의 존재와 권리의 행사를 구별하는 전통적인 입장으로는 칼 슈미트 지음, 김항 옮김, 『정치신학—주권론에 관한 네 개의 장』, 그린비, 2010. 56쪽.
27 대표적으로 광주지방법원 2016. 2. 4. 선고 2013가합11470 판결.
28 서울고등법원 2021. 11. 11. 선고 2020재노26 판결 [계엄법위반] "피고인들의 행위는 민주주의 회복에 대한 대다수 국민의 의사 또는 국민적 합의 아래 이루어진 것으로, 국민에게 인정하고 있는 저항권 행사로서 이루어진 것이므로, 형법 제20조의 정당행위에 해당한다."
29 대법원 1975. 4. 8. 선고 74도3323 판결 [대통령긴급조치위반·국가보안법위반·내란,

예비, 음모·내란, 선동·반공법위반·뇌물공여]

30 위법성 '저각'사유 대신 오늘날에는 위법성 '조각'사유라고 부른다,
31 부산지방법원 울산지원 1997. 2. 26.자 97카기95 결정 [위헌제청신청]
32 형법 제21조(정당방위) ① 현재의 부당한 침해로부터 자기 또는 타인의 법익(法益)을 방위하기 위하여 한 행위는 상당한 이유가 있는 경우에는 벌하지 아니한다.
33 예컨대, 대법원 1975. 4. 8. 선고 74도3323 판결. "상고이유 중 피고인 등의 행위는 위법성이 없는 행위라고 주장하므로 이 부분을 요약하면 피고인 등의 행위는 민주수호행위로서 정당성이 있는 것이고, 애국적 민주운동인 학생운동으로서 민주적 당연성과 역사적 진실성 있는 정당한 투쟁행위인 것이며, 또 이는 소위 저항권에 의한 행위이므로 위법성이 없다는 데 귀론되는 것이므로 이 점에 대하여 판단한다." 또는 서울중앙지방법원 2021. 6. 24. 선고 2020노1403 판결 [업무방해, 폭력행위등처벌에관한법률위반(공동퇴거불응), 폭력행위등처벌에관한법률위반(공동주거침입), 집회및시위에관한법률위반] "1. 항소이유 요지 ○ 원심 판시 각 범죄사실에 관하여, 피고인들의 행위는 헌법상 집회·시위의 자유라는 기본권 또는 저항권을 행사한 것이거나, 이른바 시민불복종 행위로서 정당행위에 해당한다." 또는 부산지방법원 울산지원 1997. 2. 26.자 97카기95 결정 [위헌제청신청] "(신청인의 신청이유) 위헌인 이 사건 법률들의 시행을 저지하고 이를 무효화 또는 개정하기 위하여 근로자들이 행한 파업은 헌법질서 유지를 위한 저항권의 행사로서 정당한 쟁의 행위가 된다 할 것이므로, 만약 헌법재판소에 의하여 이 사건 법률들이 위헌으로 결정난다면 신청인이 주도한 파업은 위헌법률에 대한 저항권의 행사로서 정당한 것이 되어 위 파업이 불법임을 전제로 한 이 사건 채권가압류신청은 그 피보전권리가 없어 기각되게 될 것이므로, 이 사건 법률들의 위헌 여부가 이 사건 재판의 전제가 된다는 취지로 주장하고 있다."
34 형법 제20조(정당행위) 법령에 의한 행위 또는 업무로 인한 행위 기타 사회상규에 위배되지 아니하는 행위는 벌하지 아니한다.
35 서울중앙지방법원 2021. 6. 24. 선고 2020노1403 판결 [업무방해, 폭력행위등처벌에관한법률위반(공동퇴거불응), 폭력행위등처벌에관한법률위반(공동주거침입), 집회및시위에관한법률위반] "3) 위법성조각사유와 관련한 주장에 대하여 ○ 피고인들의 원심 판시 각 범죄사실의 기재와 같은 행위는, 타인의 수인한도를 넘는 권리침해로서 피고인들의 동기를 고려하더라도 사회통념상 허용되는 범위를 넘어선 것이므로, 헌법상 보장된 집회의 자유라는 기본권의 정당한 행사 또는 저항권 내지 시민불복종권 행사로서 정당행위에 해당한다거나 형법상 사회상규에 위반되지 아니하는 정당행위의 요건을 갖추

었다고 보기 어렵다."

36 대법원 1983. 2. 8. 선고 82도357 판결; 대법원 1985. 6. 11. 선고 84도1958 판결. 이들 판결 모두 형법 제20조 소정의 사회상규에 위배되지 아니하는 행위의 의미를 다음과 같이 설시한다. "형법 제20조가 사회상규에 위배되지 아니하는 행위는 처벌하지 아니한다고 규정한 것은 사회상규 개념을 가장 기본적인 위법성 판단의 기준으로 삼아 이를 명문화한 것으로서 그에 따르면 행위가 법규정의 문언상 일응범죄구성요건에 해당된다고 보이는 경우에도 그것이 극히 정상적인 생활 형태의 하나로서 역사적으로 생성된 사회생활 질서의 범위 안에 있는 것이라고 생각되는 경우에 한하여 그 위법성이 저각되어 처벌할 수 없게 되는 것이며, 어떤 법규성이 처벌 대상으로 하는 행위가 사회발전에 따라 전혀 위법하지 않다고 인식되고 그 처벌이 무가치할 뿐 아니라 사회정의에 배반된다고 생각될 정도에 이를 경우나, 자유민주주의 사회의 목적 가치에 비추어 이를 실현하기 위해 사회적 상당성이 있는 수단으로 행하여졌다는 평가가 가능한 경우에 한하여 이를 사회상규에 위배되지 아니한다고 할 것이다."

37 대법원 1986. 10. 28. 선고 86도1764 판결 [국가보안법위반, 집회및시위에관한법률위반]

38 대표적으로 서울중앙지방법원 2020. 4. 29. 선고 2019고단7206, 7379(병합), 2020고단1273(병합) 판결 [업무방해, 폭력행위등처벌에관한법률위반(공동퇴거불응), 폭력행위등처벌에관한법률위반(공동주거침입), 집회및시위에관한법률위반] "이 사건에서 피고인들에게 목적이나 동기의 정당성이 일부 인정될 여지가 있다 하더라도, 이 법원이 적법하게 채택하여 조사한 증거들에 의하여 인정되는 이 사건 각 범행 당시 범행에 가담한 인원수, 피고인들을 비롯한 참가인원들의 각 행위 태양, 각 범행의 수단이나 방법, 범행의 경위, 범행의 장소, 범행이 지속된 시간, 피해자들의 피해 정도, 헌법상 보호받는 집회·시위의 자유는 일정한 장소에 대한 정당한 권리를 전제로 하는 것으로서 타인 소유의 건물이나 토지 위에서 집회나 시위를 개최할 권리까지 헌법이 보장하는 것이 아닐 뿐만 아니라 수인한도를 넘어 타인의 권리를 침해하는 집회나 시위도 헌법이 보장하는 것이 아닌 점, 저항권은 초실정법적인 자연법질서 내의 권리주장으로서 그 개념자체가 막연할 뿐만 아니라 실정법을 근거로 국가사회의 법질서 위반 여부를 판단하는 재판권 행사에 있어서는 적용될 수 없는 점 등을 고려할 때, 위 목적을 달성하기 위하여 판시 범행행위 이외의 다른 수단이나 방법이 없었고, 위 행위가 그 목적 달성을 위한 상당한 방법에 해당하며, 당시 위 목적 달성을 위해 판시 범행행위를 할 수밖에 없었던 긴급한 상황이었다고 인정할 만한 다른 사정이 없다. 따라서 피고인들의 각 행위는 사회상

규에 반하지 않는 정당행위에 해당한다고 보기 어렵다(밑줄 — 필자)[공동퇴거불응의 점(2019고단7206 사건 제1의 나항, 2019고단7379 사건 제2항)에 관한 '정당한 이유' 주장에 대해서 살피건대, 각 범행의 경위, 범행의 장소, 피고인들의 업무방해 행위 후에 피고인들이 퇴거요구를 받은 점 등에 비추어 보면, 피고인들의 퇴거불응에 정당한 이유가 있다고도 보기 어렵다]." 이 판결은 앞서 소개한 서울중앙지방법원 2021. 6. 24. 선고 2020노1403 판결의 원심이다.

39 김성돈, 『형법총론』, 박영사, 2024, 573~574쪽; 차용석, 『형법총론강의』, 고시연구사, 1988, 512쪽.

40 대법원 1997. 4. 17. 선고 96도3376 전원합의체 판결 [반란수괴·반란모의참여·반란중요임무종사·불법진퇴·지휘관계엄지역수소이탈·상관살해·상관살해미수·초병살해·내란수괴·내란모의참여·내란중요임무종사·내란목적살인·특정범죄가중처벌등에관한법률위반(뇌물)] 이러한 판례의 태도는 내란 행위자들이 광주 시민들의 시위를 난폭하게 진압함으로써 헌법기관인 대통령과 국무위원들을 강압하여 그 권능행사를 불가능하게 한 것이 국헌문란에 해당한다는 논리를 구성하기 위한 것이다.

41 광주고등법원 2022. 9. 14. 선고 2018나24881, 2018나24898(병합) 판결 [손해배상(기), 손해배상(기)]

42 김대근, 「저항권의 정당화와 이론적 지평: 비판과 실천 그리고 전망」, 『법과사회』 제77호, 2024, 294~295쪽.

43 물론 이러한 방안은 개인적 법익 또는 인격적 법익을 강조하는 전통적인 형법 도그마틱에서는 쉽사리 받아들이기 어렵겠지만, 법철학적 이론 구성으로는 가능하리라고 본다. 저항권을 사회적 법익을 방어하기 위한 정당방위로 해석하려는 입장으로는 문헌으로는 아르투어 카우프만 지음, 김영환 옮김, 『법철학』, 나남, 2007, 441쪽 참조.

44 오영근, 『형법총론』(제6판), 박영사, 2021, 196쪽.

45 배종대, 『형법총론』(제15판), 홍문사, 2021, 243쪽.

46 아르투어 카우프만 지음, 김영환 옮김, 『법철학』, 나남, 2007, 441쪽. "즉 자신의 권력을 행사함으로써 국민에게 신체적 또는 심리적 위협과 위험을 야기하는 범죄적 정부에 대한 사회적 정당방위로서 말이다."

47 아르투어 카우프만 지음, 김영환 옮김, 위의 책, 441쪽.

48 예컨대, 패배가 뻔히 예상되었음에도 끝까지 저항한 사례에 대한 서술로는 노영기, 『그들의 5·18』, 푸른역사, 2020, 366~367쪽.

49 아르투어 카우프만 지음, 김영환 옮김, 앞의 책, 441쪽.

50 심재우,「시민불복종과 저항권」, 한국법철학회 편,『법치국가와 시민불복종』, 법문사, 2001, 8쪽. 한편 시민불복종에 대한 정의론의 입장에 대해서는 John Rawls, *A Theory of Justice: Original Edition*, Harvard University Press, 1971. 제2부 제6장 55-59절 참조. 롤스의 시민불복종은 '거의 정의로운 사회로 제한'되어 전개된다. 그러다 보니 그 개념과 행사를 인정하는 데 다소 제한적이다. "First of all, I have assumed throughout that we have to do with a nearly just society." p. 386

51 John Rawls, *ibid*, p. 410. 이 책은 김대근 번역으로 이학사에서 2026년 초에 출간될 예정이다.; 김성돈,『형법총론』, 박영사, 2024.

8장. 전짓불 앞에 서다 — 한국문학과 계엄의 기억

1 김득중,『'빨갱이'의 탄생』, 선인, 2009, 530쪽.
2 이청준,「소문의 벽」,『소문의 벽』, 문학과지성사, 2011, 219쪽.
3 이청준,「전짓불 앞의 방백」,『키 작은 자유인』, 문학과지성사, 2014, 23쪽.
4 이청준, 위의 책, 23쪽.
5 강성현,「대한민국 태초에 계엄이 있었다, 1948~1952」,『역사비평』150, 역사비평사, 2025, 18쪽.
6 강성현, 위의 글, 19~20쪽.
7 김득중, 앞의 책, 485~487쪽.
8 김득중, 위의 책, 488쪽.
9 강성현, 앞의 글, 31쪽.
10 최원식 외,『4월 혁명과 한국문학』, 창비, 2002, 41~42쪽.
11 김윤식·정호웅,『한국소설사』, 문학동네, 2013, 395쪽.
12 김요섭,『살아남은 자의 글쓰기』, 삶창, 2025, 123~124쪽.
13 현기영,「순이 삼촌」,『순이 삼촌』, 창비, 2015, 72쪽.
14 제주4·3사건 진상조사보고서작성기획단,『제주4·3사건진상조사보고서』, 제주4·3사건 진상 규명 및 희생자 명예회복위원회, 2003, 413~414쪽.
15 4·3평화재단,『제주4·3사건추가진상조사보고서』1, 4·3평화재단, 2019, 72쪽.
16 이는 사망자와 행방불명자의 숫자만을 합한 것이다. 희생자로 인정된 이들은 후유장애와 수형자까지 포함하면 14,442명에 달하고 그 유족은 72,845명이다. 4·3평화재단, 위

의 책, 71쪽.
17 공격해올 적이 이용할 수 있는 물자와 인력을 이동하는 견벽청야(堅壁淸野)는 고대 중국에서부터 사용해온 방어전술이었지만, 20세기 중국 등지에서는 적과 내통할 수 있는 지역민까지 공격하는 초토화 전술로 변형되었다. 특히 거창양민학살사건을 자행했던 11사단 사단장 최덕신은 중국 국부군(國府軍) 장군 백숭희(바이충시白崇禧)가 사용했던 견벽청야 전술을 배워와서 초토화작전에 사용했다(박명림, 「국민형성과 내적 평정: '거창사건'의 사례 연구」, 『한국정치학회보』 제36집 2호, 한국정치학회, 2002, 83쪽). 이와 유사한 초토화 전술로는 일본군이 대(對)게릴라 전술로 쓰던 삼광삼진(三光三盡) 작전이 있었는데, 이 역시 한국전쟁 전후의 제노사이드 사건에서 한국군이 사용한 초토화작전에 영향을 끼쳤다.
18 현기영, 앞의 책, 73쪽.
19 현기영, 「해룡 이야기」, 『순이 삼촌』, 창비, 2015, 149쪽.
20 제주4·3사건 진상조사보고서작성기획단, 앞의 책, 535쪽.
21 김원일, 『겨울 골짜기』 2, 민음사, 1987, 591쪽.
22 이청준, 「소문의 벽」, 『소문의 벽』, 문학과지성사, 2011, 233쪽.
23 위의 책, 238쪽.
24 박찬식, 「한국전쟁과 제주지역 사회의 변화: 4·3사건과 전쟁의 연관성을 중심으로」, 『지역과 역사』 제27호, 부경역사연구소, 2010, 93~97쪽.
25 현기영, 「아스팔트」, 『아스팔트』, 창비, 2015, 86쪽.
26 김무용, 「한국전쟁 시기 민간인 학살 유족의 자서전 분석」, 『일기를 통해 본 전통과 근대, 식민지와 국가』, 소명출판, 2013, 416쪽.
27 노용석, 『박희춘 1933년 2월 26일생』, 눈빛, 2006, 106~107쪽.
28 조갑상, 『밤의 눈』, 산지니, 2012, 16쪽.
29 조갑상은 1986년 단편 「사라진 하늘」을 시작으로 2020년대까지 국민보도연맹사건에 대한 다수의 소설을 써왔다. 그는 『밤의 눈』으로 2013년에 한국 최고의 문학상 중 하나인 만해문학상을 수상했다.
30 조갑상, 『보이지 않는 숲』, 산지니, 2022, 17쪽.
31 조갑상, 위의 책, 107쪽.
32 조갑상, 위의 책, 108쪽.

3부 내란의 기억과 민주주의의 새로운 길

9장. 알고리즘 내란, 극우 유튜브가 키운 대통령의 최후

1 권호, 「총선 출구조사에 격노한 尹 "그럴 리 없어, 당장 방송 막아"」, 『중앙일보』 2025. 4. 7.
2 이준웅, 「한국 언론에 '머로 순간'이 오고 있다」, 『경향신문』 2024. 9. 22.
3 이은기, 「오늘도 또 왔네… '오물풍선' 제대로 알기」, 『시사인』 892호(2024. 10. 23).
4 이준석, 「두려움에 사로잡힌 대통령」, 『경향신문』 2023. 10. 31.
5 양상훈, 「윤 대통령 부부, 모든 문제의 시작과 끝」, 『조선일보』 2024. 4. 13.
6 윤완준, 「'바이든-날리면', 계엄으로 끝난 尹 퇴행의 시작」, 『동아일보』 2025. 2. 13.
7 이정환, 「무엇이 '가짜 뉴스'인가 따져 봅시다」, 『슬로우뉴스』 2023. 9. 14.
8 Choe Sang-Hun, "How 'Stop the Steal' Became a Protest Slogan in South Korea", *New York Times*, 2025. 1. 4.
9 김윤철, 「결국 문제는 '국민의힘'이다」, 『경향신문』 2024. 12. 16.
10 Nic Newman, "2024 Digital News Report", *The Reuters Institute for the Study of Journalism*, 2024. 10.
11 권오성·한지영, 「이용자 데이터를 통해 본 한국 매체의 정치 지형과 이용자의 정파적 매체 이용」, 한국언론학회 정기학술대회, 2024년 3월.
12 이정환, 「알고리즘의 함정, 윤석열이 빠져든 유튜브 토끼굴의 수익 구조」, 『슬로우뉴스』 2025. 1. 7.
13 이창훈, 「"난 이기고 온 거니 걱정 말라" 尹, 파면당하고도 이랬던 내막」, 『중앙일보』 2025. 4. 17.
14 이정환, 「남산 끌려가 '코렁탕' 먹던 시절과 얼마나 다른가」, 『미디어오늘』 2016. 7. 4.
15 이정환, 「깡패가 광주 내려가 유언비어 날조」, 『미디어오늘』 2010. 5. 12.
16 이정환, 「저널리즘 생태계를 흔드는 권력과 자본, 질적 혁신과 신뢰 회복이 해법이다」, 『슬로우뉴스』 2023. 9. 8.

10장. 새로운 사회를 위한 움직임 — 광장에서 현장으로, 변화를 위한 균열들

1 깃발 제작자는 '단우' @Aestas10_ 라는 계정의 X 사용자이다. https://x.com/Aestas10_/status/1870445988604960962
2 「'비상계엄' 선포 그 후, 장애인들이 한 일들」, 『비마이너』 2024. 12. 7. https://www.beminor.com/news/articleView.html?idxno=27237
3 심미섭 활동가의 당일 발언문: 심미섭 X 계정 @gosms https://x.com/gosms/status/1865327583388459481 이에 관한 칼럼은 아래 링크에서 참고 심미섭, 「[기고] '촛불소녀'가 돌아왔다, 광장의 주인이 되려」, 『경향신문』 2024. 12. 9. https://n.news.naver.com/article/032/0003338021
4 신다은, 「10인 10색 '남태령 대첩' 출전 동기 "우리가 서로에게 이렇게 따뜻할 수 있구나 계속 눈물이 났어요」, 『한겨레21』 1545호, 2024. 12. 29. https://h21.hani.co.kr/arti/society/society_general/56632.html
5 강광석 씨 페이스북 2024. 12. 25. 게시글 https://www.facebook.com/share/p/1AQvwWzDa6/
6 민주주의 구하는 페미-퀴어-네트워크는 아래의 단체들로 구성되어 있다. (가나다순, 2025년 5월 4일 기준) 뉴그라운드, 반성매매인권행동이룸, 불꽃페미액션, 성적권리와재생산정의를위한센터셰어 SHARE, 언니네트워크, 여성영상인네트워크 FFF, 장애여성공감, 페미니스트디자이너소셜클럽(FDSC), 페미당당, 플랫폼C, 한국사이버성폭력대응센터, 한국성폭력상담소, 한국여성의전화. 홈페이지 https://mgfq.webflow.io/
7 「"다시 만날 세계는 성평등 사회" 탄핵에서 멈출 수 없다는 여성들」, 『경향신문』 2024. 12. 16. https://www.khan.co.kr/article/202412161450001#c2b
8 X 사용자 용주 @4_MY3612TH 씨 계정 https://x.com/4_MY3612TH/status/1870754153376735722
9 나수진, 「"나는 노래방 도우미입니다" 심금 울린 한 시민의 탄핵 집회 연설」, 『뉴스앤조이』 2025. 1. 15. https://www.newsnjoy.or.kr/news/articleView.html?idxno=306970
10 "남태령에서 자유발언 했다가 '중국인'이라고 비난당한 시민의 오늘자 자유발언 전문", 온라인 사이트 the qoo 게시물. 2024. 12. 24. 발언 당사자가 X 본인 계정에 올렸던 당일 발언문은 해당 계정이 삭제되어 현재는 확인할 수 없다. https://theqoo.net/square/3543817555
11 "[사진, 발언] All I want for Christmas is 윤석열 퇴진! 윤석열 퇴진하고 평등세상으로",

HIV/AIDS 인권행동 알 홈페이지 게시물, 2024. 12. 26. https://action-al.org/5991/
12 윤석열즉각퇴진·사회대개혁비상행동 시민대토론회 시민발언문 분석팀 보고 자료, 2025. 3. 9.(참고: 토론회 실시간 중계 영상 https://bit.ly/43AWzXX)
13 윤퇴청, 〈광장을 담아내는 토론회 '왜 광장에 나오셨나요?: 시대가 묻고 광장이 답하다'〉 자료집, 2025. 1. 23.
14 한강, 노벨상 수상 강연문 '빛과 실' 중에서.
15 카스 무데 지음, 권은하 옮김, 『혐오와 차별은 어떻게 정치가 되는가: 열 가지 키워드로 읽는 21세기 극우의 현장』, 위즈덤하우스, 2021. 231~237쪽.
16 서혜미, 「여성 혐오부터 여성 삭제까지 … '내란 종식'만 하자는 21대 대선」, 『한겨레21』 1561호, 2025. 4. 25. https://h21.hani.co.kr/arti/politics/politics_general/57223.html
17 플랫팀 기자, 「'성평등'을 평등으로, '여성'은 '청년'으로 … '젠더 공약' 퇴보하는 민주당」, 『경향신문』 2025. 4. 23. https://www.khan.co.kr/article/202504231120011
18 '젠더이데올로기'라는 용어는 성별을 이분법적으로 구분하여 그에 따른 규범과 성역할, 성적 위계를 부여하고 공고히 하는 젠더 체계에 대한 문제의식에 대해, 보수개신교 기반의 극우 집단이 이를 부정하고 담론을 왜곡하기 위한 목적으로 만들어낸 말이다.
19 주디스 버틀러 지음, 김응산·양효실 옮김, 『연대하는 신체들과 거리의 정치 ― 집회의 수행성 이론을 위한 노트』, 창비, 2020. 306~307쪽.

11장. 내란의 긴 밤을 거슬러, 내란 이후의 세계로
― 언어의 전개 과정으로 보는 123일의 내란 정국

1 〈'노상원 수첩' 전문 공개 … 이래도 경고성 계엄?〉, MBC, 2025. 4. 3. https://imnews.imbc.com/replay/2025/nwdesk/article/6702850_36799.html
2 〈여인형, "맞든 틀리든 군인은 명령 따라야 한다?"〉, JTBC, 2025. 3. 4.
3 「'계엄군 헬기' 서울 진입 막은 대령 "(출동) 목적 말하지 않아 거절"」, 『한겨레21』 1542호, 2024. 12. 13.
4 「'계엄의 밤' 방첩사와 정보사는 왜 엇갈린 행보를 보였나」, 『비즈한국』 2024. 12. 20.
5 「"대북 작전으로 알고 나섰는데 … 내려보니 국회였다"」, 『조선일보』 2024. 12. 6.
6 「尹, 계엄 해제되자 추가 계엄 언급 … 3월부터 군 지휘부와 논의」, 『한국일보』 2024.

12. 27.
7 「"총 쏴서 끌어내" 김용현 공소장 속 '내란 수괴' 윤석열의 흔적들」, 『노컷뉴스』 2024. 12. 27.
8 「군인·경찰·시민 뒤엉킨 국회 앞 … "역사의 죄인되지 말라"」, 『파이낸셜뉴스』 2024. 12. 4.
9 〈12월 3일, 국회 본청 앞에서 계엄군과 맞부딪친 최진영의 이야기 | 그날 그곳〉, KBS 그날 그곳에 있었습니다, 2025. 2. 22., https://youtu.be/2zNZPan02i0?si=mgW9rMa-i09JXO0A
10 〈국회 지키러 갔던 대학생 "군인 친구는 명령 받아 국회로"〉, KBS, 2024. 12. 13. https://news.kbs.co.kr/news/pc/view/view.do?ncd=8129240
11 「우시는 할머니 "손주야, 계엄군 마주치면 안 돼…" 먹먹한 문자」, 『한겨레』 2024. 12. 6.
12 「'내란의 밤' 빗발친 전화 속 질문 … 시민들이 가장 두려워한 것은」, 『한겨레』 2025. 1. 27.
13 〈곧 훈방될 것' 서부지법 사태 누가 부추겼나?〉, MBC, 2025. 1. 19, https://youtu.be/bm3_1pt1218?si=IUtvpY2kTYPmkjeX
14 「극우 유튜버가 시위대 부추겼나 … 계엄 이후 슈퍼챗 2배로」, 『동아일보』 2025. 1. 19.
15 〈표결 참여 그날 숨이 차고, 물부터 마셨던 건…' '울컥' … 국민의힘서 '외톨이' 된 김상욱 의원 40분 '격정 토로'―[현장PLAY] 2024년 12월 11일〉, MBC, 2024. 12. 11. https://www.youtube.com/live/NukQXw-I1Jg?si=98DE3n2i3pdpzKWq
16 「12·3계엄의 밤, 국민의힘 의원 108명 위치 지도(+사진)」, 『오마이뉴스』 2024. 12. 23.
17 〈독재 맞섰던 5·18 현장에서 … '극우 유튜버' 집결해 난동〉, JTBC, 2025. 2. 27.
18 〈'내가 현태를 진짜 좋아해' '회유설' 듣고도 꺾임 없이〉, MBC, 2025. 2. 14. https://youtu.be/Pzlr5mjxcaY?si=5pSv8v5ImWWOBXm_
19 이런 의미에서 지난 123일을 두 집단의 무력분쟁을 의미하는 **내전**이 아니라 한 집단이 '선'을 넘은 **내란** 정국으로 규정해야 한다. 「[세상 읽기] 내가 만난 세계」, 『경향신문』 2025. 2. 3.
20 홍세화, 『악역을 맡은 자의 슬픔: 사회 귀족의 나라에서 아웃사이더로 살기』, 한겨레출판, 2002.
21 2024년 11월, 동덕여자대학교 학생들은 대학본부의 일방적인 남녀공학 전환 추진을 비판하며 점거농성, 수업거부 래커칠 등으로 시위를 벌였다. 동덕여대 학생들은 이 투

쟁이 단순히 남녀공학 전환 단일 이슈가 아니라 대학 당국의 비민주적 의사결정의 관행의 문제이며, 20년이 넘는 친일·비리사학과 싸워온 동덕여대의 대학민주화 운동의 역사 속에서 이해되어야 한다고 강조하고 있다. 「동덕여대 민주화 투쟁의 역사와 현재: 퇴진광장의 목소리를 넓히는 사람들」, 『플랫폼C』, 2025. 2. 5. https://platformc.kr/2025/02/minju-dongduk/

그러나 여대를 향한 만연한 여성혐오적 시선은 이 시위의 쟁점을 '폭력시위', '불법폭도', '테러'로 축소하고 있다. 래커로 낙서를 하는 항의 방식은 학교 직원이나 경찰들과 물리적으로 대치하는 것에 비해 훨씬 낮은 수준의 폭력이지만, 대학 당국은 복구액이 54억에 달한다는 허위 사실로 대학생들의 투쟁의 정당성을 약화시키려 했다. 이에 대한 노동조합 활동가의 설명을 참조. 「동덕여대 래커칠이 폭력? 언론, '학생 고립' 장단 맞춰」, 『미디어오늘』 2025. 3. 19.

22 「'촛불소녀'가 '2030여성'으로 돌아왔다, 광장의 주인이 되려」, 『경향신문』 2024. 12. 20.

23 '김유진'은 언론사가 제안한 가명으로, 가장 흔한 성인 '김'과 90년대생 여성의 가장 흔한 이름인 '유진'을 합친 것이다. 최나현·양소영·김세희, 「평범한 술집 여자의 자유발언 비하인드」, 『백날 지워봐라, 우리가 사라지나』, 오월의봄, 2025, 169~173쪽.

24 이랑은 2022년 제43회 부마민주항쟁 국가기념식에 섭외되었으나, 행정안전부가 그의 곡 〈늑대가 나타났다〉의 가사를 문제 삼아 곡의 변경을 요청했다. 이랑과 기념식 총연출을 맡은 강상우 감독은 정부의 '검열'을 거부하고 기념식을 보이콧했고, 이후 행정안전부와 부마민주항쟁기념재단을 상대로 손해배상소송을 청구했다. 2024년 12월 14일 윤석열 탄핵소추안이 가결된 날, 이랑은 약 200만 명이 운집한 여의도 집회의 무대에 올라 〈늑대가 나타났다〉를 부르며 윤석열의 파면을 외쳤다. 이는 그 자체로도 멋진 '복수의 서사'이지만, 동시에 이랑 개인을 넘어 광장으로 나선 시민들이 지녔을 저마다의 사연과 서사를 상상해보게 만든다. 「"관여는 당연하다"는 행안부 … '늑대가 나타났다' 검열 논란, 결국 법원으로」, 『한겨레』 2024. 6. 16.

25 「"TK 콘크리트, TK 딸이 부순다" … 여성들 챌린지 확산」, 『한겨레』 2024. 12. 9.

26 「서울역에 설 명절 인사 왔다가 "내란 빨갱이" 항의 들은 국민의힘」, 『경향신문』 2025. 1. 24.

27 「"길을 여는 민주노총에 고마워서" 집회 현장에 커피차 쏜 30대 사회복지사」, 『민중의소리』 2024. 12. 28.

28 〈전봉준투쟁단 서울 재진격 2 — 남태령〉, 전농TV, 2025. 3. 25. https://www.youtube.

com/live/NMDOXK-nMgc?si=BAcb-n9-0f0NXa3a

12장. 12·3비상계엄 이후의 수업, 그 대화의 기록

1 「계엄군, 창문 깨고 국회 본청 진입」, 『경향신문』 2024. 12. 4.
2 「김민전, '백골단' 국회 기자회견 주선 … "분변 못 가려" "정치깡패 손잡아" 비판 쇄도」, 『경향신문』 2025. 1. 9.
3 〈윤상현 "비상계엄, 고도의 통치 행위" … 야당 "전두환"〉, MBC, 2024. 12. 11. https://imnews.imbc.com/replay/2024/nwdesk/article/6666157_36515.html
4 「고정간첩(間諜) 침투 선동 이계엄사령관(李戒嚴司令官) 경고 자위(自衛) 위해 조처강구」, 『조선일보』 1980. 5. 22. https://newslibrary.chosun.com/view/article_view.html?id=1819019800522m10110&set_date=19800522&page_no=1.(검색일자: 2025. 4. 20)
5 「지만원 박사가 공개한 '5.18 북한특수군 관련 증거 사진'」, 『뉴데일리』 2015. 6. 2.
6 패트리샤 로버츠-밀러 지음, 김선 옮김, 『선동은 쉽고 민주주의는 어렵다』, 힐데와소피, 2023, 16쪽.
7 패트리샤 로버츠-밀러, 위의 책, 42~43쪽.
8 이오성, 「'만들어진 혐중' 그 진원지를 찾아서」, 『시사인』 912호, 2025. 3. 10. https://www.sisain.co.kr/news/articleView.html?idxno=55137.(검색일자: 2025. 4. 18)
9 호밀밭의 우원재, 〈한국은 중국의 속국입니까〉, YouTube, 업로드 일자 2025. 3. 3., https://youtu.be/7eguYBpiIuk?si=_SIiDWAI5thRwHb4.(검색일자: 2025. 4. 18)
10 린 데이비스 지음, 강순원 옮김, 『극단주의에 맞서는 평화교육』, 한울아카데미, 2014.
11 우현주, 「아나로그 세대 중견교사의 코로나19 미래교육 분투기」, 『역사교육』 130호, 전국역사교사모임, 2020, 81~93쪽.

참고문헌

제1부 한국 계엄의 역사

1장. 한국적 계엄의 탄생 — 여순사건, 제주4·3사건, 한국전쟁기 계엄

강성현, 「'예외상태 상례'의 법 구조에 대한 비교 연구: 한국전쟁기와 유신체제기 발동한 국가긴급권을 중심으로」, 『사회와 역사』, 제108집.
강성현, 「한국 사상통제기제의 역사적 형성과 '보도연맹 사건': 1925~1950」, 서울대학교 사회학박사학위논문, 2012.
강성현, 『다시, 제노사이드란 무엇인가』, 푸른역사, 2024.
강성현, 『작은 '한국전쟁'들: 평화를 위한 비주얼 히스토리』, 푸른역사, 2021.
권혁은, 「계엄이라는 '체계'의 형성, 1952~1972」, 『역사비평』, 제150호, 2025.
김득중, 『'빨갱이'의 탄생: 여순사건과 반공 국가의 형성』, 선인, 2009.
김무용, 『한국 계엄령 제도의 역사적 기원과 변천』, 선인, 2015.
김석원, 『노병의 한』, 육법사, 1977.
김춘수, 『한국 계엄의 기원』, 선인, 2018.
조르조 아감벤, 『예외상태』, 새물결, 2009.

2장. 32년 군사독재의 서막 — 5·16군사쿠데타와 계엄

『동아일보』, 『조선일보』

김현주, 『5·16쿠데타 세력의 유사 민간정권 창출』, 경북대학교 대학원 박사학위논문,

2017.

김현주, 「5·16쿠데타 직후 예비검속의 역사적 연속성」, 『한국근현대사연구』 제100집, 2022.

사상계사, 「5·16혁명과 민족의 진로」, 『사상계』 95호, 1961.

이명휘, 「농어촌 고리채정리사업 연구」, 『경제사학』 제48호, 2010.

진실화해를위한과거사정리위원회, 『2009년 하반기 보고서』 8권, 2010.

한국정신문화연구원 편, 『내가 겪은 민주와 독재』, 선인, 2001.

한태연, 「한국헌법과 헌법학의 회고」, 『헌법학연구』 제8권 1호, 2002.

한태연, 『국가재건비상조치법』, 법문사, 1961.

3장. 저항의 조직화, 계엄의 체계화 ― 6·3항쟁과 계엄

Foreign Relations of the United States, 1964~1968, VOLUME XXIX, PART 1, KOREA

RG 59, 1964-66 SNF, 695, Central Political Files, Political & Defense 27-96, POL-23-8 Demonstrations, Riots 1/1/64(출처: 국립중앙도서관 해외 한국 관련 자료)

RG 59, 1964-66 SNF, 695, Central Political Files, Political & Defense 27-96, POL-23-8 Demonstrations, Riots 6/3/64(출처: 국립중앙도서관 해외 한국 관련 자료)

RG 84, Korea, Seoul Embassy, Classified General Records, 1963, Entry CGR 56~63, Boxes 37, 38, File 040 ; 320.1 ; 350(출처: 국사편찬위원회 전자사료관)

6·3동지회, 『6·3학생운동사』, 역사비평사, 2008.

강성현, 「'예외상태 상례'의 법 구조에 대한 비교 연구―한국전쟁기와 유신체제기 발동한 국가긴급권을 중심으로」, 『사회와 역사』 108, 2015.

강성현, 「한국의 국가 형성기 '예외상태 상례'의 법적 구조―국가보안법(1948·1949·1950)과 계엄법(1949)을 중심으로」, 『사회와 역사』 94, 2012.

권혁은, 「4월 혁명 이후 최루탄 도입과 그 성격」, 『사림』 82권, 2022.

권혁은, 「5·16쿠데타 전후 군의 시위 진압 훈련 실시와 수도방위사령부 창설」, 『사학연구』 제147호, 2022.

권혁은, 「1960년대 미 대반란전 정책의 연쇄와 한국의 시위 진압 조직 형성」, 『역사문제연구』 27(3), 2023.

권혁은, 「6·3사태 이후 '광장정치'의 봉쇄—GIS기반 1960년대 서울 지역 민주화운동의 공간적 특성 변화 분석」, 『역사비평』 144, 2023.
국방부 합동참모본부, 「(연구자료) 계엄의 비교법적 개관」, 1978.
국방부 합동참모본부, 「연구자료 국가긴급권과 계엄」, 1977.
국방부 합동참모본부, 「일본의 비상대비 연구와 계엄령」, 1978.
김무용, 『한국 계엄령 제도의 역사적 기원과 변천』, 선인, 2015.
김춘수, 『한국 계엄의 기원』, 선인, 2018.
김현주, 「5·16쿠데타 직후 예비검속의 역사적 연속성」, 『한국근현대사연구』 100, 2022.
노영기, 「계엄령과 군법회의—여순사건을 중심으로」, 『역사비평』 148, 2024.
도진순·노영기, 「군부엘리트의 등장과 지배양식의 변화」, 『1960년대 한국의 근대화와 지식인』, 선인, 2004.
민주화운동기념사업회, 『한일협정반대운동 일지 1』, 2013.
민주화운동기념사업회 연구소, 『한국민주화운동사 1』, 돌베개, 2008.
박태균, 『우방과 제국』, 창비, 2006.
서중석, 『조봉암과 1950년대(상)』, 역사비평사, 1999.
송철원, 「YTP(청사회: 靑思會)」, 『기억과전망』 26, 2012
신상구, 「한국군 특수전사령부의 창설과 발전—1950~1960년대를 중심으로」, 『군사연구』 제152집, 2022.
육군본부, 「부대약사(계엄간)1964. 6. 3~7. 29(보병제6사단)」, 1965.
육군본부, 「팜플렛 850-14 계엄요강(실무지침)」, 1985.
육군본부, 『계엄사』, 1976.
이상록, 「'예외상태 상례화'로서의 유신헌법과 한국적 민주주의 담론」, 『역사문제연구』 20(2), 2016.
이완범, 「한국 정권교체의 국제정치—1950년대 전반기 미국의 이승만 제거 계획, 후반기 미국의 이승만 후계 체제 모색과 1960년 4월 이승만 퇴진」, 『세계정치』 Vol. 8, 2007.
한국혁명재판사편찬위원회, 『한국혁명재판사』 제2집, 1962.
홍석률, 「4월혁명과 이승만 정권의 붕괴 과정—민주항쟁과 민주당, 미국, 한국군의 대응」, 『역사문화연구』 제36집, 2010
홍석률, 「4월혁명 직후 정군운동과 5·16쿠데타」, 『한국사연구』 158, 2012.
허은, 『냉전과 새마을』, 창비, 2022.

4장. 비상대권과 긴급조치의 시대 — 유신쿠데타와 10·17비상계엄

김충식, 『남산의 부장들』, 폴리티쿠스, 2012.
민주화운동기념사업회 연구소, 『한국민주화운동사』 2, 돌베개, 2009.
이경재, 『유신 쿠데타』, 일월서각, 1986.
이종찬, 『숲은 고요하지 않다』 1, 한울, 2015.

민사군정감실계엄사편찬위원회, 『계엄사』, 육군본부, 1976.
진실화해를위한과거사정리위원회, 『대통령긴급조치위반사건 재심현황 자료집』, 2021.
(사)평화박물관건립추진위원회, 『전국 국가폭력 고문피해 실태조사(2차)』, 민주화운동기념
　　사업회, 2021. 11.

강성현, 「예외상태 상례의 법 구조에 대한 비교 연구 — 한국전쟁기와 유신체제기 발동한
　　국가긴급권을 중심으로」, 『사회와 역사』 108, 한국사회사학회, 2015.
권혁은, 「계엄이라는 '체계'의 형성, 1962~1972」, 『역사비평』 150, 역사비평사, 2025.
김연철, 「7·4남북공동성명의 재해석 — 데탕트와 유신체제의 관계」, 『역사비평』 99, 역사비
　　평사, 2012.
이상록, 「'예외상태 상례화'로서의 유신헌법과 한국적 민주주의 담론」, 『역사문제연구』 35,
　　역사문제연구소, 2016.
홍석률, 「유신체제의 형성」, 『유신과 반유신』, 선인, 2007.

「서중석의 현대사 이야기 108, 유신 쿠데타 첫 번째 마당」, 『프레시안』, 2015. 9. 9.
「김당의 시크릿파일②」, 『UPI뉴스』, 2019. 3. 25.

5장. 무너진 민주주의, 되살아난 군사독재 — 부마항쟁, 12·12 군사반란 그리고 5·18 항쟁

5·18기념재단, 『'광주 밖' 전국의 5·18진상』, 까치원색, 2024.
5·18민주유공자유족회 구술, 5·18기념재단 엮음, 『꽃만 봐도 서럽고 그리운 날들』 1, 한얼
　　미디어, 2007.
5·18민주화운동진상규명조사위원회, 『종합보고서』 1, 2024.

강창성, 『일본/한국 군벌정치』, 해동문화사, 1990.
권혁은, 「박정희 정권기 시위 진압 체계의 형성과 변화」, 서울대 대학원 국사학과 박사논문, 2022.
김진, 『청와대 비서실』, 중앙일보사, 1992.
노영기, 『그들의 5·18—정치군인들은 어떻게 움직였나』, 푸른역사, 2020.
민주화운동기념사업회 한국민주주의연구소 엮음, 『한국민주화운동사』 3, 돌베개, 2010.
부마민주항쟁진상규명및관련자명예회복심의위원회, 『부마민주항쟁진상조사보고서』, 문영사, 2022.
윤재걸, 『작전명령—화려한 휴가』, 실천문학사, 1989.
장준갑, 「제5공화국 출범과 한미관계」, 『세계 역사와 문화 연구』, 한국세계문화사학회, 2013.
한용원, 『한국의 군부정치』, 대왕사, 1993.
현대한국사연구회, 『제5공화국전사 3권: 제3편 정 총장에 대한 의혹과 12·12사건』, 1982.
황석영, 이재의, 전용호 지음, 광주민주화운동기념사업회 엮음, 『죽음을 넘어 시대의 어둠을 넘어—광주 5월 민중항쟁의 기록(전면개정판)』, 창비, 2017.

한강, 노벨 강연(https://www.nobelprize.org/uploads/2024/12/han-lecture-korean.pdf)

제2부 예외상태 법의 본질과 인간의 조건

6장. 계엄제도가 국가범죄 수단으로 전락한 까닭

권영성, 『헌법학원론』, 법문사, 2010.
김도창, 『국가긴급권론』, 청운사, 1968.
박종보, 「계엄제도에 관한 비교법적 고찰: 미국을 중심으로」, 『법학논총』, 제23집 제2호, 한양대학교출판부, 2006.
오동석, 「한국전쟁과 계엄법제」, 『민주법학』 제43호, 민주주의법학연구회, 2010.
Rossiter, Clinton 지음, 김정길 옮김, 『현대대권정치론』, 대원서적, 1976.

7장. 법 바깥에서 법을 사유하는 법 — 저항권의 가능성과 실천

김대근, 「이유(reason)로서의 법 — 법효력의 근거로서 이유의 가능성과 전망」, 『법학연구』 (충남대학교 법학연구소) 제35권 제1호, 2024.
김대근, 「저항권의 정당화와 이론적 지평: 비판과 실천 그리고 전망」, 『법과사회』 제77호, 2024.
김성돈, 『형법총론』, 성균관대학교출판부, 2015.
노영기, 『그들의 5·18』 푸른역사, 2020.
심재우, 「시민불복종과 저항권」, 『법치국가와 시민불복종』(한국법철학회 편), 법문사, 2001.
심재우, 『열정으로서의 법철학』, 박영사, 2020.
아르투어 카우프만 지음, 김영환 옮김, 『법철학』, 나남, 2007.
오승철, 「저항권이론의 재조명 — 혁명권·저항권·시민불복종의 통합을 향한 탐색」, 『민주법학』 제40호, 2009.
조효제, 『인권의 문법』, 후마니타스, 2007.
칼 슈미트 지음, 김항 옮김, 「정치신학 — 주권론에 관한 네 개의 장」, 그린비, 2010.

Carl Wellman, *Real Rights*, Oxford University Press, 1995.
Jeffrey Abramson, *Minerva's Owl: The Tradition of Western Political Thought*, Harvard University Press, 2010.
John Rawls, *A Theory of Justice: Original Edition*, Harvard University Press, 1971.
Ronald Dworkin, *Taking Rights Seriously*, Harvard University Press, 1978.
Tom Campbell, *Rights: A Critical Introduction*, Routledge, 2006.
Wesley Hohfeld, "Some Fundamental Legal Conceptions as Applied in Judicial Reasoning", *The Yale Law Journal*, Vol. 23, No. 1, 1913.

8장. 전짓불 앞에 서다 — 한국문학과 계엄의 기억

김원일, 『겨울 골짜기』 2, 민음사, 1987.
이청준, 「소문의 벽」, 『소문의 벽』, 문학과지성사, 2011.

이청준, 「전짓불 앞의 방백」, 『키 작은 자유인』, 문학과지성사, 2014.
조갑상, 『밤의 눈』, 산지니, 2012.
조갑상, 『보이지 않는 숲』, 산지니, 2022.
현기영, 「순이 삼촌」, 『순이 삼촌』, 창비, 2015.
현기영, 「해룡 이야기」, 『순이 삼촌』, 창비, 2015.
현기영, 「아스팔트」, 『아스팔트』, 창비, 2015.

강성현, 「대한민국 태초에 계엄이 있었다, 1948~1952」, 『역사비평』 150, 역사비평사, 2025.
김득중, 『'빨갱이'의 탄생』, 선인, 2009.
김무용, 「한국전쟁 시기 민간인 학살 유족의 자서전 분석」, 『일기를 통해 본 전통과 근대, 식민지와 국가』, 소명출판, 2013.
김요섭, 『살아남은 자의 글쓰기』, 삶창, 2025.
김윤식, 정호웅, 『한국소설사』, 문학동네, 2013.
노용석, 『박희춘 1933년 2월 26일생』, 눈빛, 2006.
박명림, 「국민형성과 내적 평정; '거창사건'의 사례 연구」, 『한국정치학회보』 제 36집 2호, 한국정치학회, 2002.
박찬식, 「한국전쟁과 제주지역 사회의 변화: 4·3사건과 전쟁의 연관성을 중심으로」, 『지역과 역사』 제27호, 부경역사연구소, 2010.
제주4·3사건 진상조사보고서작성기획단, 『제주4·3사건진상조사보고서』, 제주4·3사건 진상 규명 및 희생자 명예회복위원회, 2003.
제주 4·3평화재단, 『제주4·3사건추가진상조사보고서』 1, 4·3평화재단, 2019.
최원식 외, 『4월 혁명과 한국문학』, 창비, 2002.

제3부 내란의 기억과 민주주의의 새로운 길

9장. 알고리즘 내란, 극우 유튜브가 키운 대통령의 최후

권오성·한지영, 「이용자 데이터를 통해 본 한국 매체의 정치 지형과 이용자의 정파적 매체 이용」, 한국언론학회 정기학술대회, 2024년 3월.

권호, 「총선 출구조사에 격노한 尹 "그럴 리 없어, 당장 방송 막아"」, 『중앙일보』 2025. 4. 7.
김윤철, 「결국 문제는 '국민의힘'이다」, 『경향신문』 2024. 12. 16.
양상훈, 「윤 대통령 부부, 모든 문제의 시작과 끝」, 『조선일보』 2024. 4. 13.
윤완준, 「'바이든-날리면', 계엄으로 끝난 尹 퇴행의 시작」, 『동아일보』 2025. 2. 13.
이은기, 「오늘도 또 왔네… '오물풍선' 제대로 알기」, 『시사인』 892호(2024. 10. 23).
이정환, 「깡패가 광주 내려가 유언비어 날조」, 『미디어오늘』 2010. 5. 12.
이정환, 「남산 끌려가 '코령탕' 먹던 시절과 얼마나 다른가」, 『미디어오늘』 2016. 7. 4.
이정환, 「무엇이 '가짜 뉴스'인가 따져 봅시다」, 『슬로우뉴스』 2023. 9. 14.
이정환, 「알고리즘의 함정, 윤석열이 빠져든 유튜브 토끼굴의 수익 구조」, 『슬로우뉴스』 2025. 1. 7.
이정환, 「저널리즘 생태계를 흔드는 권력과 자본, 질적 혁신과 신뢰 회복이 해법이다」, 『슬로우뉴스』 2023. 9. 8.
이준석, 「두려움에 사로잡힌 대통령」, 『경향신문』 2023. 10. 31.
이준웅, 「한국 언론에 '머로 순간'이 오고 있다」, 『경향신문』 2024. 9. 22.
이창훈, 「"난 이기고 온 거니 걱정 말라" 尹, 파면당하고도 이랬던 내막」, 『중앙일보』 2025. 4. 17.

Choe Sang-Hun, "How 'Stop the Steal' Became a Protest Slogan in South Korea", *New York Times*, 2025. 1. 4.
Nic Newman, "2024 Digital News Report", *The Reuters Institute for the Study of Journalism*, 2024. 10.

10장. 새로운 사회를 위한 움직임 — 광장에서 현장으로, 변화를 위한 균열들

윤퇴청, 『광장을 담아내는 토론회 '왜 광장에 나오셨나요?: 시대가 묻고 광장이 답하다' 자료집』, 2025. 1. 23.
한강, 「노벨상 수상 강연문: 빛과 실」, 2024. 12. 7.
카스 무데 지음, 권은하 옮김, 『혐오와 차별은 어떻게 정치가 되는가: 열 가지 키워드로 읽는 21세기 극우의 현장』, 위즈덤하우스, 2021.

주디스 버틀러 지음, 김응산·양효실 옮김, 『연대하는 신체들과 거리의 정치―집회의 수행성 이론을 위한 노트』, 창비, 2020.

X 사용자 단우 @Aestas10_ 게시물
　　(https://x.com/Aestas10_/status/1870445988604960962)
X 사용자 심미섭 계정 @gosms 게시물
　　(https://x.com/gosms/status/1865327583388459481)
강광석 씨 페이스북 2024. 12. 25. 게시글
　　(https://www.facebook.com/share/p/1AQvwWzDa6/)
X 사용자 용주 @4_MY3612TH 게시물
　　(https://x.com/4_MY3612TH/status/1870754153376735722)
the qoo 게시물, "남태령에서 자유발언 했다가 '중국인'이라고 비난당한 시민의 오늘자 자유발언 전문", 2024. 12. 24.(https://theqoo.net/square/3543817555)
HIV/AIDS 인권행동 알 홈페이지 게시물, "[사진, 발언] All I want for Christmas is 윤석열 퇴진! 윤석열 퇴진하고 평등세상으로", 2024. 12. 26.(https://action-al.org/5991/)
윤석열즉각퇴진·사회대개혁비상행동 시민대토론회 실시간 중계 영상 중 시민 발언문 분석팀 보고, 2025. 3. 9.(https://bit.ly/43AWzXX)

「'비상계엄' 선포 그 후, 장애인들이 한 일들」, 『비마이너』, 2024. 12. 7.
「'촛불소녀'가 돌아왔다, 광장의 주인이 되려」, 『경향신문』, 2024. 12. 9.
「10인 10색 '남태령 대첩' 출전 동기 "우리가 서로에게 이렇게 따뜻할 수 있구나 계속 눈물이 났어요"」, 『한겨레21』 1545호, 2024. 12. 29.
「"다시 만날 세계는 성평등 사회" 탄핵에서 멈출 수 없다는 여성들」, 『경향신문』 2024. 12. 16.
「"나는 노래방 도우미입니다" 심금 울린 한 시민의 탄핵 집회 연설」, 『뉴스엔조이』 2025. 1. 15.
「여성 혐오부터 여성 삭제까지 … '내란 종식'만 하자는 21대 대선」, 『한겨레21』 1561호, 2025. 4. 25.
「'성평등'을 평등으로, '여성'은 '청년'으로 … '젠더 공약' 퇴보하는 민주당」, 『경향신문』 2025. 4. 23.

11장. 내란의 긴 밤을 거슬러, 내란 이후의 세계로
── 언어의 전개 과정으로 보는 123일의 내란 정국

최나현·양소영·김세희, 『백날 지워봐라, 우리가 사라지나』, 오월의봄, 2025.
홍세화, 『악역을 맡은 자의 슬픔: 사회 귀족의 나라에서 아웃사이더로 살기』, 한겨레출판, 2002.

「[세상 읽기] 내가 만난 세계」, 『경향신문』, 2025. 2. 3.
「12·3 계엄의 밤, 국민의힘 의원 108명 위치 지도(+사진)」, 『오마이뉴스』 2024. 12. 23.
「"TK 콘크리트, TK 딸이 부순다" … 여성들 챌린지 확산」, 『한겨레』 2024. 12. 9.
「'계엄군 헬기' 서울 진입 막은 대령 "(출동) 목적 말하지 않아 거절"」, 『한겨레21』 2024. 12. 13.
「'계엄의 밤' 방첩사와 정보사는 왜 엇갈린 행보를 보였나」, 『비즈한국』 2024. 12. 20.
「"관여는 당연하다"는 행안부… '늑대가 나타났다' 검열 논란, 결국 법원으로」, 『한겨레』, 2024. 6. 16.
「군인·경찰·시민 뒤엉킨 국회 앞… "역사의 죄인 되지 말라"」, 『파이낸셜뉴스』 2024. 12. 4.
「극우 유튜버가 시위대 부추겼나… 계엄 이후 슈퍼챗 2배로」, 『동아일보』 2025. 1. 19.
「"길을 여는 민주노총에 고마워서" 집회 현장에 커피차 쏜 30대 사회복지사」, 『민중의소리』 2024. 12. 28.
「'내란의 밤' 빗발친 전화 속 질문… 시민들이 가장 두려워한 것은」, 『한겨레』 2025. 1. 27.
「"대북 작전으로 알고 나섰는데… 내려보니 국회였다"」, 『조선일보』 2024. 12. 6.
「동덕여대 래커칠이 폭력? 언론, '학생 고립' 장단 맞춰」, 『미디어오늘』, 2025.
「동덕여대 민주화 투쟁의 역사와 현재 | 퇴진광장의 목소리를 넓히는 사람들」, 『플랫폼C』, 2025. 2. 5.
「서울역에 설 명절 인사 왔다가 '내란 빨갱이' 항의 들은 국민의힘」, 『경향신문』 2025. 1. 24.
「우시는 할머니 "손주야, 계엄군 마주치면 안 돼…" 먹먹한 문자」, 『한겨레』 2024. 12. 6.
「尹, 계엄 해제되자 추가 계엄 언급… 3월부터 군 지휘부와 논의"」, 『한국일보』 2024. 12. 27.
「'촛불소녀'가 '2030여성'으로 돌아왔다, 광장의 주인이 되려」, 『경향신문』 2024. 12. 20.
「"총 쏴서 끌어내" 김용현 공소장 속 '내란 수괴' 윤석열의 흔적들」, 『노컷뉴스』 2024. 12. 27.

〈독재 맞섰던 5·18 현장에서… '극우 유튜버' 집결해 난동〉, JTBC, 2025. 2. 27.
〈여인형, "맞든 틀리든 군인은 명령 따라야 한다?〉, JTBC, 2025. 3. 4.

〈12월 3일, 국회 본청 앞에서 계엄군과 맞부딪친 최진영의 이야기 | 그날 그곳〉, KBS 그날
 그곳에 있었습니다, 2025. 2. 22.
〈"곧 훈방될 것" 서부지법 사태 누가 부추겼나?〉, MBC, 2025. 1. 19.
〈국회 지키러 갔던 대학생 "군인 친구는 명령받아 국회로"〉, KBS, 2024. 12. 13.
〈"내가 현태를 진짜 좋아해" '회유설' 듣고도 꺾임 없이〉, MBC, 2025. 2. 14.
〈'노상원 수첩' 전문 공개… 이래도 경고성 계엄?〉, MBC, 2025. 4. 3.
〈전봉준투쟁단 서울 재진격 2—남태령〉, 전농TV, 2025. 3. 25.
〈"표결 참여 그날 숨이 차고, 물부터 마셨던 건…" '울컥'… 국민의힘서 '외톨이' 된 김상욱
 의원 40분 '격정 토로'—[현장PLAY] 2024년 12월 11일〉, MBC, 2024. 12. 11.

12장. 12·3비상계엄 이후의 수업, 그 대화의 기록

김한종, 「비판적 사고를 위한 역사인식과 학습방법」, 『역사와 담론』 80, 2016.
린 데이비스 지음, 강순원 옮김, 『극단주의에 맞서는 평화교육』, 한울아카데미, 2014.
안야 로임쉬셀 지음, 김완균 옮김, 이시내 그림, 구정은 해제, 『도대체 극단주의가 뭐야?』,
 비룡소, 2020.
우현주, 「아날로그 세대 중견교사의 코로나19 미래교육 분투기」, 『역사교육』 130호, 전국
 역사교사모임, 2020.
이졸데 카림 지음, 이승희 옮김, 『나와 타자들』, 민음사, 2019.
파커 J. 파머 지음, 김찬호 옮김, 『비통한 자들을 위한 정치학』, 글항아리, 2012.
패트리샤 로버츠-밀러 지음, 김선 옮김, 『선동은 쉽고 민주주의는 어렵다』, 힐데와소피,
 2023.
Megan Boler, *Feeling Power: Emotions and Education*, Routledge, 1999.

계엄 일람표

연도	날짜	내용
1946	10월 1일	경북 대구 10월항쟁 발생
	10월 2일	미 제6사단 1연대장 포츠(R. J. Potts) 대령, '마셜로(martial law, 계엄)' 선포
	10월 3~6일	경북 영일(3일), 경주(4일), 달성(6일) → '마셜로' 확대 포고령 1호부터 7호까지 발포
1948	4월 3일	제주4·3사건 발발
	10월 17일	제주도 제9연대장 송요찬 소령, 제주도 내 해안선으로부터 5km 이상 떨어진 지역에 대해 통행금지 포고문 공포
	10월 19일	여수·순천10·19사건 발발
	10월 22일	여수·순천 지구 현지 사령관 제5여단장 김백일 중령, 계엄령 선포
	10월 25일	'계엄 선포에 관한 건'(대통령령 제13호) 공포(1949년 2월 5일 해제)
	11월 17일	국무회의 의결 후 '제주도 지구 계엄 선포에 관한 건'(대통령령 제31호) 공포(12월 31일 해제)
1949	10월 27일	국회임시회의 제25차 회의에서 자구 수정을 법사위에 일임하는 조건으로 계엄법 가결
	11월 24일	계엄법(법률 제69호) 공포
1950	6월 25일	비상사태하의 범죄처벌에 관한 특별조치령(대통령 긴급명령 제1호) 제정·공포(7월 27일 제8회 임시국회 때 이승만 정부가 사후에 제정·공포일을 6월 25일로 '통지', 소급 시도) 제6사단장 김종오 사단장과 제8사단장 이성가 사단장이 자체적으로 임시계엄 선포

연도	날짜	내용
1950	7월 8일	이승만 정부, 비상계엄 선포(전라남북도 제외)
	7월 9일	육군본부 민사부 설치 — 계엄 군사재판 및 일반 사법사무 감독, 피난민(이재민) 구호 등 계엄 관련 민사 업무를 수행
	7월 19일	이승만 대통령, 계엄 실시와 징발·징용 등의 유시 발표
	7월 20일	비상계엄 중 '전남도 및 전북도를 제외한 남한 전역'을 '남한 전역'으로 개정
	7월 22일	전라남북도에 계엄 선포
	7월 26일	계엄하 군사재판에 관한 특별조치령(대통령령 긴급명령 제5호) 공포
	8월 14일	계엄사령부, 각종 증명서(여행증명서−헌병대장 또는 경찰서장 / 신분증명서와 차량운행증명−군 민사부 / 군인가족증명서−소속 부대나 거주 군부대 부관부(副官部)) 발행에 관한 발부기관 정리 발표
	9월 18일	경남 지구 계엄사령부 업무 정지
	11월 10일	비상계엄 해제
	11월 10일	경비계엄 선포(대상 지역: 제주도와 경상남도 중 부산시·마산시·의령군·함안군·창녕군·밀양군·양산군·울산군·동래군·김해군·창원군·통영군·고성군, 경상북도 중 대구시·금천시·포항시·달성군·영일군·경주군·영천군·경산군·청도군·칠곡군·금릉군·선산군·울릉군을 제외한 남한/북한 38도선 이남/전역)
	12월 7일	남한 전역 비상계엄 선포
1951	2월 22일	제주 지역 계엄 해제
	3월 23일	충청남도 전역과 경상남북도 및 전라남북도 중 8개 시 28개 군 지역의 비상계엄 해제(대상 지역: 전라북도 전주시·군산시·이리시·완주군·부안군·옥구군·익산군 / 전라남도 여수시·순천시·여천군·나주군·완도군·진도군 / 경상북도 김천시·포항시·달성군·군위군·영일군·경주군·영천군·경산군·청도군·칠곡군·금릉군·울릉군 / 경상남도 마산시·함안군·창녕군·밀양군·양산군·울산군·동래군·김해군·창원군·통영군·고성군)(국무원 공고 제11호)
	3월 27일	국회 제52차 본회의에서 경상남북도와 전라남북도의 비상계엄 해제안과 충청남도 및 제천·단양을 제외한 충청북도의 비상계엄 해제요구결의안 가결

연도	날짜	내용
1951	4월 8일	비상계엄 해제 및 경비계엄 선포(대상 지역: 충청북도 청주시·청원군·보은군·옥천군·영동군·진천군·괴산군·음성군 / 전라북도 진안군·금산군·무주군·장수군·임실군·남원군·순창군·정읍군·고창군·김제군 / 전라남도 광주시·목포시·광산군·담양군·곡성군·구례군·광양군·고흥군·보성군·화순군·장흥군·강진군·해남군·영암군·무안군·나주군·함평군·영광군·장성군 / 경상북도 대구시·의성군·안동군·청송군·영양군·영덕군·고령군·성주군·선산군·상주군·문경군·예천군·영주군·봉화군 / 경상남도 부산시·진주시·진양군·의령군·사천군·남해군·하동군·산청군·함양군·거창군·합천군) (국무원 공고 제12·13호)
	4월 19일	이승만 대통령, '합동수사본부 존속에 관한 건'(대비지국방大秘指國防 제30호) 지시. 경비계엄이 있을 동안 합동수사본부 인원을 소환하지 못하도록 지시.
	8월 13일	비상계엄 해제 및 경비계엄 선포(대상 지역: 충청북도 충주·제천·단양) (국무원공고 제18·19호)
	12월 1일	계엄사령관, 비상계엄 선포(대상 지역: 충청북도 영동군 / 전라북도 중 당해 도에 속하는 도서를 제외한 전역 / 전라남도 중 고흥군 및 당해 도에 속하는 도서를 제외하는 전역 / 경상북도 고령군·금릉군 / 경상남도 진양군·하동군·산청군·함양군·거창군·옥천군)
1952	1월 28일	계엄법 시행령(대통령령 제598호) 공포
	2월 1일	비상계엄 해제(대상 지역: 전라북도 김제 / 전라남도 구례·담양) (국무원 공고 제25호)
	2월 3일	비상계엄 선포(대상 지역: 경상남북도 경산·청도·영천·경주·울산·밀양·양산·김해·창녕) (국무원 공고 제26호)
	2월 7일	비상계엄 재선포(대상 지역: 전라북도 김제 / 전라남도 구례·담양)
	2월 7일	비상계엄 해제 및 경비계엄 선포(대상 지역: 경기 수원·광주·여주·이천·용인·안성·평택·화성·시흥 / 강원도 원주)
	3월 6일	비상계엄 해제(대상 지역: 경상남북도 경산·청도·영천·경주·울산·밀양·양산·김해·창녕) (국무원 공고 제30호)

연도	날짜	내용
1952	4월 7일	지방선거(4월 25일 예정) 앞두고 비상계엄과 경비계엄 해제(국무원 공고 제33호) (비상계엄 해제 지역: 전라북도 전주시·군산시·이리시·완주군·익산군·부미군·고창군·부안군·김제군·임실군 / 전라남도 광주시·목포시·여수시·광산군·보성군·장흥군·강진군·해남군·영암군·무안군 중 해제 구역에 속하는 도서를 제외한 지역·나주군·함평군·영광군 중 행정구역에 속하는 도서를 제외한 지역·장성군 / 경상북도 고령군·금릉군 / 경상남도 진양군·합천군·충청북도 영동군 // 경비계엄 해제 지역: 전라남도 고흥군·무안군 중 행정구역에 속하는 도서 / 경상북도 성주군 / 경상남도 의령군·사천군·남해군)
	4월 21일	비상계엄과 경비계엄 해제(국무원 공고 제34호) (비상계엄 해제 지역: 강원도 홍천군·횡성군·영월군·평창군·정선군·강릉군·삼포군·울진군 / 전라북도 진안군·장수군·임실군·남원군·순창군·정읍군 / 전라남도 순천군·담양군·곡성군·구례군·광양군·승주군·화순군 / 경상남도 하동군·산청군·함양군·거창군 // 경비계엄 해제 지역: 경기도 수원시·광주군·여주군·이천군·용인군·안성군·평택군·화성군·시흥군 / 강원도 원주군 / 충청북도 영동군을 제외한 전 지역 / 경상북도 대구시·의성군·안동군·총송군·영양군·영덕군·선산군·상주군·문경군·예천군·영천군·봉화군 / 경상남도 부산시)
	5월 25일	부산정치파동으로 부산시를 포함한 다음 지역에 비상계엄 선포 및 계엄사령관 임명(국무원 공고 제37호) (영남 지구 계엄사령관에 육군 소장 원용덕: 경상남도 부산시·동래군·밀양군·양산군·울산군·하동군·산청군·함양군·거창군 // 전라남북도 계엄사령관에 육군총참모장 이종찬: 전라북도 중 진안군·장수군·임실군·남원군·순창군·정읍군 / 전라남도 중 순천시·담양군·곡성군·구례군·광양군·승주군·화순군·보성군), 7월 28일 해제
	5월 26일	육군본부 훈령 제216호(국가비상시의 각 부대 행동)—계엄 실시 지역 내 각 부대는 총참모장의 명령 없이 출동할 수 없음. 계엄령 하 각 부대는 장병의 외출, 휴가를 철저히 단속. 전 장병은 군인복무령을 충실히 이행. 전투태세 완료에 전력
	5월 26일	국회의원 통근버스(45명 탑승)를 임시 중앙청(경남도청) 검문소에서 제70헌병대로 연행. 국회의원 5명 비밀지하공작 혐의로 체포(5월 27일 국회의원 4명 체포, 체포 및 수배 국회의원: 장홍염·정헌주·이석기·양병일·임홍순·서범석·이용설·김의준·서민호)

연도	날짜	내용
1952	5월 28일	유엔한국통일부흥위원단(UNCURK)이 계엄령 해제와 국회의원 석방 요구 성명서 발표 국회, 계엄해제결의안 통과
	6월 19일	공보처, 국제공산당 사건 발표(7명은 국회의원)
	7월 4일	발췌개헌안 통과
	7월 17일	비상계엄 선포(국무원 공고 제39호) (대상 지역: 전라북도 무주군)
	7월 28일	5월 25일의 부산정치파동으로 선포된 비상계엄 해제(국무원 공고 제40호) (대상 지역: 전라북도 진안군·무주군·장수군·임실군·남원군·순창군·정읍군 / 전라남도 순천시·담양군·곡성군·구례군·광양군·승주군·보성군·화순군 / 경상남도 부산시·밀양군·울산군·양산군·동래군·하동군·산청군·함양군·거창군 / 단, 전라북도 무주의 경우 7월 17일에 선포된 계엄임)
1953	12월 1일	공비 소탕과 반국가적 공산 세력 침투 봉쇄, 호남 지역 공비 토벌을 이유로 비상계엄 선포(국무원 공고 제47호) (대상 지역: 경상북도 청도군 / 경상남도 밀양군·울산군·양산군·동래군·하동군·산청군·함양군·거창군 / 전라북도 진안군·장수군·임실군·남원군·순창군·정읍군·무주군 / 전라남도 순창군·담양군·곡성군·구례군·광양군·승주군·화순군·보성군)
1954	4월 11일	계엄 해제(국무원 공고 제54호) (대상 지역: 서울시 / 경기도 인천시·부천시·김포군·강화군·고양군·양평군·양주군·포천군·가평군·파주군 / 강원도 춘천시·간성군 / 전라북도 무주군·무안군·장수군·임실군·남원군·순창군·정읍군 / 전라남도 순천시·담양군·곡성군·구례군·광양군·승주군·화순군·보성군 / 경상북도 청도군 / 경상남도 밀양군·울산군·양산군·동래군·하동군·산청군·함양군·거창군)
1960	4월 19일	이승만 독재를 규탄하는 시위대에 오후 1시 30분부터 발포 시작 오후 2시 30분, 서울·부산·대구·광주·대전에 오후 1시로 소급하여 경비계엄 선포(국무원 공고 제82호) 오후 5시를 기해 서울·부산·대구·광주·대전에 비상계엄 선포, 계엄사령관에 송요찬 임명(국무원 공고 제83호) 군 당국, 포고문 1·2호 발표(1호: 질서 교란 및 안녕 파괴 행위 금지 / 2호: 집회·등교 금지 및 언론 사전검열) 문교부, 전국 임시휴교령

연도	날짜	내용
1960	4월 25일	오전 5시, 서울·부산·대구·광주·대전—경비계엄으로 변경(국무원 공고 제85호·제86호) 국회에서 계엄 해제를 결의 계엄사, 대통령 특명으로 구속 학생 전원 석방
	4월 26일	오전 5시, 서울시—비상계엄으로 변경(국무원 공고 제87호) 서울에 차량 통행금지 전국에서 10만여 명(서울 3만)이 이승만 퇴진을 요구하며 시위—이기붕 집 파괴, 이승만 동상을 끌어내림, 최인규 집 소각 동대문경찰서의 실탄 사격으로 4명 즉사, 31명 부상 경찰서 전소 이승만 대통령, 시위대 대표 5명과 면담하고 하야 발표 오후 2시, 부산·대구·광주·대전—비상계엄으로 변경(국무원 공고 제88호)
	4월 27일	오전 0시, 경상남도 마산시 비상계엄 선포(국무원 공고 제89호)
	5월 28일	서울·부산·대구·대전·광주·마산—비상계엄에서 경비계엄으로 변경(국무원 공고 제93호)
	7월 16일	경비계엄 해제(국무원 공고 제96호)
1961	5월 16일	5·16군사쿠데타 발발 오전 9시, 군사혁명위원회, 전국에 비상계엄 선포(군사혁명위원회 제1호). 군사혁명위원회 포고 제1호(집회 금지, 언론 출판의 사전 검열, 야간 통행금지 등) 공포. 군사혁명위원회 포고 제4호(장면 정권 인수, 국회 해산, 정당·사회단체 정치활동 금지, 국무위원 및 정부위원 체포, 국가기구 기능의 군사혁명위원회에서 집행, 모든 시설 운영 정상화, 폭력행위 엄단) 공포
	5월 18일	쿠데타 세력, 혁신계 3,300여 명 및 조용수 등 『민족일보』 관계자 체포
	5월 19일	군사혁명위원회 포고 제18호('반국가행위' 엄벌 방침) 공포 군사혁명위원회를 국가재건최고회의로 명칭 변경 『민족일보』 폐간
	5월 20일	장도영(육군 참모총장)을 수반으로 하는 군사정부 내각 수립

연도	날짜	내용
1961	5월 22일	국가재건최고회의, 23일자로 모든 정당·사회단체 해체 포고 발표(국가재건최고회의 포고 제6호) 치안국, 용공분자 2천여 명과 깡패 4,200여 명 검거했다고 발표
	5월 27일	오후 12시(정오) 전국 비상계엄을 경비계엄으로 변경(국가재건최고회의령 제15호)
	6월 6일	국가재건비상조치법(국가재건최고회의령 제42호) 공포 → 국가재건최고회의에 절대권력 부여 헌법의 효력 정지
	6월 22일	특수범죄 처벌에 관한 특별법(법률 제633호) 제정·공포
	7월 3일	군사혁명위원회 포고 제18호를 모체로 하는 반공법(법률 제643호) 제정·공포
	9월 14일	혁명재판소, '사회당사건' 관련자 최백근 사형선고[12월 21일 집행]
	9월 20일	혁명재판소, 최인규·이강학·한희석에게 사형선고[12월 21일 최인규 집행]
	9월 30일	혁명재판소, 경무대 앞 발포 사건 관련자 선고. 홍진기와 곽영주에게 사형선고[12월 21일 곽영주 사형 집행]
	10월 31일	혁명재판소, 『민족일보』 사건 관련자 조용수·안신규·송지영에게 사형선고
	12월 21일	최인규·곽영주·조용수·임화수·최백근 사형 집행
1962	3월 16일	정치활동정화법(정정법, 법률 제1032호) 공포
	3월 22일	윤보선 대통령, 하야 성명
	3월 24일	박정희 의장, 대통령권한대행 취임
	12월 5일	24시, 전국 경비계엄 해제(대통령 공고 제4호)
1964	3월 24일	한일회담 반대운동 시작
	3월 25일	수도경비사령부 소속 병력을 청와대 부근 배치
	5월 21일	공수단 무늬 복장의 군인 13명이 서울지방법원과 양헌 판사 자택에 난입 난동

연도	날짜	내용
1964	6월 3일	전국 각지에서 '한일회담 반대, 박 정권 타도, 매판자본 몰수' 등을 요구하며 시위 21시 40분, 서울 지역 비상계엄 선포―20시로 소급 적용(대통령 공고 제11호) 계엄포고 제1호 발표(옥내외 집회 및 시위 금지, 언론출판 보도의 사전검열, 보복행위 직장이탈 유언비어 날조 유포 금지, 각급 학교 휴교, 통금시간 엄수, 위반자는 영장 없이 압수수색 구속 구금) 공포, 포고 제2호(비상계엄 지역 내 영장 없이 압수, 수색, 체포, 구속) 공포(254명 구속)
	6월 4일	경희대생들이 시위를 시도했으나 경찰에 의해 강제 해산 임시국무회의에서 시위가 확산될 경우 비상계엄을 전국으로 확대하기로 결의
	6월 6일	제1공수단 장교 8명 동아일보사 난입
	7월 28일	국회, 계엄 해제 결의
	7월 29일	0시, 경비계엄 해제(대통령 공고 제12호)
	7월 30일	6·3시위 주동 학생 352명 정·퇴학
1965	8월 14일	한일협정 국회 비준. 이후 비준무효화 투쟁 전개
	8월 26일	한일협정 비준 무효화운동을 진압하기 위해 서울시 일원에 위수령 발동* 무장군인 200여 명이 연세대에 난입하여 시민과 학생 연행 고려대생 1,000여 명, 한일협정 비준 반대 시위→무장군인 200여 명 교내로 난입하여 학생 연행
	9월 25일	위수령 해제*
1971	10월 5일	수도경비사령부 제5헌병대 군인 30여 명 고려대 난입, 학생 5명 납치→이후 각계각층에서 무장군인 난입 사건을 항의

* 위수령은 "영구히 일지구에 주둔"하는 육군 군대가 "당해 지구의 경비"와 "육군에 속하는 건축물 기타 시설의 보호에 임함을 목적"으로 하는 대통령령이기 때문에 발동과 해제 절차가 규정되어 있지 않고 필요하지도 않다(대통령령 제296호 「위수령」 1950. 3. 27). 그러므로 박정희 정부가 위수령을 '발동'하고 '해제'했다는 사실은 위수령을 편법적으로 이용했다는 점을 보여준다.

연도	날짜	내용
1971	10월 15일	박정희 대통령, 서울 일원에 위수령 발동—서울 시내 10개 대학에 무장군인 진주. 10개 대학 휴업령. '학원질서 확립을 위한 대통령 특별명령' 발표로 1,889명 연행, 74개 서클 해체, 13개 미등록 간행물 폐간, 7개 대학 학생회 기능 정지(200여 명 제적 후 강제 입영)
	11월 9일	오전 4시, 서울시 일원 위수령 해제 및 군병력 원대 복귀
1972	10월 17일	대통령 특별선언(국회 해산, 정당 및 정치 활동 포함 헌법 일부 조항 효력 중지, 비상국무회의가 헌법 일부 기능 수행, 헌법개정안 공고 뒤 국민투표에 부쳐 확정) 발표 계엄포고 제1호(옥내외 집회 및 시위 금지, 언론·출판·보도 방송 사전검열, 각급 대학 휴교, 직장이탈 태업행위 유언비어 날조 및 유포 금지, 야간 통행금지는 종전대로 시행, 포고 위반자는 영장 없이 수색 구속) 공포
	10월 27일	비상국무회의—대통령이 입법·사법·행정 등 3권 통제, 대통령 임기 6년, 간선제, 중임 제한 철폐, 통일주체국민회의 설치, 국회의원 3분의 1을 대통령이 지명, 대통령 긴급조치권 등을 내용으로 하는 헌법개정안 의결 공고
	11월 21일	유신헌법을 국민투표로 의결(투표율 91.9%, 찬성 91.5%, 반대 7.6%)
	11월 27일	전국 81개 대학 개교
	12월 13일	전국 비상계엄 해제(대통령 공고 제35호)
	12월 15일	통일주체국민회의 초대 대의원 선거 실시
	12월 16일	통일주체국민회의 초대 대의원 2,359명 확정
	12월 22일	박정희, 통일주체국민회의 대의원 곽상훈 등 515명의 추천을 받아 제8대 대통령 후보로 등록
	12월 23일	통일주체국민회의, 박정희를 제8대 대통령으로 선출
1974	1월 8일	개헌청원백만인서명운동 탄압을 위한 대통령 긴급조치 제1호(헌법 부정, 반대, 왜곡 또는 비방, 헌법의 개정 또는 폐지 주장, 발의, 제안하는 일체의 행위 금지) 공포 대통령 긴급조치 제2호(비상군법회의 설치) 공포

연도	날짜	내용
1974	1월 14일	대통령 긴급조치 제3호(국민생활 안정을 위한 긴급조치) 공포
	4월 3일	대통령 긴급조치 제4호(전국민주청년학생총연맹[민청학련] 조직, 가입, 민청학련에 대한 찬양·고무·동조, 민청학련 구성원과의 회합·통신 등 일체의 행위 금지) 공포
	8월 23일	대통령 긴급조치 제5호(긴급조치 제1호·제4호 해제) 공포
	12월 31일	대통령 긴급조치 제6호(긴급조치 제3호 해제) 공포
1975	4월 8일	대통령 긴급조치 제7호(고려대 휴교, 고려대에서의 집회 및 시위 금지) 공포
	5월 13일	대통령 긴급조치 제8호(대통령 긴급조치 제7호 해제) 공포 대통령 긴급조치 제9호(국가안전과 공공질서의 수호를 위한 대통령 긴급조치, 유언비어, 헌법 부정과 관련된 일체의 행위, 일체의 행위를 위반한 내용을 알리는 일체의 행위 등 금지) 공포
1979	10월 16일	부마항쟁 발생
	10월 18일	부산 일대 비상계엄 선포
	10월 20일	마산과 창원에 위수령 선포 최성묵 목사 등, 부산사태를 NCC 간사에게 말해준 혐의로 계엄사에 연행 노승일·김영일·김병성 구속
	10월 22일	경북대, 부마항쟁 확산 막기 위해 임시 휴교
	10월 26일	박정희 대통령과 차지철 대통령경호실장 피격 사망
	10월 27일	제주도를 제외한 전국에 비상계엄 선포
	11월 12일	'민주주의와 민족통일을 위한 국민연합', 최규하 대통령권한대행의 특별담화문을 비판하는 성명 발표
	11월 24일	YWCA 위장결혼식 사건 발생 통일주체국민회의를 통한 대통령 선거 저지와 민주화 촉구대회 개최(140명 연행, 14명 구속, 4명 불구속, 67명 즉결심판 회부)
	12월 8일	대통령 긴급조치 제9호 해제
1980	4월 21일	사북항쟁 발생(4월 24일 합의 후 해산. 경찰관 1명 사망, 160여 명의 경찰과 민간인 부상. 5월 6일 이후 '합동수사단'의 수사 및 기소. 31명 구속, 50명 불구속으로 기소)

연도	날짜	내용
1980	5월 15일	전국 60여 개 대학 수십만 명의 대학생, 계엄 철폐 요구 가두시위 서울 지역 35개 대학 10만여 명, 서울역 연좌시위 → 시위 지도부 '서울역 회군' 결정
	5월 16일	광주 지역 학생들, 민족민주화대성회 및 횃불시위 개최 전국 대학 총학생회단회의
	5월 17일	24시를 기해 제주도를 포함한 전국으로 비상계엄 확대
	5월 18일	계엄사령관, 포고 제10호(모든 정치활동 중지, 집회 시위 금지, 각 대학 휴교령, 태업 및 파업 금지 등) 공포 광주에서 5·18항쟁 발생
	5월 22일	계엄사령부, 김대중이 학생 시위를 배후조종했다는 중간 수사 결과 발표
	5월 27일	계엄군, 광주 재진입 작전(상무충정작전) 실시
	5월 31일	국가보위비상대책위원회 발족(상임위원장: 전두환)
	7월 4일	계엄사령부, '김대중 일당의 내란음모사건' 발표 → 김대중 등 37명을 계엄보통군법회의 검찰부에 구속 송치(9월 17일 김대중, 정동년 등에 사형선고)
	8월 27일	통일주체국민회의에서 전두환을 대통령으로 선출(총투표자 2,525명, 찬성 2,524표 무효 1표)
	9월 29일	개헌안 공고
	10월 22일	국민투표를 통해 개헌안 확정(투표율 95.5%, 찬성률 91.6%)
	10월 27일	10·27법난(경신대법난) — 계엄군이 전국 사찰에 진입, 승려 등 153명 연행, 18명 구속, 31명 승적 박탈
1981	1월 23일	대법원, 김대중 사형 확정 → 전두환, 김대중을 무기징역으로 감형
	1월 24일	비상계엄 해제(대통령 공고 제76호)
2024	12월 3일	22시 28분, 전국에 비상계엄 선포
	12월 4일	오전 1시 2분, 국회 '비상계엄해제요구결의안' 통과

이 책의 집필진

강성현 / 1장. 한국적 계엄의 탄생

성공회대학교 동아시아연구소 소장, HK+ 교수, 사회학전공 교수로 재직 중이다. 역사사회학을 전공했다. 한국 사상통제, 법과 폭력, 한국전쟁, 제노사이드, 과거청산, 일본군 '위안부' 문제, 사진과 영상에 깊은 관심을 가지고 연구하고 있다. 대표 논저로 『다시, 제노사이드란 무엇인가』, 『작은 '한국전쟁'들』, 『탈진실의 시대, 역사부정을 묻는다』, "Ramseyer's History Denialism and the Efforts to 'Save Ramseyer': Focusing on 'Critique of a Response to My Critics'" 등이 있다.

김현주 / 2장. 32년 군사독재의 서막

경북대학교 인문학술원 연구원으로 재직 중이다. 한국 현대사를 전공했고, 5·16군사정부에서 제3공화국으로 이어지는 1960년대 박정희 정권의 통치 관계와 통치양식 형성 및 변화에 관심을 갖고 연구를 진행하고 있다. 논저로는 「1963년 정국 변동과 범국민정당운동」, 「5·16쿠데타 직후 예비검속의 역사적 연속성」, 「5·16군사정부의 언론관과 정책」 등이 있다.

권혁은 / 3장. 저항의 조직화, 계엄의 체계화

서울대학교 국제학연구소 연구교수로 재직 중이다. 한국 현대사를 전공했고, 국가폭력의 역사적 구성과 냉전의 교차 과정 및 디지털 방법론에 관심을 갖고 있다. 최근 논저로 「반공과 발전: 1950~70년대 유선전화 근대화와 113 간첩 신고 전화」, 「1960년대 최루가스 무기의 발전과 미국-한국 간 페퍼포그(Pepper Fog)의 횡단」, 「1980년대 대공경찰조직 확대와 박종철 사건 이후 대공분실 개편」 등이 있다.

이준영 / 4장. 비상대권과 긴급조치의 시대
역사문제연구소 연구원이다. 한국 현대사를 전공했으며, 한국의 민주화운동·학생운동을 그 대척점에 있는 대공·보안·공안 체제와 결부시켜 하나의 서사로 구성하는 데 관심을 갖고 있다. 논저로는 「해방 후 우익 학생운동 연구」, 「학생운동 세력의 도심 시위 전술과 경찰의 진압 작전―1991년 '5월 투쟁'을 중심으로」, 「1960년대 학생운동과 1970년대 재야운동 참여자의 경험과 인식―김승균 전 사상계 편집장의 구술증언을 중심으로」 등이 있다.

노영기 / 5장. 무너진 민주주의, 되살아난 군사독재
조선대학교 기초교육대학 부교수로 재직 중이다. 한국 현대사(한국군 창설)를 전공하고, 한국군과 관련된 다양한 문제에 관심을 갖고 있다. 대표 논저로 「여순사건과 구례」, 「군 자료를 통해 본 한국군의 창설과 변화―국방경비대·육군을 중심으로」, 「제14연대의 창설과 변화―지워진 연대(聯隊)를 찾아서」 등이 있다. 지은 책으로는 『그들의 5·18―정치군인들은 어떻게 움직였나』가 있다.

오동석 / 6장. 계엄제도가 국가범죄 수단으로 전락한 까닭
아주대학교 법학전문대학원 헌법학 교수로 재직 중이다. 지방자치제도, 학생·군인·교사의 인권, 사상·양심·집회·시위의 자유, 그리고 생태주의 관점에서 지구법학에 관심이 있다. 최근 논문으로 "Legal Mechanisms of Thought Control Through Anticommunism in South Korea", 「기후 위기 시대의 헌법」, 「이행기 정의 관점에서 본 12·3내란」, 「인류세에서 기본권론」 등이 있다.

김대근 / 7장. 법 바깥에서 법을 사유하는 법
한국형사·법무정책연구원 연구위원이다. 법학원리(Jurisprudence)를 전공했으며, 법철학 및 정치사상에 대한 관심을 바탕으로 정의론, 형사사법, 금융 범죄, 난민 등 외국인 정책, 교정과 형벌 이론 등을 연구한다. 공저로 『법의 딜레마』, 『법의 미래』, 『법, 모더니즘과 포스트모더니즘 너머에』 등이 있고, 번역서로 『미네르바의 올빼미―서구 정치사상의 전통』, 『민스키의 금융과 자본주의』, 『무엇이 법을 만드는가』(공역),

『이유에 대한 실재론적 고찰』, 『충분하지 않다―불평등한 세계를 넘어서는 인권』, 『차별이란 무엇인가』가 있다.

김요섭 / 8장. 전짓불 앞에 서다
문학평론가이자 문학연구자로 활동하고 있다. 성균관대학교 국어국문학과에서 「한국 이행기 정의 국면의 제노사이드 문학 연구」라는 논문으로 박사학위를 취득했다. 2022년 신동엽문학상 비평부문을 수상했다. 지은 책으로는 『살아남은 자의 글쓰기―4·3과 한국전쟁의 제노사이드 문학사』가 있다.

이정환 / 9장. 알고리즘 내란, 극우 유튜브가 키운 대통령의 최후
슬로우뉴스 기자다. 성공회대 겸임교수로 대안 저널리즘을 강의하고 있다. 성균관대 물리학과와 카이스트 과학저널리즘대학원을 졸업했다. 연구 분야는 온라인 공론장과 프레임 분석, 솔루션 저널리즘이다. 대표 저서로 『투기자본의 천국』과 『한국의 경제학자들』, 『문제해결 저널리즘』 등이 있다.

나영 / 10장. 새로운 사회를 위한 움직임
성적권리와 재생산정의를 위한 센터 셰어 SHARE의 대표로 활동하고 있다. 사회적 소수자의 성과 재생산 건강과 권리, 재생산정의에 주된 관심을 두고 활동하고 있다. 한국의 '낙태죄' 폐지 투쟁과 재생산정의 운동을 소개한 논문 "The Role of Reproductive Justice Movements in Challenging South Korea's Abortion Ban"과 『그럼에도 페미니즘』, 『배틀그라운드: 낙태죄를 둘러싼 성과 재생산의 정치』, 『교차성×페미니즘』 등의 책을 함께 썼고, 『레즈비언 페미니즘 선언』을 편역했다.

최성용 / 11장. 내란의 긴 밤을 거슬러, 내란 이후의 세계로
성공회대학교 국제문화연구학과 박사과정을 수료했으며, 현재 동 대학 열림교양대학 강사로 재직 중이다. 사회학, 문화연구를 전공했다. 학살과 국가폭력, 정치와 사회운동의 근현대사에 관심을 갖고 있다. 여러 정치·사회적 이슈들에 대해 다양한 지

면에서 글을 쓰고 있다.「여순에서 남태령까지, 손가락총의 폭력을 넘어」,「한국전쟁기 미군 포로 재현과 '안방'의 심리전—《The Big Picture》시리즈의 〈Atrocities in Korea〉 에피소드를 중심으로」 등을 썼다.

맹수용 / 12장. 12·3비상계엄 이후의 수업, 그 대화의 기록
인창고등학교에서 역사 교사로 학생들을 만나고 있다. 역사 학습이 공감과 연대를 상상하고 공동선을 위한 비판적 성찰로 이어지리라는 희망의 가능성을 마음에 품고 수업 실천을 이어가고 있다. 전국역사교사모임의 회보지인 『역사교육』에 실천을 여러 차례 기록으로 남겼다.「지역사를 활용한 세계사 수업—냉전과 미군기지, 그리고 기지촌 문제를 중심으로」,「남북 갈등을 수업에서 어떻게 다룰 수 있을까?」 등을 썼다.